바둑 일류의 심오하고 창조적인 판세 읽기

진격의
중반전

목진석 감수 · 이하림 편저

더디퍼런스

진격의
중반전

초판 1쇄 발행 2015년 10월 05일

지은이   이하림
발행인   조상현
발행처   더디퍼런스

등록번호   제2014-000061호
주소   서울시 마포구 마포대로 127, 304호
문의   02-725-9988
팩스   02-6974-1237
이메일   thedibooks@naver.com
홈페이지   www.thedifference.co.kr

독자여러분의 소중한 원고를 기다리고 있습니다. 많은 투고 부탁드립니다.

ISBN 979-11-86217-11-5 (13690)

바둑 일류에게 무엇을 배우는가?

일전에 어느 책에서 "노력하는 사람은 새 판을 짜지만, 성공하는 사람은 그 판을 읽는다." 이런 글월을 보았습니다. 문득 바둑 일류는 초반에 새 판을 짜고, 그걸 토대로 중반에 판세를 읽어가는 게 아닐까, 그런 생각을 했습니다. 마침 프로 일류의 초반을 대상으로 졸저 〈새판을 짜라〉 제명의 책을 낸 적이 있습니다. 그렇다면 드라마틱한 요소가 많은 중반에, 프로 일류는 어떻게 판세를 읽어가고, 나아가 어떻게 판에 수놓는지 궁금해졌습니다. 그리고 이런 내용을 정식으로 다뤄보면 어떨까, 그런 생각으로 발전했습니다.

많은 일류의 대국 기보를 감상하면서, 그들의 숨결을 느껴보고자 했습니다. 그들 안으로 들어가 탄성과 한숨, 치열함과 처절함, 이런 인간적 감정을 같이 공유해보고자 했습니다. 생각을 거듭하면 의식이 달라지고 확장됩니다. 나아가 상상의 나래가 펼쳐집니다. 창조적 발상은 그런 데서 나오는 게 아닐까요. 많이 미흡하지만 이 책은 그런 상상의 결과물입니다.

바둑은 영토를 넓히는 과정에서 어디에선가 전투가 벌어질 수밖에 없습니다. 특히 중반 전투에는 많은 심리적 요인이 작용합니다. 상대를 의식하면서 최선의 결정을 해야 하기 때문입니다. 물론 바둑 일류의 기술적 능력은 공통적으로 탁월합니다. 그런데 그걸로 끝이면 흥미가 반감될 것입니다.

우리가 일류에게 배울 수 있는 뭔가 극적인 요소가 없을까. 이 책은 여기에 초점을 맞춰 보았습니다. 그리고 정리해보니, 많은 일류의 대국을 감상하면서 심리적, 정신적 요인을 포함하여 다음 4가지 관점에서 탁월함을 느꼈습니다.

첫째, 형세 파악 능력이 탁월합니다. 형세 판단을 통해 평화냐 전투냐 결정합니다. 결정적 순간을 포착하여 기회가 오면 물고 늘어져 상대를 쓰러뜨립니다. 판을 주도적으로 경영합니다.

둘째, 변화에 대한 적응력이 탁월합니다. 현대 바둑의 최신 트렌드는 스피드한 행마에 있습니다. 그 과정에서 극한의 전투가 벌어질 수밖에 없습니다. 예측불허의 스피드 시대에는 과거와 같이 선두를 따라가는 것이 아니라, 스스로 선두가 되어 남들이 따라오지 못하도록 치고 나가는 것이 필요합니다. 그러려면 평범한 발상으로는 힘듭니다. 상식을 뒤집어 발상을 전환해야 합니다.

바둑이 일본에서 발전하여 일본에서 쇠퇴한 이유는 일본인들의 특성에서 유래되었는지도 모릅니다. 일본인들은 특정한 한 분야에서 끝장을 볼 정도로 깊이 있게 파고들어가는 강점이 있습니다. 이틀걸이 바둑을 고수하는 것도 같은 맥락일 겁니다. 느리게 돌아가는 세상에서는 이것이 통했습니다. 그러나 상대적으로 급격한 변화에는 취약할 수밖에 없습니다. 변화는 한 분야의 고집이 아니라 빠르게 새 분야로 옮겨가는 것입니다. 그런 일본 바둑도 지금 변화를 모색중입니다.

셋째, 폭넓은 사고에 의한 수읽기 능력이 탁월합니다. 주어진 시간 동안 생각하고 또 생각하며 대국적인 관점에서 판세를 읽어나갑니다. 작은 생각을 큰 상상으로 발전시킵니다. 그런 데서 창조적 수법이 탄생합니다. 작은 일에 연연하지 않으므로 큰 실수를 안 합니다.

넷째, 마음 다스리기에 탁월합니다. "마음의 스승이 될지언정 마음을 스승으로 삼지 마라"라는 말이 있습니다. 마음의 통제가 중요함을 일깨워주는 가르침입니다. 일류의 마음가짐이기도 합니다. 일류는 유리하다고 낙관하지 않습니다. 불리하다고 비관하지 않습니다. 마음의 평정심을 가지고 있습니다. 기분에 치우쳐 행마하지 않습니다. 기분에 치우치면 행마가 혼란해질 뿐이라는 걸 알기 때문입니다. 일류도 알게 모르게 실수를 합니다. 실수를 통해 실망보다 교훈과 영감을 얻는 게 남다릅니다. 인내하고 기다릴 줄 압니다. 그래서 잘 무너지지 않습니다. 그러면서도 기회가 오면 강력한 실행력을 갖고 용감하게 행동합니다. 한마디로 일관된 흐름을 갖고 자기 바둑을 둡니다. 이기는 바둑을 둡니다.

이 책은 이런 관점에서 전체를 4개 장르로 구성했습니다. '판을 경영하라' '발상을 전환하라' '생각하고 상상하라' '이기는 바둑을 두라'.

그리고 장르에 따른 대국마다 하나씩 지침을 주었습니다. 소재로 삼은 대국은 2013부터 2015년 사이 주요 기전 결승판과 그 길목에서의 핵심 대국입니다. 총 24국이므로 24항의 지침이 실려 있습니다. 바둑을 '인생의 축소판'이라 하지만, 진짜 인생이라면 한 판에 다양한 지침이 담겼겠지요. 실패해도 다시 일어설 수 있다는 것, 이 또한 바둑의 매력 아닐까요.

한동안 일류 바둑에 몰입했습니다. 이런 구성과 지침은 필자의 생각이 전적으로 반영된 것이 사실입니다. 일류 바둑의 수법적인 측면에서 이해하기란 대단히 어려울 것입니다. 그러나 어느 정도 세세한 해설과 더불어 이런 대국적인 흐름을 이해하려 노력한다면 어렴풋이 그림이 그려지고 어쩌면 획기적인 도움이 될지도 모릅니다. 약간이라도 독자가 흥미를 갖고 중반 흐름과 고급 행마를 익히게 하려는 데 의미를 두었습니다.

어차피 판에 놓인 돌은 말이 없습니다. 돌에 생명을 부여하고 대화하는 것은 여러분의 몫으로 남깁니다.

이하림

바둑은 포석 - 중반전 - 끝내기입니다. 여기에 별정직처럼 하나를 옆에 붙인다면 사활입니다. 그러나 보통의 애기가에게 바둑은 중반전입니다.

고수는 포석에서 삐끗하면 만회하기가 힘들다고 합니다. 약간이라도 응수가 이상하면 그 자체로 3~4집은 손해를 보게 되는데, 그걸 벌충하려면 여간 고생을 해야 하는 게 아니라는 것이지요. 그런데 우리 동네 애기가들은 고수가 그런 말을 하면 고수들의 얘기니까 그런가 보다 고개를 끄덕거리기는 하지만, 실감하지는 못합니다. 실감하지 않는 정도가 아니라 사실은, 속으로는 픽~ 웃기도 합니다. 그런 게 어딨어? 3~4집 손해? 그런 건 다 소용 없어. 한번 제대로 붙어 싸우면 끝나는 건데 뭘.

고수들은 끝내기에 들어가서도 한 수 한 수 심혈을 기울입니다. 1~2집을 놓치지 않기 위해 계산을 거듭하며 심지어는 3분의 1집이니, 6분의 5집이니 그런 얘기도 합니다. 이런 것들도 다 소용이 없습니다.

우리 동네 기원에 나오는 손님들이 바둑을 두는 것은 중반전을 위해서입니다. 중반전이 바둑의 엑기스라고 믿어 의심치 않습니다. 치고받는 재미, 걸음아 날 살려라 달아나는 쾌감, 바둑판 끝까지 쫓아가는 통쾌함, 반격과 역전의 짜릿함, 중반전은 정말 신나는 무대입니다. 고수가 되려면, 바둑의 참맛을 느끼려면 체계적인 포석과 정밀한 끝내기를 갖추어야 한다고들 하지만, 그런 걸 추구하는 바둑팬 못지않게, 마음 내키는 대로 중반전을 뛰어다니는 우리 기원 손님들도 모두 훌륭한 바둑팬입니다.

이 책은 바로 그런 분들을 위한 중반선 안내서입니다. 세목부터가 우리 동네 애기가들의 '중반 본능'을 대변하고 있습니다. '진격의 중반전'입니다. 기원 손님들이 좋아하게 생겼습니다. 중반전 책은 물론 많고도 많은데, 대부분은 공격이면 공격, 타개면 타개, 하는 식으로 각론 위주의 설명입니다. 이 책은 좀 다릅니다. 프로 고수의 실전보에서 재료를 발췌해 중반의 긴 과정을 따라가면서 형세판단을 곁들여, 나타날 수 있는 다양한 장면들을 보여주고 있습니다. 새로운 시도로서 그 수고가 만만치 않았을 것으로 짐작이 됩니다. 우선 기보 채취도 채취려니와 그걸 흐름에 맞게 나누고 변화의 갈래를 추적한 것은 상당한 공력이라고 하겠습니다.

우리 동네 애기가 여러분, 기원에 나오는 손님들은 돈을 벌거나 출세를 하려고 바둑을 두는 것이 아닙니다. 그저 '생활의 즐거움' '즐거운 삶'을 위해 일상의 전장을 바둑판으로 옮겨서 마음껏 달리고 싶어서일 것입니다. 그래서 오로지 진격!~인 것입니다. 이해하기 어려운 부분이 나오면 그냥 흉내만 내셔도 좋습니다. 굳이 기초부터 차근차근 하실 필요가 없습니다. 성년들은 어려운 것을 먼저 접하면 쉬운 것들은 저절로 체득되는 경우도 많습니다. 바둑 자체가 유기적인 게임이기 때문입니다. 그렇게 줄기차게 진격하다보면 어느새 포석도 탄탄해지고 끝내기도 정교해질 것이며 사활도 밝아질 것입니다. 바둑을 사랑하고 공부하는 사람들에게 주어지는 덤입니다.

지난해 30대 중반의 나이로 타이틀에 복귀해 우리 바둑계에 새 바람을 일으켰던 목진석 9단이 감수를 맡아 주었다는 것도 믿음직스럽습니다.

이광구(바둑평론가)

차례

1부 ☞ 판을 경영하라

중반 01 정확한 판단과 뛰어난 지략으로
판을 경영하는 능력을 키워라

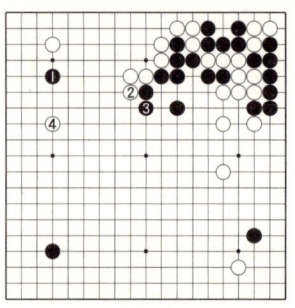

중반 02 불리한 곳에서는 가볍게
유리한 곳에서 단호하게 싸워라

중반 03 인문학적 넓은 사고와
깊은 수읽기로 판을 경영하라

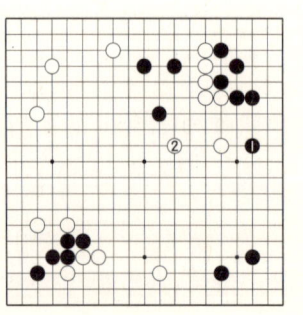

중반 04 부분 정석을 활용하여
전체 판세를 이끌어라

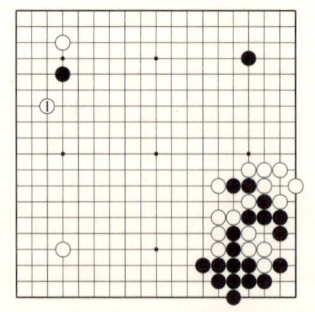

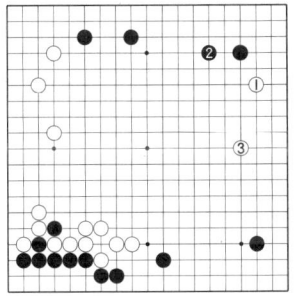
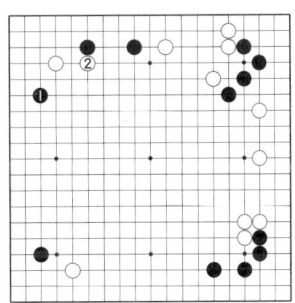
2부 ☞ 발상을 전환하라

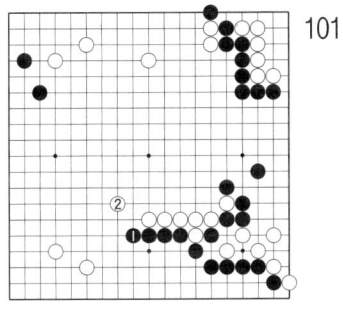
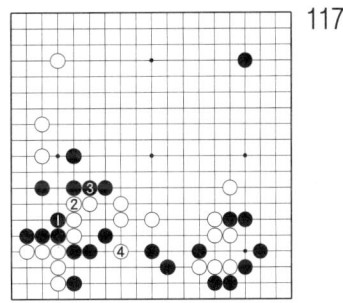
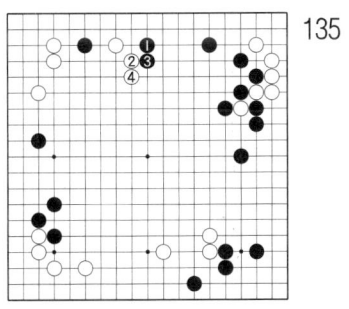
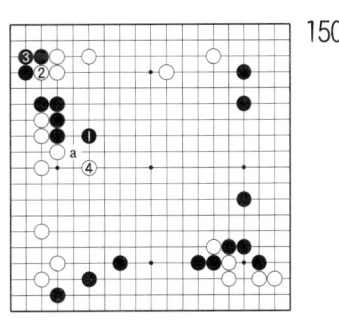

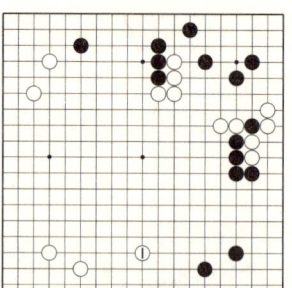

3부 ☞ 생각하고 상상하라

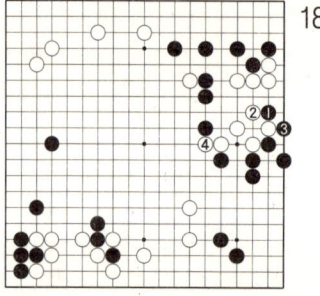

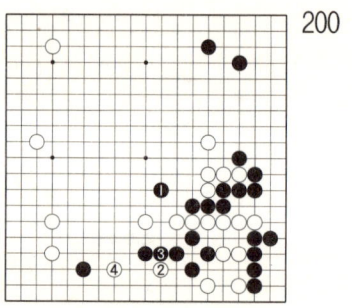

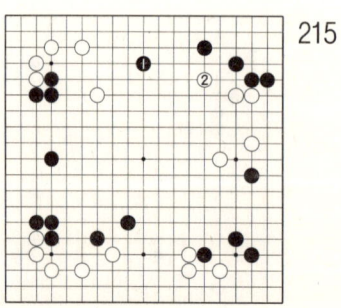

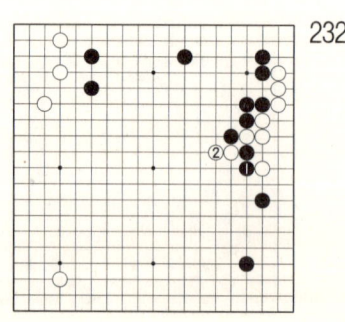

4부 ☞ 이기는 바둑을 두라

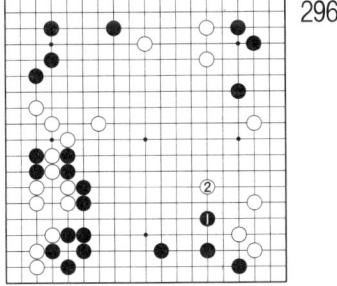
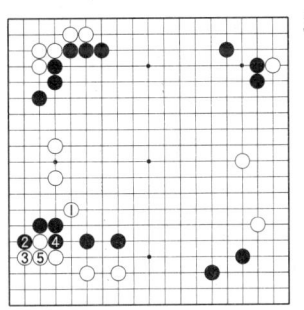

싸우면서도 항상
형세를 판단하라

모양과 효율을 융합하여
이기는 바둑을 두라

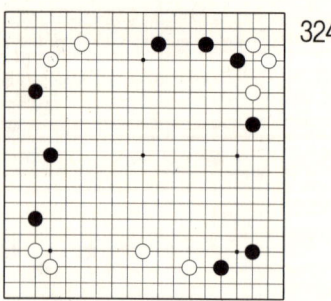

324

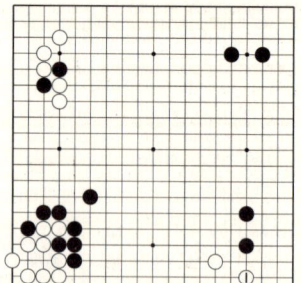

334

1
판을
경영하라

정확한 판단과 뛰어난 지략으로
판을 경영하는 능력을 키워라

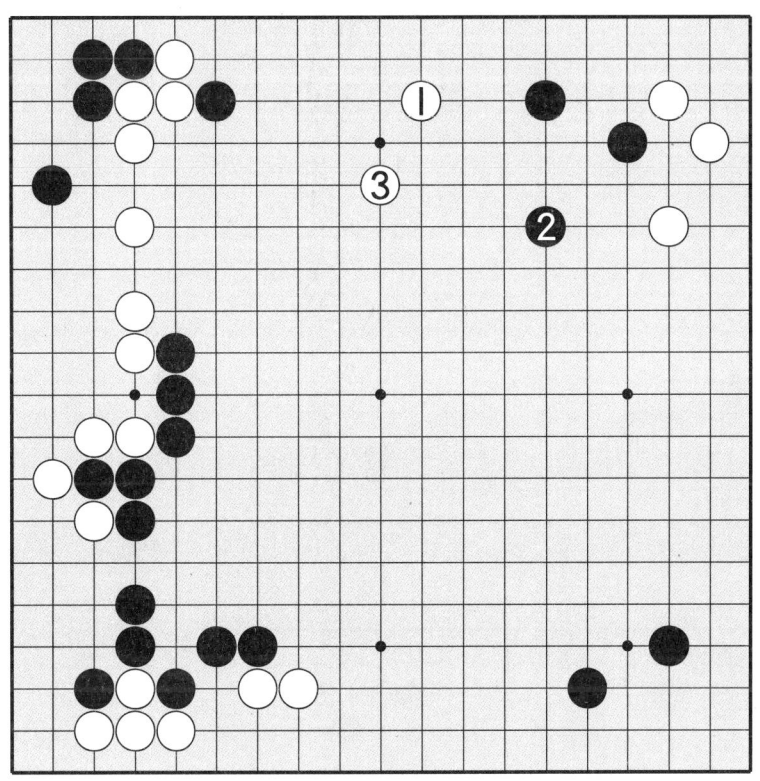

3회 초상부동산배 1라운드(● 판팅위 vs ○ 최철한)

흑은 우하귀 굳힘, 좌하 방면에서 두터움을 갖고 있다. 백은 좌변과 좌하귀, 우상귀 쪽에 실리를 갖고 있다. 흑은 부족한 실리를 보충하려는 듯 좌상귀 삼삼에 침입하여 백진을 깨며 모양을 잡는다. 대신 백은 1로 흑 두점을 압박하며 상변에 터전을 마련한다. 그리고 흑2로 지킬 때 백3으로 모양을 키운 장면이다.

바둑에서 승세를 타려면 정확한 판세 읽기와 뛰어난 지략이 요구된다. 그런 판을 경영하는 능력을 키워라. 그러면 어떤 상황에서도 우선순위에 따른 적절한 작전을 구사할 수 있다.

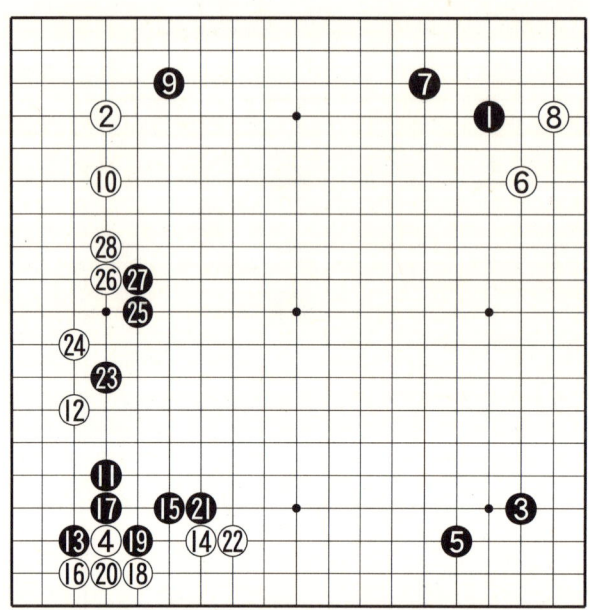

과정 1보

과정 1보(1~28)

흑의 화점·소목 굳힘
포석. 백6, 8로 귀를 엿
볼 때 흑9, 11의 걸침은
발빠른 작전이다. 백12,
14는 유행 수법.

흑15~21은 두터운 수
법. 이를 배경으로 흑23
~27로 좌변을 압박해 두
터움을 살려간다. 대신
백은 하변과 좌변에 실
리를 갖춘다.

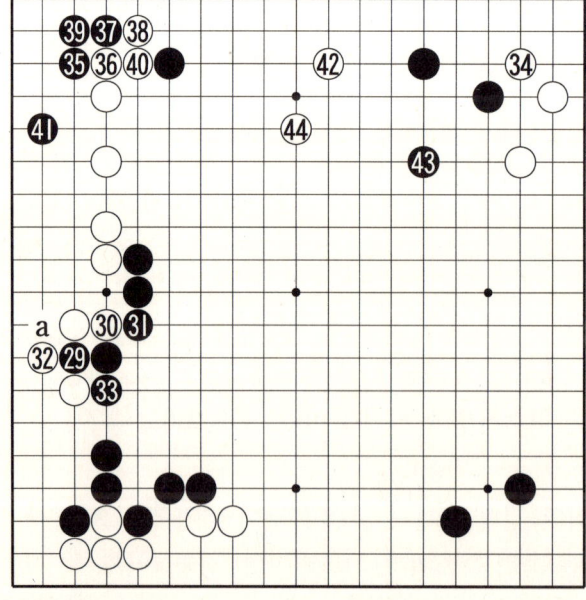

과정 2보

과정 2보(29~44)

흑29에 백30, 32는 안
전한 행마. 백30으로 그
냥 32에 막으면 흑a로
활용하는 맛이 있다. 흑
33으로 지켜 여기는 일
단락이다.

백34로 귀에 파고들자
실리가 부족한 흑도 35
로 삼삼 침입하여 41까
지 좌변을 침식한다. 그
대가로 백은 42, 44로 흑
을 쫓으며 상변에 모양
을 형성한 장면이다.

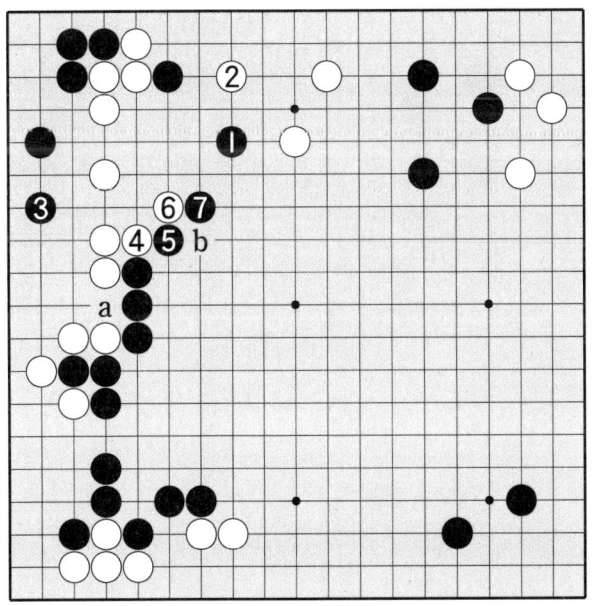

1보

▦ 1보(1~7)

흑1의 삭감. 백2로 받을 때 흑3으로 좌변에 파고들며 a의 나와끊음을 노린다.

백4의 꼬부림은 두터운 수단. 좌변 보강의 의미도 있다. 흑은 5, 7로 이단젖혀 강하게 나간다. 온건하다면 흑5로 한 템포 늦춰 b일 것이다.

변과 중앙에서의 공방과 수순을 눈여겨 보라.

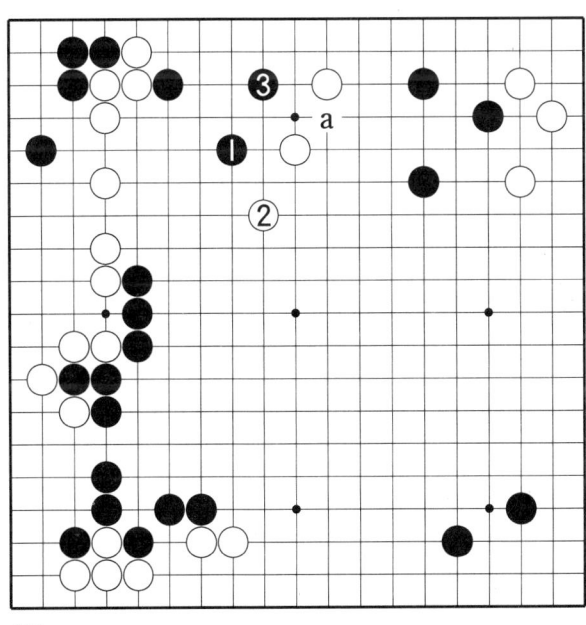

1도

1도(백, 씌우면)

흑1에 백2로 중앙에서 씌워 강하게 공격하고 싶지만, 흑3으로 상변에 뿌리를 내리면 a의 건너붙임이 강력해진다. 백의 부담이 아닐 수 없다.

바둑에서 강한 것만이 능사는 아니다.

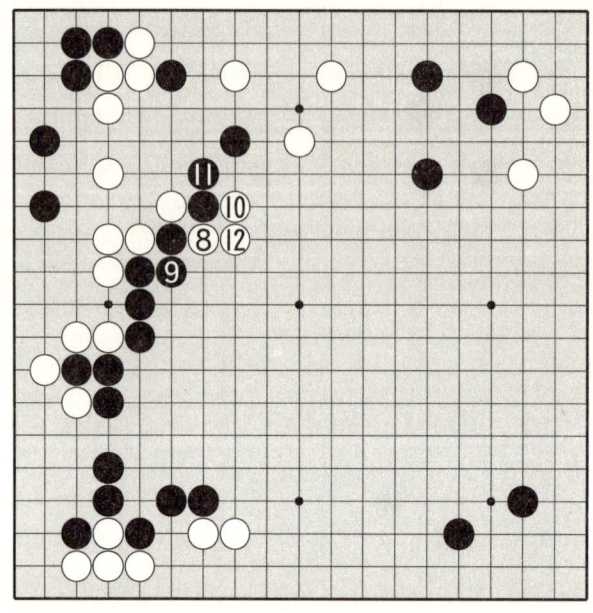

2보

▦ 2보(8~12)

백8, 10의 단수는 강수. 12의 이음까지 흑을 상변에 몰아넣는다. 좌변 약점을 감수한 의미심장한 중앙 작전이다.

이처럼 바둑은 전체를 바라보는 판세 읽기와 지략이 필요하다.

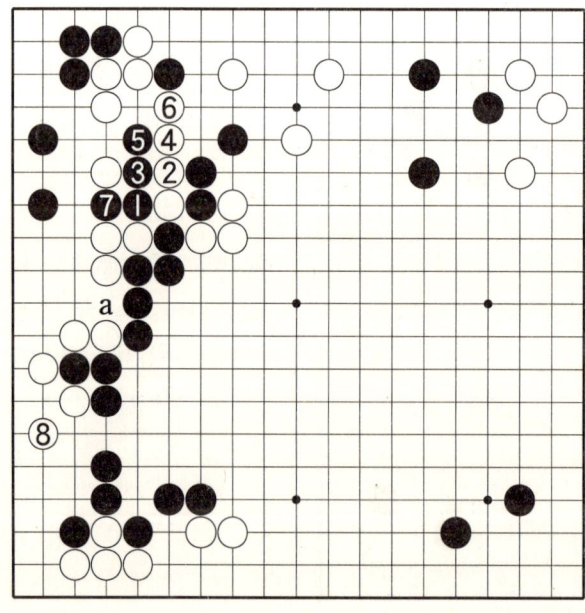

2도

2도(상변 두터움)

실전 다음 흑1~7로 좌변을 돌파할 수 있지만, 백8이면 사는 데 어려움은 없다.

흑a로 뚫으면 위의 석 점을 떼어 주면 그만이다. 우선 상중앙을 접수한 백의 두터움이 돋보인다.

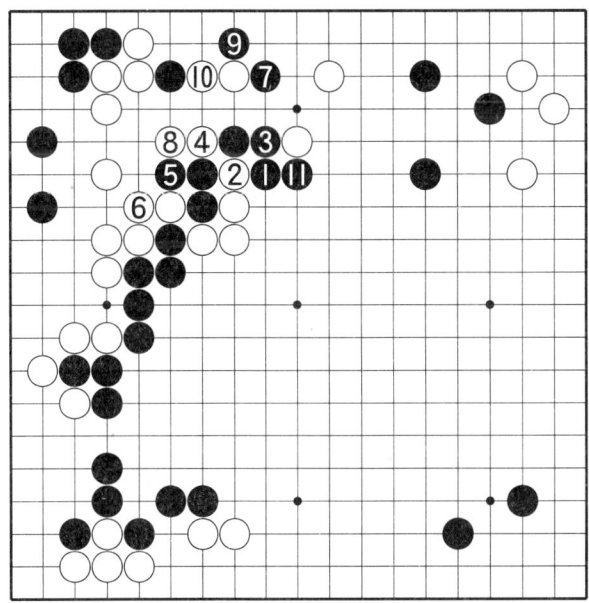

3도

3도(흑, 상변 돌파)

흑1로 나가는 강수도 있긴 하다. 백2, 4로 끊으면 흑5로 키우고 키운 석점을 활용하여 7, 9로 상변을 돌파한 후 11로 싸움을 유도할 수 있다. 서로 어렵긴 하지만….

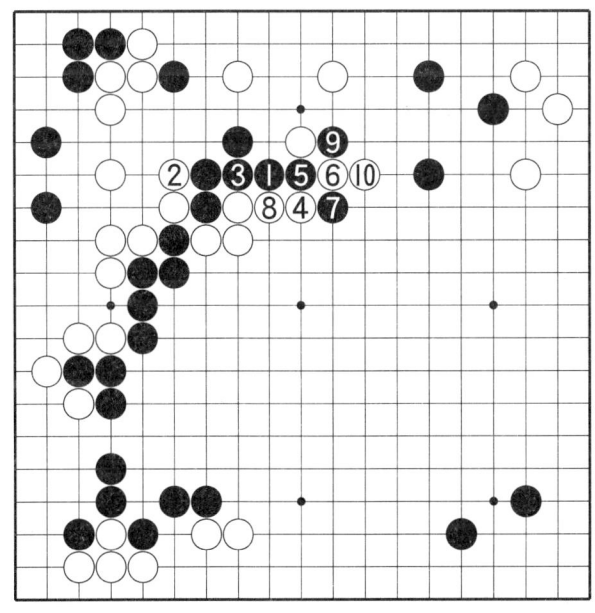

4도

4도(수상전 양상)

흑1에 백2로 미는 수가 있다. 흑은 이걸 겁냈을 공산이 크다. 흑3으로 약점을 이으면 백4로 씌운다. 여기서 흑5, 7로 나와끊는 것이 수순이다. 백8로 꽉 이어 수상전을 대비할 때 흑9에 백10. 수읽기 연습 자료로 삼을 만한 진행이다.

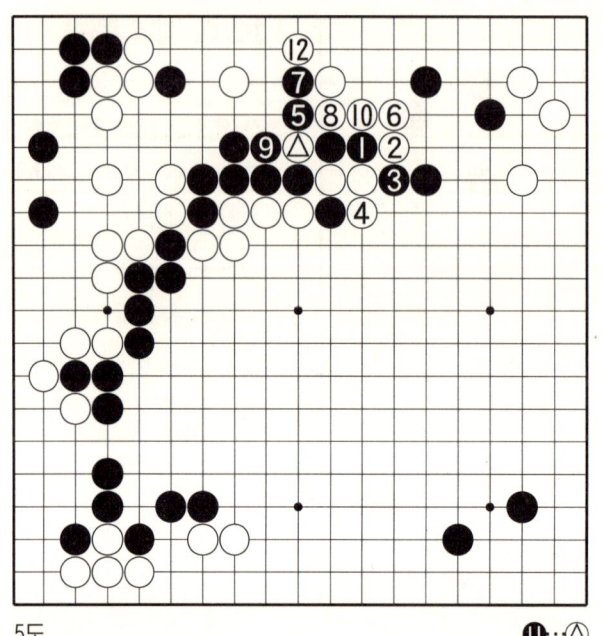

5도

5도(흑, 수부족)

계속해서 흑1에 백2의 젖힘도 강수. 흑3, 5에 백6으로 버틸 수 있다. 흑7로 차단하여 수상전이지만 백8, 10으로 조이고 12로 젖혀가면 보기에도 흑의 수부족 형태다.

❶…△

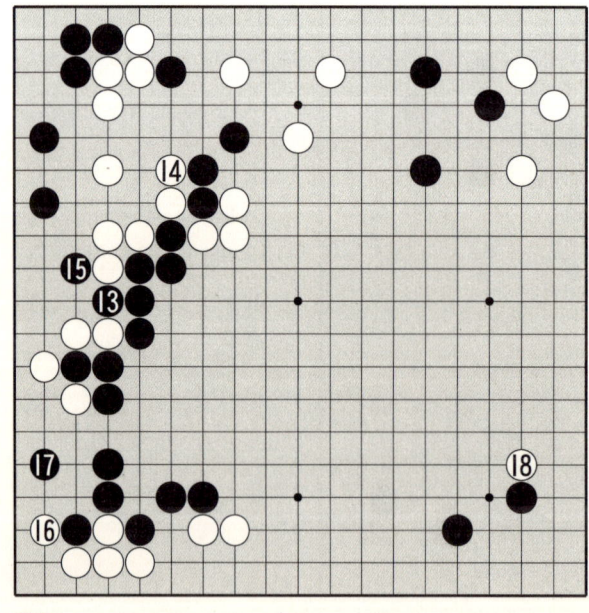

3보

▦ **3보**(13~18)

실전은 흑13부터 찌른다. 이른바 수순의 묘. 이제는 백14로 상중앙을 지킨다. 흑15로 좌변은 허용하지만 16으로 귀를 선수하여 충분하다는 것이 백의 생각이다. 실리도 엇비슷하여 백의 편한 흐름.

이제부터 중요하다는 듯 백18로 타이트하게 붙여간다.

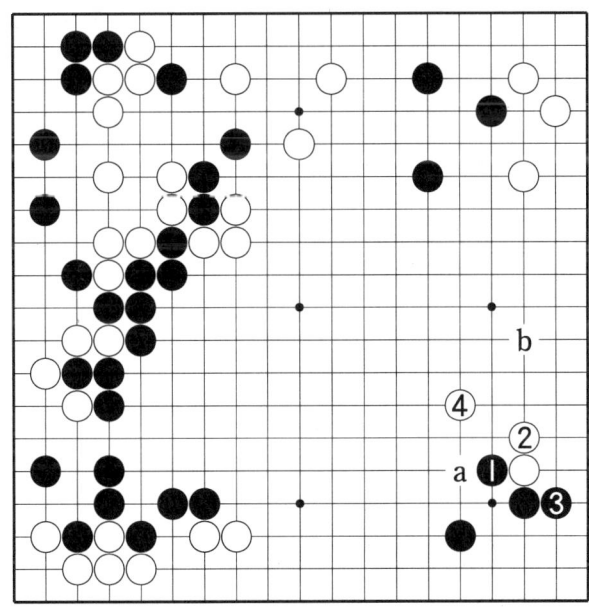

6도

6도(흑, 귀의 중시)

실전 다음 흑이 귀를 중시한다면 1, 3이 두터운 수단. 백은 a의 붙임을 보며 4로 지키는 것이 보통이다.

백4로 b의 벌림도 있지만 저위에 치우쳐 엷은 것이 흠이다.

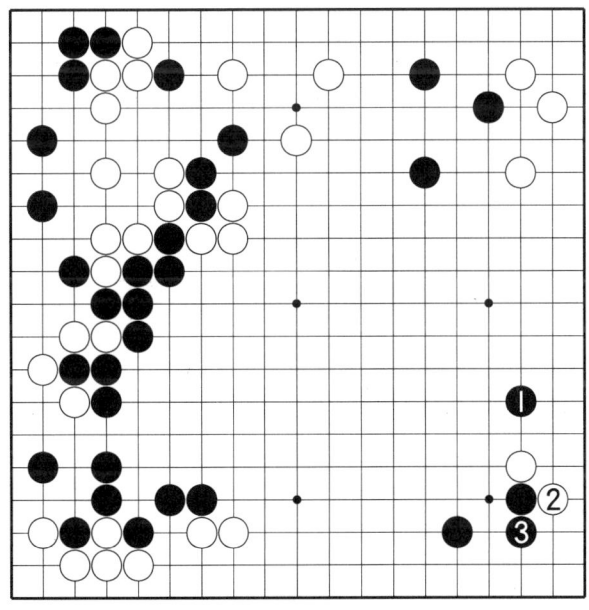

7도

7도(흑, 협공)

우하귀 백이 붙일 때 흑이 적극적이라면 1의 협공도 있다.

백2로 귀는 다치지만 흑은 공격을 통해 기회를 보겠다는 생각이다. 때로는 현금보다 투자가 좋다.

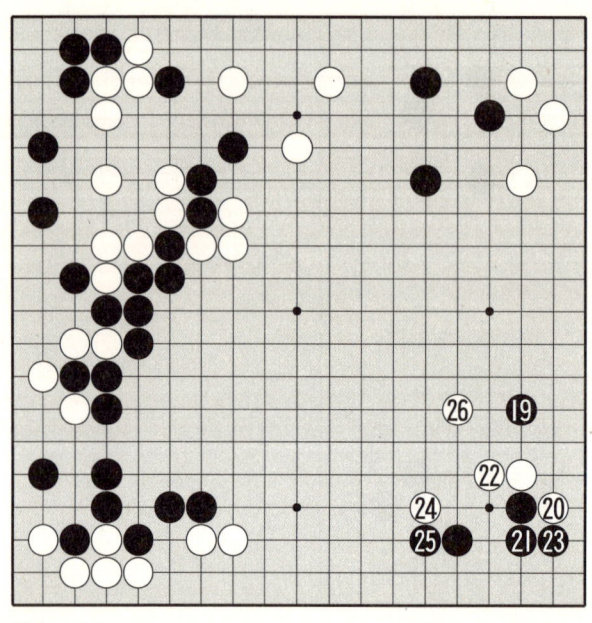

4보

대세에 뒤질세라 흑은 19로 적극적인 협공이다. 백20, 22로 나올 때 흑23으로 귀를 지킨다.

백24로 하변에 하나 선수한 후 26의 중앙 씌움은 좌변의 흑 세력을 의식하여 가볍게 두자는 의도도 담겨 있다. 두터운 수단이다.

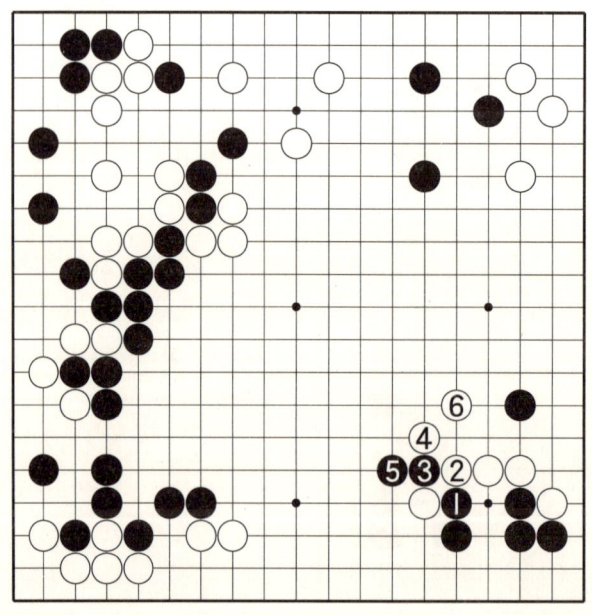

8도

8도(백, 두터운 지킴)

실전 백24는 돌의 리듬을 구한 수단. 만일 흑1, 3으로 끊어오면 백4, 6으로 중앙 자세를 두텁게 하겠다는 뜻이다.

상중앙 백의 진영과 호응하여 흑이 대세에 뒤질 염려가 있다.

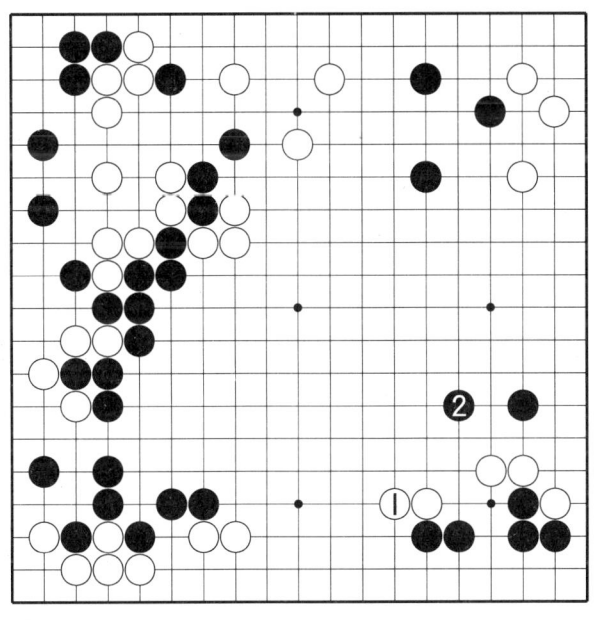

9도

9도(백, 엷음)

실전 흑25로 밀 때 보통 은 백1이지만, 다음 흑이 손빼고 2로 우변에서 뛰면 이번에는 백이 엷어 시달릴 공산이 크다.

수순 하나의 중요성을 알 수 있다. 그런 점에서 실전 백24 때 흑이 곧바로 우변에서 뛰는 것도 고려해 볼 수 있다.

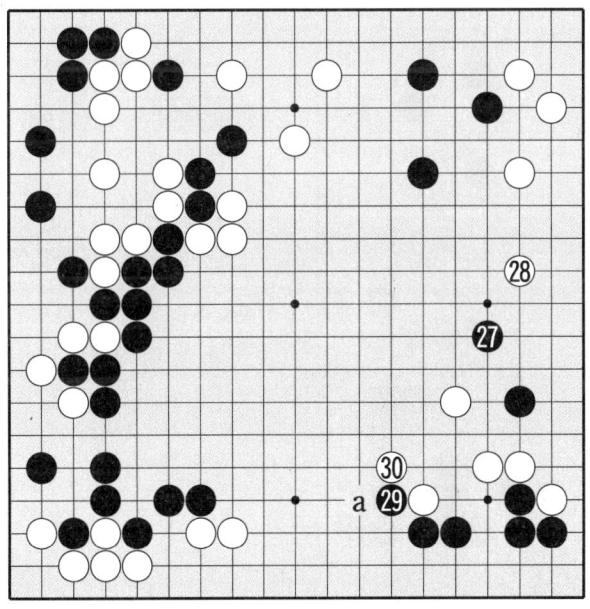

5보

5보(27~30)

흑은 27의 날일자 행마로 백28의 공격을 유도한 뒤 29로 젖혀 중앙 백을 압박한다.

백30의 젖힘. 타이트한 수단이다. 흑a로 받으면 선수. 하변은 흑이 두터워져도 백이 머리를 내밀고 있어 괜찮다는 생각이다.

서로 한수 한수 머리싸움이 치열하다.

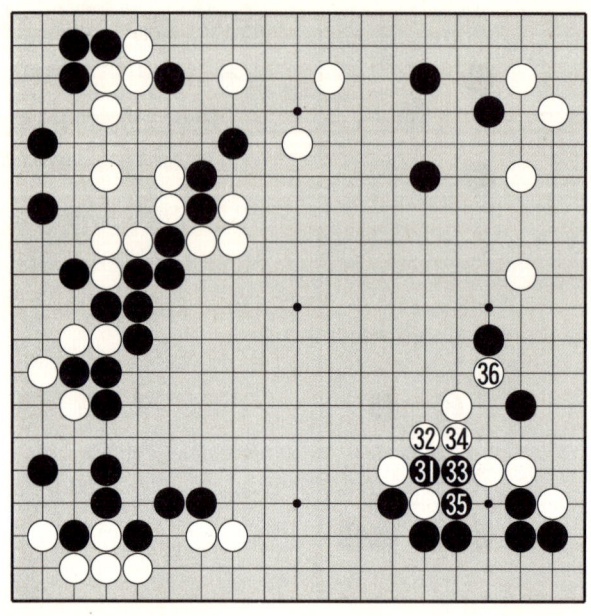

6보

6보(31~36)

그런 배경에서 흑31로 직접적으로 끊어간다.

백은 32, 34로 뒤에서 돌려쳐 한점을 희생한 후 36으로 붙여 흑의 약점을 찔러간다. 속수 같지만 임기응변의 수단이다. 상황에 따라 바둑은 속수가 호수로 변하기도 한다.

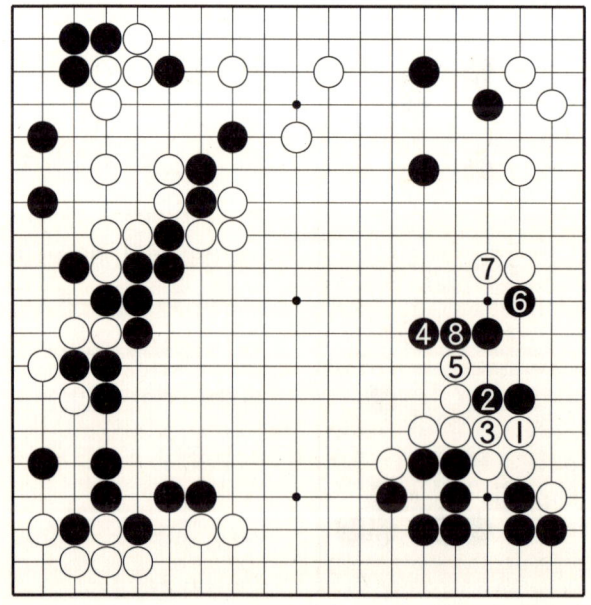

10도

10도(백, 곤마)

실전 백36으로 전체 안정만 생각한다면 1이지만 흑2, 4로 추궁하며 자연스레 뛰어나간다.

백5로 약점을 찔러오면 흑6, 8로 방어한다.

우하 백이 곤마로 몰려 좋지 않은 국면이다.

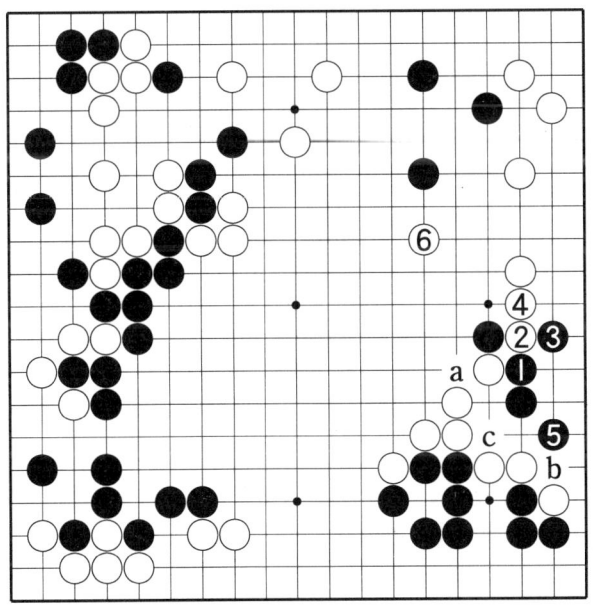

11도

11도(흑, 불리)

실전 다음 흑1로 막으면 백2로 끊는다. 흑3, 5 정도인데 백6이면 우상변 흑을 공격함과 동시에 중앙을 교묘하게 세력화한다.

여기서 포인트는 백a가 선수라는 점. 안 받으면 b로 잇는다. 그러면 흑은 c로 끊을 수 없다.

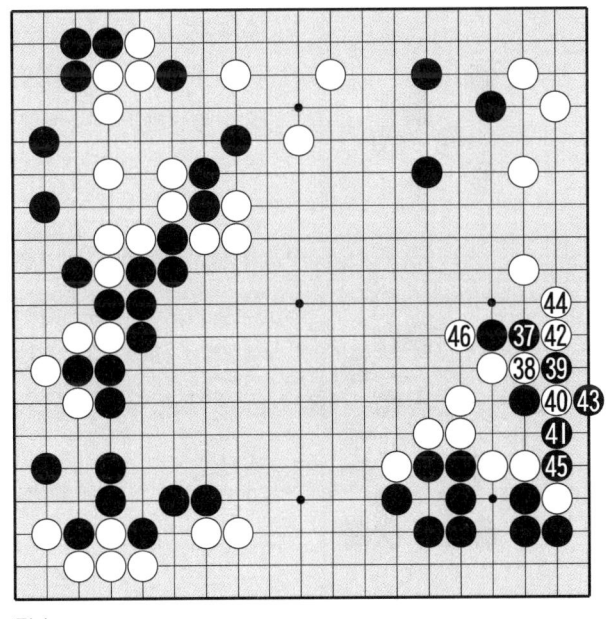

7보

▦ 7보(37~46)

그런 이유로 실전은 흑 37로 늦춘다. 백38 다음 40쪽으로 끊는 것이 수순. 이에 흑41로 끊은 쪽을 잡는 것이 올바르다.

이하 46까지 자연스럽게 흑은 실리, 백은 두터움을 얻는다.

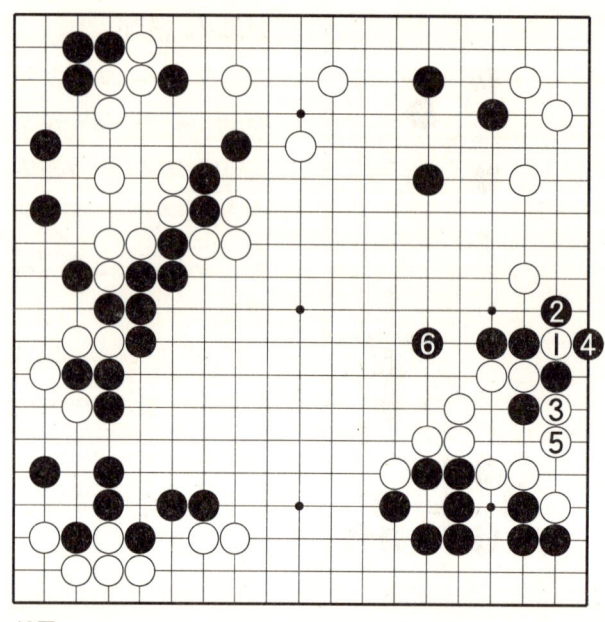

12도

12도(흑, 활발)

실전 흑39에 백1쪽을 끊는 것은 방향 착오다. 3, 5로 흑 한점을 잡으며 우변 백을 살릴 수 있지만 흑2, 4로 잡고 6으로 뛰면 흑이 활발한 국면이다.

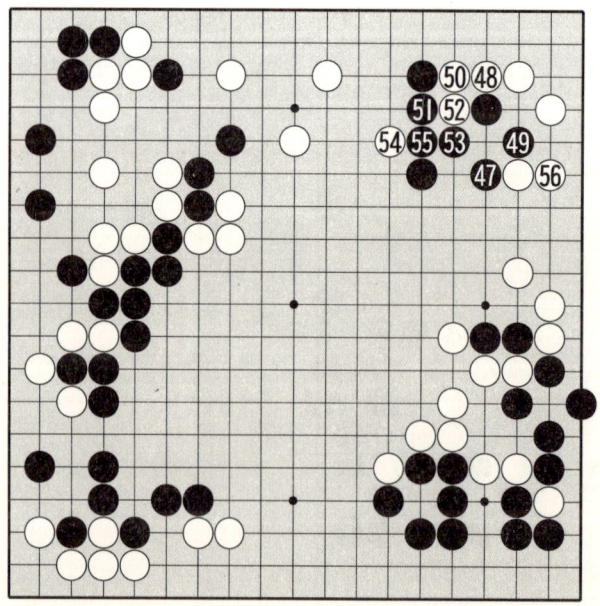

8보

🔳 8보(47~56)

흑은 47로 붙여 우상변 모양을 보강하며 백의 두터움을 은근히 견제해 간다.

백48은 실리에 민감한 수단. 넌지시 흑모양의 약점도 추궁한다. 우변은 별게 없다는 태도.

흑49는 기세. 이에 백50~54까지 선수한 후 56으로 지킨다.

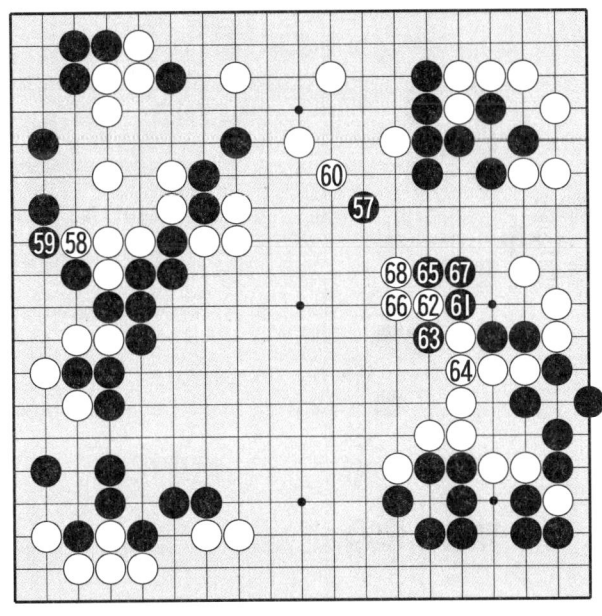

9보

▦ **9보(57~68)**

좌변에 흑이 큰 모양은 있지만 집으로 엇비슷하여 분발해야 할 국면.

흑57은 백모양을 삭감하는 행마의 요소다. 백은 58을 선수한 후 60으로 지킨다. 흑61은 두점을 발판으로 우상의 모양을 정리하려는 뜻. 이하 68까지 기세의 진행이다.

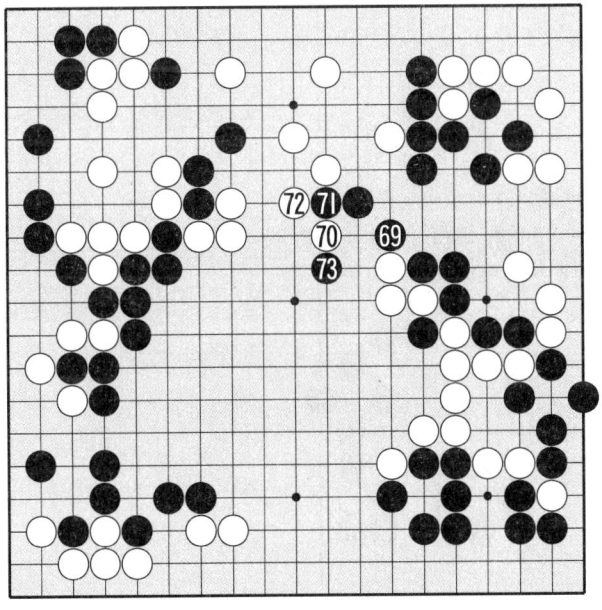

10보

▦ **10보(69~73)**

흑69로 막을 때 백70의 씌움. 일단 외곽을 봉쇄하고 본다.

흑71, 73은 백의 약간 허술한 외곽을 추궁하는 부분적인 맥점이다.

안에서 고분고분 살기보다 중앙 탈출이 우선이라는 생각인데…

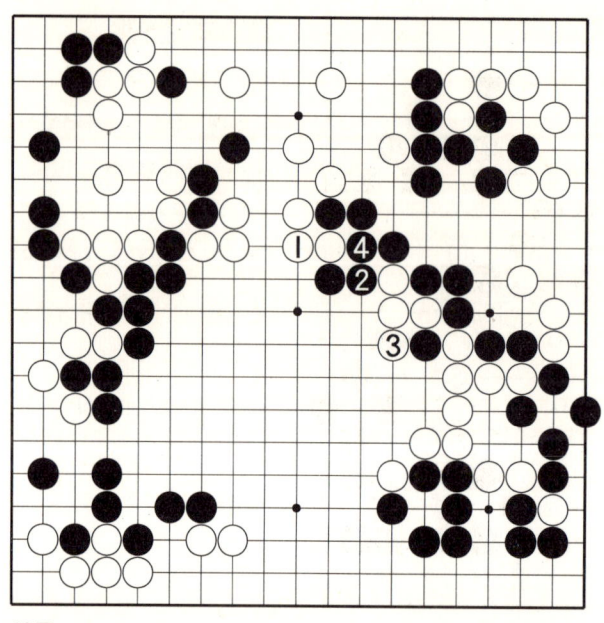

13도

13도(흑, 탈출)

실전 흑73에 백1로 잇는 것이 보통. 그러면 흑은 2, 4로 중앙에 알기 쉽게 진출할 수 있다.

이건 봉쇄를 노린 백의 의도가 깨져 아쉽다.

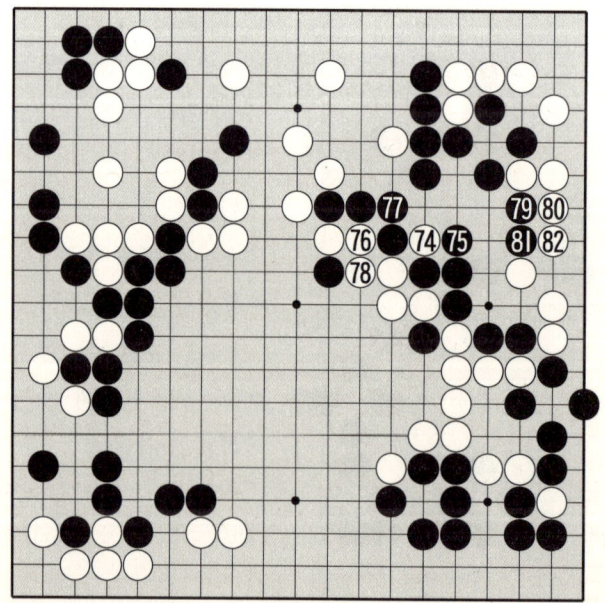

11보

▦ 11보(74~82)

여기서 터진 백74의 끊음이 교묘한 수단이다. 흑75는 부득이한 지킴. 백은 76, 78로 중앙 두터움을 얻어 소기의 목적을 달성한다. 흑79, 81은 흑의 권리.

결국 흑은 실리를 벌며 안에서 살아 안도하고, 백은 중앙 두터움이 희망을 준다.

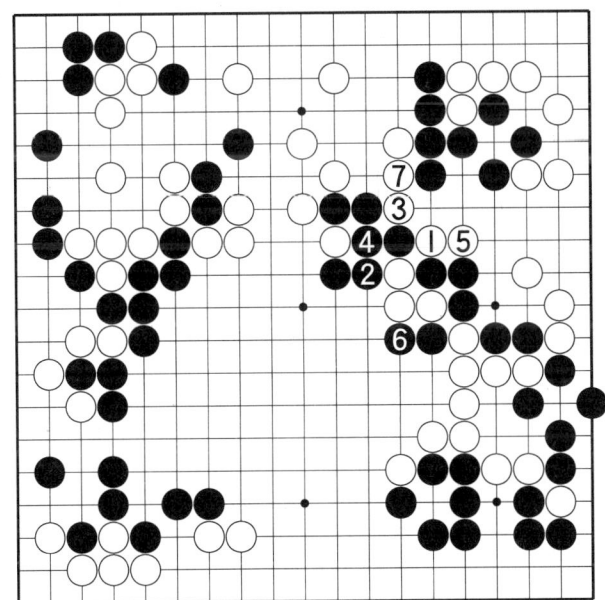

14도

14도(흑, 잡힘)

백1로 끊을 때 흑2로 반
발하면 백3, 5로 뒤에서
눌러간다. 흑6으로 축이
지만 백7로 이으면 중앙
석점을 희생타로 우상
흑 일단을 잡을 수 있다.

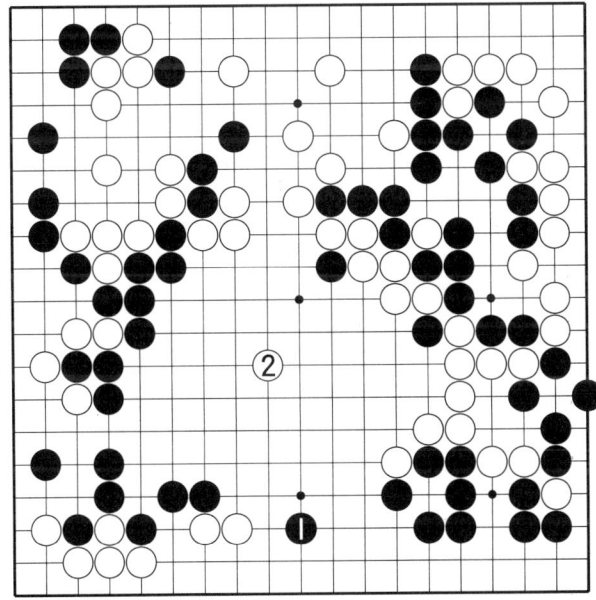

15도

15도(차후 실전)

여기까지 치열하지만 타
협이 이루어진 장면이
다. 형세를 살펴보면 중
앙에서 두터움이 대치한
가운데 하변이 빈터. 일
단 집으로는 하변이 큰
곳이다.

앞으로 실전도 흑1의
벌림부터 전개된다. 백
도 2로 두터움을 살려
만만치 않은 국면이다.

대개 두터움이 나중에
위력을 발휘할 공산이
크다.

불리한 곳에서는 가볍게
유리한 곳에서 단호하게 싸워라

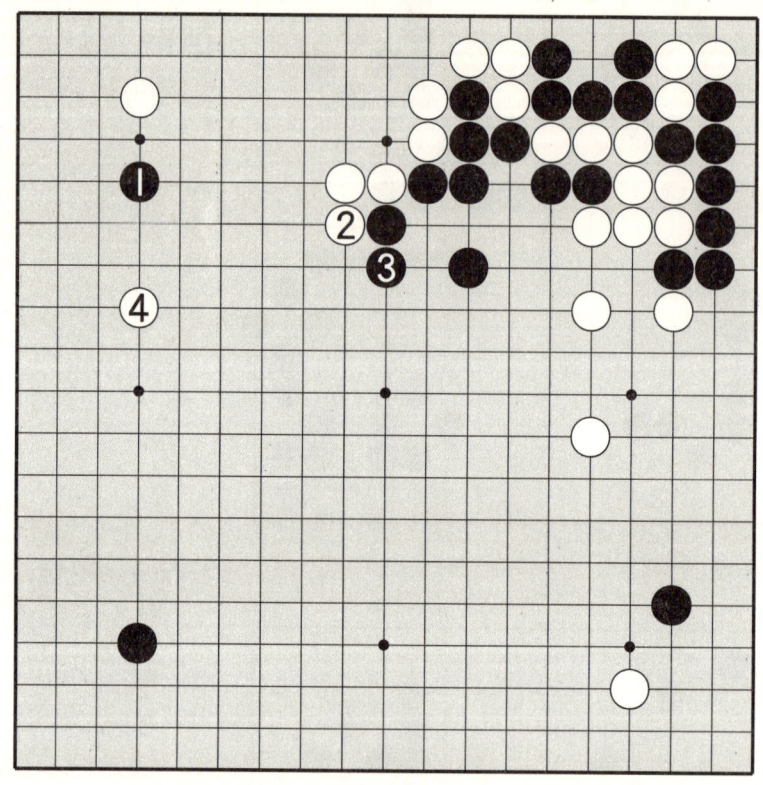

14회 맥심커피배 결승2국(● 박정환 vs ○ 이세돌)

우상귀는 눈사태 정석에서 나온 변화다. 그 과정에 흑은 귀에서 실리를 얻고, 백은 상변에 두터움을 얻는다. 중앙은 서로 완전한 모양이 아니다. 흑1로 걸칠 때 상변 두터움을 배경으로 백은 2를 결정한 후 4로 협공한 장면이다. 흑은 주변 정세가 불리하므로 가벼운 처리가 필요하고, 백은 공격을 통해 최대한 댓가를 얻으려 할 것이다.

바둑은 불리한 곳에서는 가볍게 움직이고, 유리한 곳에서 단호하게 싸우는 것이 승리의 발판이다. 더불어 가볍되 위축되지 말고, 강하게 싸우되 과신하지 않는 것도 마음에 새겨야 한다.

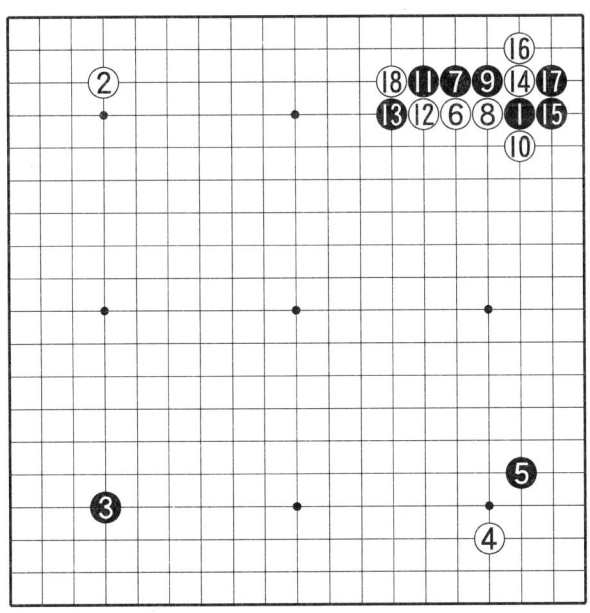

과정 1보

과정 1보(1~18)

대각선 포석. 흑5와 백6의 걸침. 서로 적극적이다. 흑7에 백8, 10으로 변화를 구한다. 이하 18까지는 눈사태 정석의 과정이다.

수순 중 흑17의 안쪽 꼬부림은 귀의 실리를 중시한 수단이다.

과정 2보

과정 2보(19~38)

흑19에 백20, 22는 수순. 흑23, 25에 백26은 현대적 수단. 흑27에 백28, 30은 상변을 중시한 수단이다.

흑31~35로 백모양을 무너뜨린 후 37의 지킴. 빈삼각이 싫다면 a도 가능하다. 백도 38의 지킴. b의 단수는 흑이 두점을 가볍게 볼 것이다.

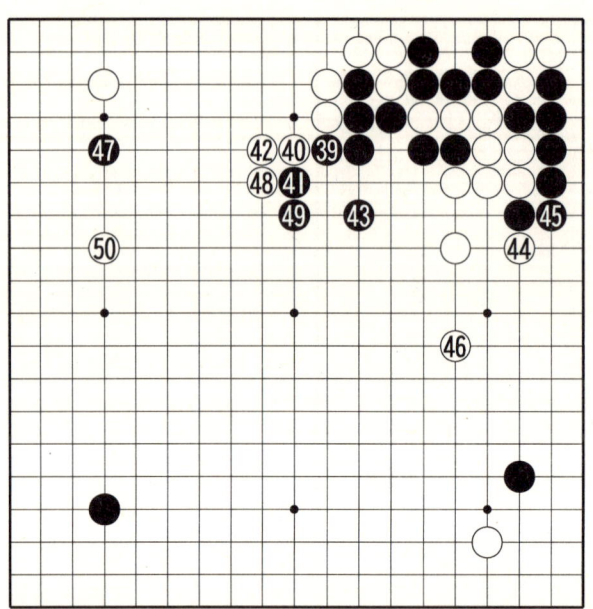

과정 3보

과정 3보(39~50)

흑39, 41로 밀어놓고 43의 지킴. 은근히 우중앙 백을 겨냥한다. 이에 백 44, 46으로 지킨다.

흑47의 걸침. 상변 백 모양이 커지므로 당연한 생각이다. 이에 백은 48, 50으로 상중앙에 벽을 하나 만들어놓고 협공한 장면이다.

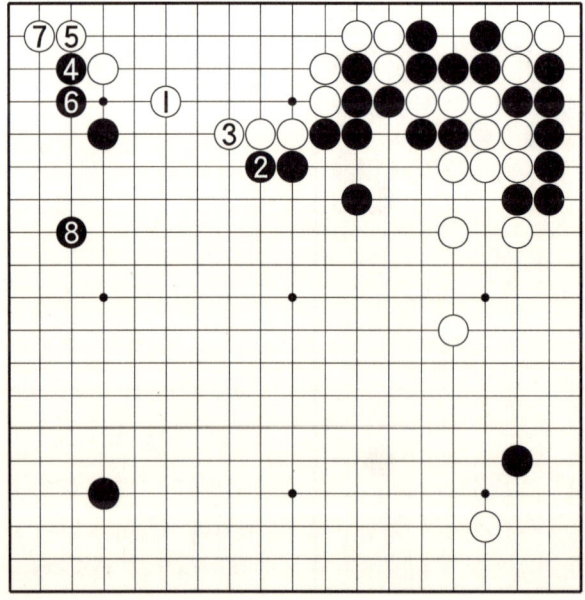

참고도

참고도

실전 흑47로 걸칠 때 백이 상변 집모양을 지키려고 한다면 1 이하 7이 보통일 것이다.

다만 흑이 좌변에 8까지 진지를 무난하게 구축하면 전체적으로 활발하다. 백은 상변에 집이 국한되어 재미없다 생각했을 것이다.

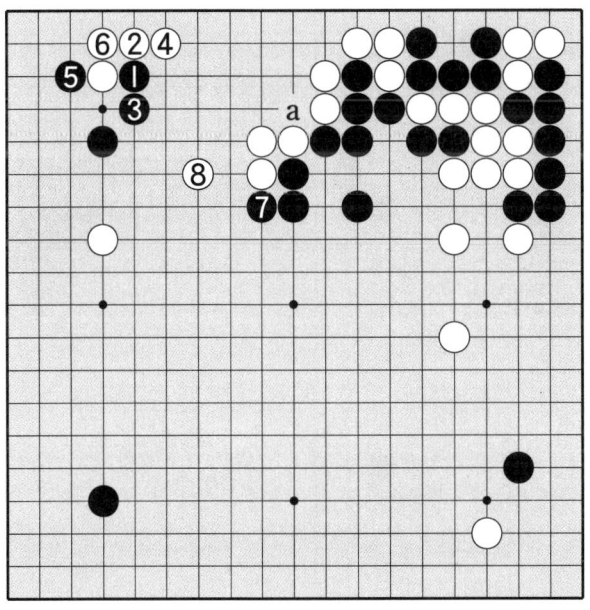

1보

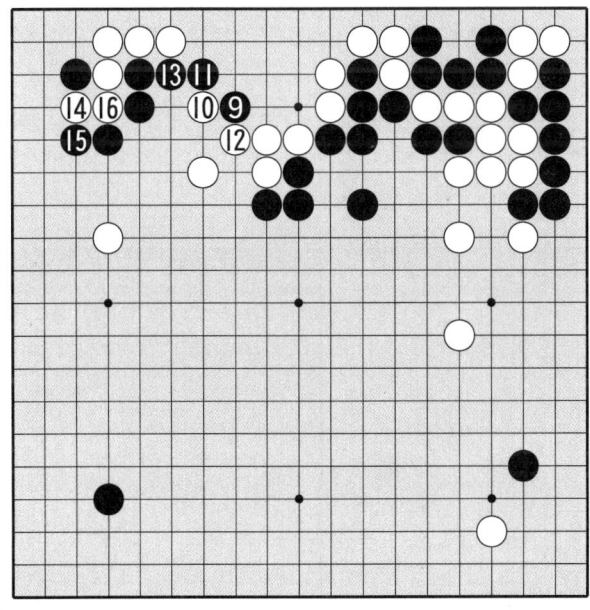

2보

▦ 1보(1~8)

흑1의 붙임. 백이 강한 곳이라 가벼운 마음으로 부딪쳐 갔을 것이다. 백 2, 4로 순순히 응한다. 흑5에는 백6의 이음. 여기까지는 상용 수단이다. 백은 기회를 포착하여 전체를 크게 공격하려는 뜻도 있다.

여기서 흑은 7로 중앙에 하나 활용해 둔다. 보강이지만 a의 끊는 맛과 더불어 백을 약간 자충으로 유도하려는 측면도 있다.

▦ 2보(9~16)

그런 자충을 흑9로 노려본다. 이에 백10, 12는 모양에 구애받지 않는 실전적인 방어 수단이다. 흑13으로 이을 때 백 14, 16으로 흑의 약점을 압박하며 귀에 집을 마련한다.

여기서부터 백의 행마는 단호해진다.

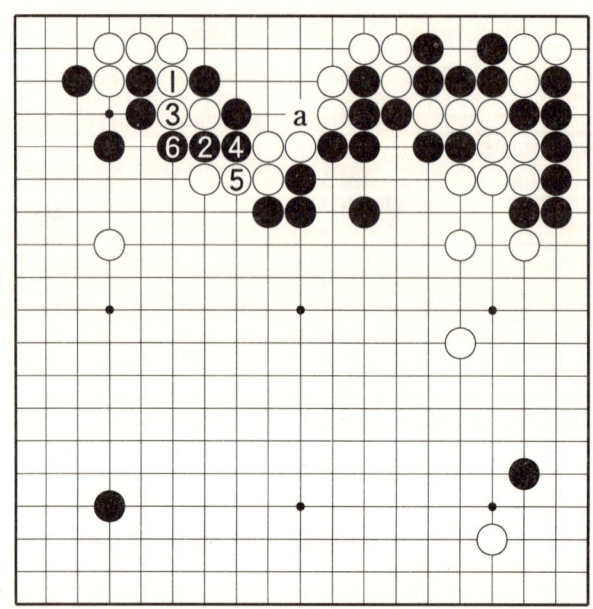

1도

1도(유유히 연결)

실전 흑11에 백1로 차단
하면 흑2~6으로 유유히
연결하여 기분 좋다. a의
약점도 부각된다.

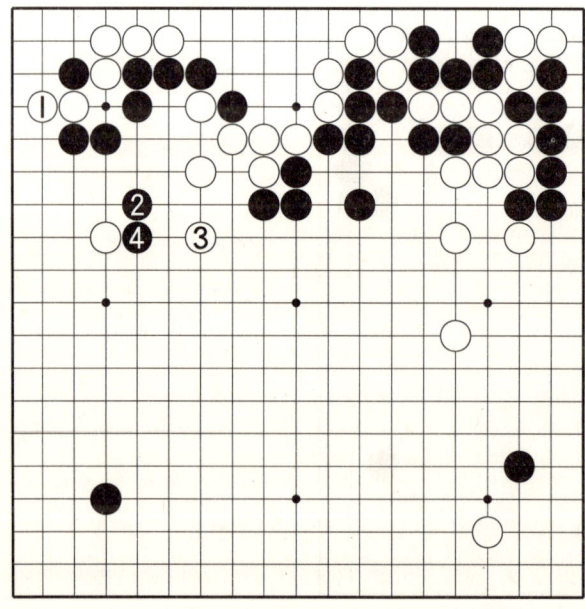

2도

2도(흑, 진출)

실전 백16은 공격에 뜻
을 둔다. 이 수로 1이 실
리에서는 이득이지만 흑
2로 나갈 때 봉쇄는 어
렵다. 백3 정도로는 흑4
로 나가 백이 재미없다
고 본 것.

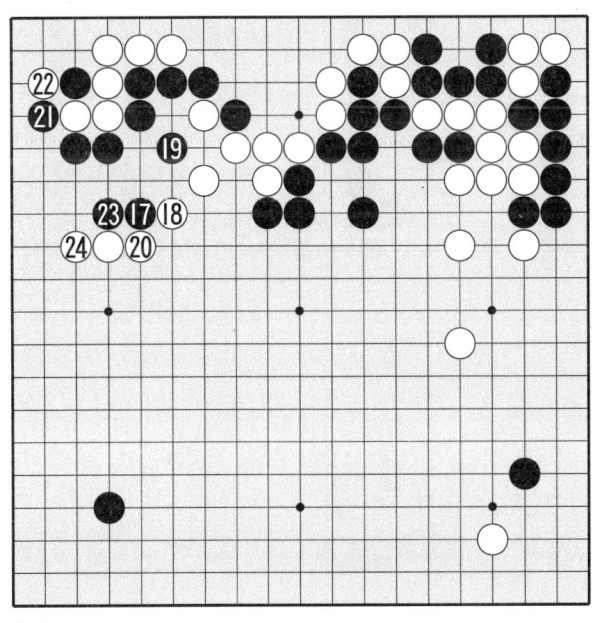

3보

▦ 3보(17~24)

흑17로 나갈 때 백18의
붙임은 맥점이다. 그러
면 흑19로 지킬 때 백20
으로 차단할 수 있다. 이
제 흑은 자체 사는 길을
모색해야 한다. 21, 23은
그 과정.

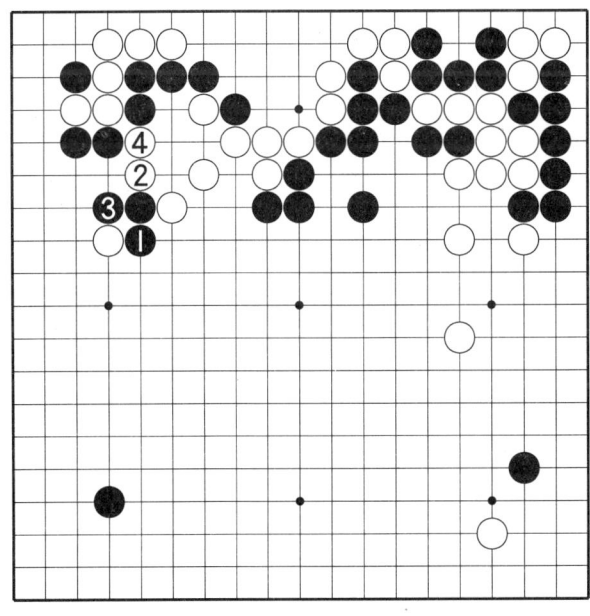

3도

3도(흑, 곤란)

실전 백18에 흑1로 나가
고 싶지만 백2, 4로 상
변이 알기 쉽게 끊겨 흑
이 곤란하다.

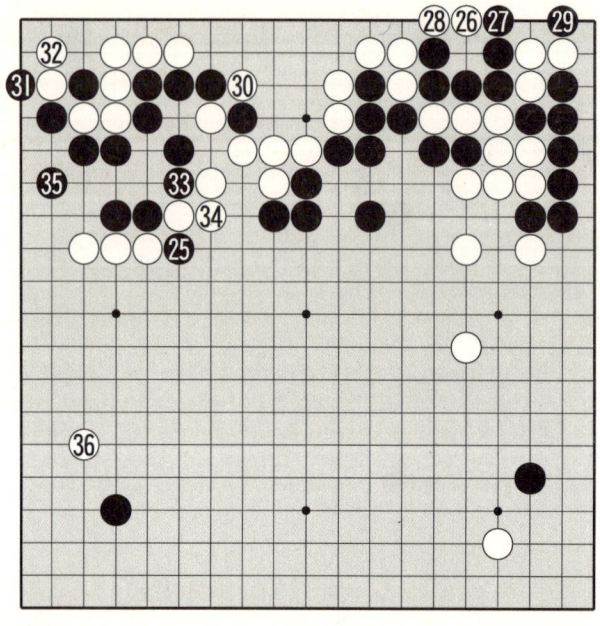

4보

▦ **4보(25~36)**

흑25로 끊어 변화의 단
서를 찾아보지만 백26,
28을 결정해 둔 후 30으
로 자체 안정하면서 간
힌 흑을 계속 몰아간다.
  흑은 이제 31~35의 수
순으로 쌈지를 뜰 수밖
에 없다. 백36으로 기분
좋은 걸침이다.

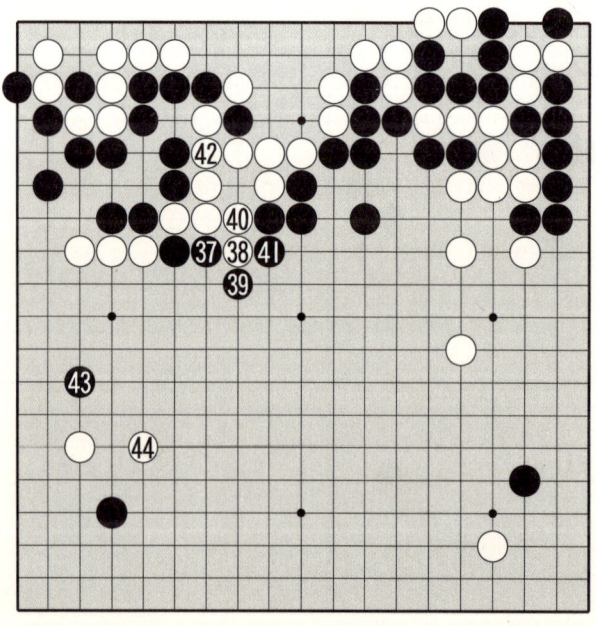

5보

▦ **5보(37~44)**

흑37은 끊어 둔 돌을 살
리는 두터운 막음이다.
이에 백은 38~42로 외
곽에 흠집을 남기며 안
정해 둔다.
  흑43의 협공. 뭔가 서
두르는 느낌이지만 현
상황이 만만치 않다고
본 강공책이다. 백44의
뜀은 당연한 기세.

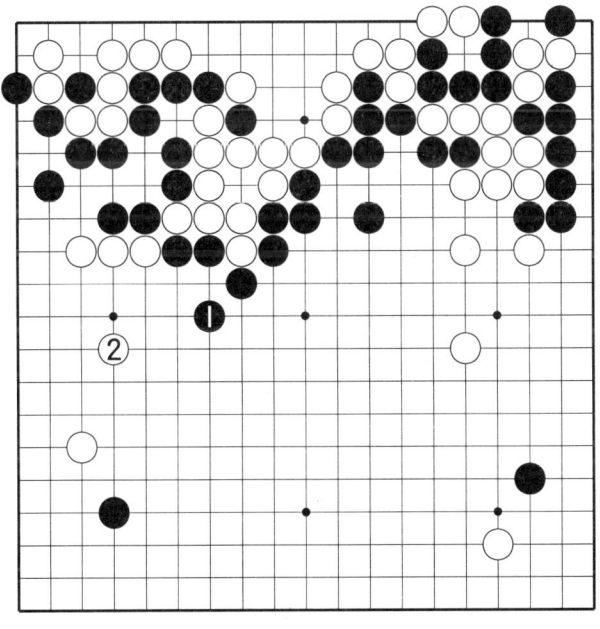

4도

4도(백, 훌륭한 자세)
백42 때 보통이라면 흑 1의 지킴이지만 좌변 백 2로 지키는 자세가 훌륭하다. 실전의 협공은 이를 염려한 것일 터.

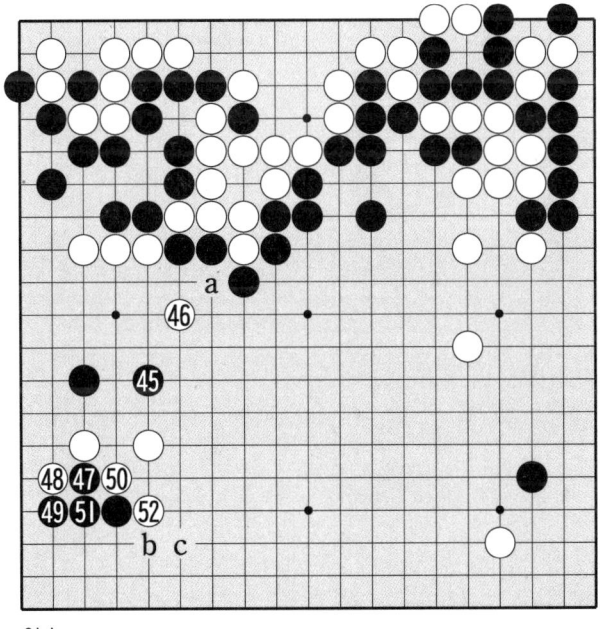

6보

▦ **6보**(45~52)
좌변을 협공한 이상 흑 45는 내친김에 당연하다. 백도 46으로 단점을 노리며 나온다. a의 단점이 있지만 흑은 47로 귀에 변화를 구한다. 이에 백48~52는 임기응변. 다음 흑b는 백c로 이단 젖히는 자세가 좋다.

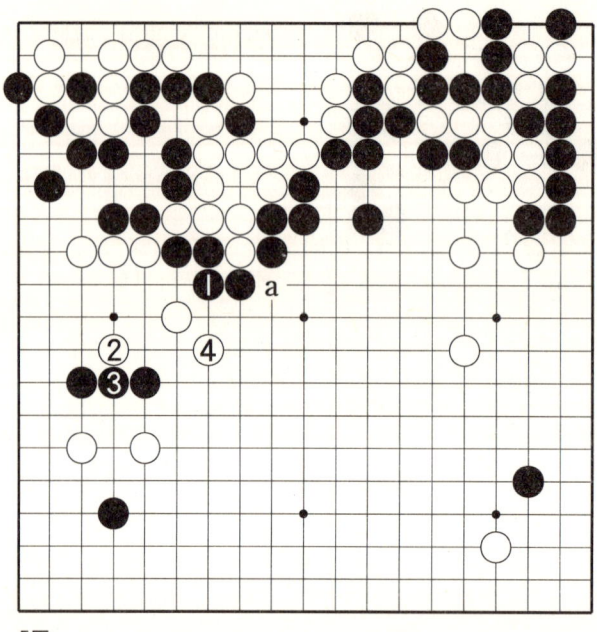

5도

5도(흑, 무거움)

실전 백46에 즉각 흑1로 잇는 것은 백2, 4로 활용하며 나오면 흑이 전체적으로 무거워질 염려가 있다.

a의 약점도 있어 일찌감치 흑이 수렁에 빠질 위험이 있다.

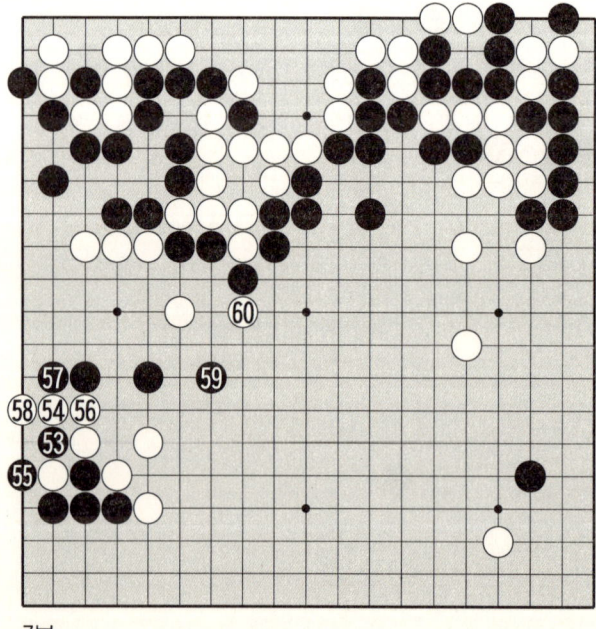

7보

▦ **7보(53~60)**

실전은 흑53쪽을 끊어먹은 후 백56으로 이을 때 흑57, 59로 승부의 초점인 좌변을 움직여간다. 다음 백60의 붙임은 교묘한 수단이다.

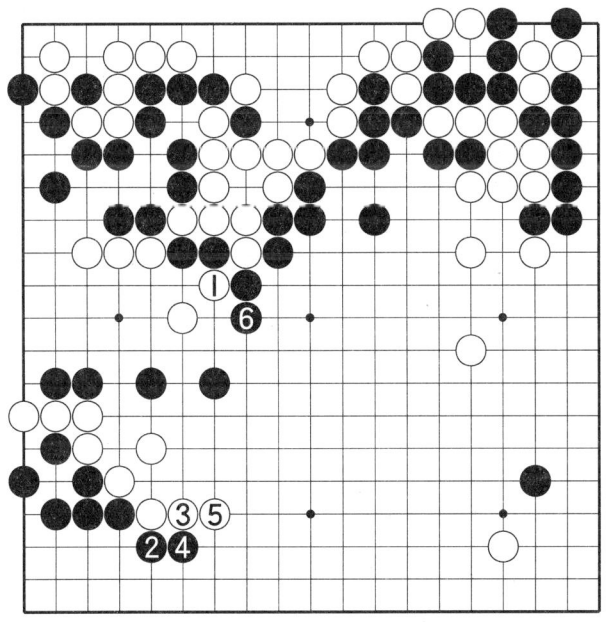

6도

6도(백, 두점에 연연)

실전 백60의 붙임. 이 수로 1에 끊어 두점을 잡는 것은 흑이 2, 4로 귀의 실리를 넓힌 후 6으로 뻗어 중앙을 두텁게 정리하면 긴 승부로 버틸 수 있다.

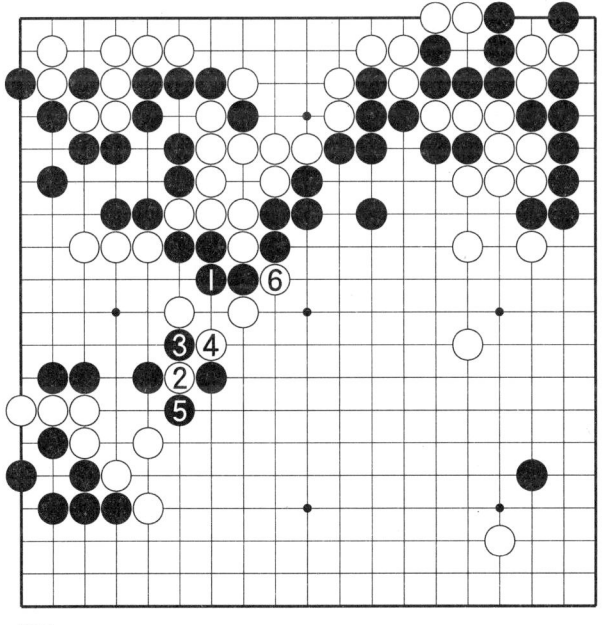

7도

7도(끼움이 맥점)

실전 다음 흑1로 두점을 살리는 것은 백2의 끼움이 맥점으로 작용한다. 흑3으로 단수하면 백4를 선수한 후 6으로 끊어 넉점이 잡힌다.

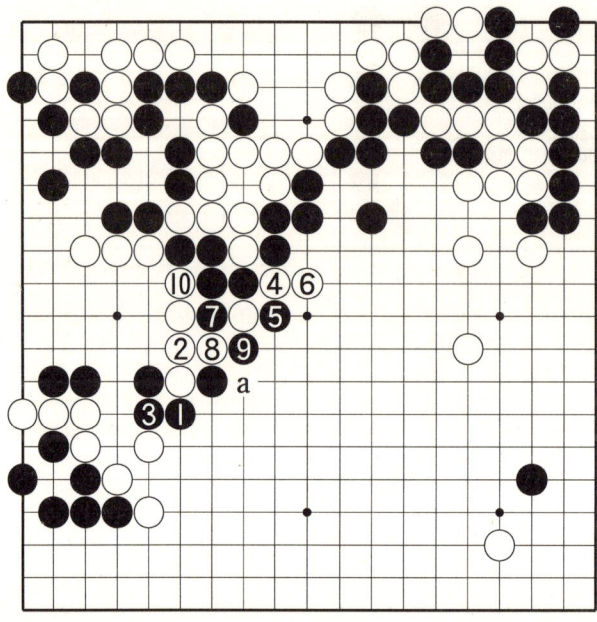

8도

8도(흑, 곤란)

백의 끼움에 흑1쪽에서 단수하면, 이번에는 일단 백2로 잇는다. 그리고 흑3에 백4의 끊음. 흑5, 7에 백8, 10으로 뒤에서 단수하면 a의 약점으로 흑이 곤란하다.

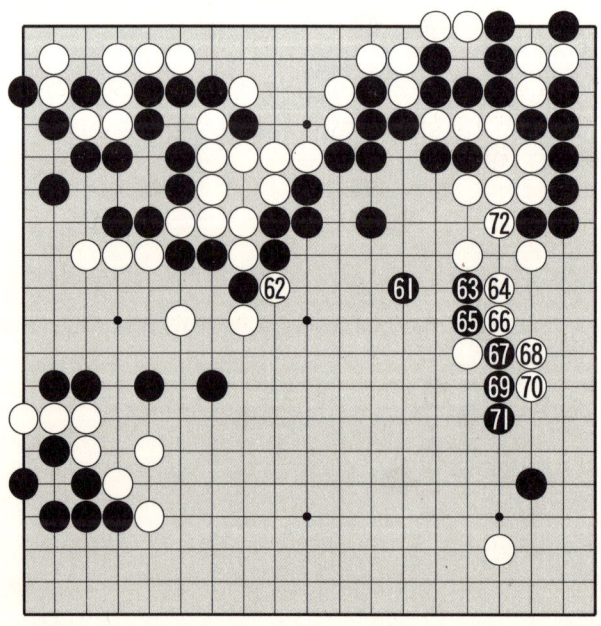

8보

8보(61~72)

실전은 흑61로 우변을 노리며 비튼다. 그러면 8도의 변화에도 도움을 준다는 계산이다. 따라서 백도 62로 일단 중앙을 제압한다. 다음 흑은 63~71로 우변 압박이 기분 좋지만, 백도 72가 사활의 급소다.

백은 앞서 얻은 실리가 많아 여기만 안정되면 좋다는 생각이다.

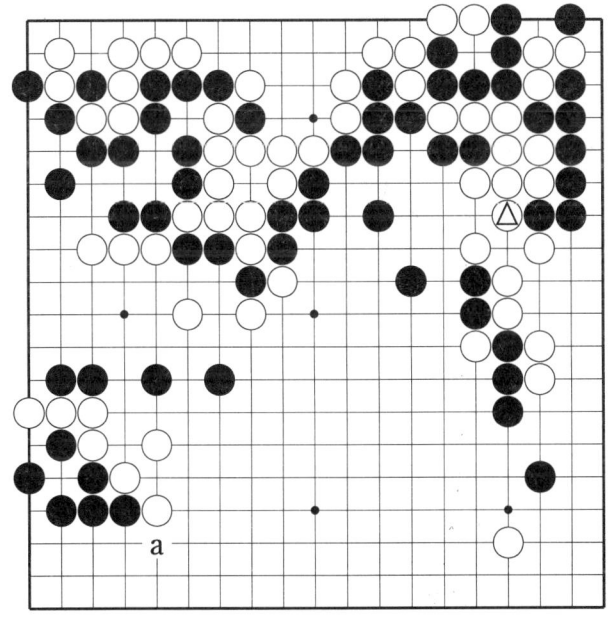

9도

9도(흑이 먼저 두면)

백△는 사활의 급소라
했지만, 흑이 애초에 거
길 먼저 두면 어땠을까.

그러면 백이 귀에 붙은
여덟점을 버리고 둘 수
있다. 그럴 경우 a가 대
세상 큰 곳. 흑의 소탐
대실이다.

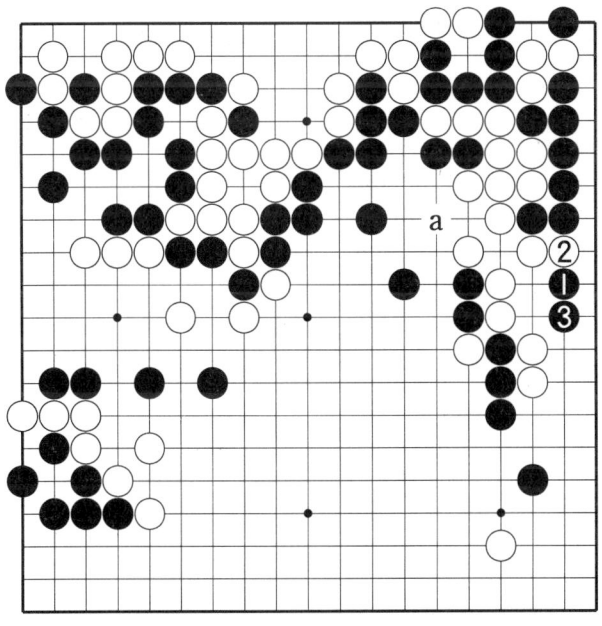

10도

10도(흑, 엷음)

실전 다음 흑이 우변을
공격하자면 1, 3 정도다.

언뜻 통렬해 보이지만
백은 a로 한 집을 마련
하는 자체 안정 수단이
있다. 흑의 외곽이 엷어
거의 선수성이라는 게
백의 자랑이다.

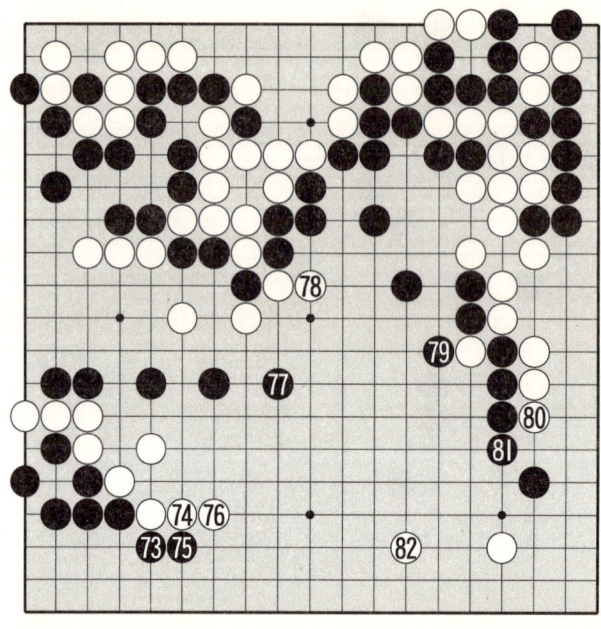

9보

9보(73~82)

흑은 73, 75로 밀어둔 후 77로 중앙을 보강한다. 백78과 흑79는 서로 두터운 수단. 백은 우변 80을 선수한 후 82의 두칸 벌림으로 귀를 지키며 실리로 앞서간다.

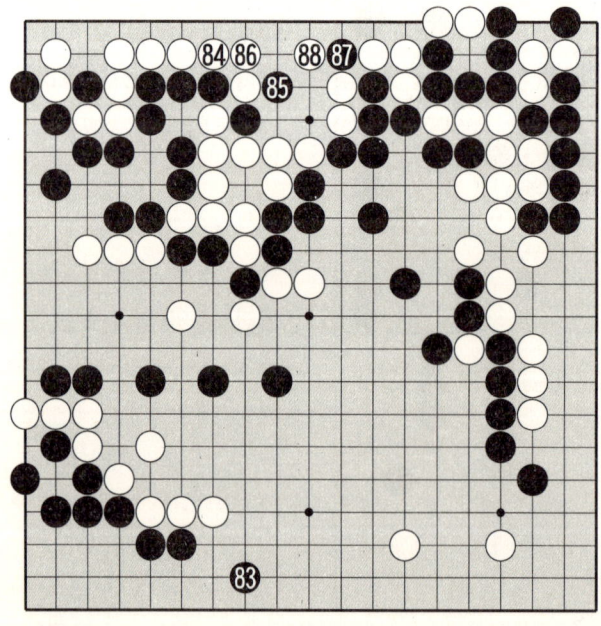

10보

10보(83~88)

흑83의 달림. 실리로 크고 좌변에서 흘러나온 백 일단도 은근히 압박한다.

백도 좌하 돌은 아직 탄력이 있다 보고 84로 상변 실리를 완성한다. 흑85, 87로 지나는 길에 활용한 장면이다.

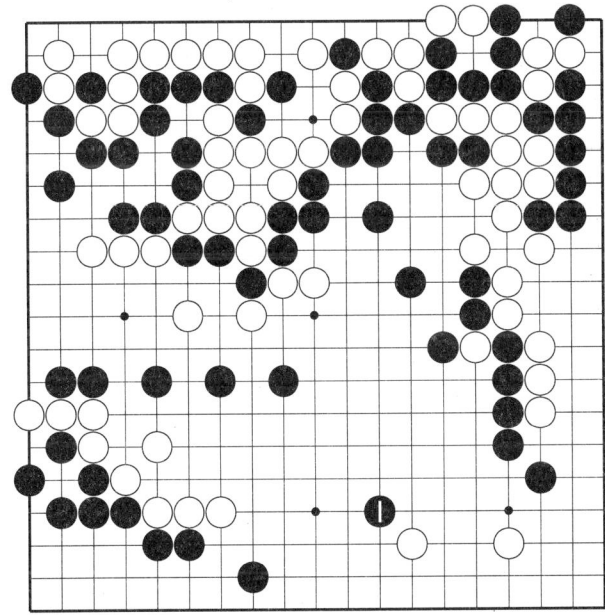

11도

11도(차후 실전)

이 바둑은 전체적으로 백이 실전적인 수법으로 실리에 앞서고 있다.

앞으로 흑은 중앙 두터움을 바탕으로 좌하나 우하의 백을 압박하여 그 대가를 얻는 연구가 필요하다.

그런 배경에서 차후 실전은 흑1의 마늘모 씌움부터 시작된다.

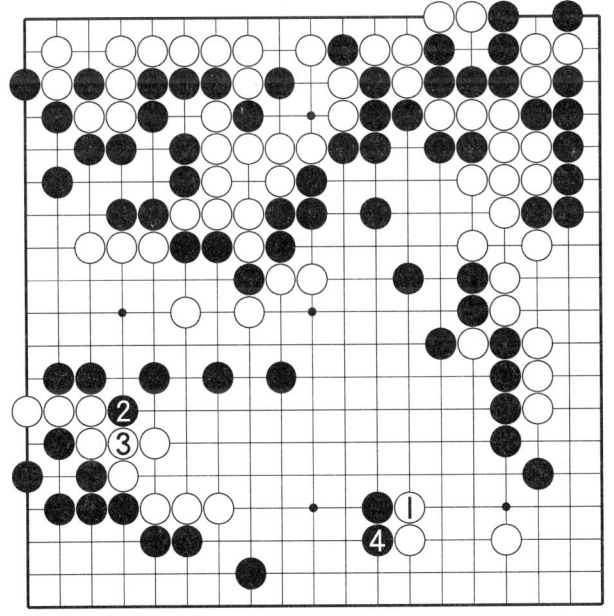

12도

12도(강하게 버팀)

참고로 실전을 좀 더 진행시켜 본다.

백1로 밀자 흑은 2를 선수한 후 4로 강하게 어깨를 대며 버틴다. 실전적인 수법이다. 아무튼 흑은 좌우 백을 넘보면서 집으로도 이득을 보겠다는 심산이다. 또 그래야 이기는 기회를 노릴 수 있는 법이다.

인문학적 넓은 사고와
깊은 수읽기로 판을 경영하라

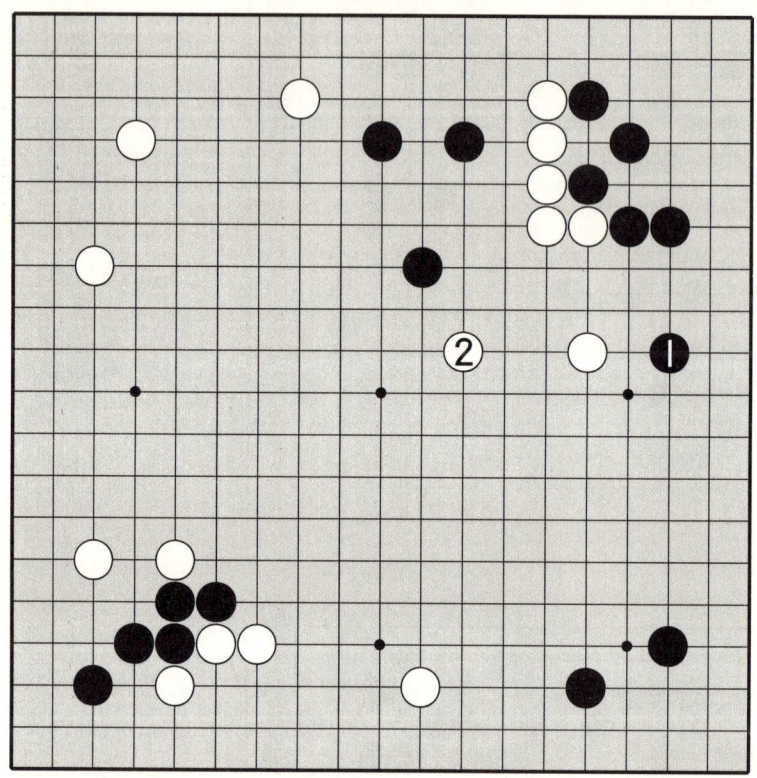

41회 하이원리조트배 명인전 결승5국(● 이세돌 vs ○ 최철한)

흑은 귀의 착실한 실리를 토대로 두고 있다. 백은 변의 발빠른 벌림
으로 대응한다. 지금 상중앙이 초점이다. 서로 경합하고 있는데, 흑1
로 벌리며 쫓자 백2로 진출하며 은근히 중앙 흑을 노린 장면이다.

  바둑은 폭넓은 사고와 깊은 수읽기가 요구된다. 인문학 책을 읽으
면 넓은 사고를 하는 데 도움이 될지도 모른다. 스티브 잡스는 첨단
기기인 휴대폰 개발에 전혀 쓸모없을 것 같았던 인문학을 접목시켰
고, 그 결과 위대한 스마트폰을 탄생시켰다. 깊은 수읽기에는 꾸준한
사활 공부가 도움이 될 것이다.

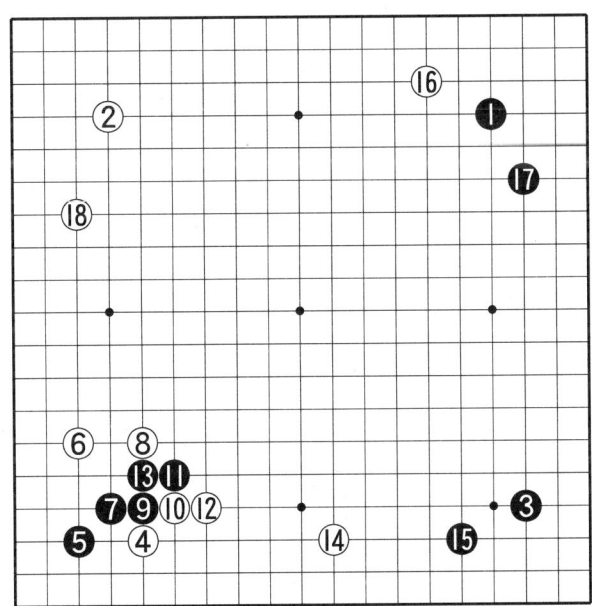

과정 1보

과정 1보(1~18)

좌하귀 백4의 외목에서 6의 두칸 협공 정석. 이하 14까지 흑은 귀에서 두텁게 진출하고, 백은 변에서 발빠르다.

흑15로 굳힐 때 백16, 18로 하나 걸친 후 지킨 것도 발빠른 수법이다.

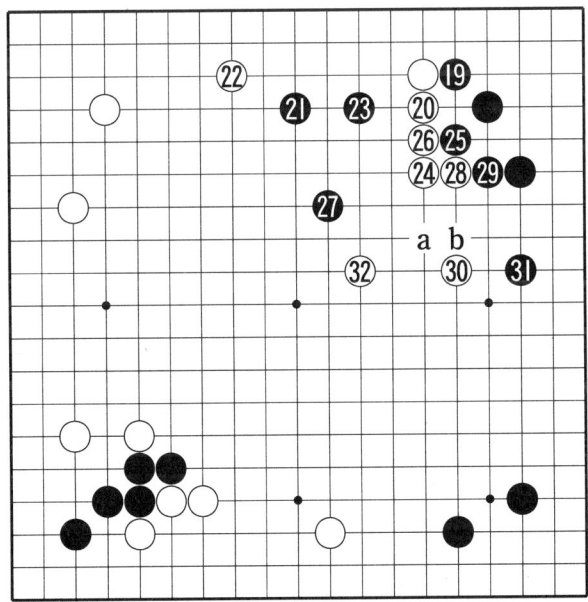

과정 2보

과정 2보(19~32)

흑19 이하 27까지 우상 백을 몰아간다.

그 사이 백은 22로 다 가선 후 28~32로 가벼운 행마로 일관한다. 수순 중 백28은 a, 30은 b도 하나의 선택이다.

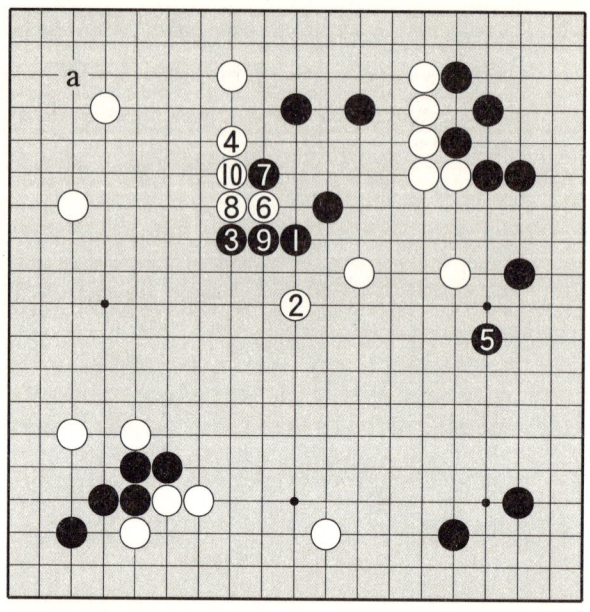

1보

🏁 1보(1~10)

중앙 흑1, 3으로 두텁게
움직인다. 백4의 뜀은
a의 삼삼이 단점으로 남
지만 중앙 전투를 의식
한 수단. 흑5로 변을 지
키며 우상 백을 압박할
때 백6으로 선제 공격부
터 가한다. 흑7의 반발
은 백8로 상대를 무겁게
하여 선수를 잡으려는
뜻. 역시 10까지 서로 이
으며 일단 흑의 선수다.

1도(부담)

실전 흑의 마늘모 행마.
이 수로 흑1의 날일자가
적극적이지만, 백2로 뛰
면 a의 약점이 부담으로
발목이 잡힌다.

1도

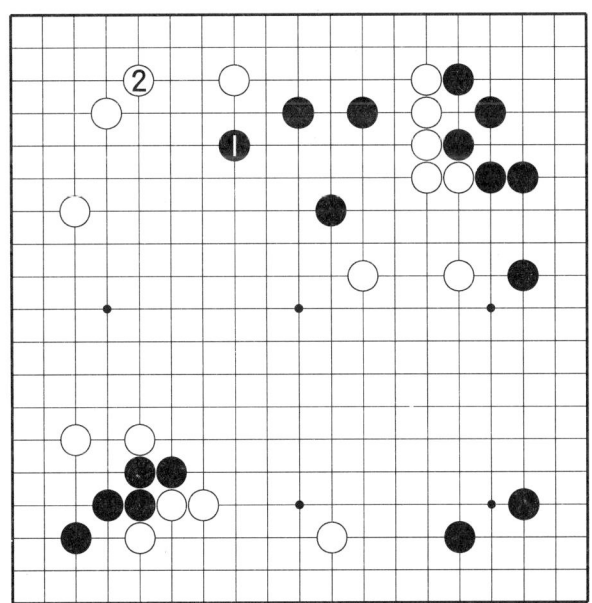

2도

2도(귀의 굳힘)

그렇다고 흑1로 먼저 씌우는 것은 백2로 좌상귀를 굳혀 주어 재미없다.

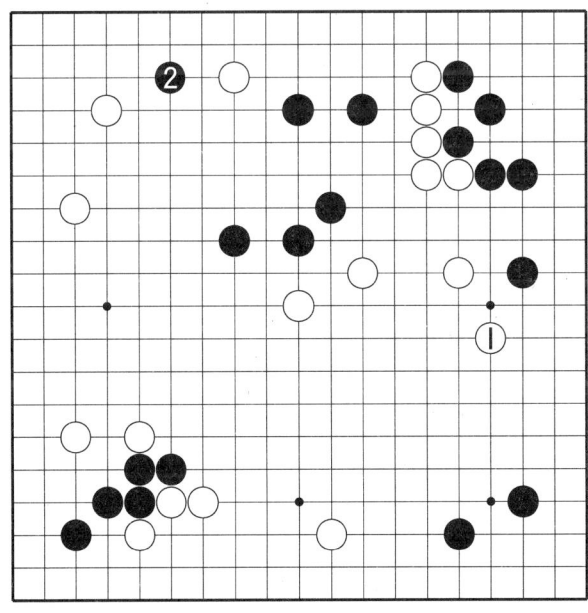

3도

3도(통렬한 침입)

실전 흑3에 백1로 우변을 먼저 깨며 움직이는 것은 흑2의 상변 침입이 통렬하다.

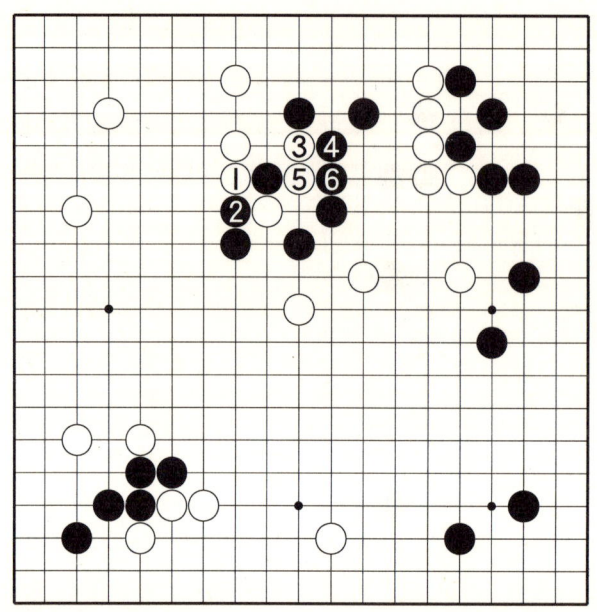

4도

4도(백, 엷음)

실전 흑7에 백1로 막으면 흑2로 끊는다. 이하 6까지 붙인 한점을 잡을 수는 있지만 우상 백이 엷어져 재미없다.

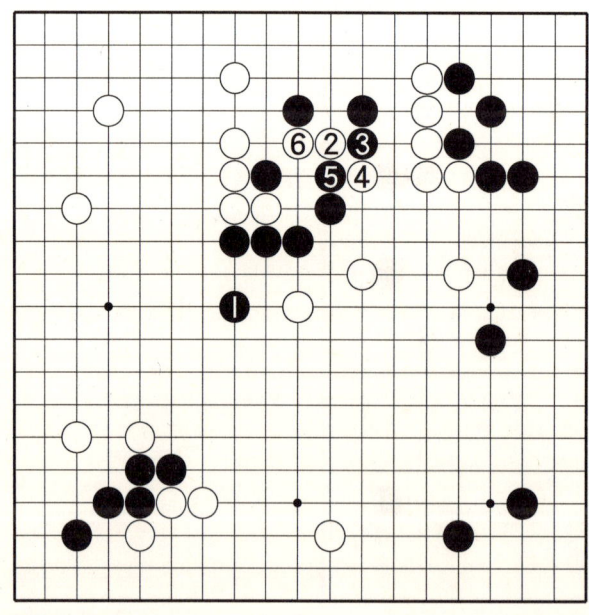

5도

5도(상변 끊김)

실전 다음 중앙 흑1쪽으로 향하는 것은 백2가 급소로 6까지 상변이 끊어진다.

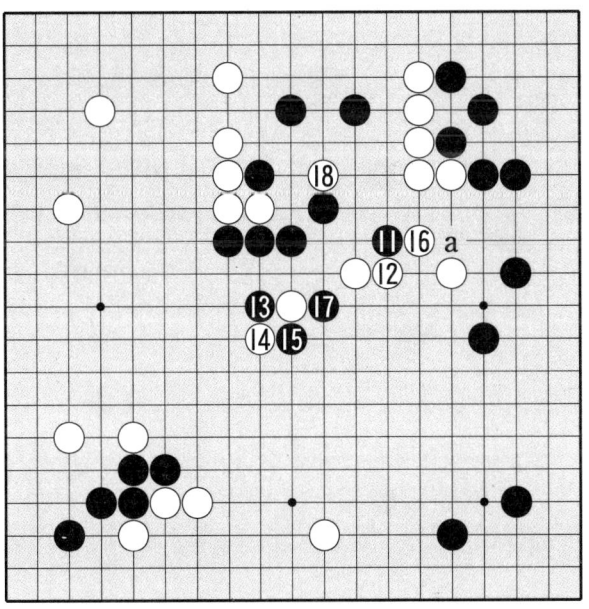

2보

2보(11~18)

흑11로 백을 추궁하지만 상변 끊어지는 맛을 보강한 측면도 있다. 그리고 흑13, 15로 중앙 전투 돌입. 이때 백16은 흑 a의 붙임을 우려한 지킴. 더불어 상변 흑에 대한 맛을 본다.

중앙 흑17로 잡은 것은 상변은 따로 수습하려는 뜻. 아무튼 백18의 붙임이 상변을 공격하는 맥점이다.

6도(백, 불리)

실전 흑11에 백1, 3으로 끊는 것은 흑4의 붙임이 맥점. 백5, 7로 몰아갈 수 있지만, 10까지 보듯이 이 축은 좌하 축머리 관계상 백이 불리하다.

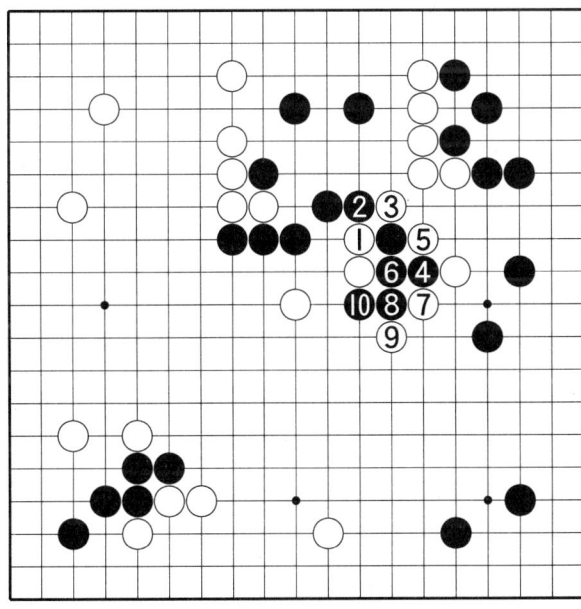

6도

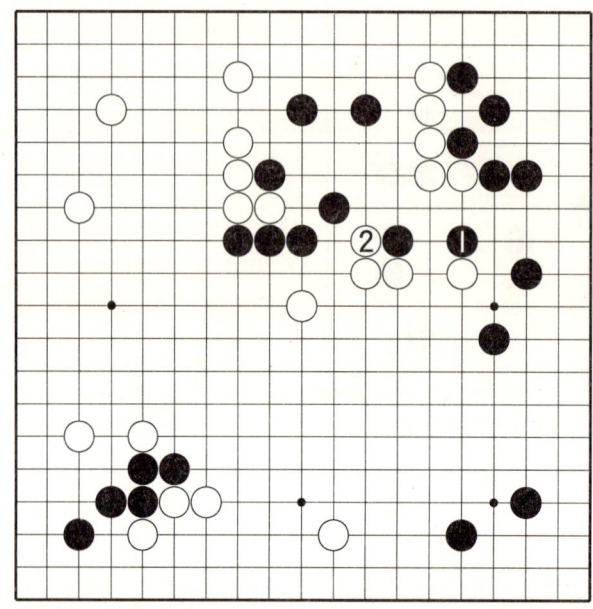

7도

7도(백, 버팀)

실전 백12 때 흑1로 당장 차단하는 것은 백2로 버틸 수 있다.

이후 바꿔치기가 발생해도 백이 중앙을 장악하면 충분하다.

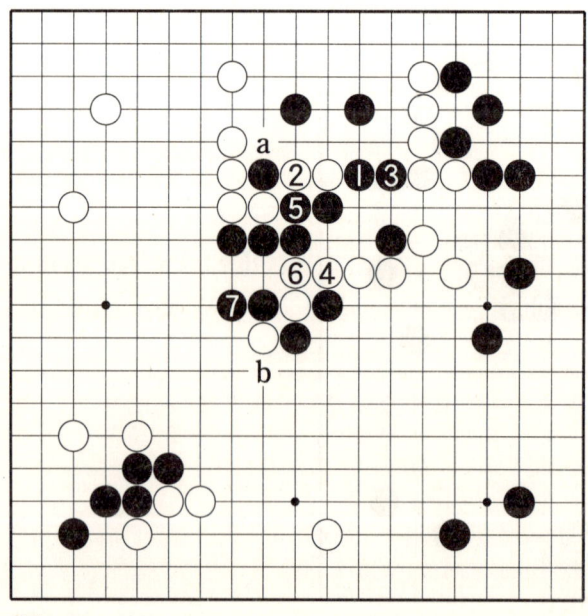

8도

8도(백, 미흡)

실전 다음 흑이 연결을 도모하고자 1로 젖히면 어떻게 될까. 이때 백2로 물러서면 3으로 웅크리는 수단이 있다.

그러면 백4, 6으로 한 점을 살리며 중앙을 압박하고 7까지. 아직 a와 b가 남아 백이 다소 미흡하다.

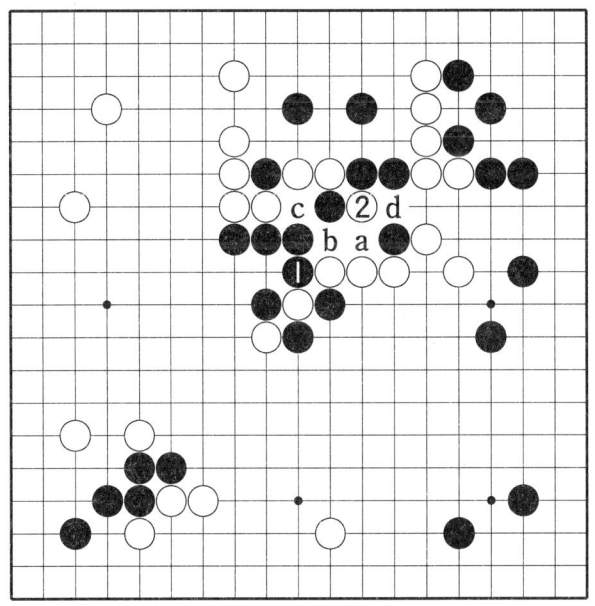

9도

9도(차단)

앞 그림의 수순 중 백4
에 흑1로 잡으면 백2의
끊음이 맥점이다.

다음 흑a면 백b. 또 흑
c면 백d로 차단되어 흑
이 재미없다.

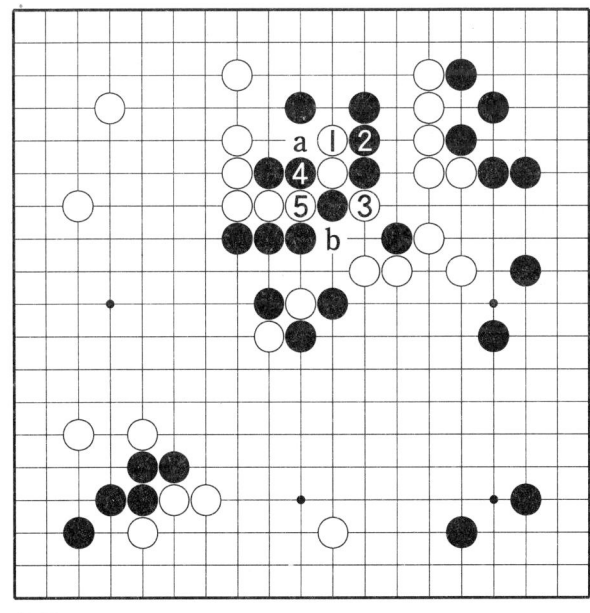

10도

10도(맞보기)

8도 흑1에는 백1로 파고
드는 것이 확실하다. 흑
2면 백3의 끊음이 성립
한다. 흑4에 백5.

a와 b가 맞보기로 흑이
차단된다.

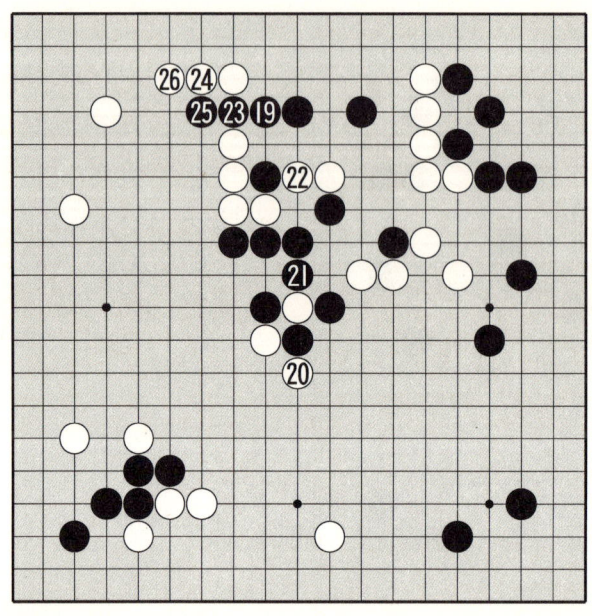

3보

3보(19~26)

실전은 흑19로 먼저 물어본다. 상변과 중앙의 연결고리를 품은 노림수이다. 백은 중앙에서 20을 하나 결정한 후 22로 상변을 완전 차단한다.

흑23, 25로 뚫어가지만, 26까지 늘면서 흑말을 공격하는 백의 흐름이 기분 좋다.

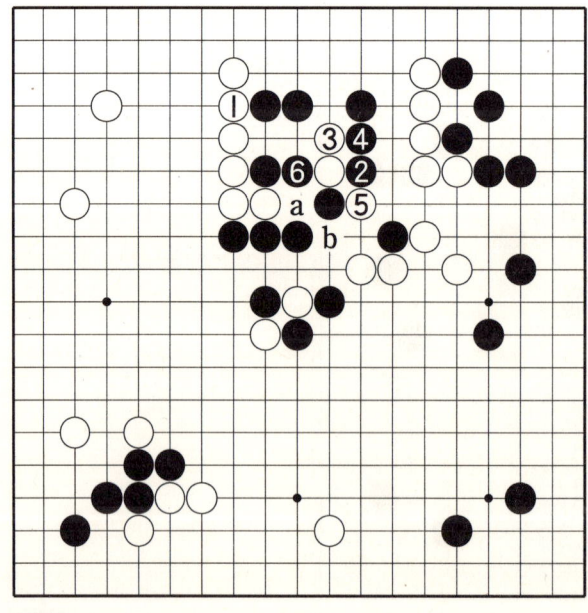

11도

11도(연결)

실전 흑19에 백1로 막으면 이번에는 백3, 5의 끊음이 통하지 않는다. 흑6까지 그만. 백a에는 흑b로 아무 탈이 없다.

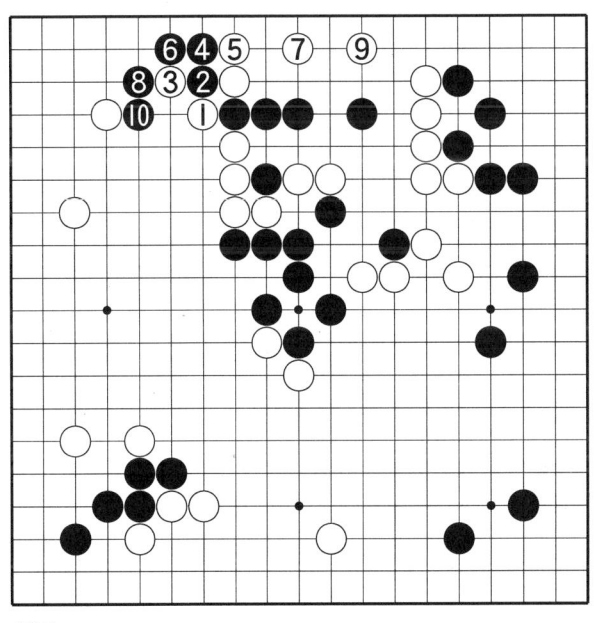

12도

12도(백, 무책)

실전 흑23에 백1로 막는 것은 무책.

흑2로 끊을 때 3~9로 상변은 접수하지만 흑8, 10으로 나오면 귀가 다 쳐 백이 재미없다.

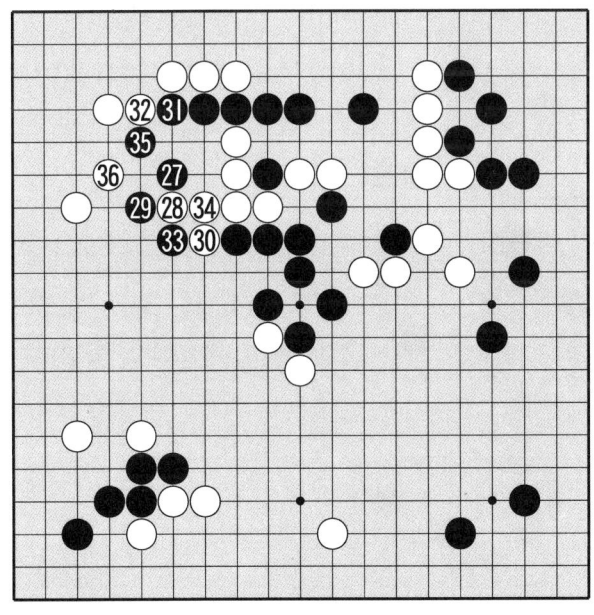

4보

4보(27~36)

흑27에 백28의 차단. 흑은 29~35로 탈출로를 확보해가지만, 백은 36으로 들여다보며 공격을 속행한다. 과연 대마의 운명은 어찌 될 것인가. 깊은 수읽기가 요구되는 장면이다.

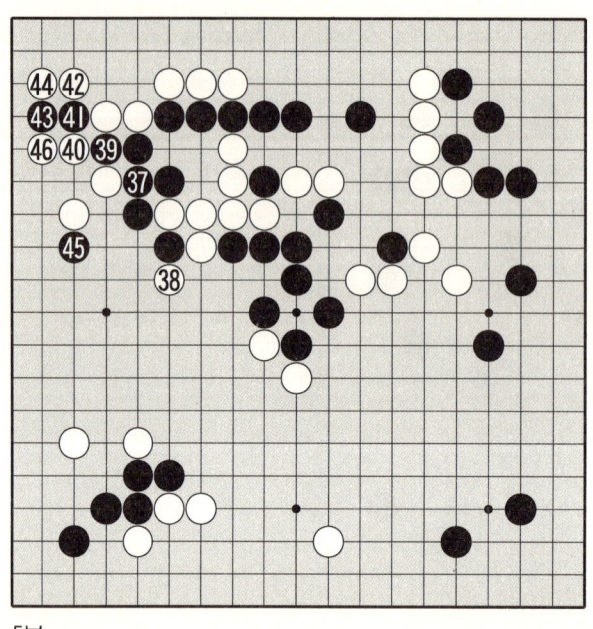

5보

5보(37~46)

흑37로 잇고 백38로 공격이다. 흑39, 41의 끊음은 변화를 구한 것.

백은 42, 44로 막고 흑45에 붙여 수단을 강구할 때 46으로 잡아 맞좋게 처리한다.

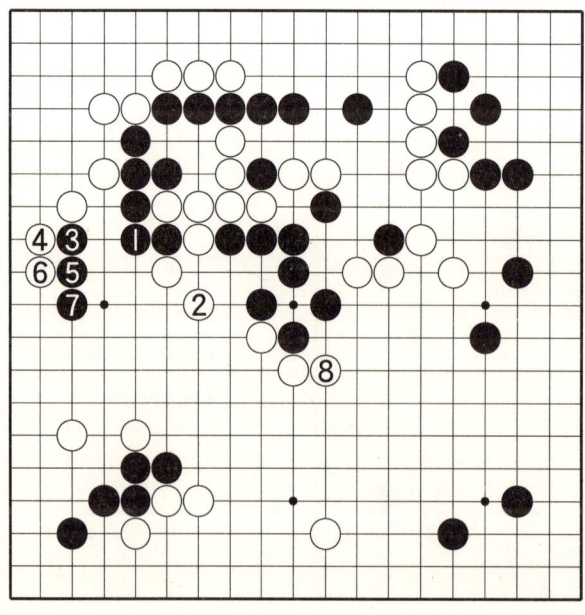

13도

13도(양동 작전)

실전 백38에 흑1로 이으면 일단 백2로 지킨다. 흑3~7로 수습해 가겠지만 백8로 뻗어 중앙 공격까지의 흐름이 기분 좋다. 백의 양동 작전이다. 흑의 이런 직접적인 도망은 일방적으로 쫓길 염려가 있다.

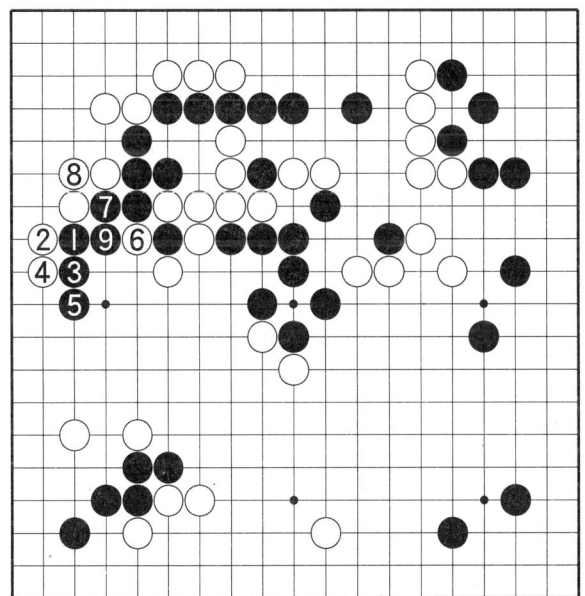

14도

14도(흑, 최악)

먼저 흑1로 붙여 늘어 가는 것은 백6, 8로 두 텁게 공격하여 9까지. 모양이 무너진 흑이 최 악이다.

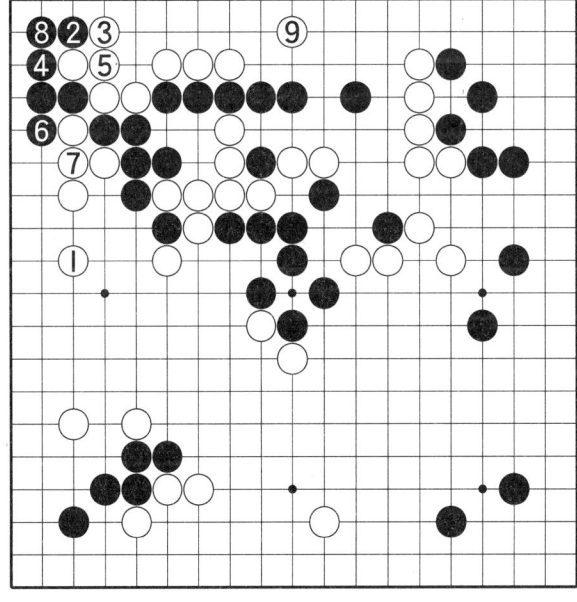

15도

15도(귀의 손실 부담)

실전 흑43에 백1로 변에 서의 포위는 생각할 수 있는 수단이다. 흑이 2~ 8로 귀를 도려내며 살면 9까지 이제는 흑 대마가 위험하다.

다만 백도 대마를 고스 란히 잡지 못하면 귀의 손실이 커서 모험이라 생각하고 실행에 옮기지 못했을 공산이 크다.

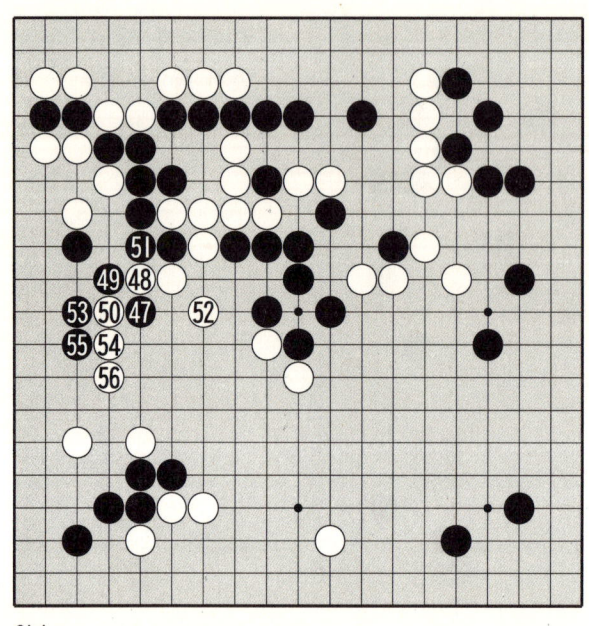

6보

6보(47~56)

흑47은 타개의 요처. 백
48, 50으로 끊으면 흑51
의 이음이 중앙 관계상
선수다. 백52로 지킬 때
흑53, 55로 변에서 안형
을 구한다.

이런 치열한 전투에서
는 모양과 수순이 대단
히 중요하다.

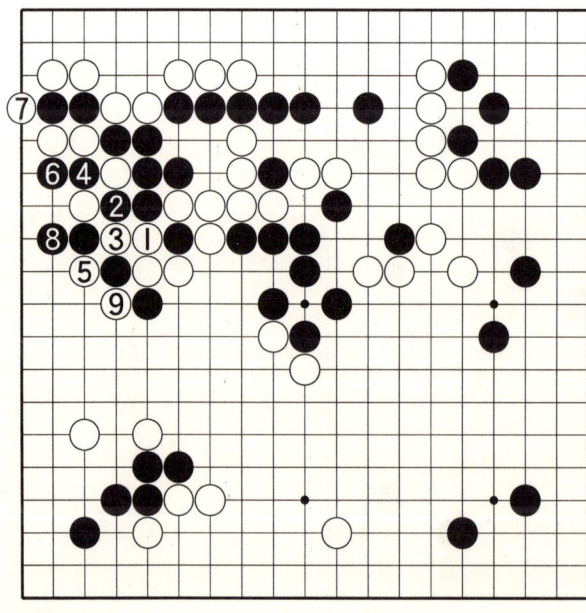

16도

16도(흑, 타개)

실전 흑49에 백1, 3으로
한점을 잡으면서 끊어가
면 9까지의 진행이 예상
된다.

이 그림은 흑이 알기
쉽게 안형이 구비되어
타개된 모습이다.

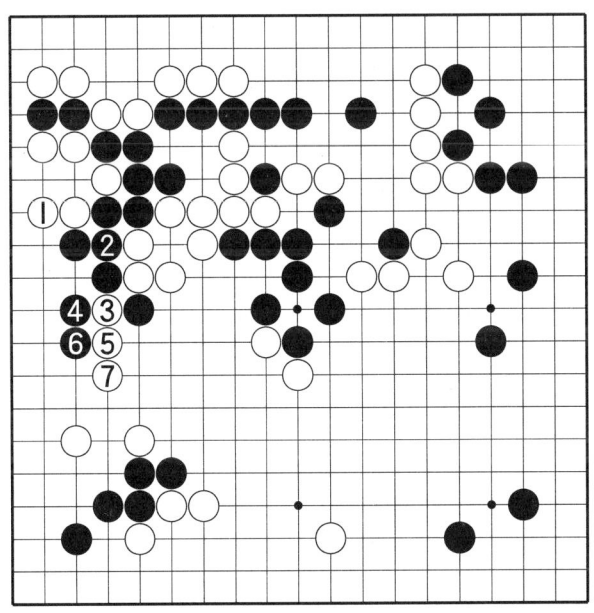

17도

17도(중앙 관계)

앞 그림 백3으로는 1에 늘어야 제법 공격 형태를 유지할 수 있다. 그러면 7까지 예상되는 진행이다.

실전과 비교해 중앙이 더 열려 있어 백이 선택하지 않았을 것이다.

변과 중앙까지 연계하여 사고의 폭을 넓혀야 최적의 수단이 나온다.

7보

7보(57~69)

흑은 57로 일단 중앙을 보강한다. 그리고 59~63으로 좌하귀를 처리한 후 69까지 중앙에서 백을 압박하며 활발하게 움직인다.

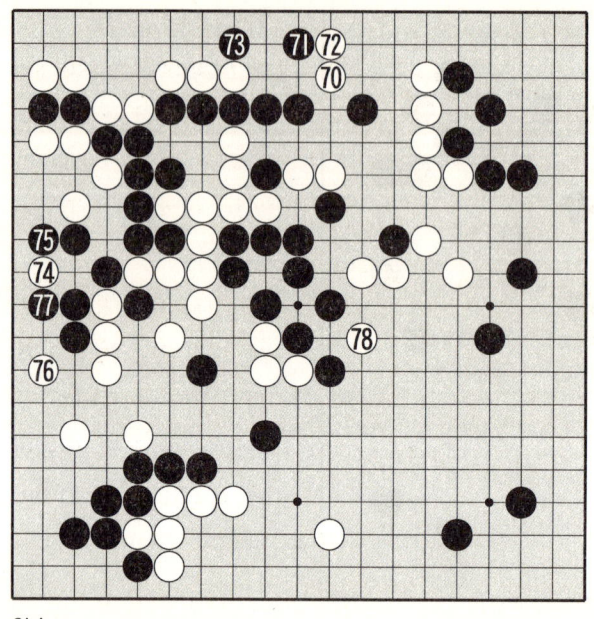

8보

8보(70~78)

백70은 흑 대마에 대한 응수타진. 흑71, 73은 최대한 집으로 버틴 수단으로 좌변에서 두 집 내고 사는 것으로는 만족할 수 없다는 생각이다.

백은 74, 76으로 안형을 공격한 후 78로 다시 응수타진. 어떤 음모가 숨어 있을까.

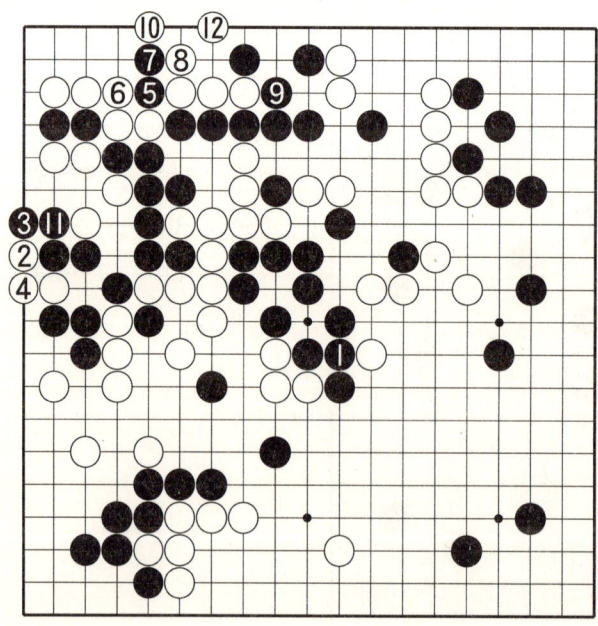

18도

18도(흑, 이음)

실전 다음 흑1로 이으면 어떻게 될까.

우선 백2, 4로 흑 대마의 좌변 안형을 공격하는 것이 급선무. 그래야 11까지 안형 하나로 단독 삶을 차단할 수 있다.

그 사이 흑은 5~9로 공작하여 상변에서 후수 한눈을 확보하지만, 결국 백12의 공격으로 자체 삶은 없다.

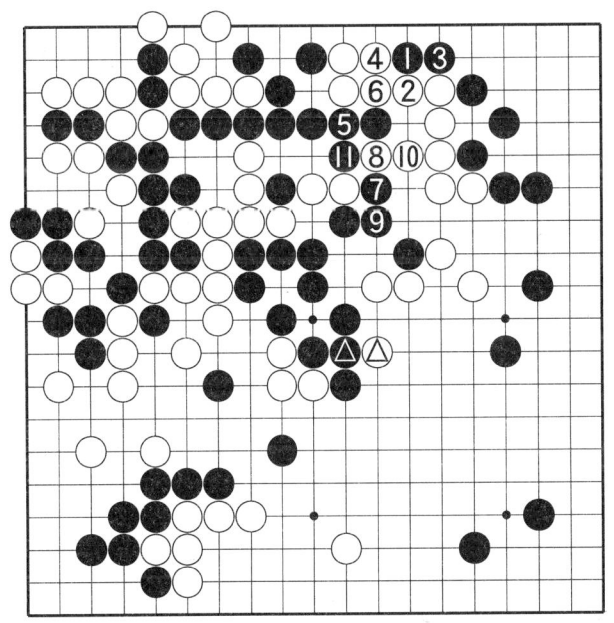

19도

19도(신의 한수)

계속해서 흑1의 치중은 맥점이지만 백은 2, 4로 버틸 수 있다. 결국 흑 11까지, 우측 백을 차단할 수 있다.

자칫 수상전이라도 벌어지면 백도 장담할 수 없다. 이때 앞서 둔 백 △와 흑▲의 교환이 백의 활로에 큰 도움이 될 것이다. 실전 백78은 여기까지 멀리 내다본 신의 한수일지도 모른다.

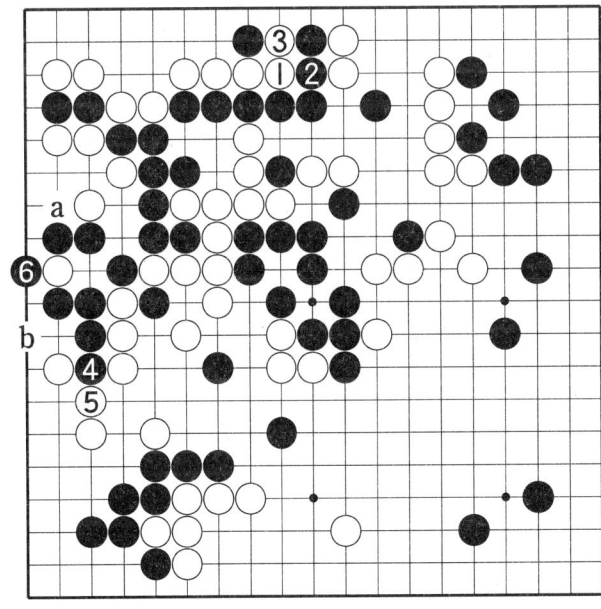

20도

20도(좌변 삶)

18도 좌변 안형을 먼저 공격하지 않고 1, 3으로 상변부터 차단하는 것은 흑4, 6으로 좌변에서 알기 쉽게 산다. a와 b가 맞보기.

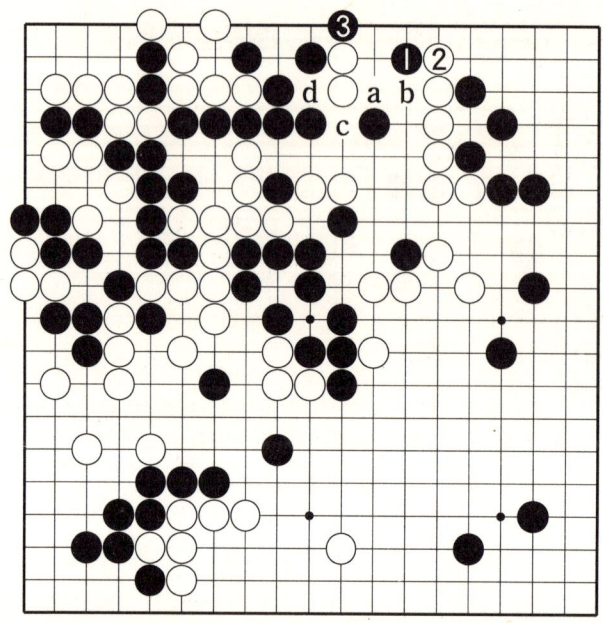

21도

21도(상황 역전)

19도 흑1의 치중 때 백 2로 막는 것은 금물. 흑 3으로 젖혀 수가 난다.

다음 백이 a, b, c 어디를 두더라도 흑d가 안형 관계상 선수이므로 상황 역전이다.

이런 데를 끝까지 확인하면 수읽기 공부에 도움이 될 것이다.

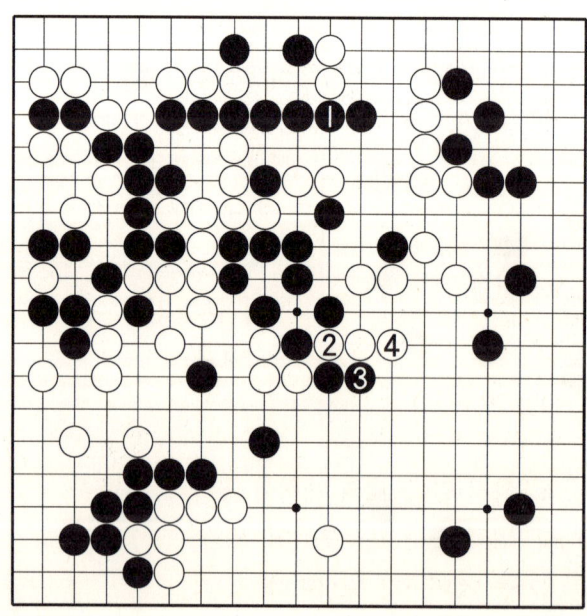

22도

22도(차후 실전)

종반 실전. 지금까지의 수읽기를 통해 위험을 감지한 흑은 1로 이어 확실히 살아두고, 백은 2, 4로 중앙을 제압해 가는데…

앞으로 여기 패맛을 배경으로 치열한 싸움과 타협으로 번져간다.

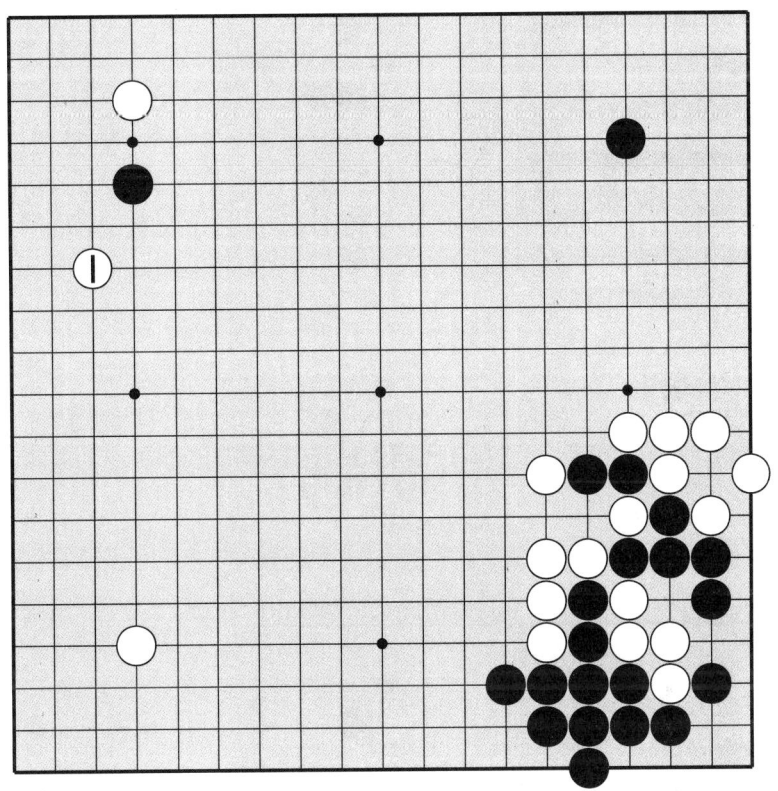

42회 하이원리조트배 명인전 결승3국(● 이동훈 vs ○ 박영훈)

우하 모양은 수수가 매우 긴 정석이다. 여기서 싸움까지 벌어지면 바둑판의 거의 4분의 1을 차지하게 된다. 백은 손을 돌려 1에 협공한 장면이다. 정석은 길어도 하나하나 음미하며 이해하면 기억하기 좋을 것이다.

흑의 실리가 좋다고 조급해하지 말며, 백의 세력이 좋다고 떨지 마라. 어차피 정석은 균형이다. 결국 바둑은 부분적인 정석을 활용하여 전체 판세를 어떻게 이끌어가는 것이냐가 핵심이다.

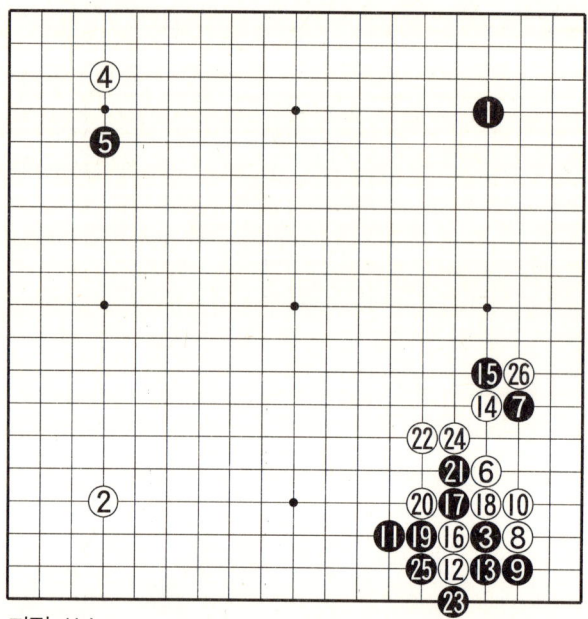

과정 1보

과정 1보(1~26)

흑5와 백6. 서로 적극적인 걸침이다. 흑7의 협공에 백8의 붙임. 흑9, 11의 선택에서 백12로 치중하고 14의 붙임 후 20, 22의 씌움. 백이 세력을 중시할 때 쓰는 수법이다.

백26의 끊음까지 아직 정석은 진행되고 있다.

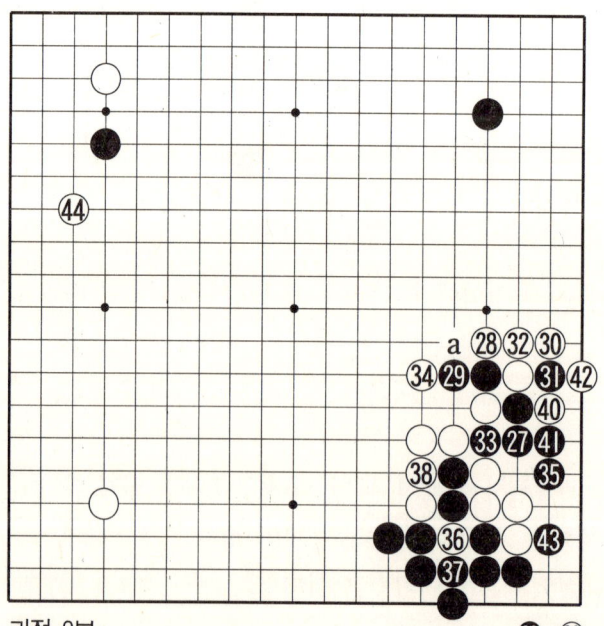

과정 2보

39··36

과정 2보(27~44)

흑27로 들여다볼 때 백 28, 30의 호구로 흑31의 단수를 유도한다. 흑33으로 끊을 때 백34의 한 템포 늦춘 붙임이 유연한 착상이다.

결국 43까지 흑의 실리와 백의 두터움으로 정석이 일단락된다. 백은 a에 막아야 세력이 완성되지만, 먼저 44로 협공하여 주도적이다. 이 부분은 바둑의 묘미다.

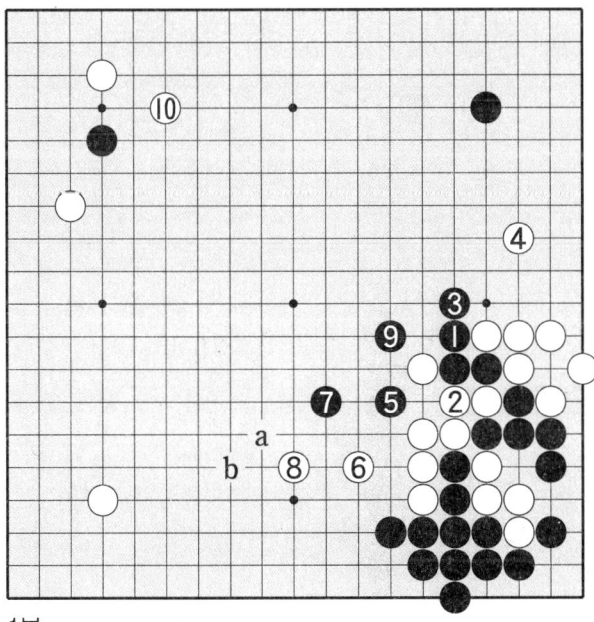

1보

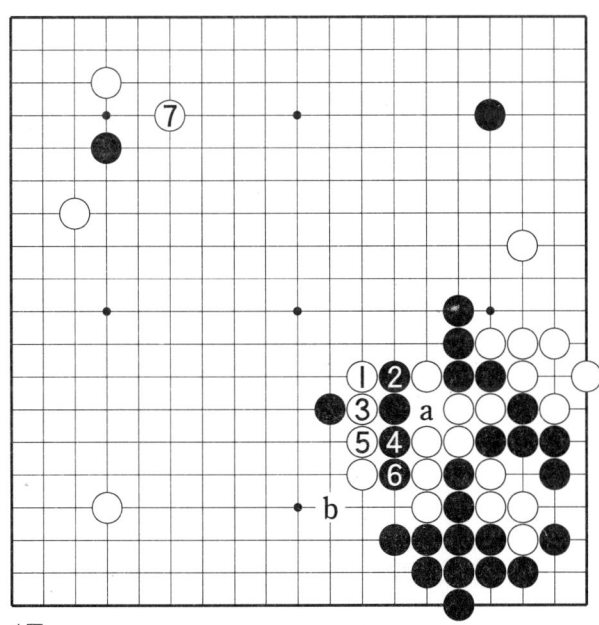

1도

1보(1~10)

흑1, 3은 우하에서 백이 세력을 완결하지 않을 경우, 정석 이후의 행마다. 계속해서 5, 7로 역으로 중앙 백을 쫓는 것이 요령이다. 백8에 달아날 때 흑9로 가볍게 모양을 정돈한다.

백은 10으로 과감하게 손을 뺀다. 우하쪽은 백 a나 b의 진출이 보통이지만, 역으로 흑의 선택에 따라 처리하겠다는 뜻이다.

1도(호각)

실전 흑5에 백1로 들여다보는 수단도 있다. 받아주면 a로 이어 흑이 양분된다. 따라서 2 이하 6까지는 서로 기세. 바꿔치기 흐름이다.

흑의 실리가 크지만, 백도 b가 선수로 듣고 7로 손을 돌릴 수 있어 호각이다.

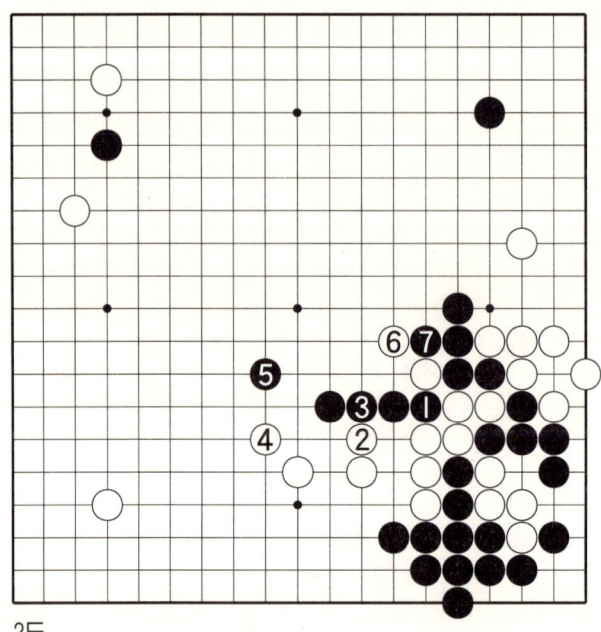

2도

2도(흑, 끊음)

실전 흑9는 가벼운 행마. 이 수로 흑1로 끊으면 어떨까.

백2, 4의 지킴은 거의 필연. 흑5가 요소일 때 백6의 활용은 중앙 흑을 무겁게 하는 수단이다. 물론 이렇게 둘 수도 있지만, 흑은 이 그림이 무겁다 판단했을 것이다.

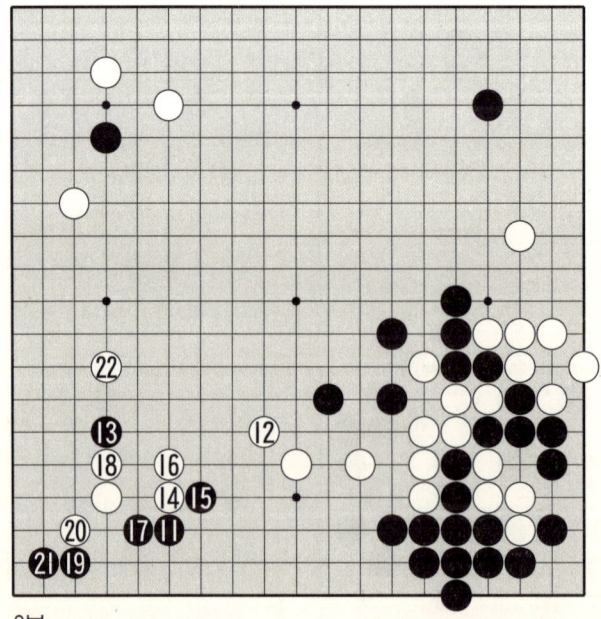

2보

2보(11~22)

흑11의 걸침은 우측 백에 대한 은근한 위협이기도 하다. 백12로 우선 위험 지역에서 벗어나고 본다. 흑은 이 다음이 마땅치 않다. 13의 높은 걸침은 고심의 선택. 백14의 붙임을 유도해서 흑15 이하 21까지 귀를 다져놓는다.

아무튼 백22로 좌변 일대가 커지고 있다. 흑의 특단이 필요한 시점.

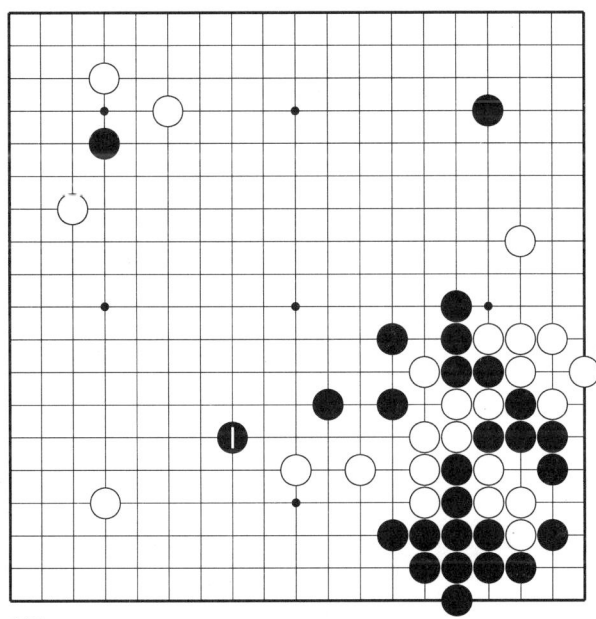

3도

3도(흑, 직접 공격)

애초 흑은 실전처럼 귀에 걸치지 않는 구상도 생각할 수 있었다. 가령 흑1의 눈목자 씌움. 행마법 사전에 있을 강력한 수단이다.

백을 직접 공격하면서 좌변도 멀리 바라본다.

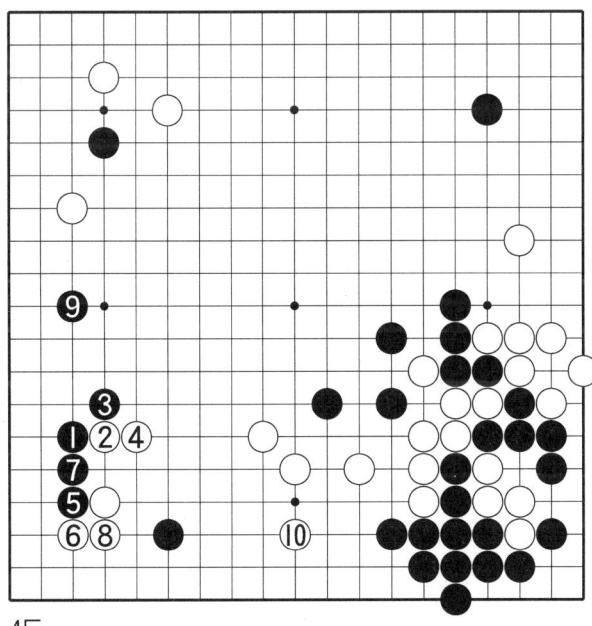

4도

4도(백, 만족)

실전 흑13의 높은 걸침. 이 수로 1로 낮게 걸치고 9까지 좌변에 터를 잡을 수도 있다.

다만 백10이면 하변 모양이 좋아 백이 나쁘지 않다.

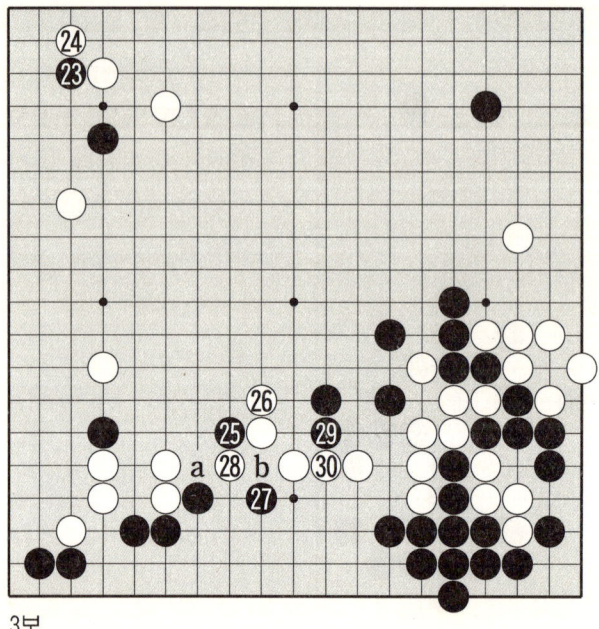

3보

3보(23~30)

흑은 23을 선수한 후 25
의 붙임을 노리고 있었
다. 백26으로 물러날 때
흑27이 유연한 행마다.
백28은 이에 대한 반발.
흑b의 선수로 좋은 자세
를 갖추기 전에 먼저 싸
움을 유발한다.

흑은 29의 활용으로 모
양을 압축한 후 선택의
기로에 섰다. a냐 b냐.

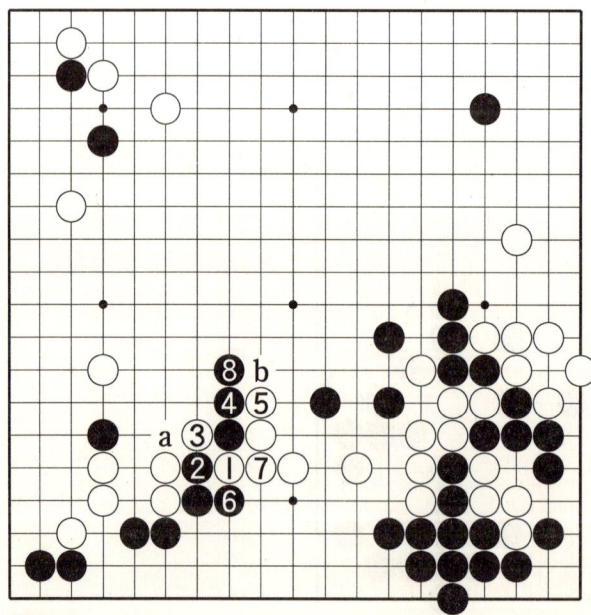

5도

5도(백, 무모)

실전 백26의 후퇴는 올
바른 판단.

괜히 강하게 둔다고 1,
3으로 끊는 것은 흑6의
단수 한방이 아프고, 8
까지 a와 b의 약점으로
백의 운신이 어렵다.

기업 경영과 마찬가지
로 바둑에서도 리스크
관리가 필요하다

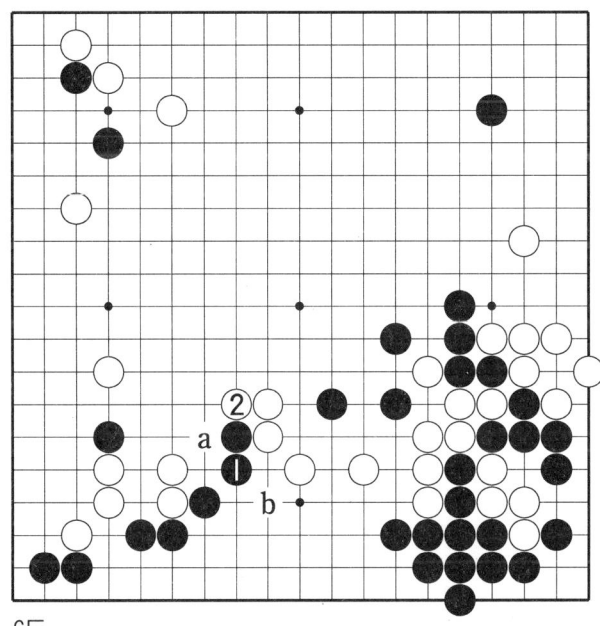

6도

6도(흑, 비효율 행마)

실전 흑27은 탄력 좋은 행마다. 흑1의 일직선 행마는 보기에 확실할 뿐 백2 다음이 마땅치 않다. a로 나가자니 바둑에서 기피하는 빈삼각이라 기분 나쁘다.

그럴 경우 흑1이 실전처럼 b에 있어야 효율적이지 않은가. 이런 세심한 차이가 바둑에서 승패를 가르는 법이다.

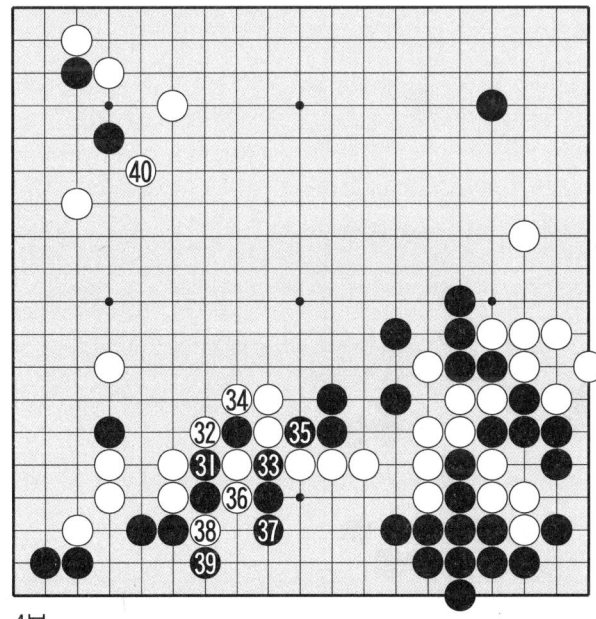

4보

▦ 4보(31~40)

흑은 31쪽으로 나가고 33, 35로 끊어 빵따냄을 허용하면서 우측 백을 제법 크게 잡아둔다. 39까지 필연 수순으로 바꿔치기 양상이다.

하변으로 이어진 흑집이 매우 크지만, 40으로 손이 돌아와 귀를 포함한 백의 좌변도 이에 못지않은 충분한 모양이다. 바둑의 묘미는 균형과 조화다.

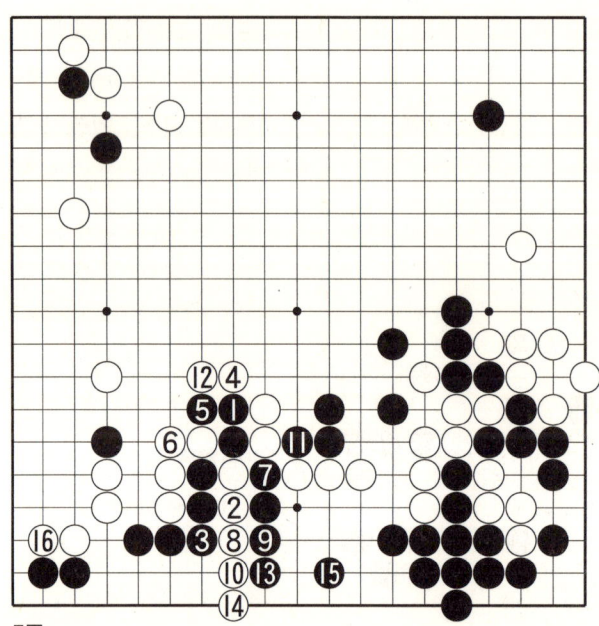

7도

7도(백, 좌변 두터움)

실전 백32에 흑1로 한점을 나가는 것은 판단 잘못이다.

백은 2로 하나 몬 다음 4, 6. 흑은 7, 9로 몰아간 후 11로 끊어 우측 백을 잡을 수 있지만, 백이 14까지 하변을 관통하며 형성된 좌변 일대의 두터움이 위력을 뽐낸다. 백16의 압박도 선수. 실전과 비교해 보라.

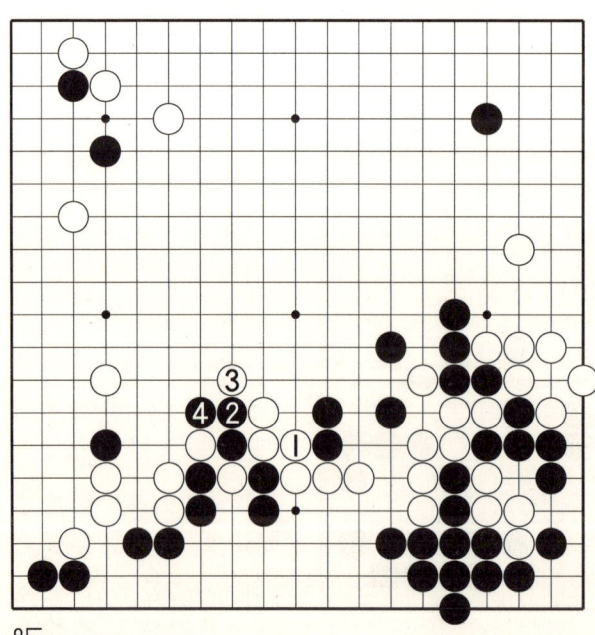

8도

8도(백, 분열)

실전 흑33에 백1로 이어 우측 백을 살리는 것은 이제 와선 눈앞의 실리만 생각하는 하수 발상이다. 흑2로 터져 나오면 봉쇄가 안 돼 백이 분열된다.

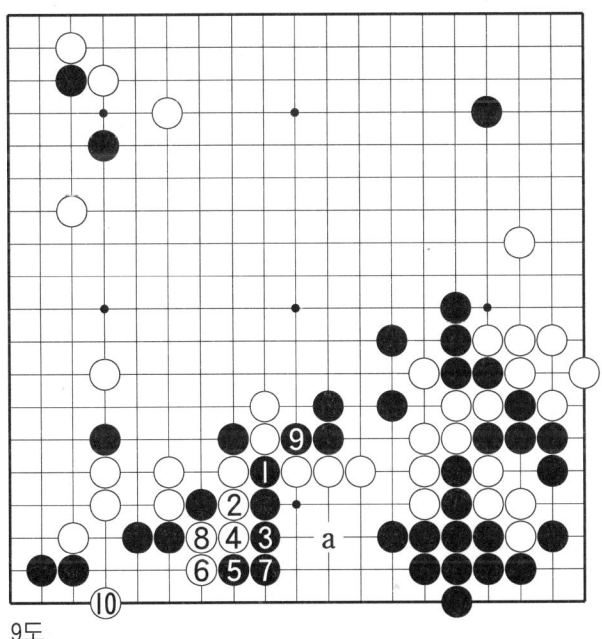

9도

9도(백, 대만족)

처음부터 흑1로 끊으면
어떻게 될까. 우선 백2
가 수순. 흑은 3 이하 7
을 선수한 후 9로 끊어
백을 잡을 수 있다. 문
제는 백10으로 바꿔치
기. 귀의 손실이 크다.
a의 맛도 있어 흑이 크
게 불리하다.

　좁은 문에서의 실전 수
순을 다시 음미해 보라.

5보(41~50)

흑41의 다가섬부터 새로
운 국면이다. 백42, 44로
모양을 노골적으로 키울
때 흑45, 47은 좌변에 터
를 잡든가, 귀의 수단에
도움을 주려는 응수타진
이다. 상대가 강한 곳에
서 고수는 이런 작전에
능하다. 백은 48로 변을
지킨다. 그런데 흑49의
붙임은 무슨 뜻일까. 백
50으로 귀의 한점을 단
수하니 앞선 응수타진의
효과가 죽는 느낌이다.

5보

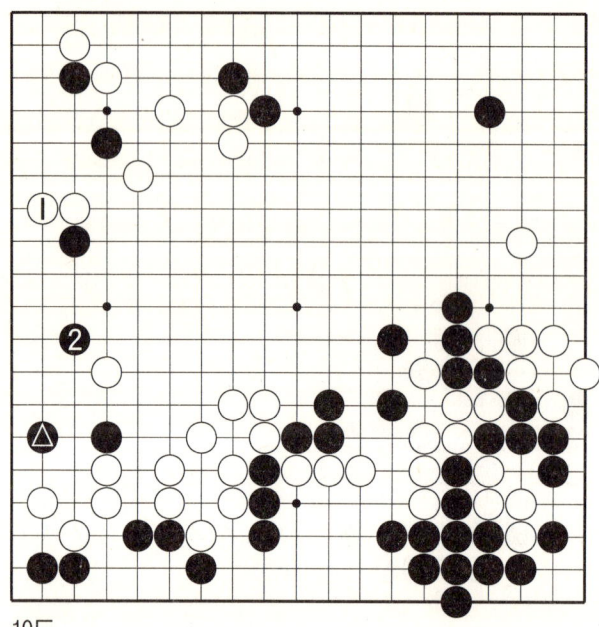

10도

10도(좌변 호응)

실전 흑47에 보통은 백 1이 대응책이다. 귀쪽의 수단을 방어한다. 그러면 흑2의 가벼운 행마. 앞선 흑▲의 활용과 호응한다. 이런 모양은 잡기가 쉽지 않다. 고수는 감각적으로 알 것이다.

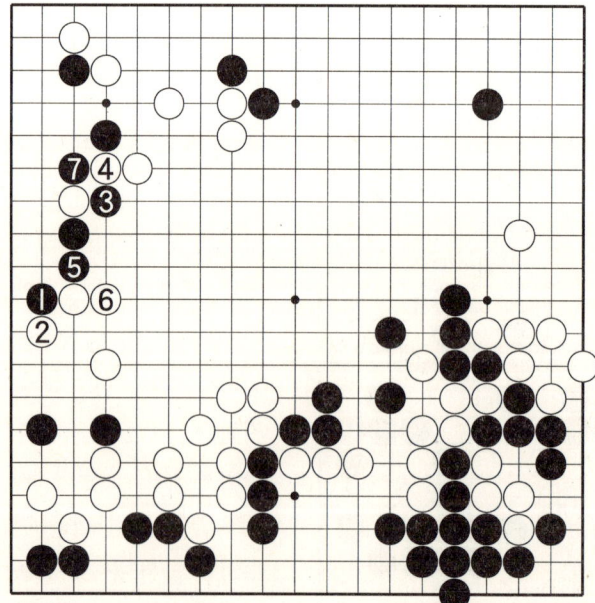

11도

11도(흑, 한점 잡음)

실전 수순에서 아쉬운 점은, 49와 50을 교환하기 전에 흑1로 붙였으면 어땠을까 하는 것. 2선 붙임은 궁지에 몰릴 때 자주 쓰는 수단이다.

백2로 젖혀 받으면 흑 3 이하 7로 한점을 잡아 상대 진영에서 한건 한 모습이다.

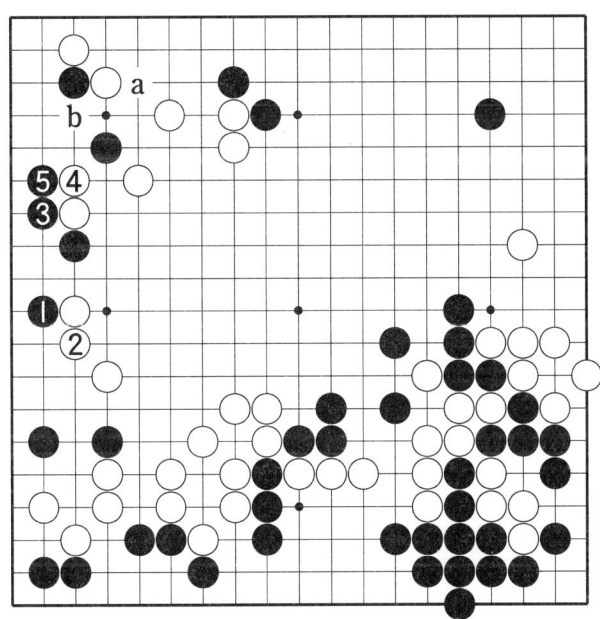

12도

12도(귀에 파고들어 삶)
또 흑1에 백2로 늦추면
흑3, 5로 자연스레 귀에
파고들어 쉽게 살 수 있
다. 실전처럼 a와 b의 교
환이 없으니 이런 예상
이 가능하다.

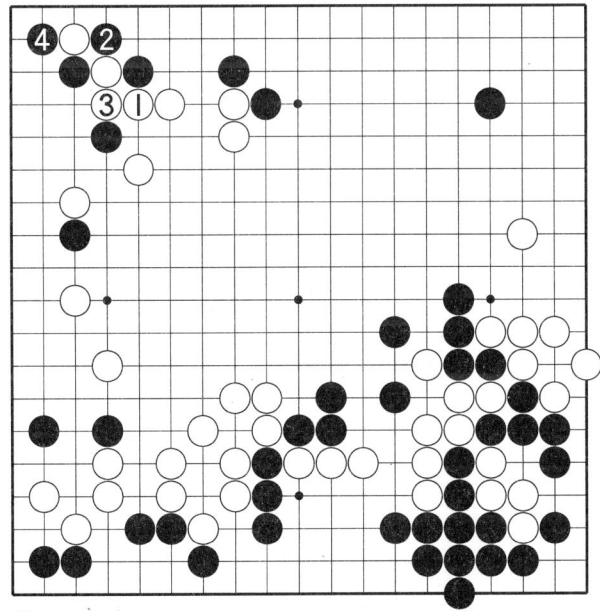

13도

13도(흑의 기대)
실전 흑49는 백1로 받아
주기를 기대한 걸까.
그러면 흑2, 4로 귀에
서 알기 쉽게 살아 나쁘
지 않다.

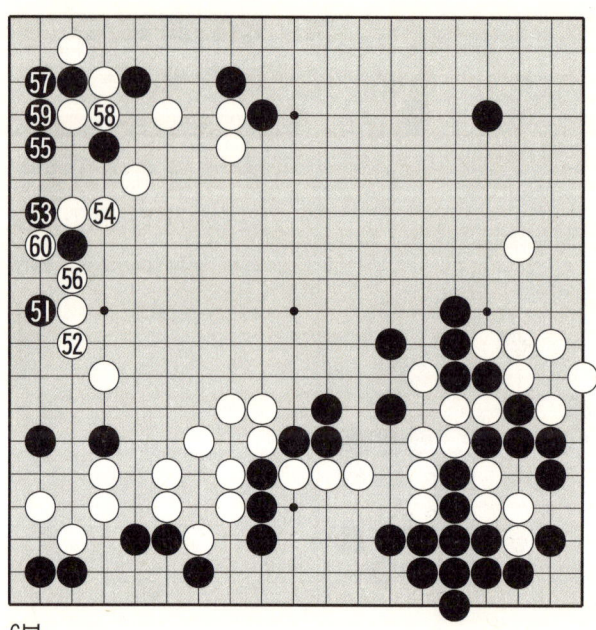

6보

7보

6보(51~60)

흑51의 붙임. 때늦은 감이지만 여전히 맛을 보는 수단이다. 백은 52로 늦추고 54로 울타리를 튼튼하게 하며 조여간다. 흑은 55로 탄력을 주며 사는 수단을 모색한다. 백56은 급소. 흑은 57, 59로 귀를 파헤치며 집을 만들어가고 백은 60으로 좌변을 제압하며 공격. 서로 최선을 다하고 있다.

7보(61~66)

흑은 사는 데는 지장 없다. a로 막기만 해도 산다. 다만 어떻게 효율적으로 사는가가 관심사다. 그런 차원에서 흑61의 끊음은 맥점. 백62에 흑은 63, 65로 변화를 모색한다. 백66의 끼움은 고심의 선택이다.

귀에서 상당한 수읽기가 오고가는 장면이다.

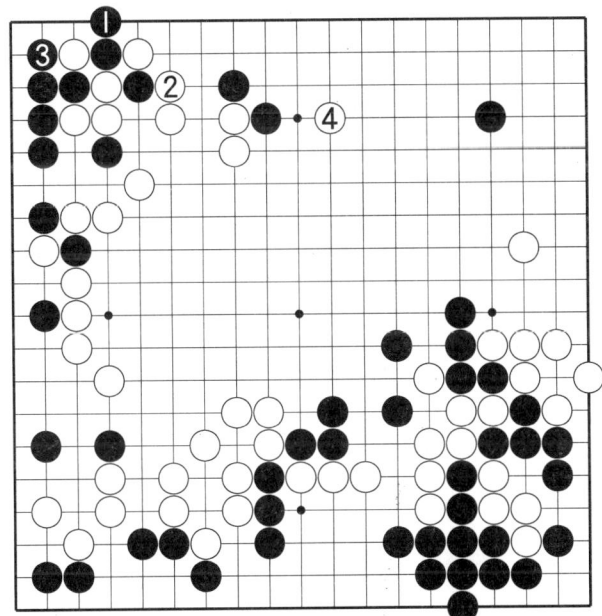

14도

14도(타협)

실전 백62에 흑은 가볍게 타협하는 길이 있다. 흑1이 그것. 이때 백이 잡자고 하면 돌려치는 수순으로 되려 망한다. 따라서 백2로 물러서고 흑3으로 한점을 잡으며 귀에서 최대한 효율적으로 산다. 그러면 다시 백4의 공격 흐름이 될 것이다. 흑은 이 그림이 싫었던 모양이다.

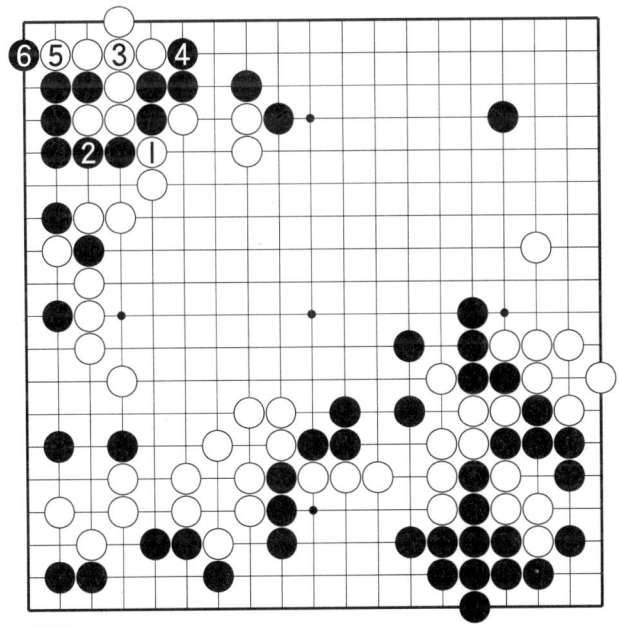

15도

15도(백, 불리)

실전 백66으로 왜 1의 곳을 끊지 못했을까. 답은 흑2 이하 6의 수순. 귀의 수상전 모양인데 어떻게 둬도 백이 불리하다.

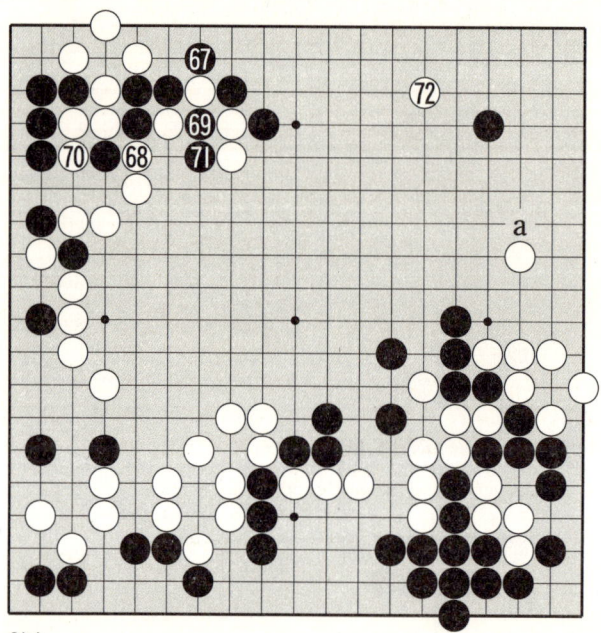

8보

8보(67~72)

흑67로 받자 백은 68, 70
으로 귀를 기분 좋게 제
압한다. 그 과정에서 흑
도 상변이 두터워졌고
71로 중앙으로 터져나온
다. 이에 백은 72로 서
둘러 걸친 장면이다.

흑이 귀를 버리고 두지
만, 상변과 중앙을 중시
한 결과다. 이제는 귀에
서 변으로 이어진 백의
실리도 만만치 않다. 차
후 실전은 흑a로 부딪혀
조금도 물러설 수 없는
국면임을 선언한다.

16도(복잡한 변화)

참고로 실전 흑67은 꼭
그렇게 받아야 했을까.
흑1로 먼저 단수하고 3
으로 받으면 어땠을까.

그러면 백4로 버티는
수가 있다. 또 복잡한 변
화다. 흑은 차라리 실전
처럼 간명한 바꿔치기가
다음을 기약하는 데 낫
다고 판단했을 것이다.

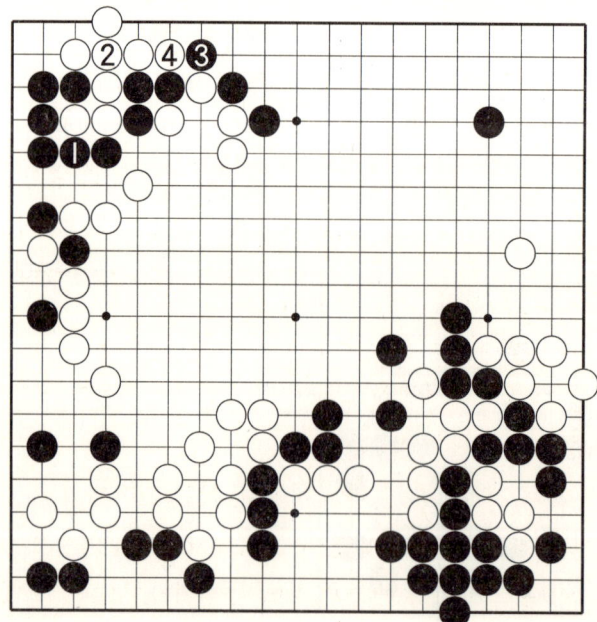

16도

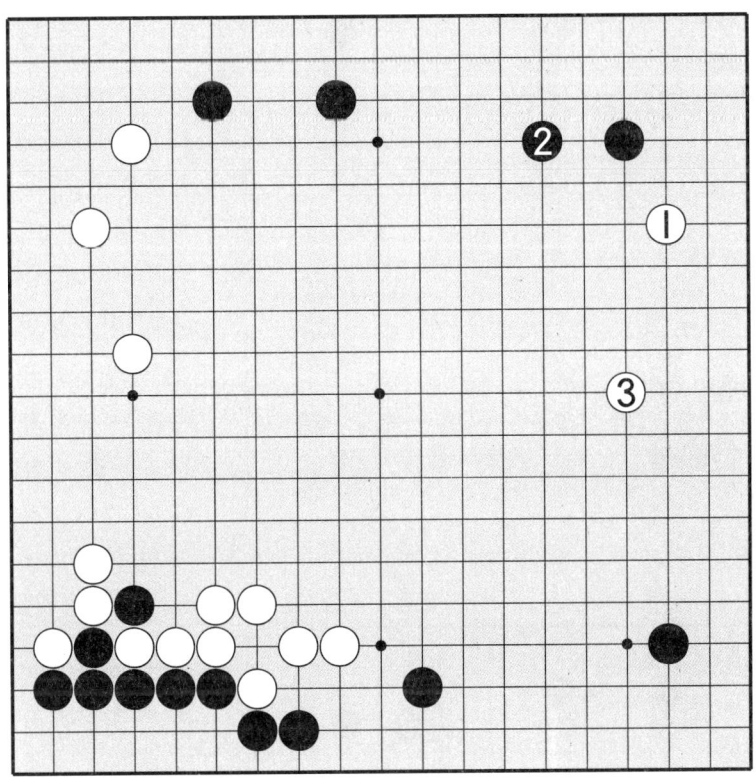

2014 삼성화재배 결승2국(● 김지석 vs ○ 탕웨이싱)

흑은 상변과 하변에서 실리를 점하고 있다. 이에 맞서 백은 좌변에
제법 두터운 진영을 구축하고 있다. 우변에 백1, 3으로 넓게 모양을
잡은 것도 멀리 좌변 진영과 호응하려는 계산이다. 이제부터 중반전.
어디서부터 전단을 구해야 할까.

  바둑은 유리하면 단순하게 정리하여 승세를 다지고, 불리하면 어지
럽게 흔들어 반전의 기회를 노리는 것이 운영의 묘다. 그리고 알맞은
수단을 적절한 시기에 구사할 줄 알아야 한다. 그것 또한 진짜 실력이다.

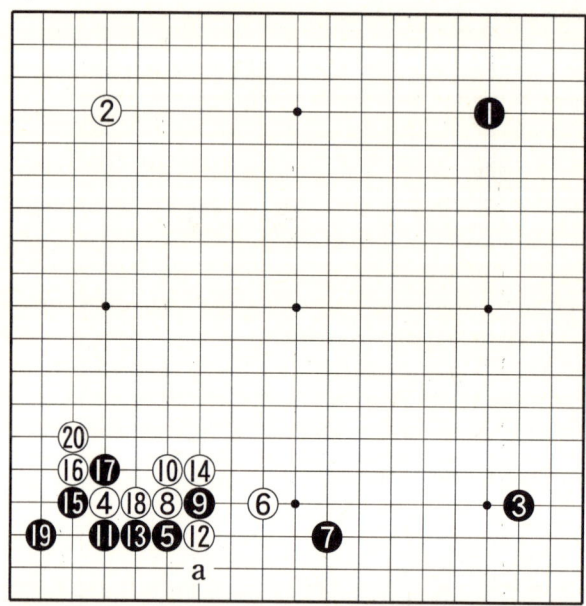

과정 1보

과정 1보(1~20)

백6의 협공은 흑의 미니 중국식을 견제한 의도가 있다. 흑7은 하변을 중시한 유연한 대응. 백8 이하 14는 두터운 작전이다. 백이 실리를 중시한다면 12로는 당연 귀에서 젖힐 일이다.

20까지 실리와 세력의 갈림. 여기서 흑19의 호구는 탄력이 있는 대신 백a가 오면 귀에 단점이 생긴다.

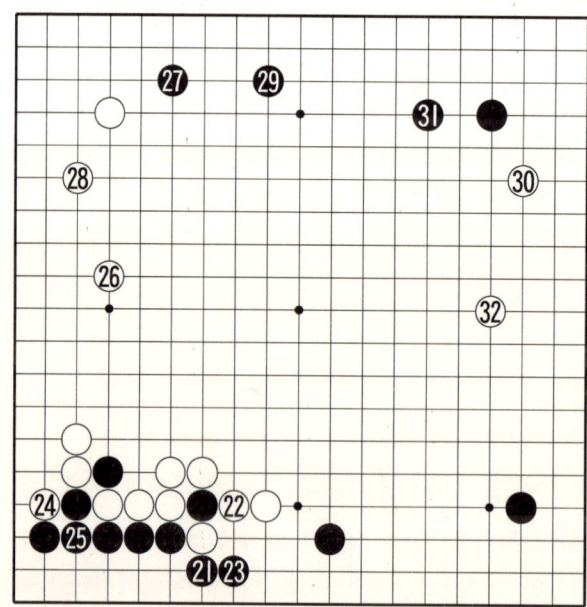

과정 2보

과정 2보(21~32)

흑21, 23으로 실리를 벌며 귀를 분명히 해둔다. 이제 백24의 선수는 아낄 필요가 없다. 그리고 백26으로 좌변을 구축한다. 흑27, 29의 두칸 벌림은 좌변 두터움을 의식한 행마법.

백30, 32로 넓게 벌린 것은 멀리 좌변 진영과 호응하려는 작전이다.

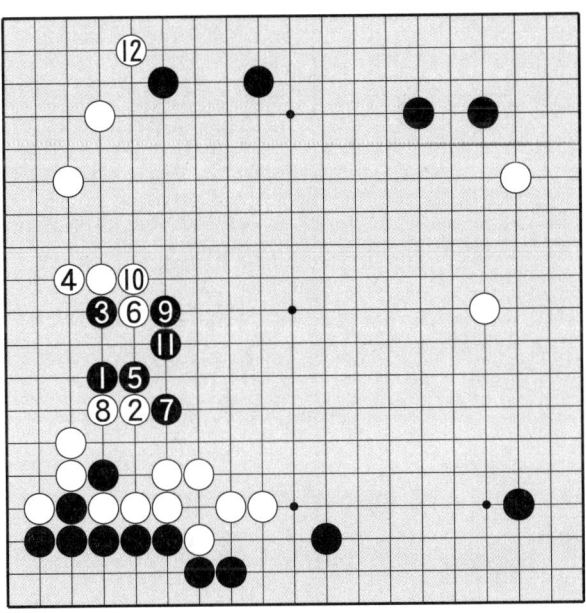

1보

▦ 1보(1~12)

흑1의 좌변 침투부터 시작한다. 이어지는 흑3은 기대기 전법. 백이 강한 지역이지만 약간의 틈새를 활용한 가벼운 행마법이다. 백6의 공격에는 흑7을 선수한 후 9, 11로 타개한다.

백은 손을 돌려 12로 귀를 한껏 넓힌 후 반응을 본다. 그러나 이 수는 방향 착오로 지적됐다. 우변이 더 크다는 것.

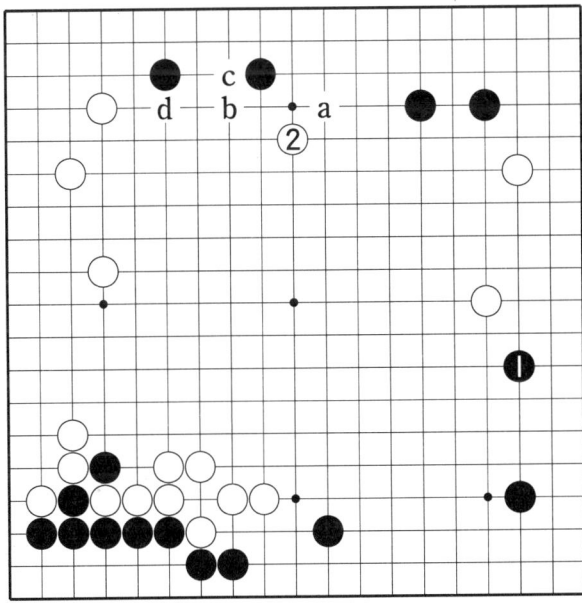

1도

1도(백, 모양 확장)

실전은 좌변 침투부터 시작했지만, 천천히 두자면 우변 흑1이 일감이다. 그러면 백2의 고공 플레이가 하나의 모양 확장책이다. 흑a면 백b 이하 d. 좌변 모양과 딱 어울리지 않는가.

실전은 모양이 커지기 전에 먼저 삭감을 결행한 셈. 바둑에서는 타이밍이 중요하다.

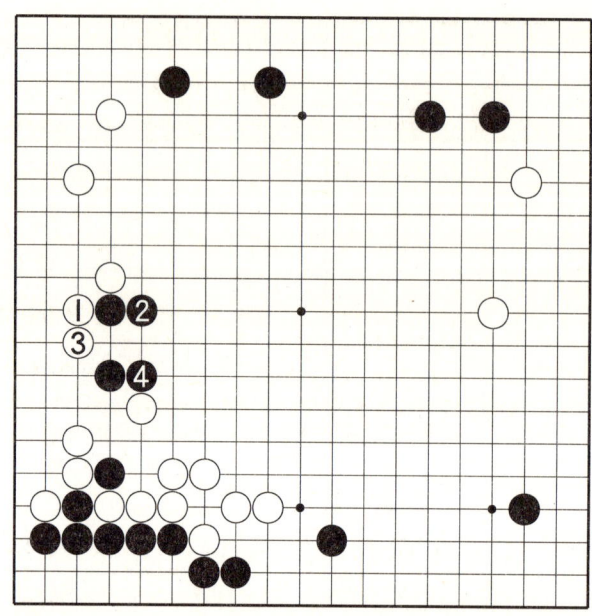

2도

2도(백, 아래 젖힘)
실전 흑3은 상대에 기대
리듬을 구한 수단이다.
백1로 아래에서 젖히면
흑2, 4로 자연스럽게 모
양이 갖춰진다.
부분 행마에서도 이렇
게 단순하게 두면 편할
경우가 있다.

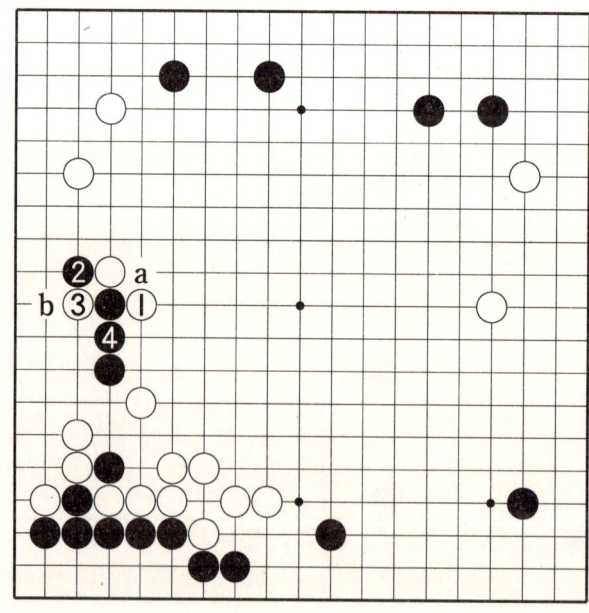

3도

3도(백, 위로 젖힘)
만일 백1로 위로 강하게
젖힌다면 세가 불리하게
느껴지지 않는가. 그럴
때는 흑2로 같이 젖혀
상대 진영을 흔든다. a와
b쪽의 약점으로 흑이 수
습하는 데는 문제가 없
을 것이다. 실전 백4로
참은 이유다.
"유리하면 단순하게, 불
리하면 어지럽게" 다시
기억하기 바란다.

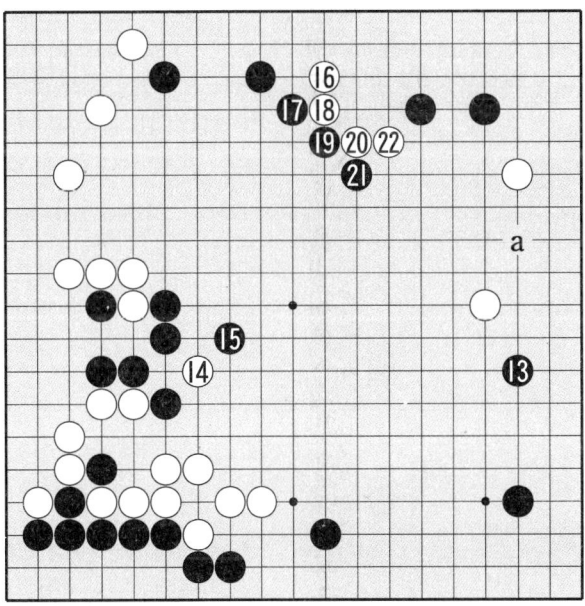

2보

2보(13~22)

흑13의 벌림은 변의 큰 곳. a의 침입도 노린다. 백14의 들여다봄. 흑이 이어주기를 기대하지만 15로 뛰고보니 중앙 흑이 편해진 느낌이다.

백16의 상변 침투는 좌상귀를 둘 때부터 노리던 수. 흑은 17 이하 21로 강하게 젖혀 간다. 상변 실리는 손해라도 상대를 압박하면서 좌중앙에 도움을 주려는 뜻이 다분하다.

4도(밋밋한 뜀)

실전 백16에 흑이 무난하게 두자면 1, 3의 한 칸 뜀. 자연스럽게 좌중앙과 호응한다. "중앙 한 칸 뜀에 악수 없다." 격언도 있지 않은가.

다만 신 현대바둑은 밋밋한 수보다는 조금이라도 임팩트한 수를 선호한다.

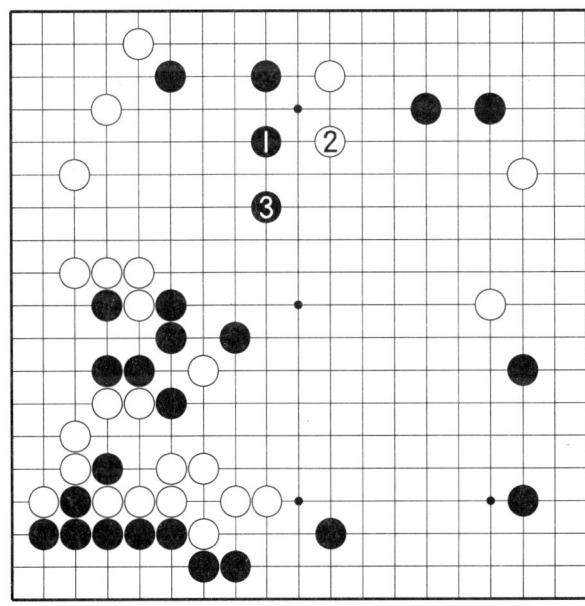

4도

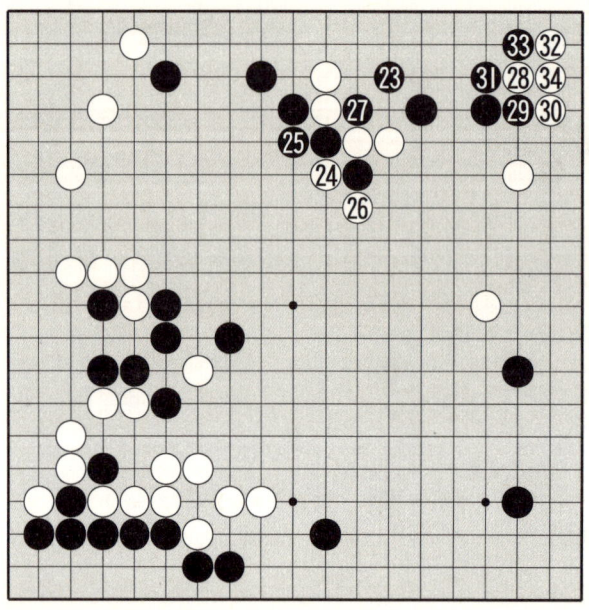

3보

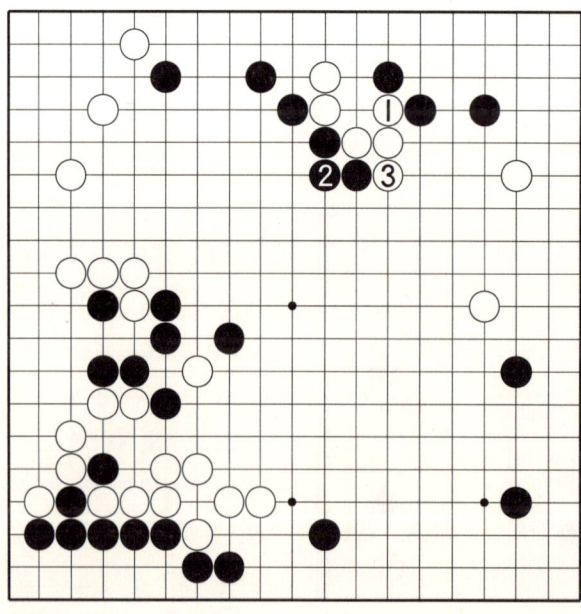

5도

⊞ 3보(23~34)

흑23의 급소 공격. 여기서 백은 24, 26으로 한점을 잡으며 진로를 결정한다. 상변을 버리더라도 우변과 연계하여 중앙을 두텁게 한 다음 후일을 기약한다는 작전이다. 그 생각에는 백28로 삼삼 공략이 남아있다는 위안도 있을 것이다. 그래도 실리로 헤퍼서 안일한 작전이었다. 어쨌거나 흑은 27로 상변을 접수하여 한몫 잡은 국면이다.

5도(살리고 볼 자리)

실전 백24로는 1로 살리고 볼 자리가 아니었을까. 3까지 자연스런 흐름이다. 상변을 부수러 간 만큼 체면치레는 되었을 것이다.

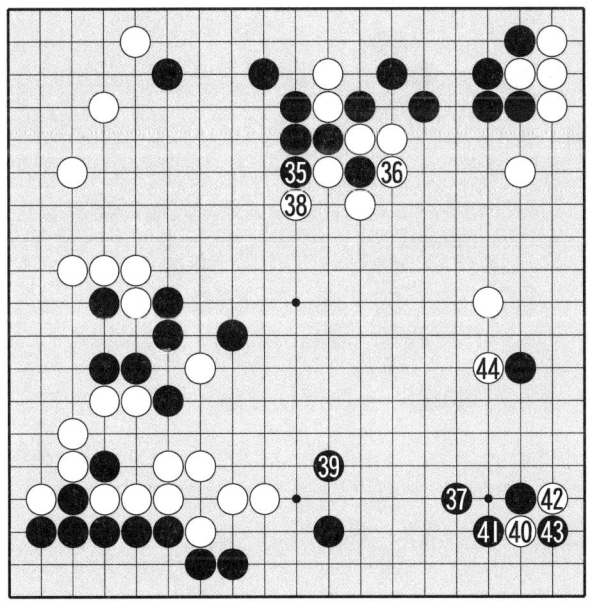

4보

4보(35~44)

흑35로 중앙에 힘을 보탠 후 37로 굳혀 실리로 더 앞서간다. 백38은 두터운 자리. 어차피 실리로 부족하니 기회를 보겠다는 생각이다. 흑39는 하변을 키우지만 중앙 보강도 겸한 일석이조의 곳.

백은 40~44로 귀를 활용하며 두텁게 중앙에서 승부를 걸어간다.

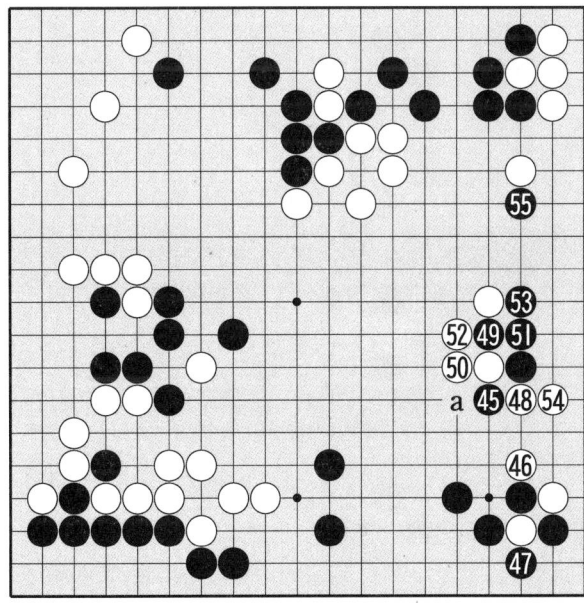

5보

5보(45~55)

흑45에 백46, 48의 끊음은 연관된 고급 수법. 불리하면 어지럽힌다는 행마법에도 딱 맞는 경우다. 흑49~53은 일반적인 대응. 백54는 기세. 우변을 압박하며 큰 싸움을 마다하지 않는다.

다음 흑a면 큰 싸움이 붙는다. 흑도 우변이 불안하므로 55로 붙여 일단 보강할 겸 노련한 행마를 보여준다.

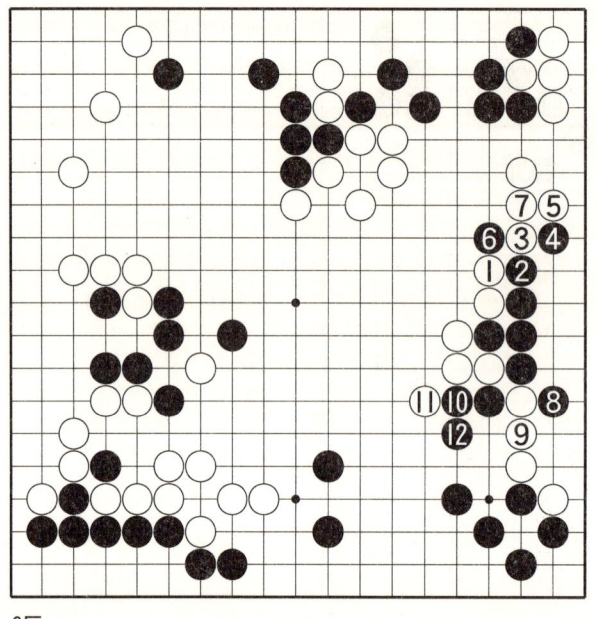

6도

6도(백, 손실)

실전 흑53에 백1의 우변 봉쇄가 자연스럽지만, 흑2 이하 12까지면 우변 백이 고스란히 잡혀 실리 손실이 크다.

▦ 6보(56~66)

백56은 다음 a로 느는 자세가 좋다는 뜻이지만 b의 장문이 보통이다. 흑은 57, 59를 선수한 후 61의 끊음으로 기세를 탄다. c의 노림까지 생겨 기분 좋다.

애초 백56의 단점이 부각되고 있다. 흑63으로 우상귀를 압박한 후 65에 백66으로 잡을 수밖에 없다. 56과 66, 뭔가 비효율적이지 않은가. 괜히 폼만 잡은 꼴이 아닐까.

6보

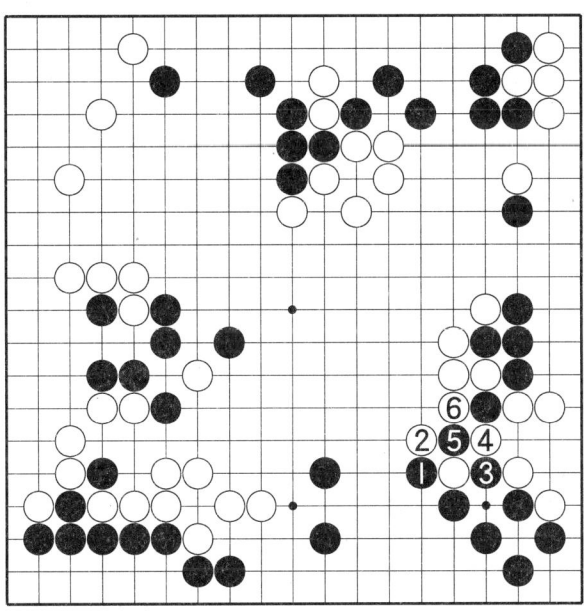

7도

7도(흑, 성급)

실전 백56에 흑1로 젖혀 3, 5로 처리하는 것은 하변만 조금 더 불어날 뿐 백을 두텁게 도와주는 그림이다. 실전과 같은 맛도 노릴 수 없다. 흑의 성급한 행동이다.

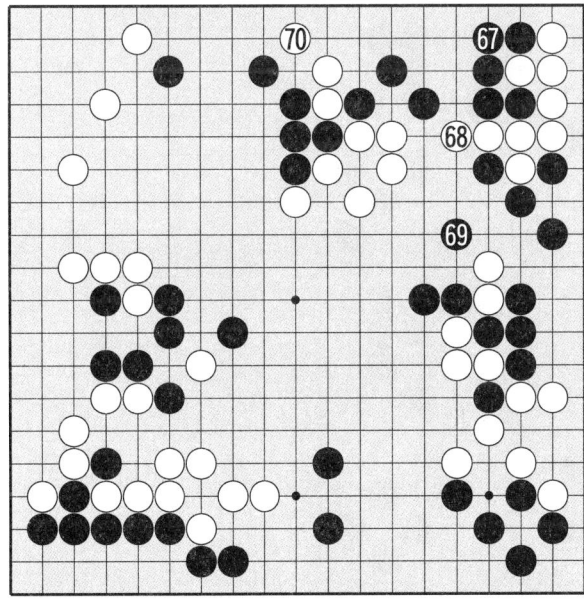

7보

▦ 7보(67~70)

흑67로 기분 좋은 선수 후 69로 두점을 잡자 흑이 확실히 앞선 국면이다. 백70은 무슨 뜻일까. 당장 수를 내자는 뜻은 아닐 터. 수를 내도 전체 형세에 도움이 돼야 한다.

흑의 약점을 최대한 활용해서 외곽을 통제한 후 중앙 흑을 공격하면 승부가 된다는 판단도 있을 것이다. 일종의 사석 작전 아닐까. 흑도 신경을 써야 할 장면이다.

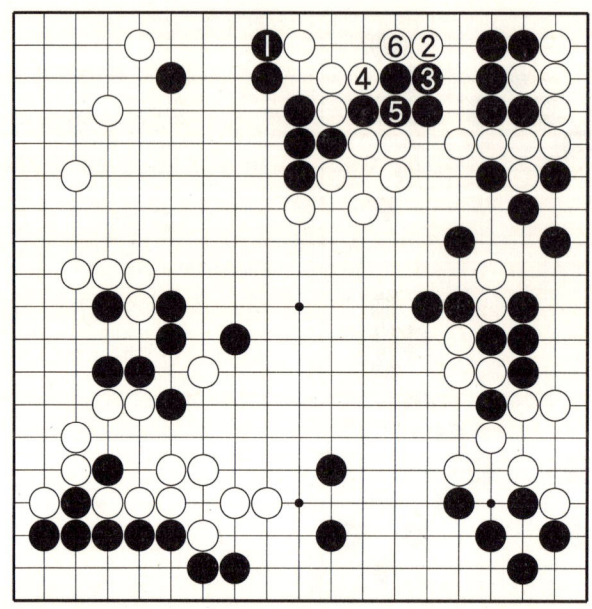

8도

8도(흑, 곤란)

실전 백70에 흑1쪽으로 막으면 이건 당장 수가 난다. 백2의 치중이 급소 다음 흑이 어느 쪽을 막더라도 곤란하다. 가령 흑3이면 백4, 6. 흑이 잡힌다.

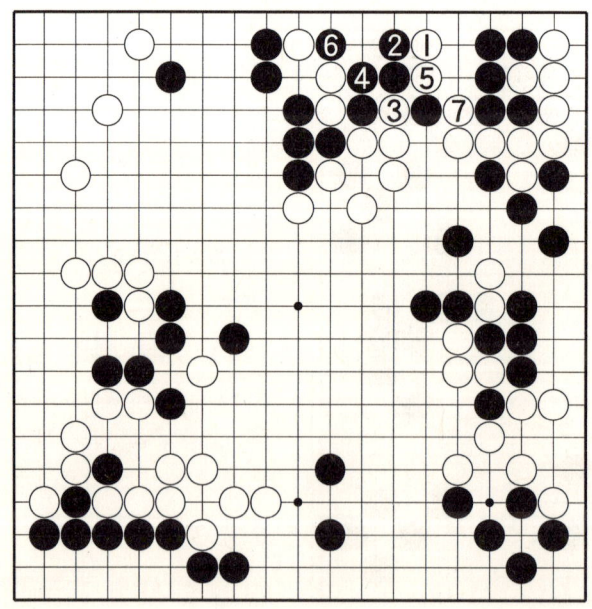

9도

9도(역시 잡힘)

또 백1에 흑2로 막아도 7까지 우상귀 흑 일단이 떨어진다.

이런 식이면 단번에 형세 역전이다.

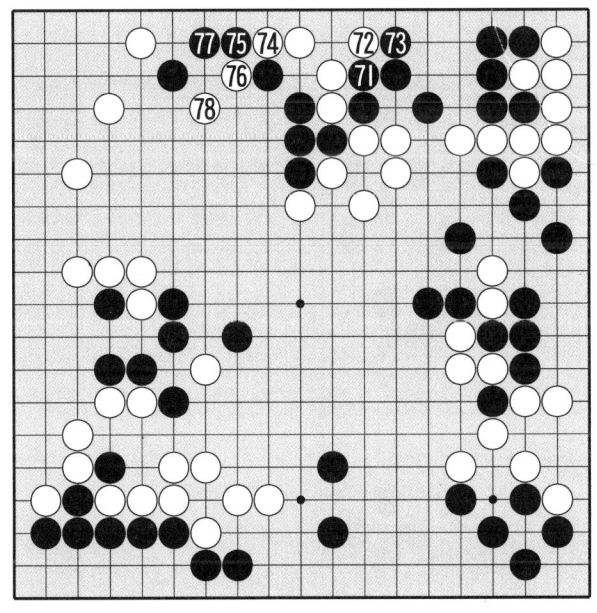

8보

▦ 8보(71~78)

흑71이 빈삼각이지만 방어책. 8도의 급소를 방어한다. 백72, 74로 넓힌 후 76으로 끊은 것은 [7보]에서 말한 흑의 약점을 활용하려는 뜻이 농후하다. 상변을 놓고 따내게 한 후 중앙을 봉쇄하려는 노림이다.

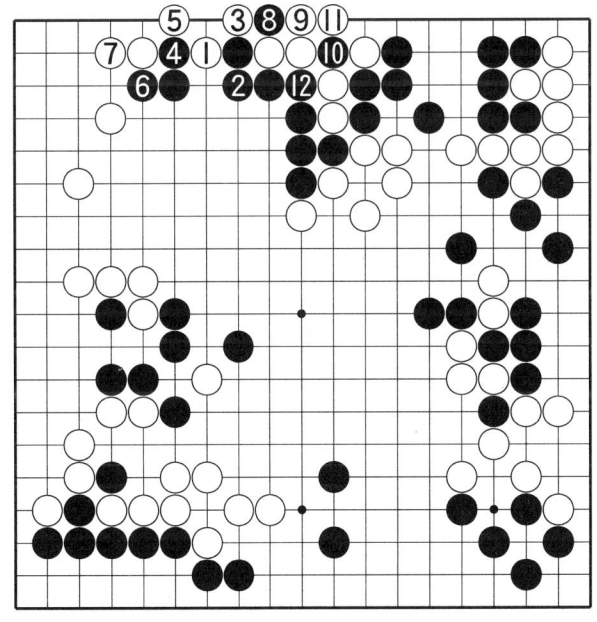

10도

10도(판세 분명)

백이 상변에서 살자고만 하면 백1로 붙이는 맥으로 좌측과 연결은 가능하다.

그러나 12까지 보듯이 꼬리 두점은 더 이상 움직이기 곤란하다. 흑의 외곽도 두터워져 판세만 분명해질 뿐이다.

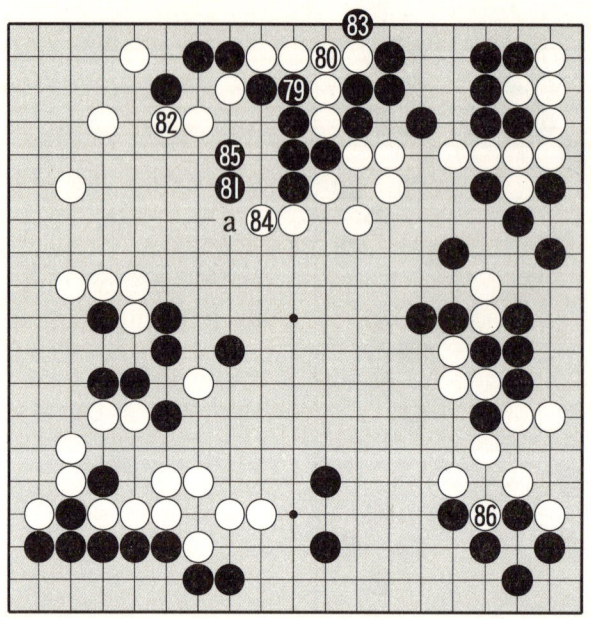

9보

흑79, 81은 당연한 행마. 백82로 막을 때 흑83으로 수를 조인 것은 안전책이다. 백은 84의 호구 자리 급소를 선수한 후 86의 패를 들어간다. 팻감으로 중앙을 압박하려는 작전이다. 흑이 물러나면 자체로 이득이라는 계산이다.

이 바둑은 흑이 우세한 만큼 몇 수 팻감을 나누다 a로 두어 좌변을 보강하며 새로운 국면으로 접어든다. 물론 손뺀 만큼 우하귀는 다치지만 간명한 선택이었다.

11도(백, 맹공)

실전 흑83은 좌변 대마를 고려한 안전책. 만일 흑1이면 백2~8로 추격한 후 10으로 맹공을 가해올지도 모른다. 바둑이 유리할수록 이런 한 방을 조심해야 한다.

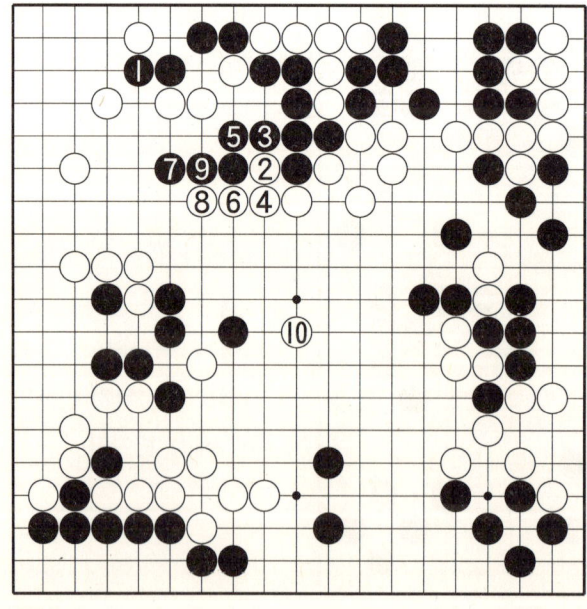

11도

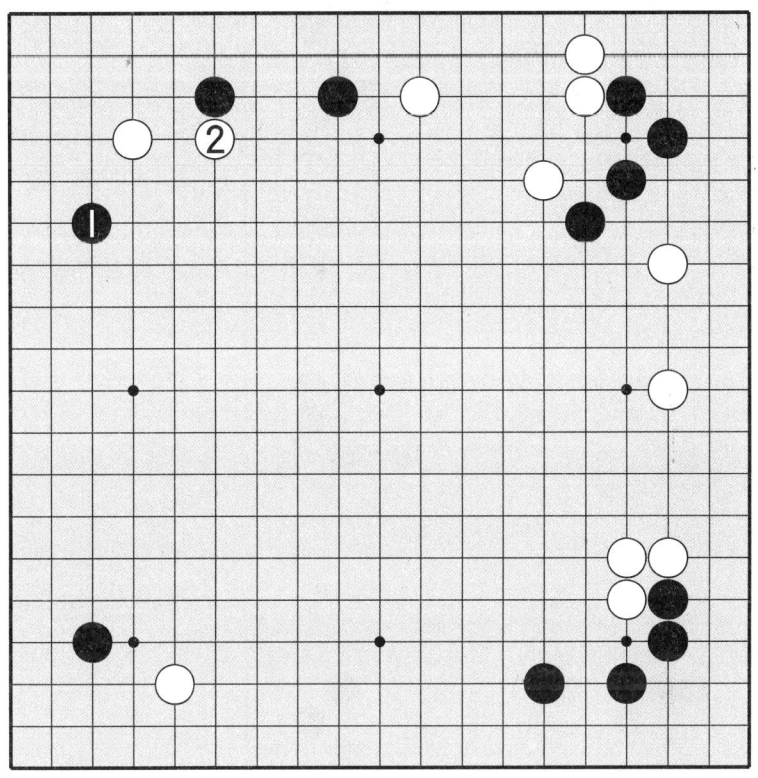

2015 시니어 클래식 왕중왕전 결승(● 서봉수 vs ○ 조훈현)

백이 우변과 상변에서 발빠른 포석으로 반면을 운영하고 있다. 상대적으로 흑은 귀에 집을 장만하여 대응하며 어디선가 주도권을 잡으려 한다. 좌상귀 흑1의 양걸침이 바로 그런 기회라고 생각하지 않았을까. 백도 2로 기대며 다음 수를 기다리는데…. 여기서부터 치열한 주도권 쟁탈이 벌어질 조짐이다.

바둑은 어려운 결정 앞에서 우왕좌왕하다가 파국을 맞이할 수 있다. 그러므로 기업에서 요구하듯이 통일된 목적을 갖고 한 방향으로 일사불란하게 판을 이끌어가야 좋은 결과를 얻는다.

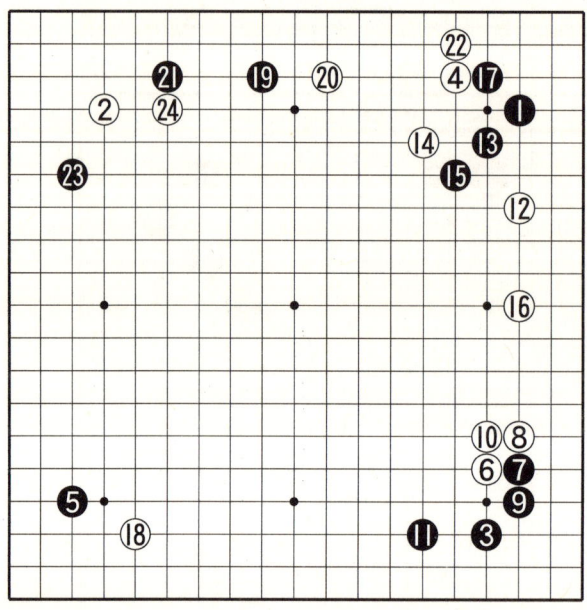

과정보

과정보(1~24)

흑의 양소목에 백4, 6의 걸침. 흑7로 귀의 실리 정석에 백은 16까지 변을 중시하는 발빠른 포석이다. 흑17로 지키거나 백18로 걸치거나 귀의 큰 곳. 흑19의 갈라 침은 안전한 운행이다. 백20, 22로 상변을 정리할 때 흑은 21, 23으로 양걸침. 귀에서 첫 전투가 벌어질 조짐이다.

백24의 붙임은 일단 기대기 전법이다.

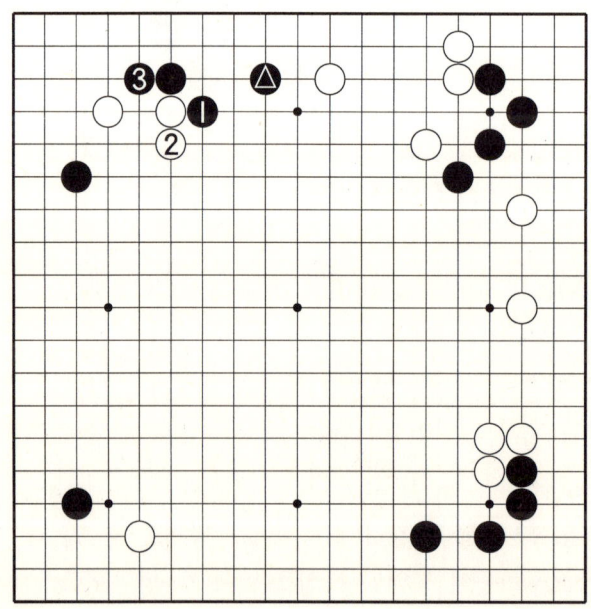

참고도

참고도

상변은 흑▲의 기착점이 있다는 데에 주목해야 한다. 과정 다음 흑1의 젖힘에 백2면 흑3. 상변 흑모양이 자연히 안정되며 백모양의 약점만 노출된다.

'젖히면 늘어라' 기리에 맞는 것도 형세에 따라야 한다.

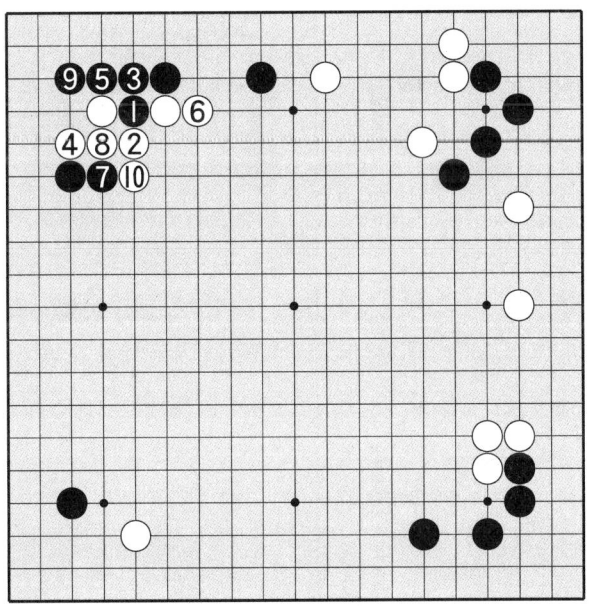

1보

▦ 1보(1~10)

흑1로 끼워 어려운 길로 간다. 실리적인 수법이다. 백2, 4로 지킬 때 흑5는 귀의 급소다.

백6에 흑7, 9는 약간 엷지만 귀와 변을 동시에 두려는 작전이다.

백10은 놓칠 수 없는 두터운 꼬부림이다.

이렇게 되니 자연스럽게 흑은 실리, 백은 두터움으로 방향을 잡는 모양새다.

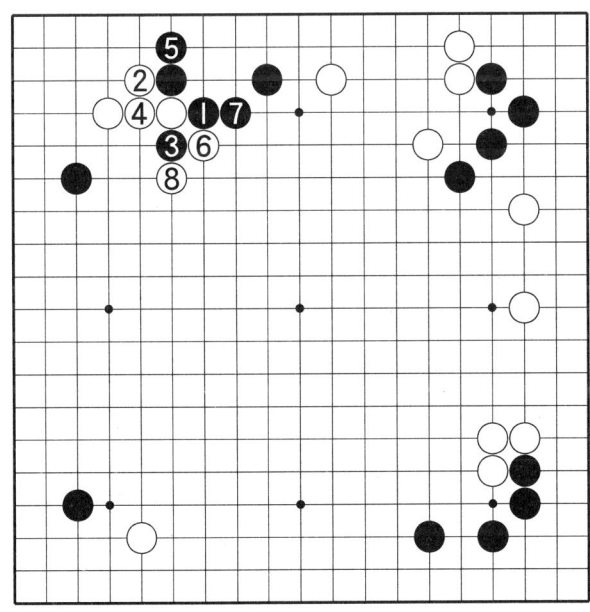

1도

1도(흑, 젖힘)

처음으로 돌아와서 만일 흑1의 젖힘이면 백2로 막는 것이 중요하다. 그러면 흑3, 5가 행마법이고 8까지 예상되는 진행이다. 흑이 상변에 눌리는 모양새지만 역시 한 판의 바둑이다.

실전의 끼움은 좀 더 실리를 중시하는 적극적인 수법이었다.

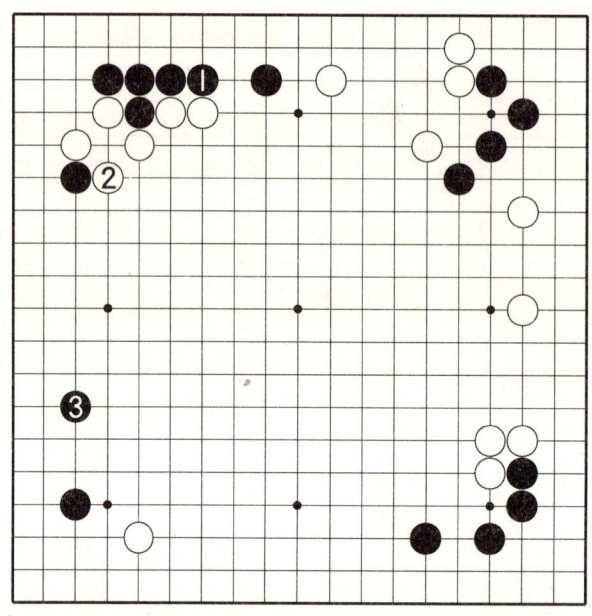

2도

2도(흑, 상변부터 지킴)

실전 백6은 당연한 행마인데, 흑1로 상변부터 지키는 방법도 있다.

백2는 두터운 자리. 부분적으로 변의 급소지만, 흑도 3으로 벌려 좌변을 견제하며 충분히 둘 수 있다.

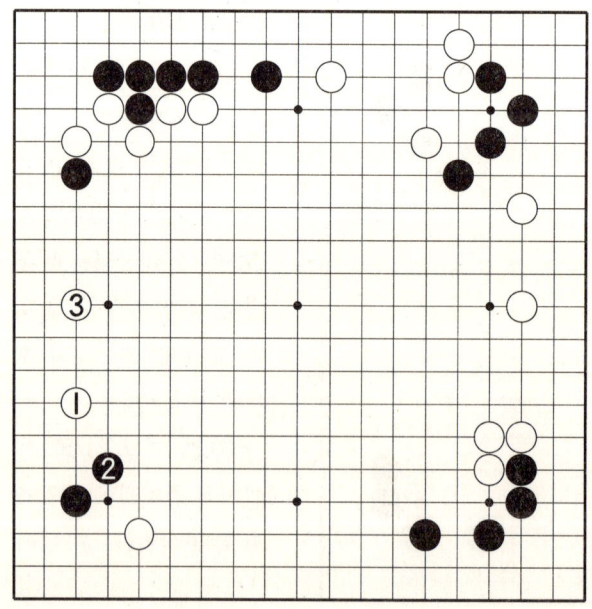

3도

3도(백, 좌변 벌림)

아예 백은 1, 3으로 좌변에 벌려 발빠르게 둘 수도 있다. 좌상쪽이 엷기는 해도 이 진행이 일관성 면에서 활발해 보이기도 하다.

흑은 어쩌면 이 그림이 싫었을지도 모른다.

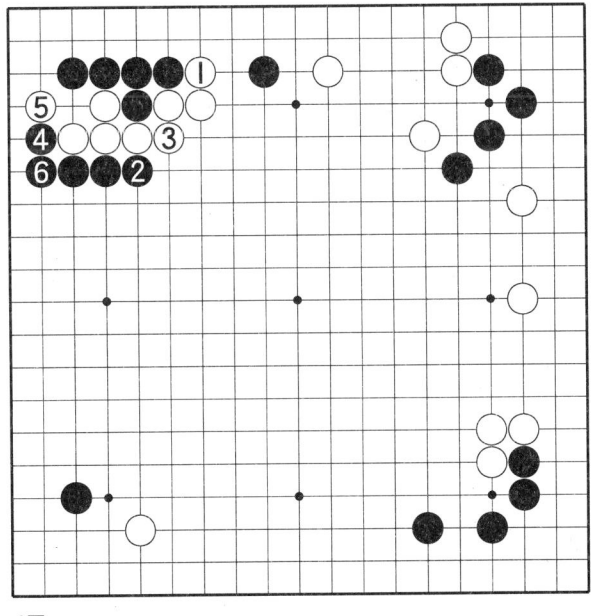

4도

4도(흑, 두터움)

실전 백10은 행마의 급소. 보기에는 백1로 상변을 차단하는 것이 집으로 커 보이지만 흑2~6의 수순으로 백의 형태가 무너진다. 좌변에서 오히려 흑이 두터워짐은 물론이다.

그러면 일관성 면에서 백의 작전도 차질이 생긴다.

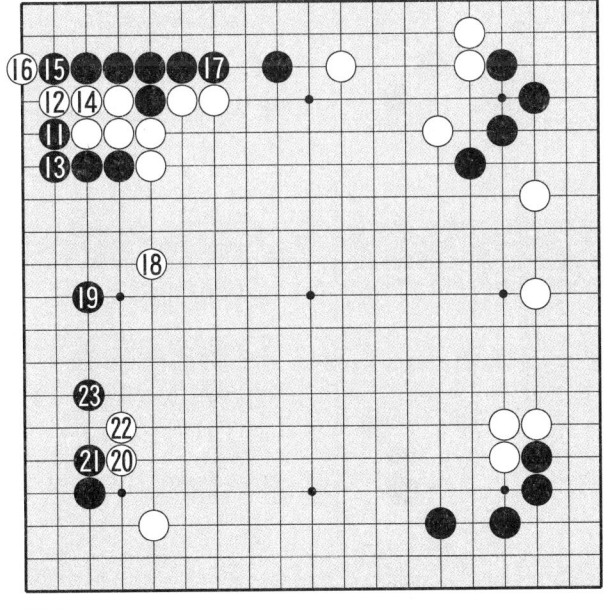

2보

▦ **2보**(11~23)

흑11에 백은 12~16으로 악착같이 연결을 차단한다. 연결되면 중앙 백모양도 자충 성격이므로 재미없다 본 것이다. 흑17의 상변 보강은 당연. 백은 18로 서서히 중앙쪽에 힘을 싣는다. 백20, 22에서도 그런 생각을 읽을 수 있다. 실리가 부족한 백은 상대를 변에 가두면서 중앙에서 승부를 보겠다는 작전이다.

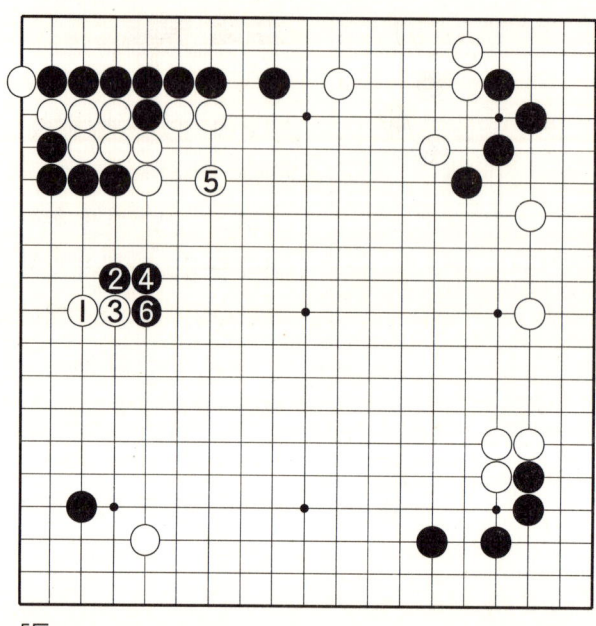

5도

5도(백, 의문)

실전 흑17 때 백은 좌변
에서 백1로 갈라쳐 싸움
을 재촉할 수도 있다. 그
러나 중앙이 약해져서
싸움에서 실효를 얻을
수 있을지는 의문이다.

　오히려 흑의 중앙 장악
이 백의 중반 운영에 부
담이 될 공산이 크다.

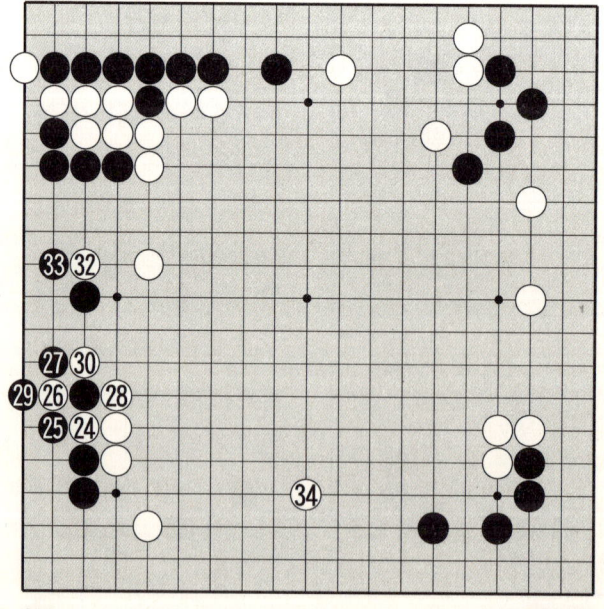

3보

㉛‥㉖

▦ 3보(24~34)

백24~30은 중앙을 두텁
게 하려고 할 때의 상용
수법이다. 그리고 백32
를 활용한 후 34로 벌려
하변과 중앙 일대의 세
력을 뽐낸다. 상당히 일
관성 있는 일품 작전이
다. 흑은 '선실리 후타개'
심산이지만 부분적으로
당한 것만은 사실이다.

　아무튼 이런 바둑은 약
간이라도 두터움에 후한
점수를 준다.

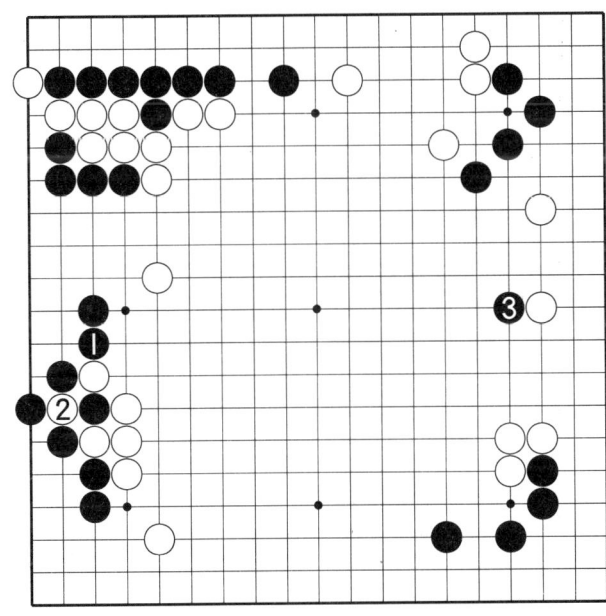

6도

6도(흑, 반발)

그런 점에서 실전 흑31의 이음이 나약하지 않았을까.

흑1의 반발이 아쉬웠다. 백2에 흑3이 적절한 팻감. 백을 고민에 빠뜨린다.

흑이 좌변의 패를 굴복시키고 선수를 잡으면 국면이 많이 달라졌을 것이다.

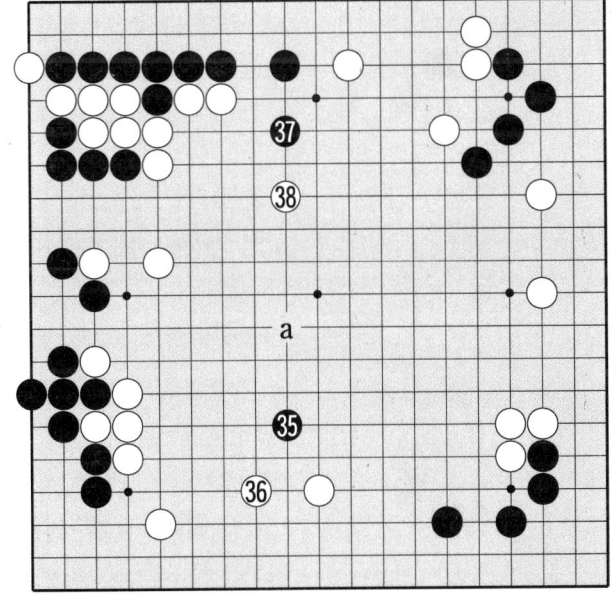

4보

▦ 4보(35~38)

흑35와 37은 정교한 삭감 수순이다. 하변을 하나 삭감한 후 상변부터 움직여 백의 엷음도 노리는 작전이다.

흑이 35 후 바로 a에 움직이는 것은 오히려 백의 넓은 포위망에 갇힐 우려가 있다.

백38로 일단 흑의 진출로를 가로막는다.

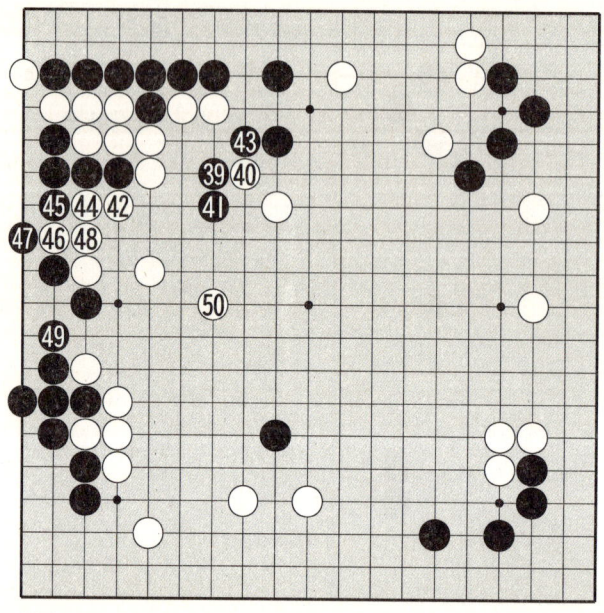

5보

흑39로 약점을 찔러간다. 이를 틈타 좌변을 정리해 놓으면 중앙 처리가 수월하다는 계산이다. 백이 중앙 봉쇄를 모색하며 좌변을 압박할 때도 흑41, 43으로 힘차게 중앙 진출에 뜻을 둔다. 좌변은 패맛은 있지만 49까지 견디면 된다는 생각이다. 백50으로 후퇴. 이쯤 되면 흑이 풀린 형세다.

뭔가 백의 중앙 두터움에 이상기류가 흐른다. 무엇이 문제였을까.

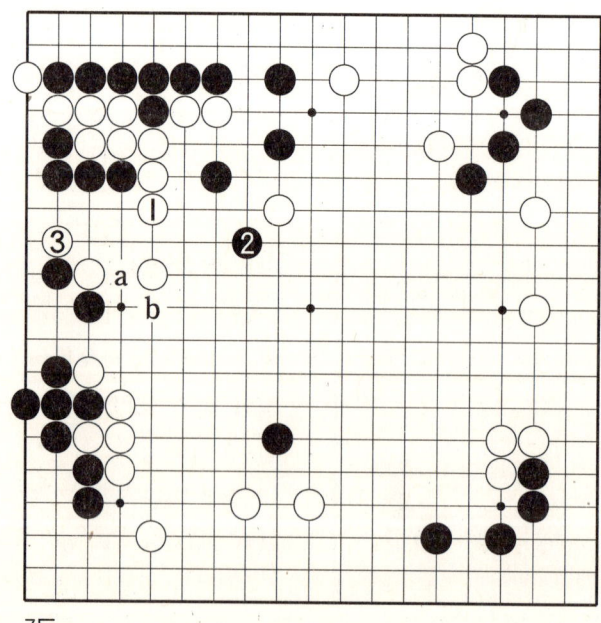

7도

7도(백1, 호수)

실전 백40이 실수. 흑41의 반발을 간과했다.

백1로 가만히 느는 것이 호수. 흑2로 나오면 백3으로 먼저 이득을 보는 수가 있다. 백1에 흑a로 먼저 단수쳐 방어하면 백b로 늘어둔다. 이 두터움은 위력적이다.

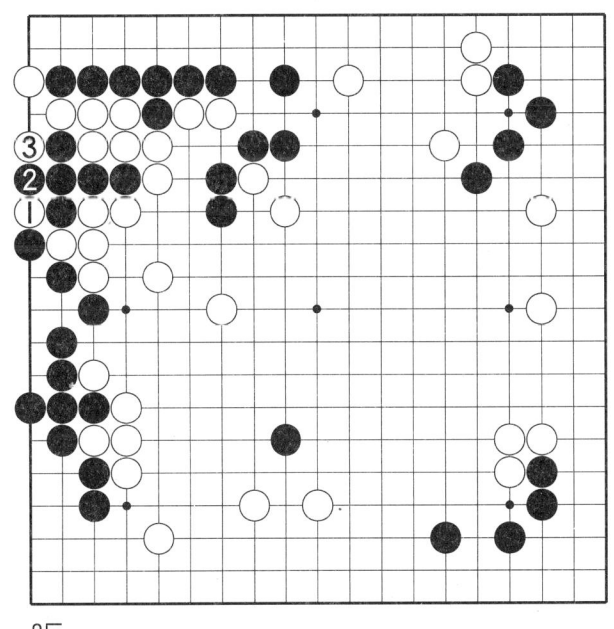

8도

8도(패맛)

상중앙 흑의 두터움에는 좌변에서의 희생이 따랐다. 백1, 3의 패맛이 그것. 이 정도는 폐석 취급하면 그뿐이라는 흑의 심중의 생각도 읽을 수 있다.

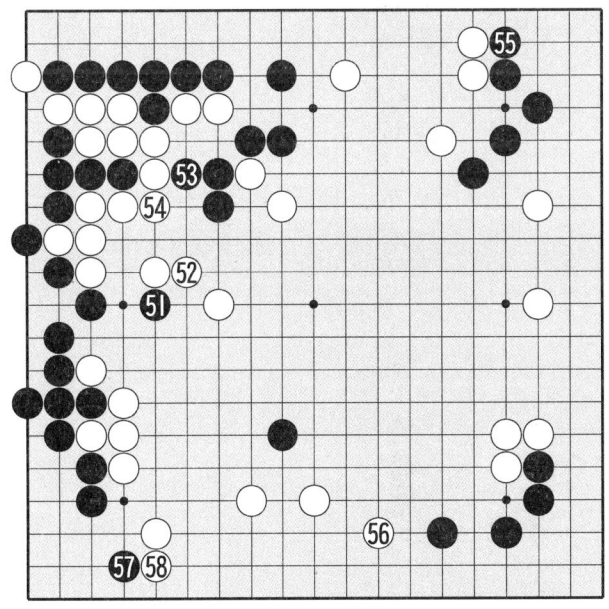

6보

⊞ 6보(51~58)

흑51은 모양의 급소. 53까지 기민하게 활용한 후 흑은 55로 귀의 큰 곳을 지킨다. 흑55는 귀의 근거와 상변 압박에도 도움을 주니 이제 와서 소홀히 할 수 없다.

백은 56, 58로 일단 하변의 집부터 지킨다. 어느새 실리에 앞선 흑이 편한 형세다.

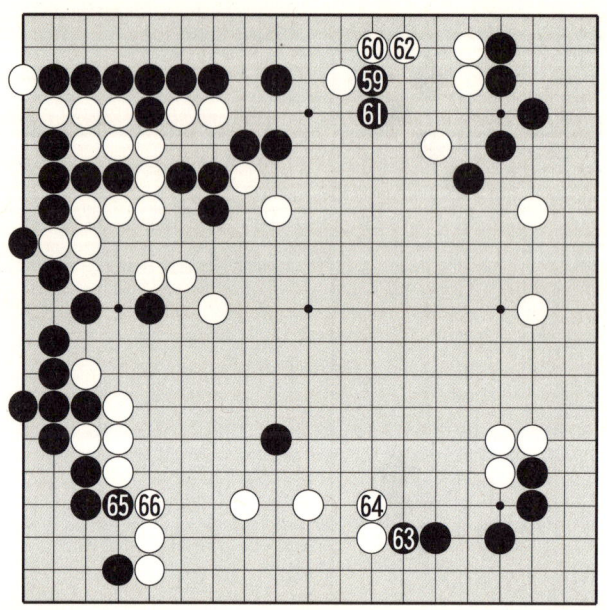

7보

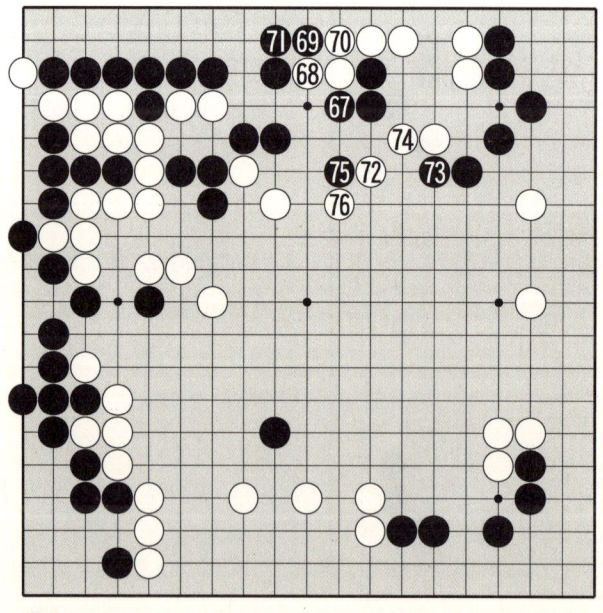

8보

7보(59~66)

흑59는 공격의 급소. 이런 붙임은 배워둘 맥점이다.

백60, 62로 기는 것은 어쩔 수 없다. 흑63과 65는 선수 활용.

8보(67~76)

다시 상변 대마에 흑은 67로 하나 누른 후 69, 71로 근거를 없애며 공격한다. 백72로 움직이고 76까지 부분적인 공방이 치열하다.

흑은 상변 대마를 잡으려는 것보다 공격을 통해 여기를 두텁게 정리하면서 중앙에 교두보를 마련하여 실리의 우세를 지키겠다는 작전이다.

그런데 흑은 집으로 더 달아날 수 있는 확실한 수단을 놓쳤다.

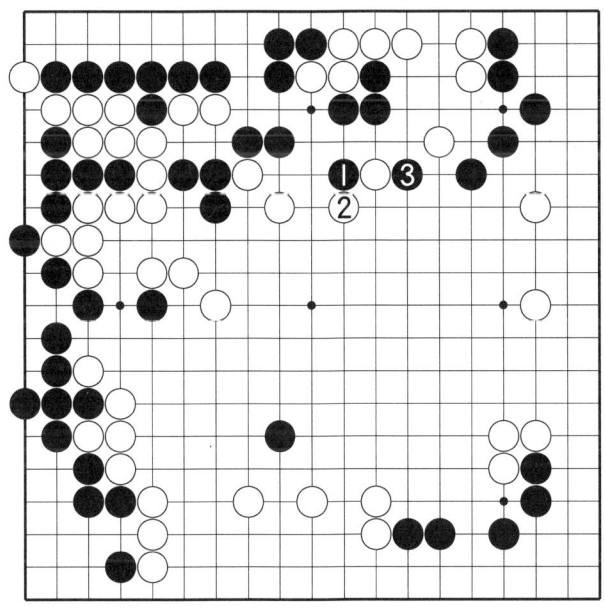

9도

9도(백, 곤란)

실전 흑73으로 밀지 말
고 1로 붙이는 것이 좋
았다. 백2면 흑3의 껴붙
임이 강력하다. 백의 다
음 진행이 곤란하다.

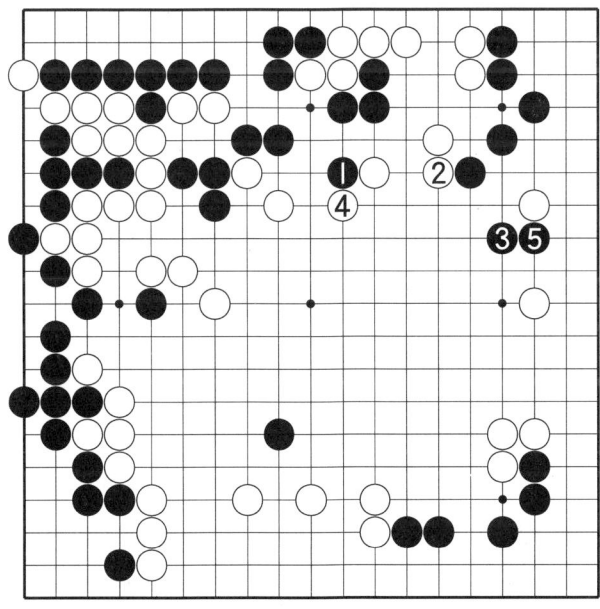

10도

10도(백, 집부족)

따라서 흑1에 백은 2, 4
가 안전하다.
  그 사이 흑은 3, 5로 리
듬을 탄다. 그러면 백이
집으로 한참 부족한 국
면일 것이다.

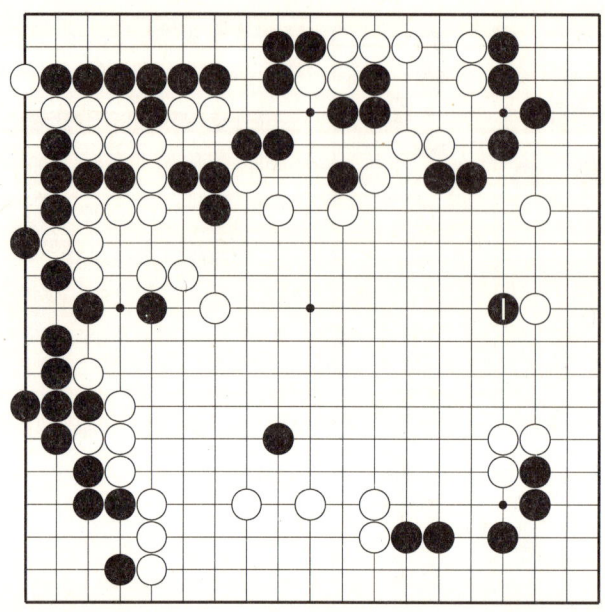

11도

11도(차후 실전)

실전 흑의 의도는 차후 흑1의 붙임부터 시작된다. 상변의 공격을 담보로 우변까지 정리하면서 중앙에 힘을 싣겠다는 일종의 양동작전이다.

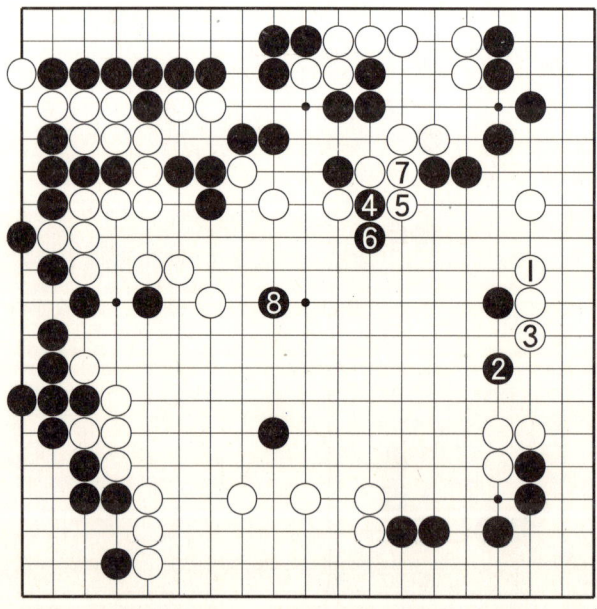

12도

12도(반전의 기회는?)

참고로 조금 더 진행을 보자. 백은 1, 3으로 참는다. 양동작전의 효과다. 흑은 4로 끊어 7까지 굴복시키면서 상변 모양을 정리하고, 8로 중앙을 장악하려 한다. 일단 현란한 수법이다.

백은 이대로 가면 실리가 부족하므로 중앙에서 반전을 모색해야 할 시점이다. 과연 흑은 그런 기회를 줄까.

2

발상을
전환하라

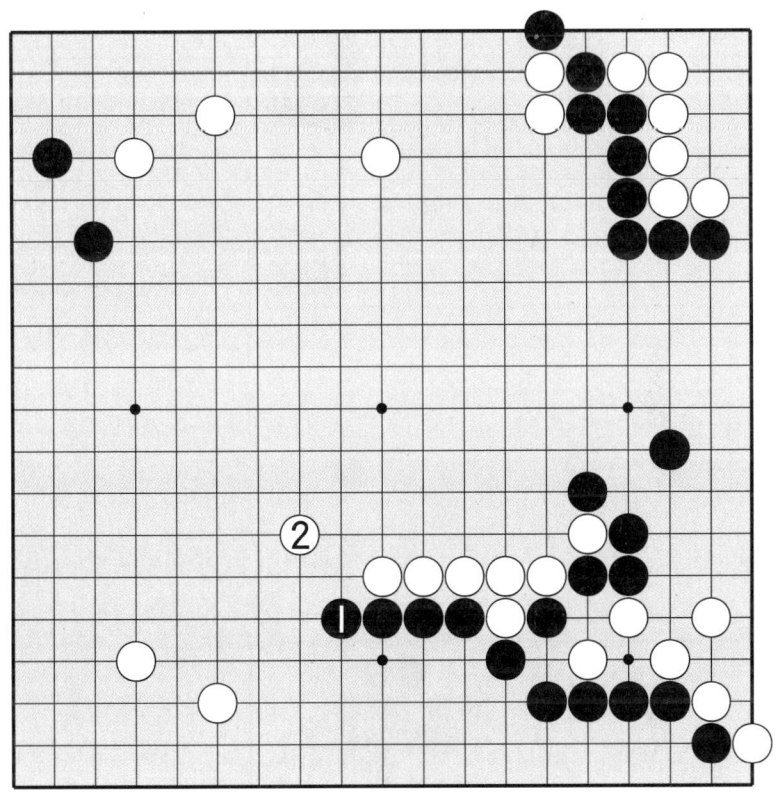

18회 LG배 조선일보 기왕전 16강전(● 퉈자시 vs ○ 이세돌)

우상귀와 상변은 중국식에서 백이 화점에 걸치고 삼삼에 침입하여 나오는 상용 변화이다. 우하귀는 백이 소목에 걸쳐 나온 변화로 귀는 백이 임기응변하면서 중앙을 두텁게 두고 있다. 대신 흑은 우변과 하변이 두텁다. 중앙을 백이 계속 밀어가는 흐름인데, 흑1에 백2로 날일자 뛰어나간 장면이다.

바둑은 상대 의중을 파악하고 역발상으로 허점을 노려가면 의외로 좋은 결과를 얻을 수 있다. 우리 인생에서도 불리한 환경에서 희망을 품고 주도적 자세로 살아가 목표 달성한 예를 수없이 보지 않았던가.

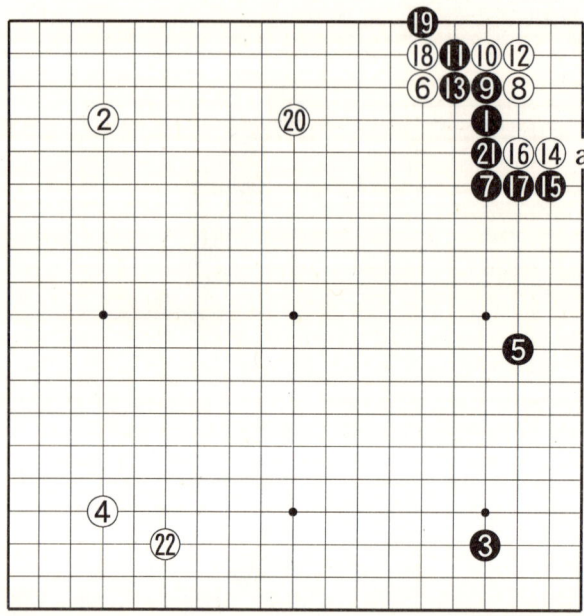

과정 1보(1~22)

흑의 중국식 포석. 백6의 걸침에 흑7의 한칸 받음. 백8의 삼삼 침입은 최근 유행 수법이다. 이하 20까지는 상용 수단. 흑21은 귀를 압박하는 두터운 수단이다. 백22로 지켜 버틴다. a를 당해도 그냥 잡히지는 않는다는 뜻.

과정 1보

참고도

실전 흑13은 당시에 잇지 않고 1로 두는 경우가 많았다. 그러면 16까지 자연스런 흐름이다. 참고로 이런 변화도 알아두면 안목에 도움이 될 것이다.

참고도

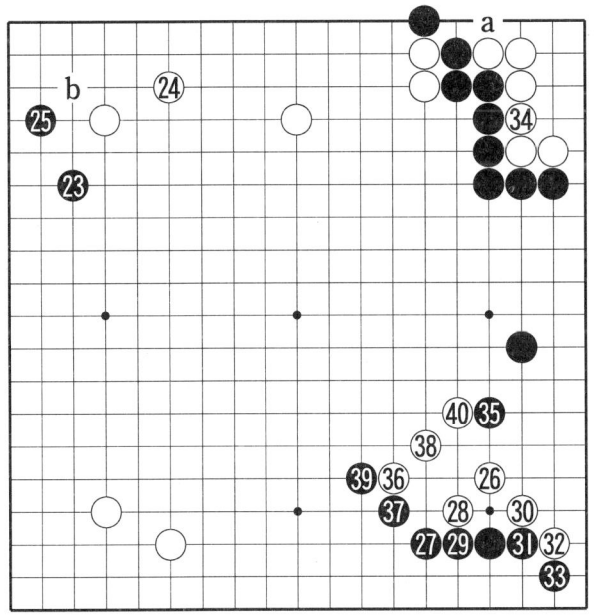

과정 2보

과정 2보(23~40)

흑23, 25에 백26의 걸침. 서로 귀를 노린다. 흑27에 백28~32는 속수지만 선수를 잡기 위한 임기응변. 그리고 34로 귀를 확실히 지킨다. a가 선수라 귀는 서둘지 않아도 최하 패다. b로 손을 돌리고 좌변을 경영하는 것도 적극적 방법이다.

35 이하 40까지 서로 집요한 공격과 효과적인 방어책을 모색한다.

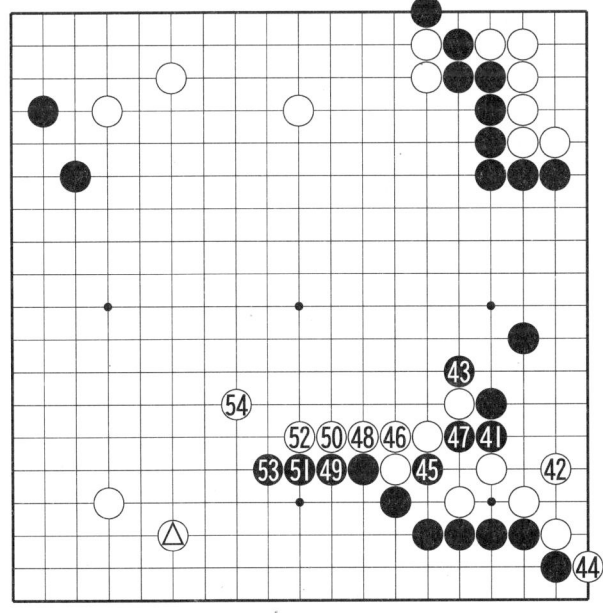

과정 3보

과정 3보(41~54)

흑41은 공격의 급소. 백42, 44로 귀에 사는 형태를 갖춘 사이 흑은 43~47로 중앙을 두텁게 차단한다. 백은 48~52로 중앙을 시원하게 민 후 54로 두텁게 달린 장면이다. 하변은 △의 지킴으로 버틸 수 있다는 계산이다.

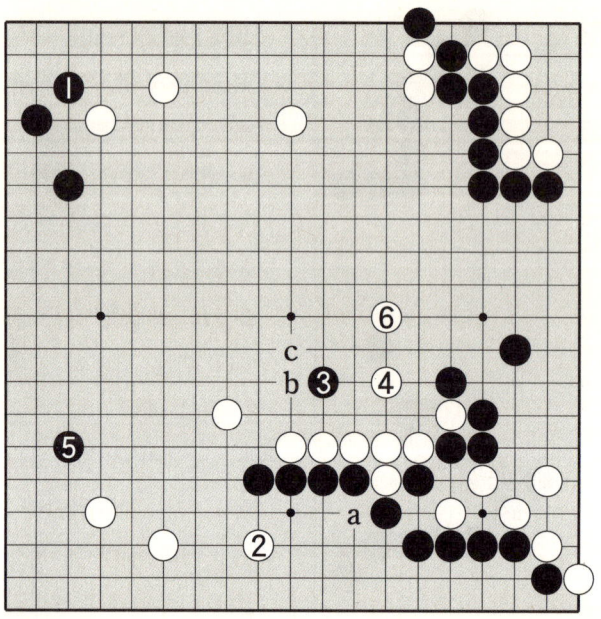

1보

▦ 1보(1~6)

흑1은 실리로 큰 곳. 상변을 압박하는 의미도 있다. 이에 백2도 집으로 크고 a의 맛까지 노린다. 흑3은 중앙 공격의 급소. 백b면 흑c로 젖혀 주도권을 장악하려는 뜻이다. 백4는 이를 간파한 당연한 반발. 흑5로 전환하자 백6으로 달려 나가 중앙을 보강한다. 그러고 보니 흑은 중앙의 허점을 노리며 판을 유리하게 이끌어가려 한다.

1도(흑의 판단)

실전 백4 때 흑1, 3으로 나와끊고 싶지만 a, b의 약점으로 그리 강력하지 않다.

끊어놓은 흑이 오히려 쫓길지도 모른다. 실전 흑5로 전환한 이유다.

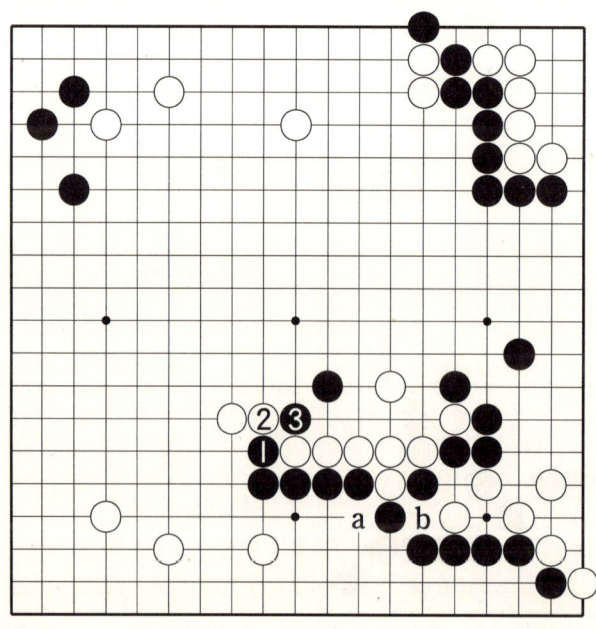

1도

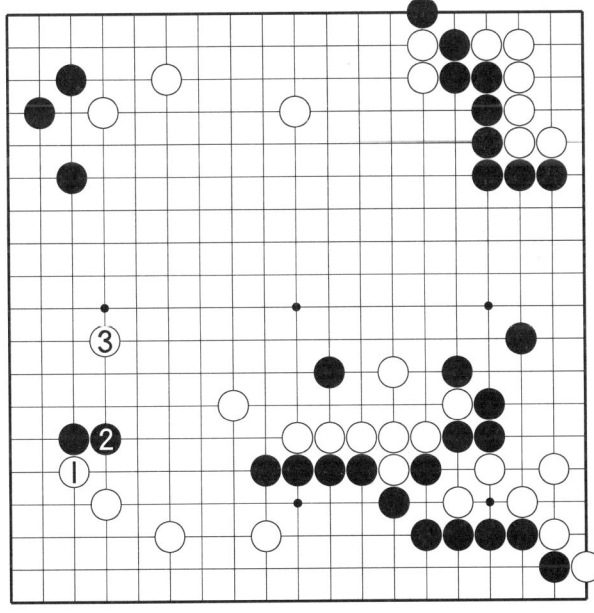

2도

2도(상용 수단)

실전 흑5의 걸침에 좌변만 놓고 생각하면 백1, 3의 공격도 상용 수단이다. 실전은 형세가 나쁘지 않다고 보고 중앙을 보강한 셈이다.

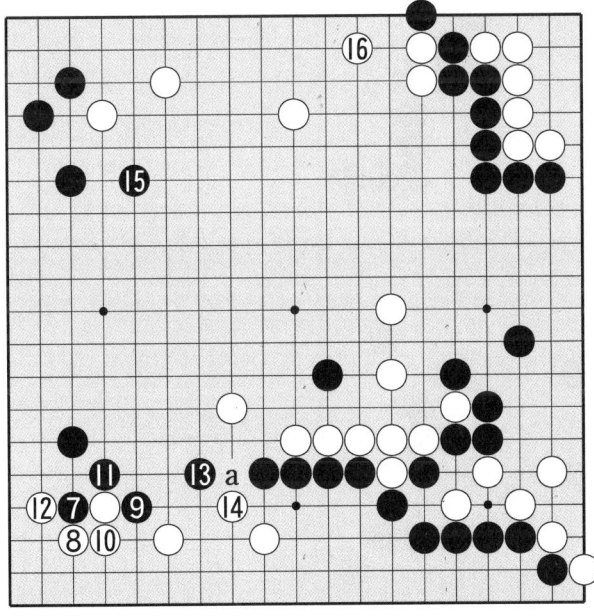

2보

▦ 2보(7~16)

흑은 7 다음 9로 응수타진. 좋은 수단이다. 백10, 12로 귀를 지킬 때 흑 11, 13으로 중앙에 두텁게 벽을 친다. 백10은 11의 반발도 생각할 수 있지만, 하변이 엷어 실행하기 어렵다. 백14의 엿봄. 하변 엷음도 지키려는 생각이다. a의 이음은 굴복이라 보고 손을 돌려 흑15로 두텁게 뛰자 백은 16으로 상변을 지킨다. 그런데 이 수가 결과적으로 문제의 한수가 되었으니….

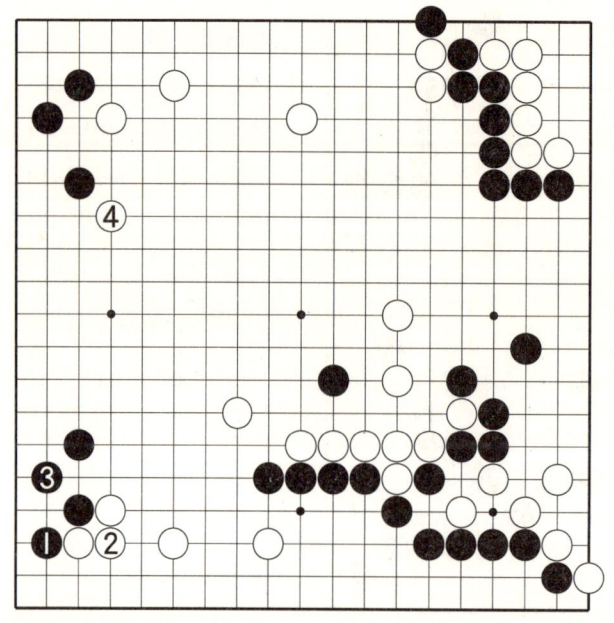

3도

3도(백, 주도적)

실전 백8에 보통은 흑1
로 젖혀 실리를 중시한
다. 백2면 흑3. 여기까지
정석이지만 백4의 마늘
모로 씌워 중앙을 압박
하면 하중앙과 맞물려
백의 주도적인 흐름으로
전개될지도 모른다.

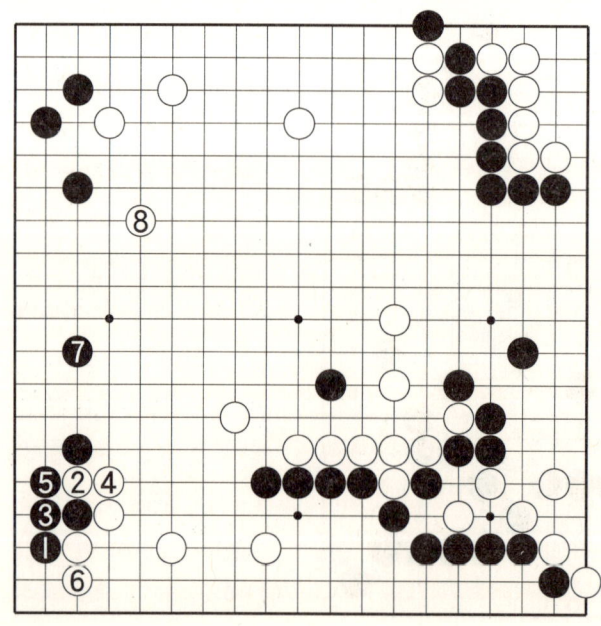

4도

4도(백, 활발)

또는 흑1에 백2~6의 상
용 수단도 생각할 수 있
다. 흑7로 벌려 지키면
백8 정도로 씌워 역시
중앙에서 백이 활발하
다. 실전 흑9의 응수타
진은 중앙에서 밀리지
않으려는 고심의 선택인
셈.

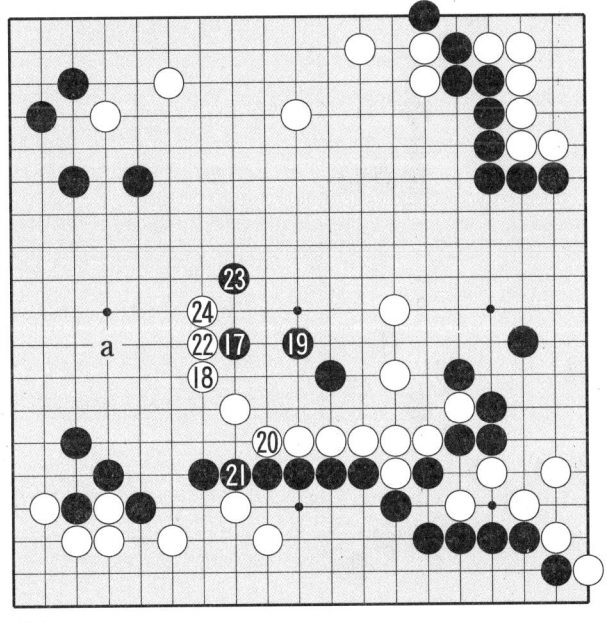

3보

흑17은 중앙을 견제하는 멋진 감각이다. 백18에 흑19로 두텁게 연결한다. 흑19는 백20을 유도하여 흑21로 자연스레 연결하려는 뜻도 있다. 백24는 중앙을 노리는 모양의 급소. 달리 a로 좌변에 거점을 둘 수도 있지만 웬지 엷다.

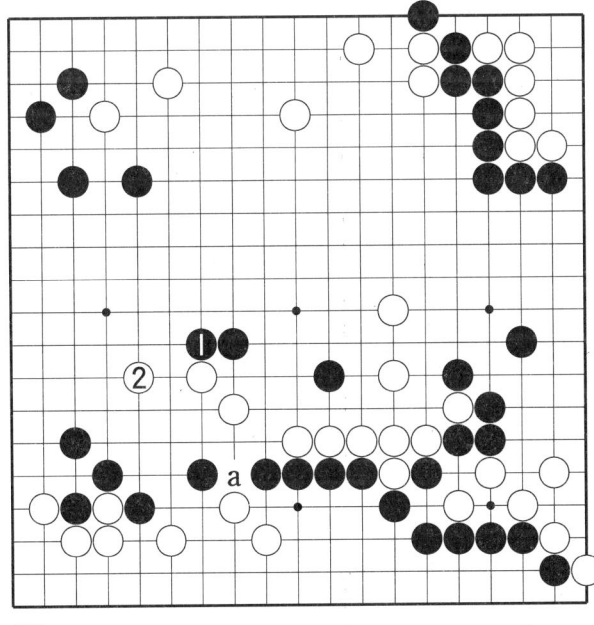

5도

5도(백, 좌변 진출)
실전 백18에 흑1로 미는 것은 백2로 자연스레 좌변에 흘러들어가니 a의 약점도 있는 흑으로선 기분 나쁠 것이다.

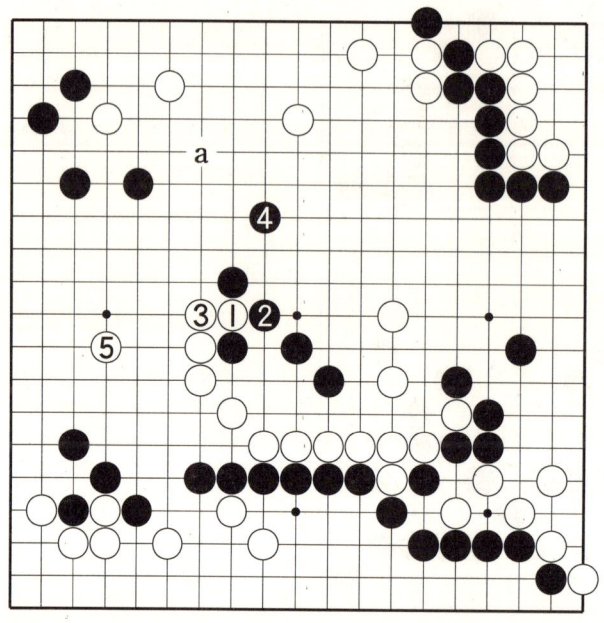

6도

6도(백, 상변 엷음)

사실 실전 백24는 1, 3으로 끼워이은 후 5로 좌변에 진출하는 게 보다 현실적이다. 다만 흑 4로 효율적 지킴 이후 상변의 백이 엷은 것이 문제다.

여기서 [2보] 백16의 아쉬움이 묻어난다. 그 수가 a 자리에 있었더라면 ….

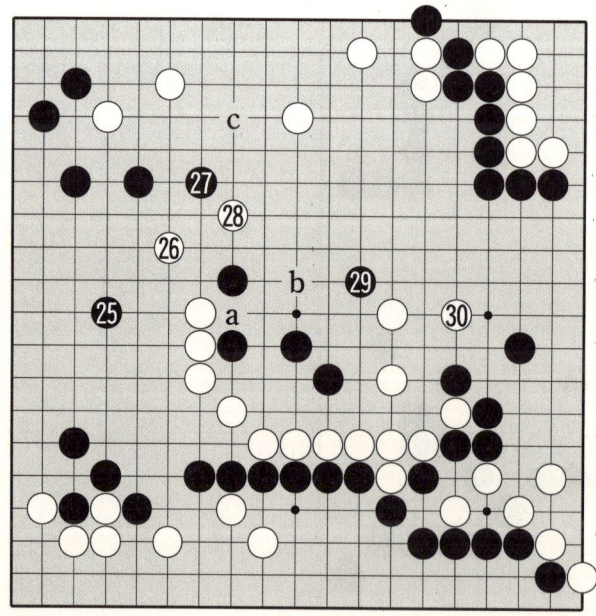

4보

⊞ 4보(25~30)

흑은 25로 좌변을 지킨다. 집부족을 의식한 버팀이지만 공수를 겸비하는 호수다. 중앙은 백a면 흑b로 가볍다는 뜻. 백도 26으로 크게 씌워간다. 흑27에 백28은 기세. 이 수로 c에 지키면 흑28로 연결하여 싱겁다.

이제 흑29로 중앙을 지켜간다. 백30으로 우변을 엿보지만 뜻은 중앙에 있다. 소위 성동격서 전법.

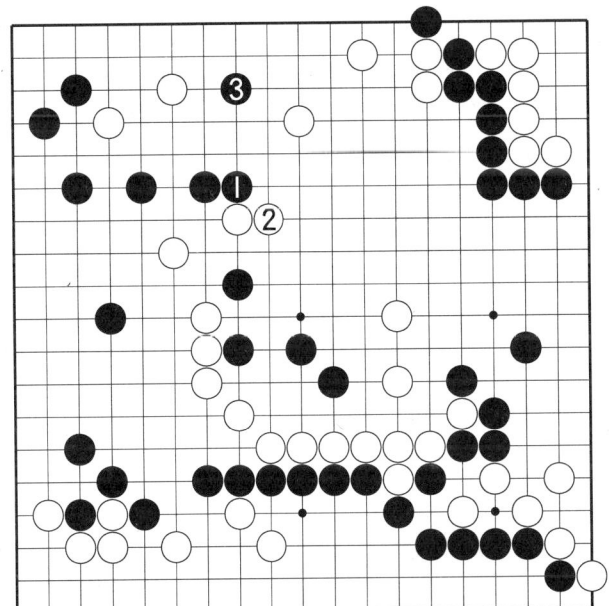

7도

7도(흑, 모험)

실전 백28에 상변만 생
각하면 흑1, 3의 침입이
통렬하다. 다만 백이 상
변을 임시 조치한 후 중
앙으로 향하는 날에는
여기서 바둑이 결판날지
도 모른다.

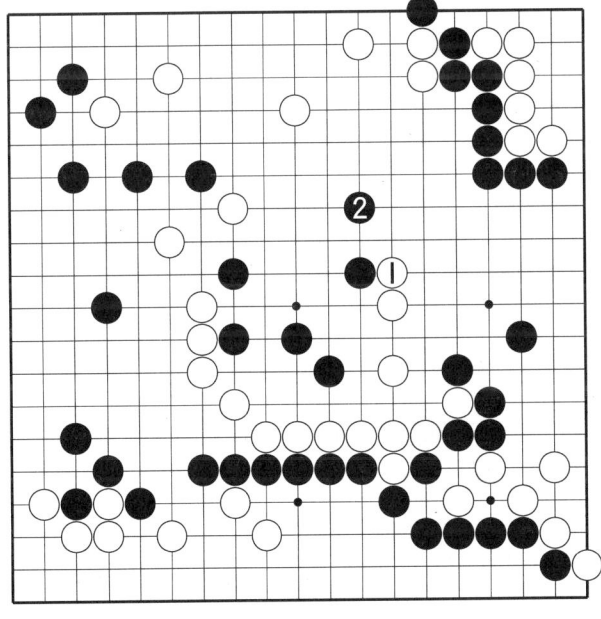

8도

8도(타개)

실전 흑29에 백1로 즉각
밀어가는 것은 흑2로 가
볍게 뛰기만 해도 타개
가 어렵지 않다. 실전 백
30으로 간접 행마한 이
유다.

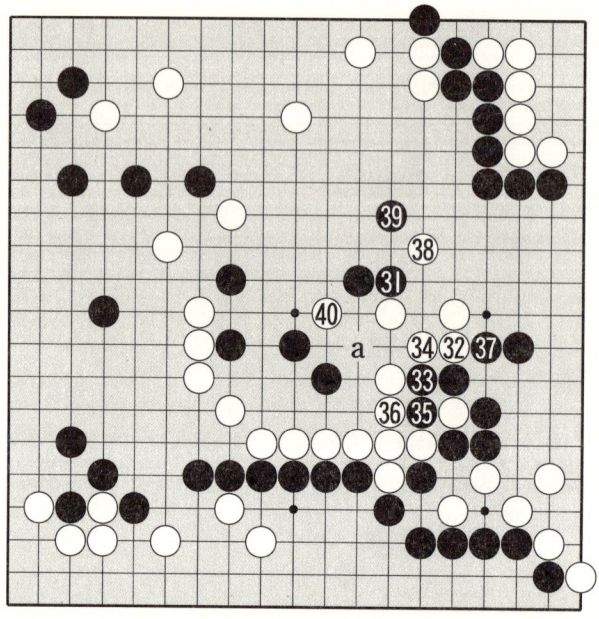

5보

5보(31~40)

흑31은 중앙을 돌보며 34의 약점을 노리는 두터운 수단이다. 백32로 지키자 흑33~37로 모양을 두텁게 정리한다. 그러면 백은 우하귀의 손질이 필요하다. 더불어 a도 선수.

백은 여기서 밀리면 안된다고 보고 38로 중앙부터 공격한다. 그리고 a가 오기 전에 백40으로 날카롭게 밭전자를 찔러간다.

9도(흑, 반격)

실전 흑39로 지킬 때 백1~5로 밀어가서 끊는 것은 흑6, 8의 반격으로 백 석점이 사지에 빠진다.

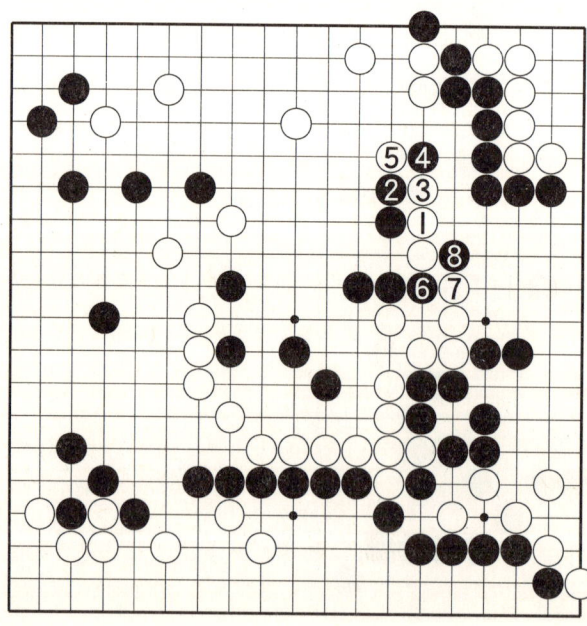

9도

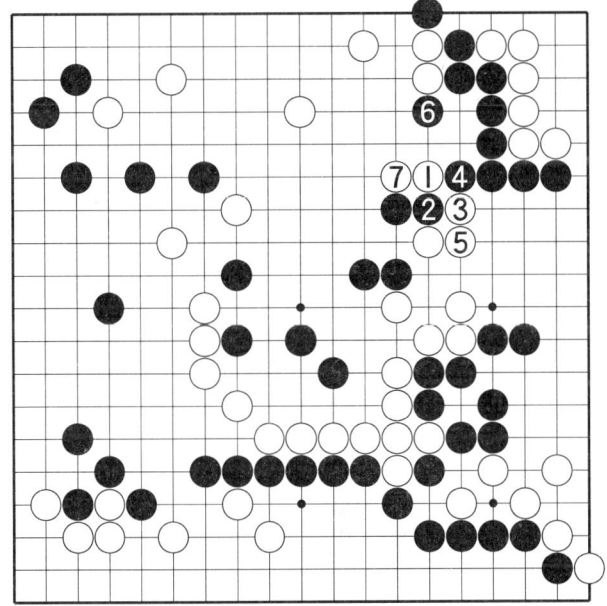

10도

10도(차단)

여기를 차단하려고만 하면 백1로 한칸 뛰어 5까지 중앙을 끊을 수는 있다. 백도 엷어 좋다고만 볼 수 없다. 흑6에는 백 7. 아무튼 결과적으로 실전보다 낫지 않았을까.

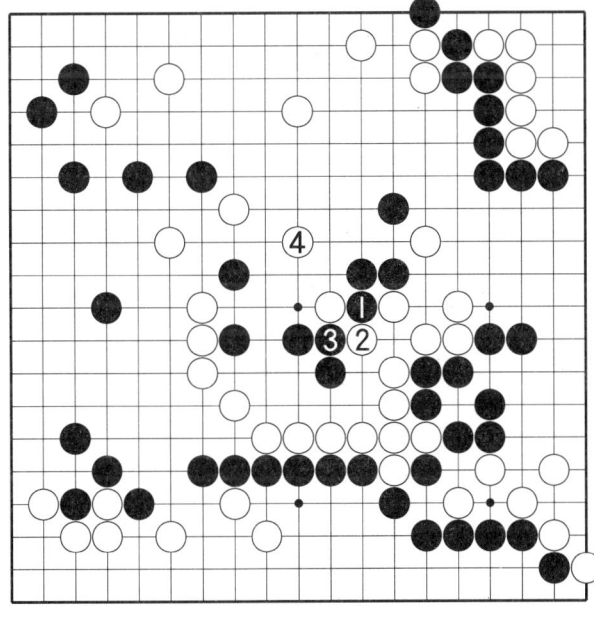

11도

11도(중앙 압박)

실전 백40의 의도. 흑1, 3으로 끊어오면 백4로 활용하면서 최대한 압박해 가겠다는 뜻이다.

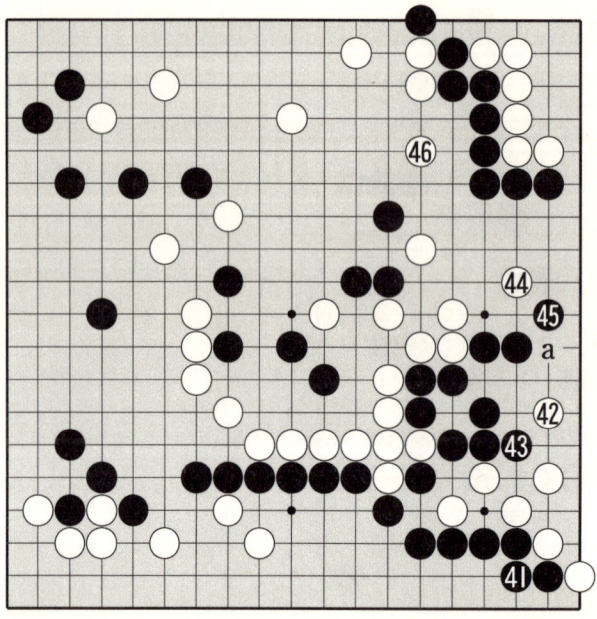

6보

▦ 6보(41~46)

실전은 흑41의 이음. 중앙은 상대의 공격에 따라 적절히 대응해 가겠다는 뜻이다. 우하귀 백은 거의 잡힌 모습이다. 백42를 활용하여 44를 선수하는 맛은 약간 있다. 흑45를 손빼면 백a로 붙여 연결고리가 생긴다. 그런데 여기서 백이 한가지 수순을 놓친 것으로 드러났다.

백은 중앙을 다 잡을 수는 없다고 보고 46으로 모양을 정돈하며 압박해 간다.

12도(백, 죽음)

흑1에 백2로 살리는 것은 흑3으로 안형을 공격한다. 백4에 흑5로 늦추면 a와 b가 맞보기로 백의 죽음이다.

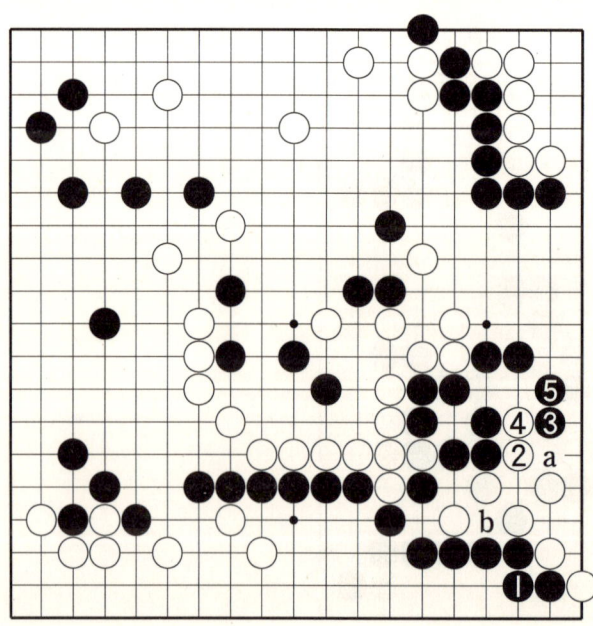

12도

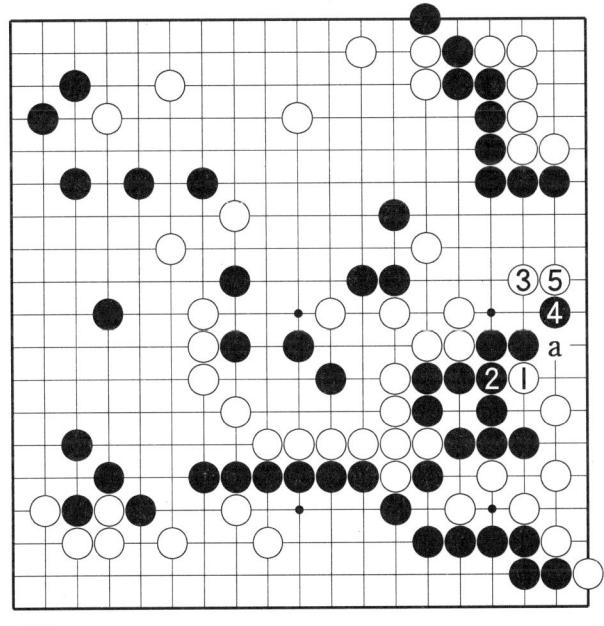

13도

13도(모르는 승부)

실전 백44. 국후 패착으로 지목됐다. 수순 하나를 빠뜨렸다.

백1과 흑2를 교환한 후 3, 5로 막으면 a의 수단이 있어 거의 선수다. 그래놓고 중앙과 우상 흑을 엮어 공격했으면 승부는 아직 모르는 거였다. 어려운 수순은 아닌데 깜빡했던 모양이다.

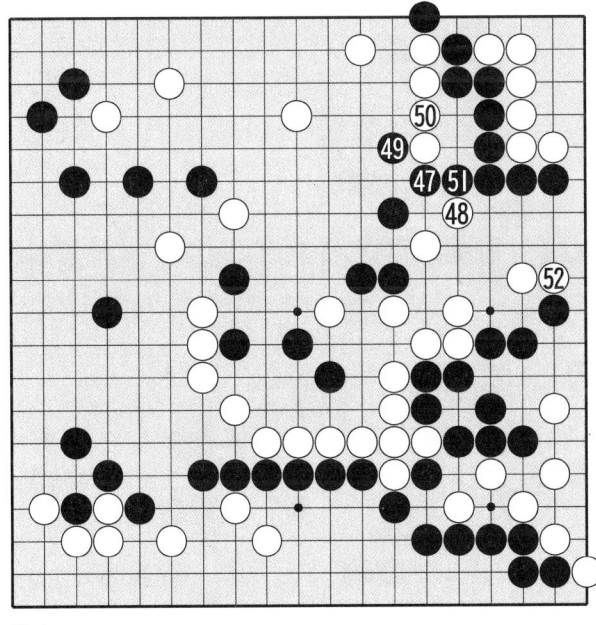

7보

7보(47~52)

흑은 47로 붙여 수습해 간다. 백48에 흑49를 선수한 후 51의 이음. 백은 52로 흑 전체를 우변과 차단한다.

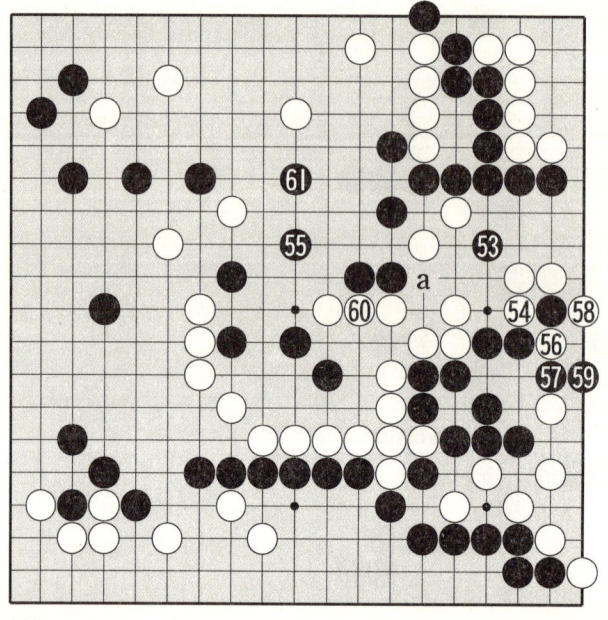

8보

8보(53~61)

흑53의 급소 가격. 백54
에 흑55로 전체를 수습
해 간다. 백은 56, 58을
선수한 후 60의 이음. 다
음 흑a면 두점이 잡힌
다. 그런 안전을 확보한
후 흑은 61로 중앙을 효
율적으로 정리해 간다.

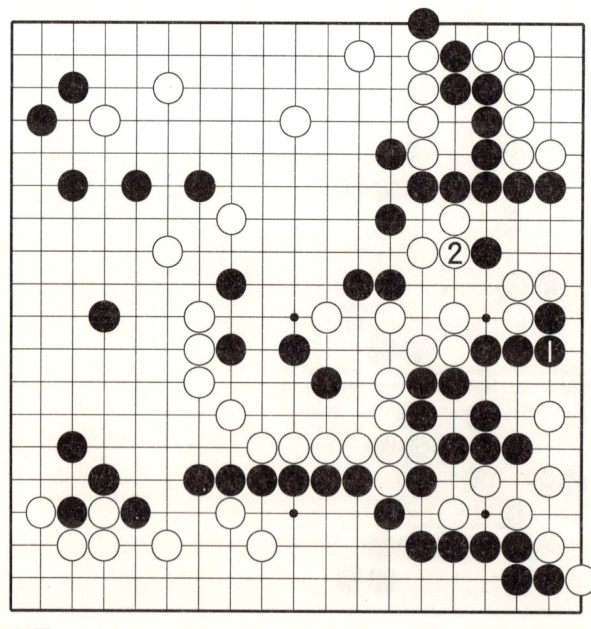

14도

14도(흑, 욕심)

실전 백54에 흑1로 잇는
것은 실리로 크지만 집
으로 유리한 상황에서
욕심이다. 백2로 지키고
나면 중앙 흑에 이렇다
할 안형이 없어 수습에
부담이 크다.

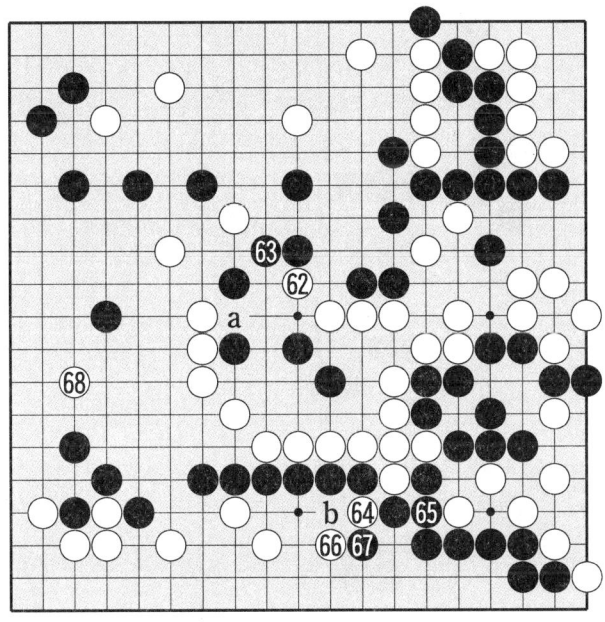

9보

▦ 9보(62~68)

백은 중앙에 62 하나 선
수하여 a의 맛을 남긴
후 64, 66으로 하변을 차
단해 본다. 흑67에 백
b로 잇는 것은 하변이
엷어 짐만 될 공산이 크
다. 백은 손을 돌려 좌
변 68의 침입으로 전단
을 모색해 간다.

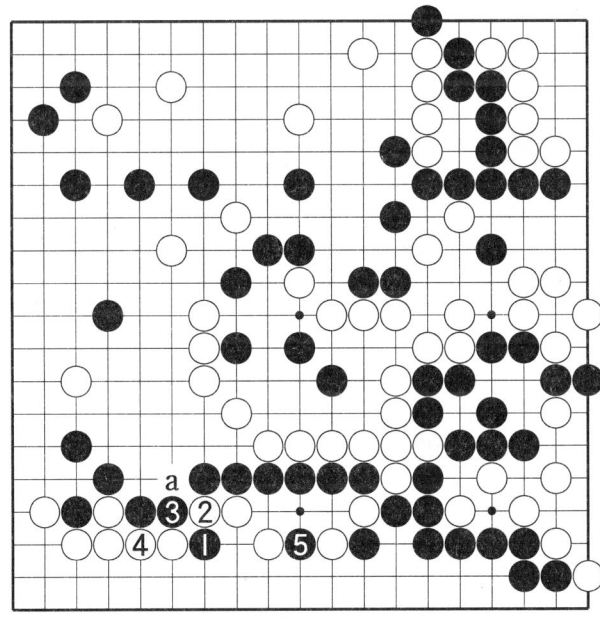

15도

15도(형세 정리)

이 바둑은 흑이 우하변
을 접수하며 두터운 중
앙 타개가 통한 결과 집
으로 유리해졌다. 더불
어 상변과 하변이 엷은
것이 백의 부담이다.

그런 배경에서 차후 실
전은 흑1로 붙여 하변의
엷음부터 추궁해 간다.
백도 이 경우 2, 4로 타
이트하게 두어 흑5의 맥
점을 당해도 a의 노림을
보며 정리하는 것이 최
선이다.

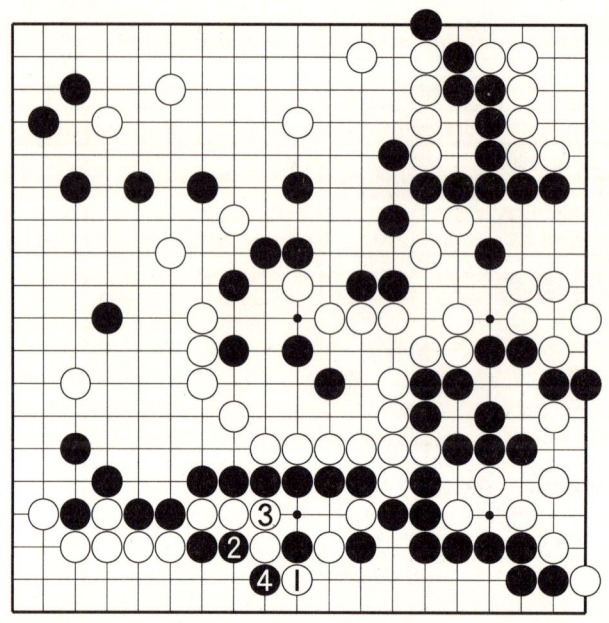

16도

16도(백, 몰살)

앞 그림에서 흑5의 껴붙
임은 맥점. 무심코 백1
로 받으면 흑2, 4로 전
체가 몰살한다.

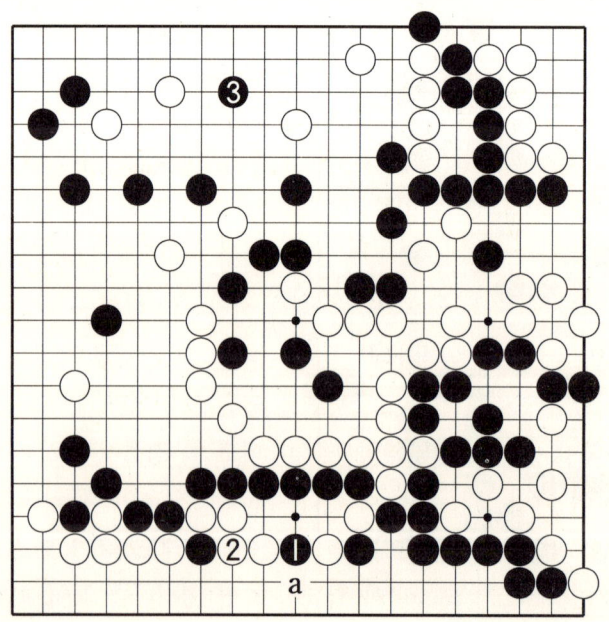

17도

17도(백, 상변 엷음)

참고로 실전은 흑1에 백
2로 물러선다. 다음 흑
은 a의 큰 맛을 남긴 후
우선 3으로 침입하여 상
변 엷음을 추궁해 간다.

집으로 백이 나쁘지는
않지만, 이런 상변 약점
이 치명적임을 이해하기
바란다.

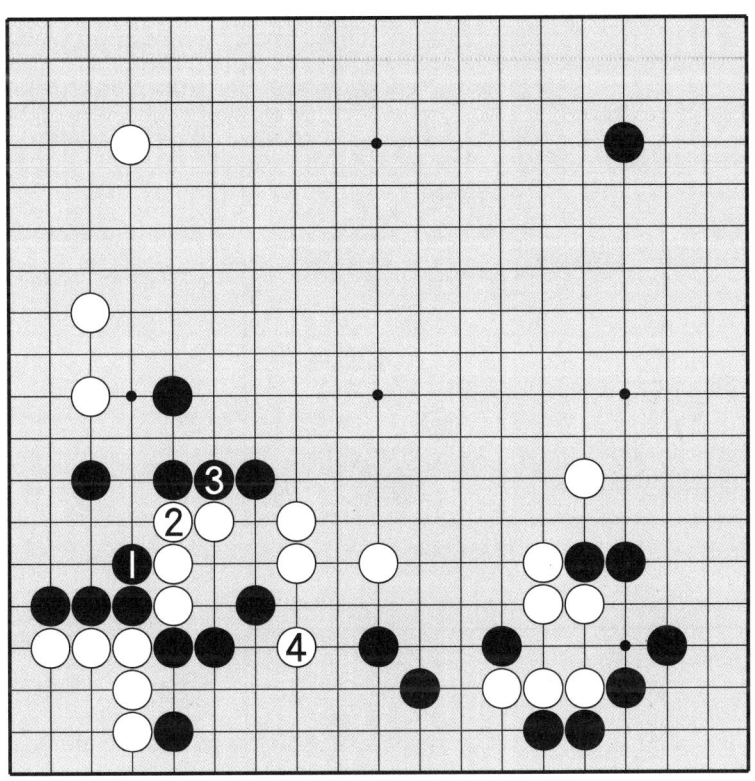

9회 춘란배 결승3국(● 천야오예 vs ○ 이세돌)

우하귀는 흑 실리와 백 세력의 정석 변화. 좌하귀는 서로 맞끊어 나
온 변화이다. 좌변에서 백이 공격을 가하자 흑이 중앙으로 보강하며
두텁게 1, 3으로 처리한다. 다음 백이 4로 하변을 노린 장면이다. 여
기 하변을 포함한 하중앙에서의 전투가 앞으로 이 바둑의 초점이다.

바둑에서 기회는 두번 다시 없는 경우도 많다. 그러므로 어려운 국
면에서 기회가 생기면 머뭇거리지 말고 판을 뒤엎는다는 각오로 임
하라. 승부처는 모름지기 그렇게 비장함이 감돌아야 한다.

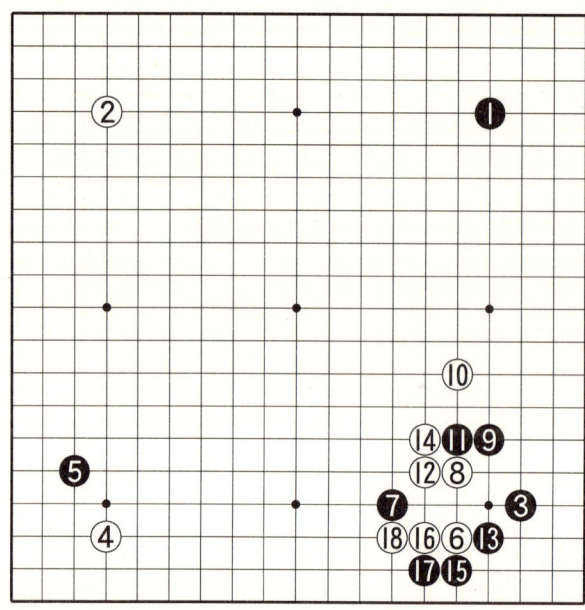

과정 1보

과정 1보(1~18)

초반은 흑5와 백6의 걸침으로 서로 적극적이다. 흑7의 한칸 높은 협공에 백8, 10으로 중앙을 중시한다. 흑은 13 이하 실리 작전이다. 18까지 흑 실리와 백 세력으로 갈리는 정석이다.

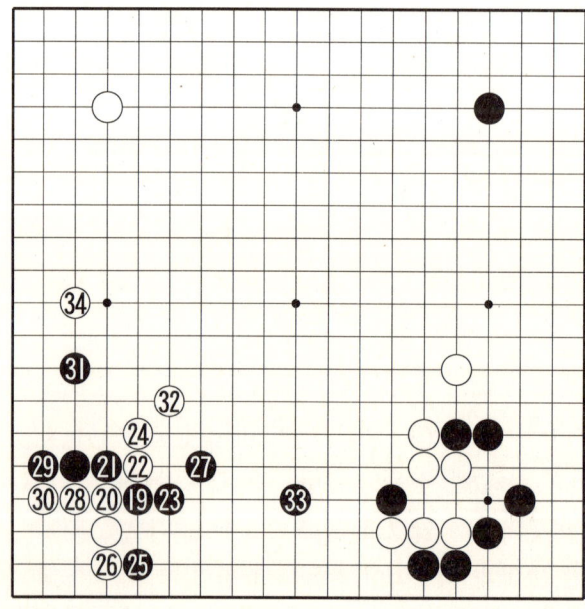

과정 2보

과정 2보(19~34)

흑19의 씌움에 세력을 배경으로 백20, 22의 끊음은 기세. 이하 31까지의 상용 진행으로 싸움이 벌어진다.

　백32의 마늘모로 중앙에 머리를 내밀며 좌우 흑을 겨냥한다.

　흑33은 하변을 중시한 수단. 그러면 백34로 다가서서 좌변 공격은 당연하다.

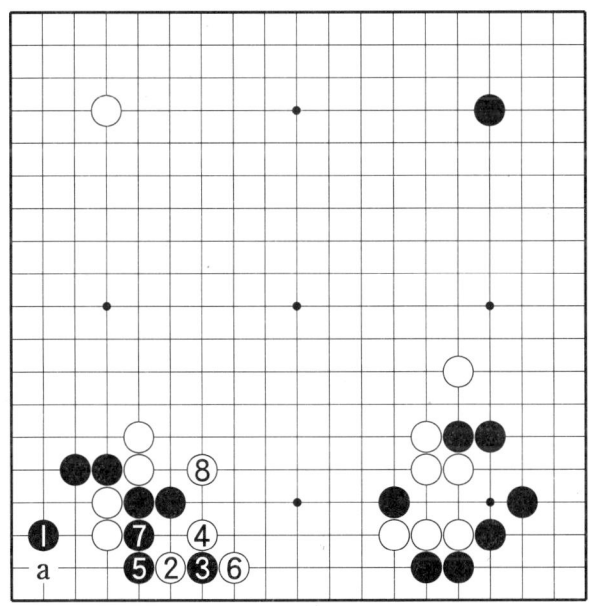

참고도

참고도

실전 흑25를 반대쪽 귀에 1로 잠입하여 7까지 되면 실리는 좋지만, 백 8로 씌우면 우하 세력과 호응한 백의 모양이 입체적이다.

흑3으로 4에 늦춰도 백이 a로 붙인 후 3에 밀어가면 흑이 배석상 수세에 몰린다.

과정 3보

과정 3보(35~46)

흑35, 37은 행마법. 백은 36, 38로 하변에 압박을 가한다.

흑39의 활용에 백40은 효율적 지킴. 하변도 은근히 노린다.

일단 흑41의 지킴. 백 42면 흑43, 45의 보강은 필요하다. 여기서 백46으로 침입한 장면이다.

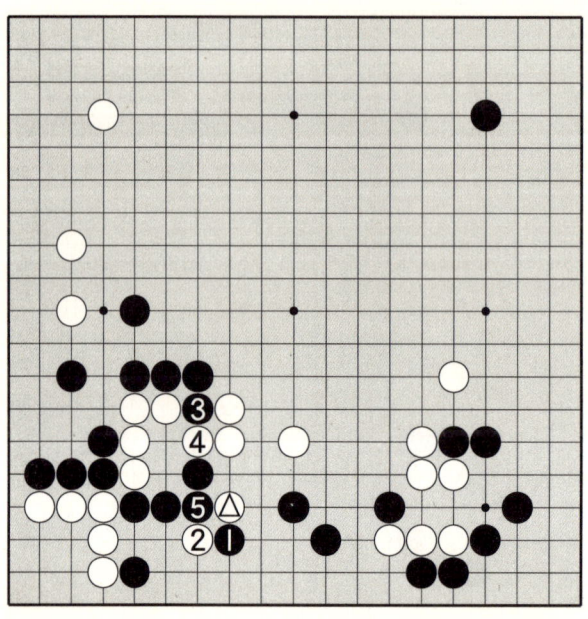

1보

▦ 1보(1~5)

일단 하변이 초점. 백△의 침입에 흑1의 붙임. 최대한 타이트하게 방어한다.

백2의 젖힘에는 흑3으로 중앙을 자충 모양으로 활용한 후 5의 끊음이다.

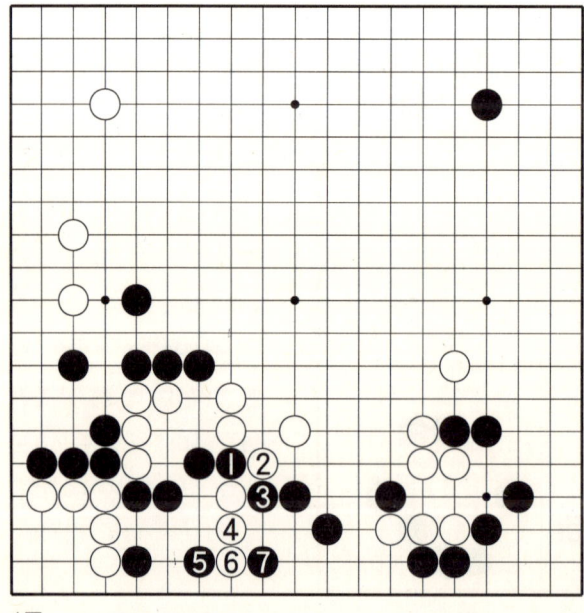

1도

1도(부분 수상전)

실전 흑1의 붙임. 이 수로는 1, 3으로 끊어 한 점을 잡고 싶을 것이다. 백4면 흑5, 7로 수를 조여 간다는 생각이다.

사실 여기만 생각하면 부분적으로 흑이 1수 빠르다.

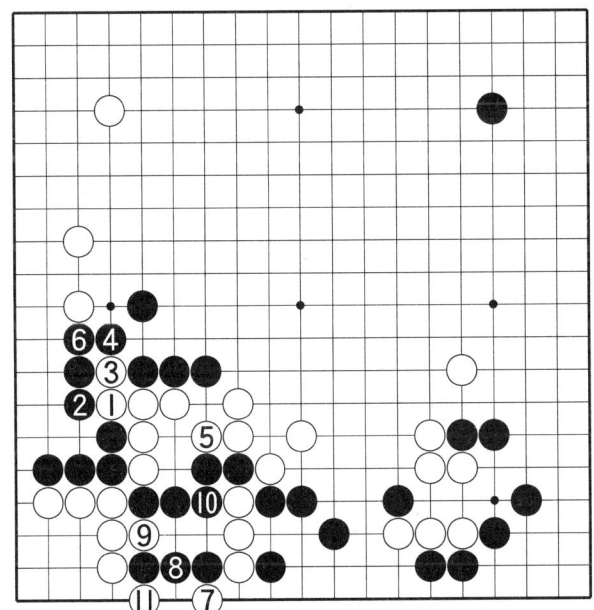

2도

2도(백승)

다만 외곽에서 백1, 3 다음 5가 선수. 흑6의 이음이 필요하다. 이때 5가 하변 흑에 한 수 조이는 역할을 한다.

그리고 백7 이하 조여가면 11까지 흑이 1수 부족이다. 확인하기 바란다.

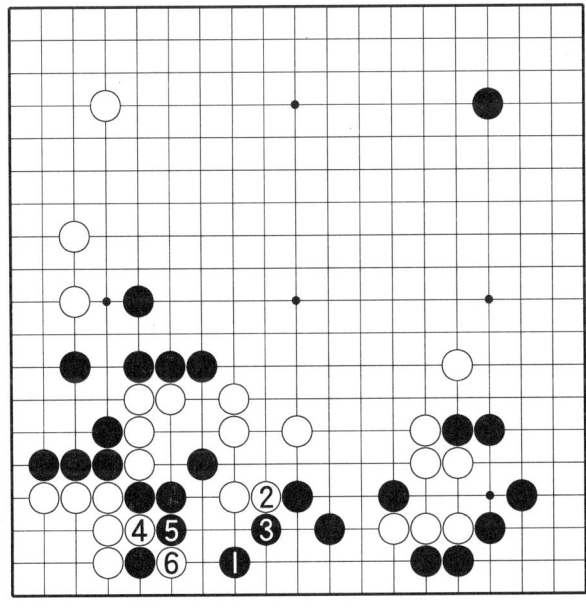

3도

3도(흑, 느슨)

처음으로 돌아가, 백의 침입에 흑1로 느슨하게 지키는 것은 때로는 효과가 있지만 여기서는 어떨까.

그러면 백2를 선수한 후 4, 6으로 한점을 잡는 것까지 선수다. 흑이 거길 보강하면 하변 전체가 쫓길지도 모른다. 흑이 많이 당한 결과.

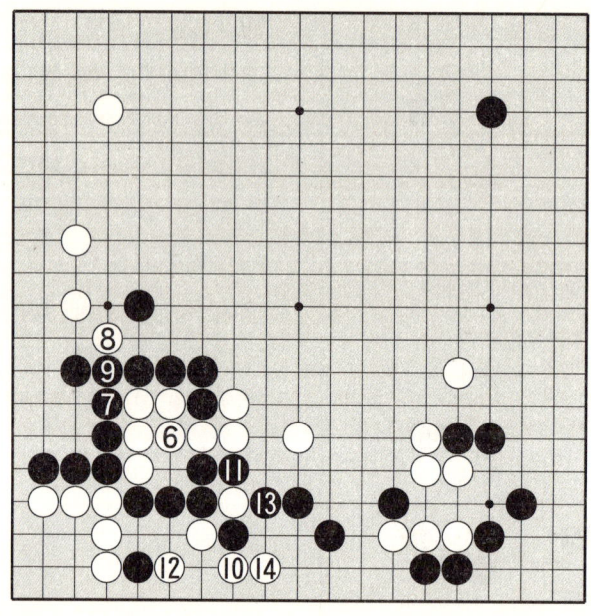

2보

2보(6~14)

백6은 여기를 미리 선수 하겠다는 뜻. 흑7로 두 텁게 이을 때 백8까지 선수. 그리고 백10~14로 2선을 파고든다.

 밑으로 움직인 점에서 약간 조심하는 듯하지만 다 이유 있는 선택이다.

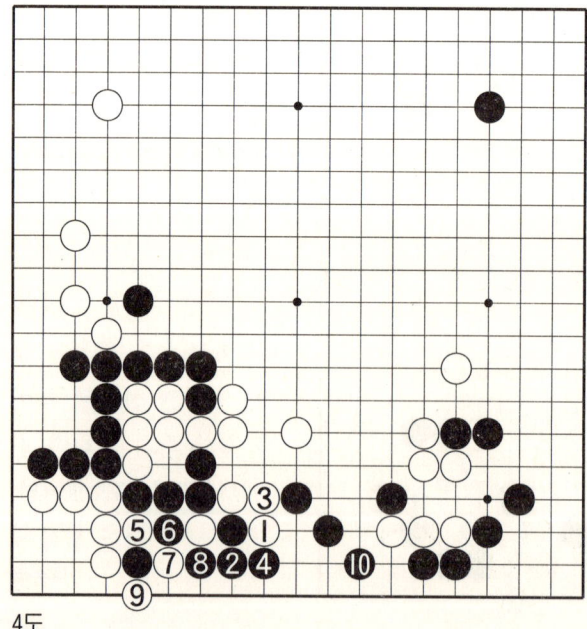

4도

4도(흑, 당함)

실전 백10으로 마음 같 아서는 1쪽에서 단수하 고 싶다. 흑2면 백3으로 잇는다. 흑4에 백5~9로 한점을 맞좋게 잡는다. 다음 흑10으로 넘어가는 정도.

 이렇게만 되면 중앙 백 도 두터워 흑이 많이 당 한 결과다.

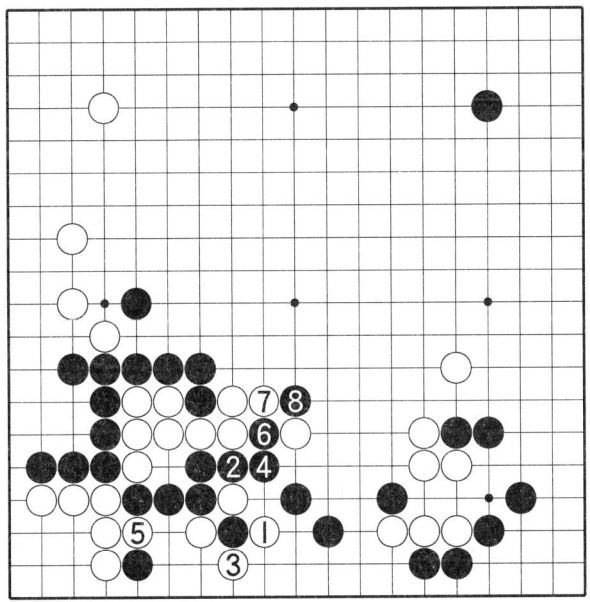

5도

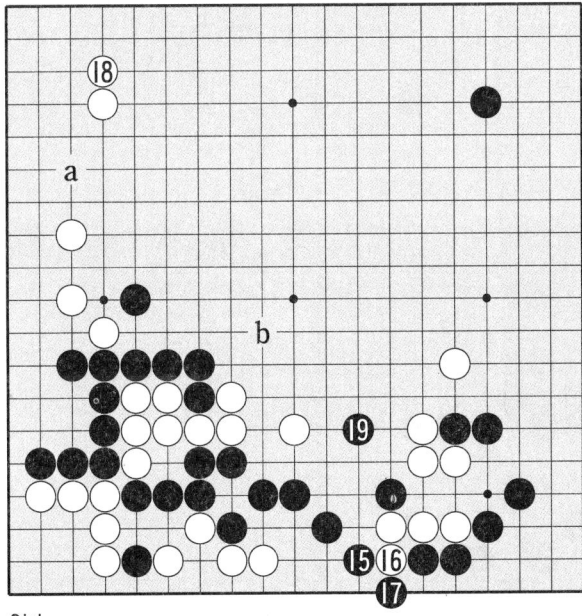

3보

5도(백, 가시밭길)

그러나 백1에 흑2, 4의 반발이 기다린다. 백3, 5로 연결된 하변 실리는 기분 좋지만 흑6, 8로 중앙이 끊겨 앞으로 가시밭길이다.

실전에서 이유 있는 선택이란 바로 이런 진행을 염려한 것이다.

▒ 3보(15~19)

흑15로 연결하여 일단 곤마를 안정시킨다. 여기까지만 보면 백이 하변에서 점수를 올린 모습이다.

백은 16을 선수한 후 좌상귀 18의 철주. 실리에 민감한 수단이다. a의 침입을 방비한 의미도 있다. 그러나 중앙이 엷어 b로 지켜두는 게 무난했다.

흑19의 갈라침. 승부처라 직감했을까. 중앙 엷음을 추궁한 날카로운 공격이다.

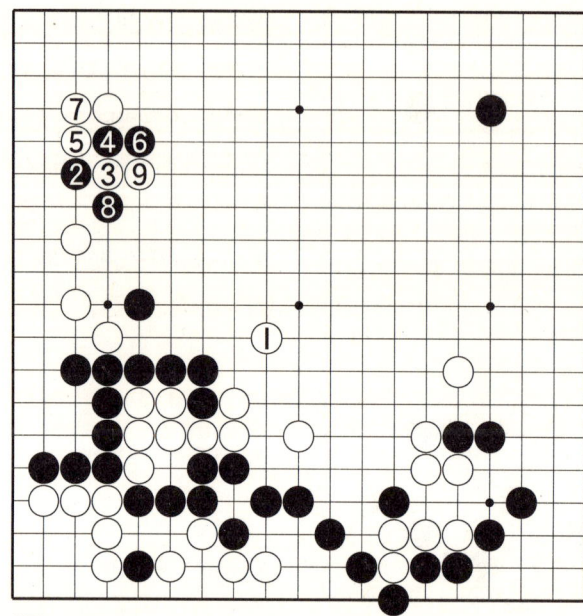

6도

6도(중앙 보강)

실전 백18로는 1의 중앙 보강이 두터운 수단이다. 이미 벌어둔 실리가 있으므로 두터움으로 균형을 맞춘다는 생각이다. 흑2의 침입이 염려되지만 백3으로 막고 흑4에는 백5, 7로 버틴다. 흑8의 단수에는 축이 유리하므로 백9로 나가 충분히 싸울 수 있다.

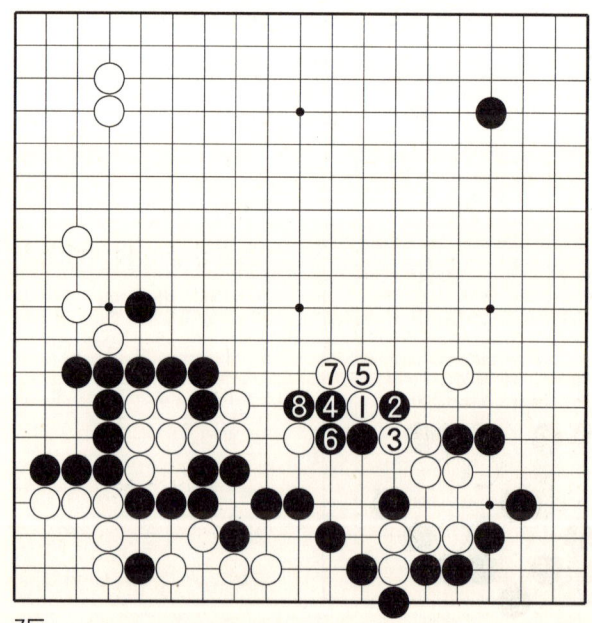

7도

7도(백, 곤란)

실전 흑19에 백1로 바깥에서 차단하려는 것은 흑2로 젖힌 후 백3에 흑4~8로 돌파하여 백이 곤란하다.

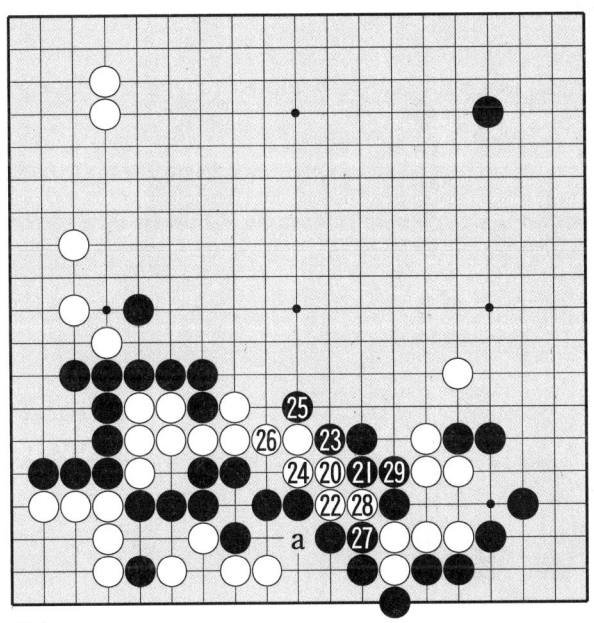

4보

실전은 백20으로 흑의 약점을 파고든다.

흑은 21~25로 뒤를 기분 좋게 조인 후 27, 29로 좌우 백을 차단하고 본다. a의 끊김을 감수한 작전이다.

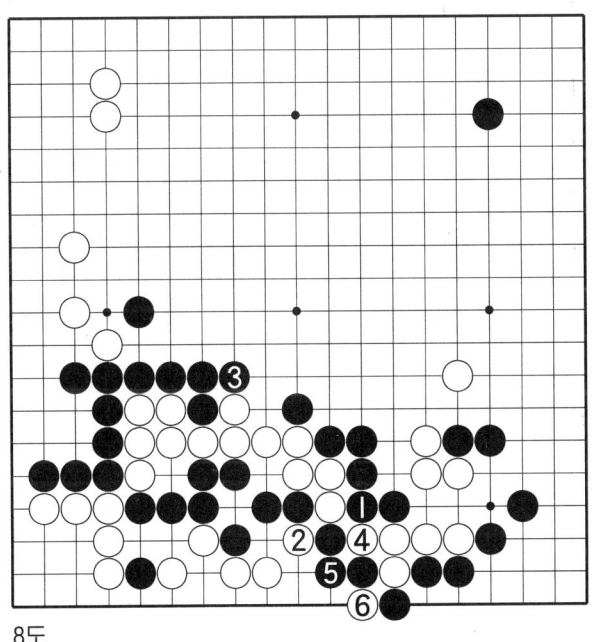

8도

8도(촉촉수)

실전 흑27로 1쪽에서 차단하는 것은 백2로 끊는 것이 선수로 듣는다.

만일 흑3으로 중앙 대마를 봉쇄하면 백4, 6으로 먹여쳐 촉촉수에 걸린다.

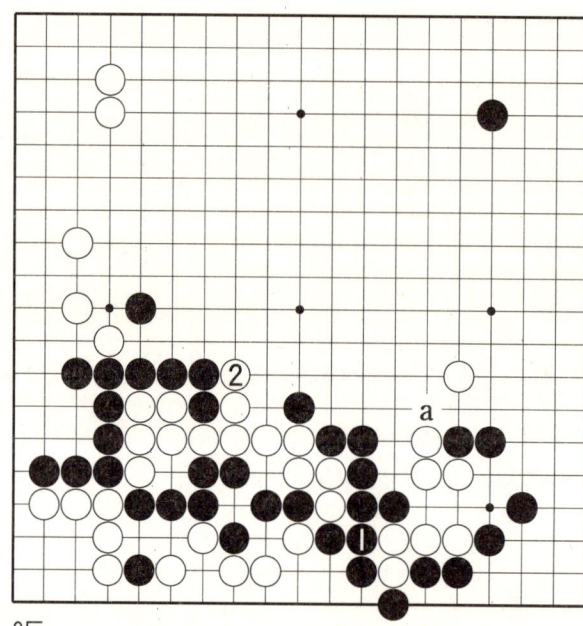

9도

9도(흑, 손실)

그러므로 앞 그림 백2에
는 흑1로 이어야 하지
만, 백2로 나가면 하변
흑말의 손실이 크다.

흑a로 우하 백말은 잡
을 수 있지만 손실에 비
하면 충분하지 않다.

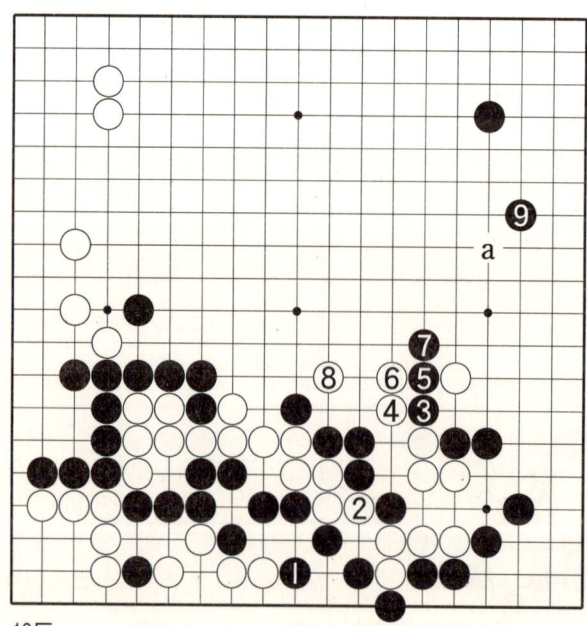

10도

10도(백, 편한 국면)

처음으로 돌아와, 흑이
타협을 원한다면 1의 지
킴도 생각할 수 있다. 백
2로 연결하면 흑3으로
젖혀 추궁해 가겠다는
작전이다.

그러면 백4, 6으로 아
낌없이 민 후 8로 일단
중앙을 제압해 둔다.

흑9 정도로 지켜 우변
이 두텁지만, 일단 실리
를 벌어둔 백이 우변은
우변대로 a로 삭감하면
편한 국면으로 보인다.

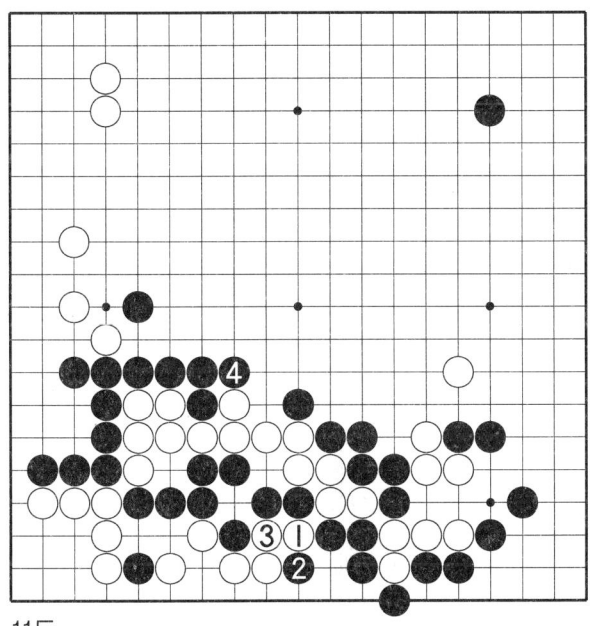

11도

11도(백, 몰살)

실전 다음 백1로 그냥 끊는 것은 어떨까.

그러면 흑2를 선수하여 아래쪽 연단수를 피한 후 4로 막으면 중앙 백 대마가 1수 부족으로 몰살한다.

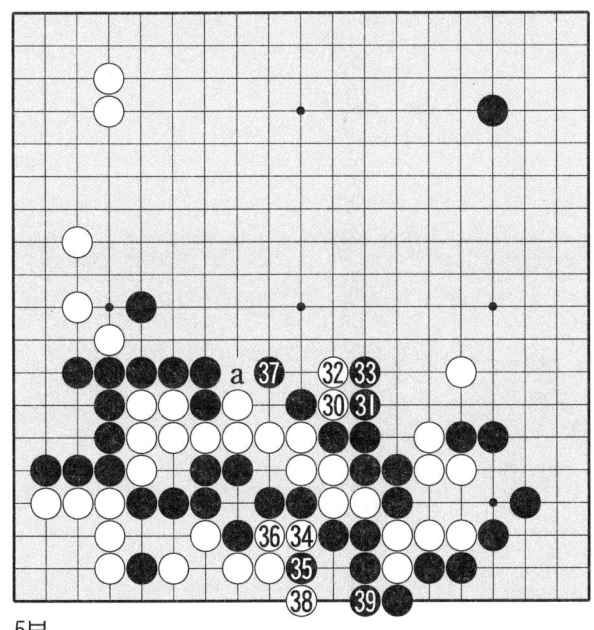

5보

▦ **5보**(30~39)

따라서 백은 30, 32를 활용하여 수를 늘인 후 34로 끊는 것이 정수다. 그래야 당장 a의 막음을 피할 수 있다.

이번에는 흑35 다음 37이 좋은 수단. 백38의 단수에 흑39의 이음은 필수다.

서로 최선을 다한 수순이 이어지고 있다.

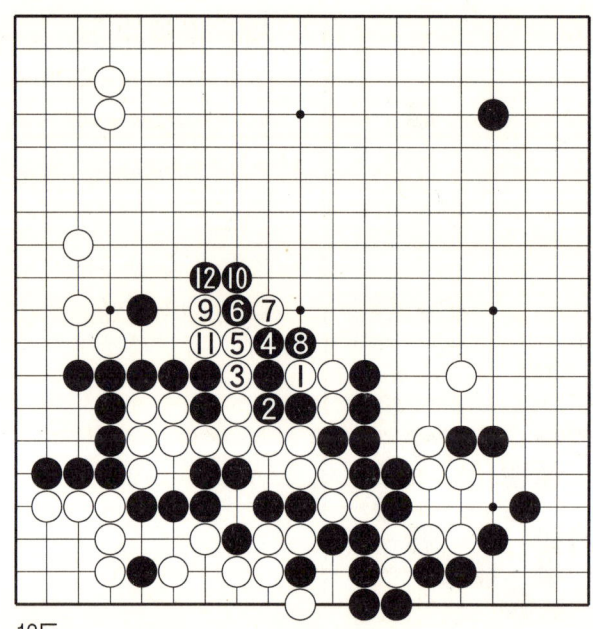

12도

12도(백, 좌절)

실전 다음 백1, 3 이하 바깥으로 나가려는 시도는 몇 걸음도 못가 좌절된다.

12까지 보다시피 가로막혀 흑의 세력만 돋보일 뿐이다.

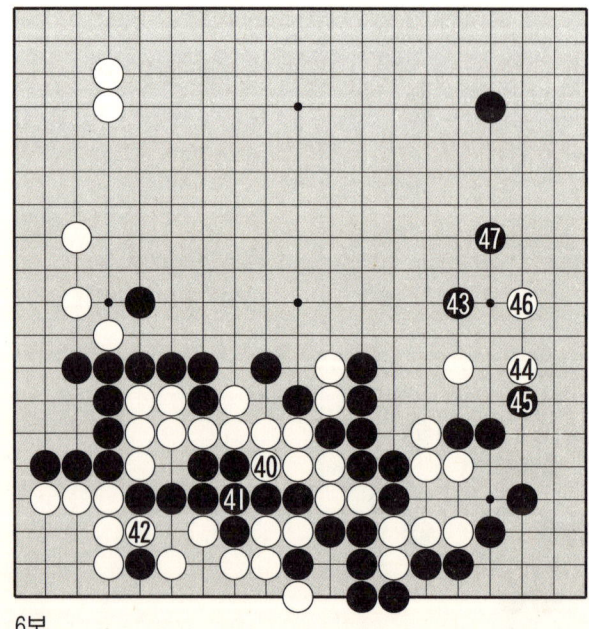

6보

6보(40~47)

결국 백은 40, 42로 안에서 수를 줄여 잡아야 한다. 흑은 두터움을 배경으로 43으로 공격한다. 여기까지 바꿔치기 양상. 실리는 내줬지만 주도권은 흑이 잡고 있어 우세한 결과다. 백44, 46으로 분주히 변으로 타개해 갈 때 흑45, 47로 맥을 짚고 씌우며 두텁게 추궁해 간다.

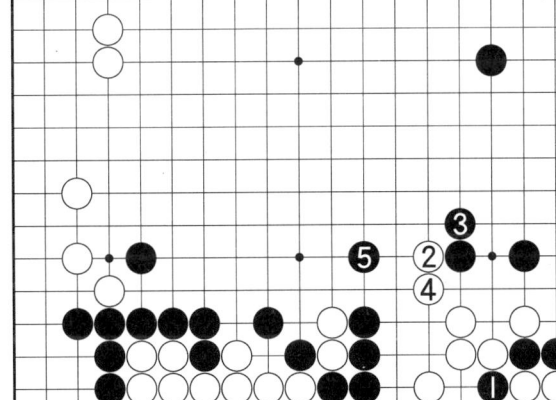

13도

13도(변에서 차단)

실전 백44에 흑1로 변에서 차단하며 공격하는 수단도 생각할 수 있다. 백2, 4에 흑5~9로 넘어가며 계속 추궁하는 것이 요령이다. 백10 다음 …:

14도

14도(백, 전체 탈출)

흑1로 먹여칠 예정이다. 백2, 4에 흑3, 5로 계속 공격해 갈 것이다.

다만 백이 전체를 연결해 가며 탈출하므로 나쁘지 않은 국면이다.

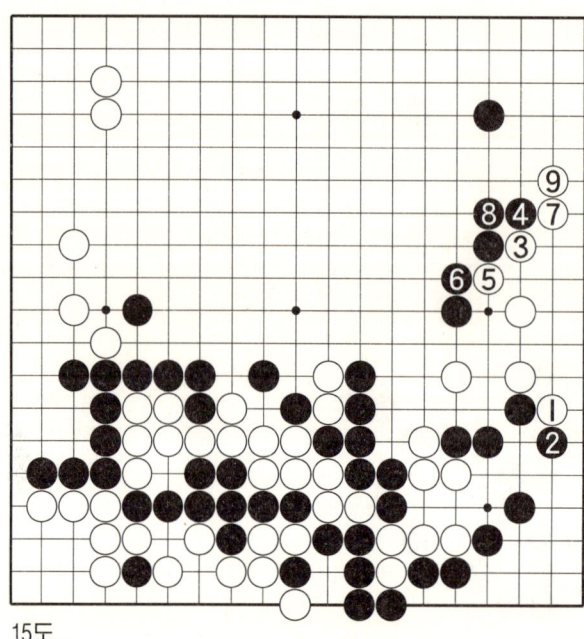

15도

15도(흑, 두터움)

실전 다음 백이 알기 쉽
게 두자면 1의 젖힘을
활용한 후 3으로 붙인
다. 흑4의 젖힘에 5~9로
변에서 안정하는 것.

대신 바깥은 흑이 두텁
다. 백은 이게 싫었을 것
이다.

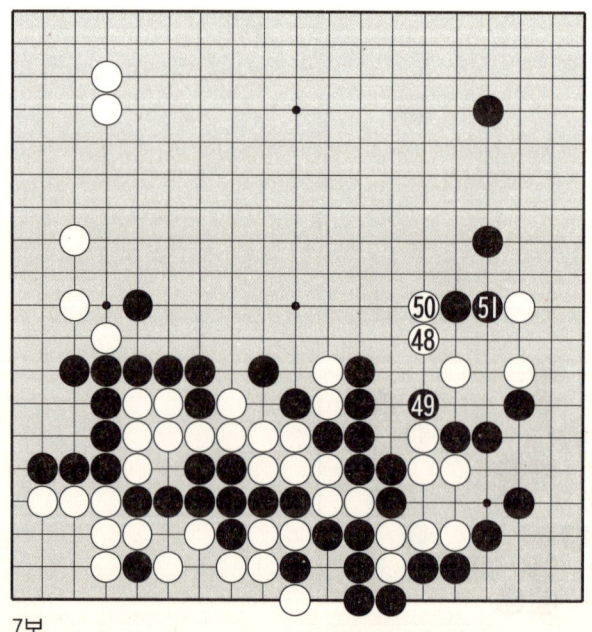

7보

▦ 7보(48~51)

실전은 백48로 중앙에
머리를 내민다. 어디까
지나 중앙으로 나와 떳
떳이 싸우겠다는 뜻.

흑은 봉쇄가 여의치 않
다 보고 49로 아래 백
일단을 잡으면서 공격한
다. 백50에는 흑51이 모
양의 급소다.

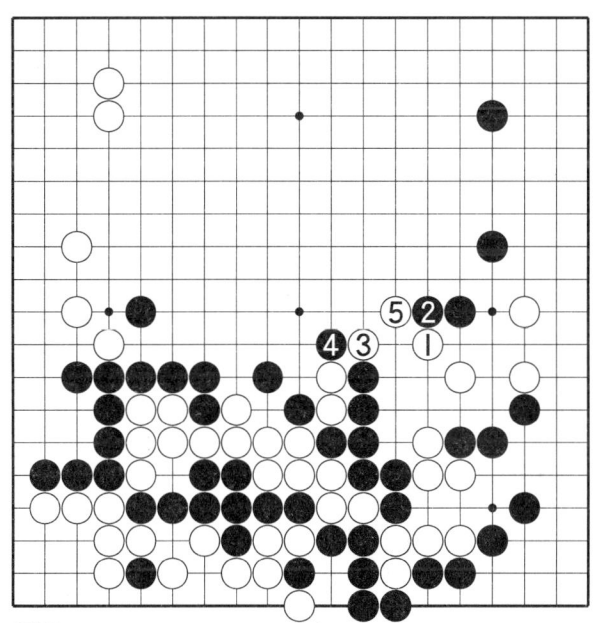

16도

16도(백, 모양 좋게 탈출)
백1에 흑2로 밀면 백3,
5로 모양 좋게 탈출한
다. 흑이 억지로 중앙에
서 봉쇄하려는 것은 좋
은 발상이 아니다.

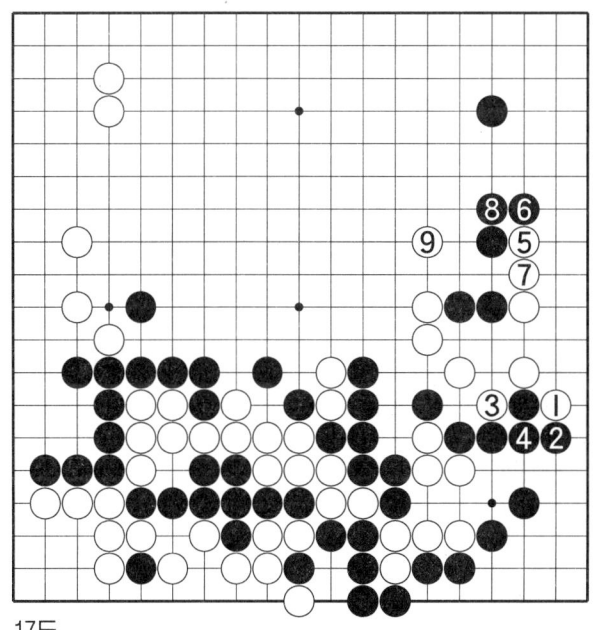

17도

17도(백, 좋은 타개)
실전 다음 백이 1, 3으
로 모양을 임시 조치한
후 5로 붙여 변에서 수
단을 부려보면 어떨까.
만일 흑6으로 받아주면
백7에 잇고 흑8에 백9로
뛰는 정도로 타개 흐름
이 좋다.

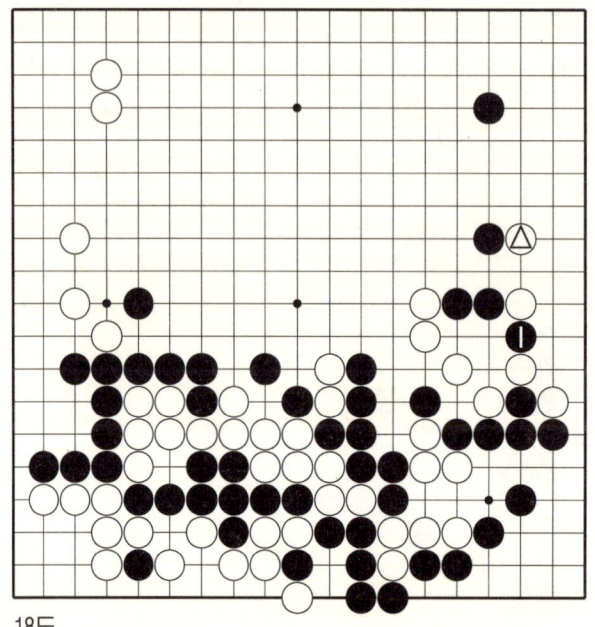

18도

18도(차단)

그러나 앞 그림은 백편에 일방적인 생각이다. 흑1로 끼우는 반발 수단이 있다. 그러면 다음이 어렵다. 최소한 붙여간 백△는 차단될 것이다.

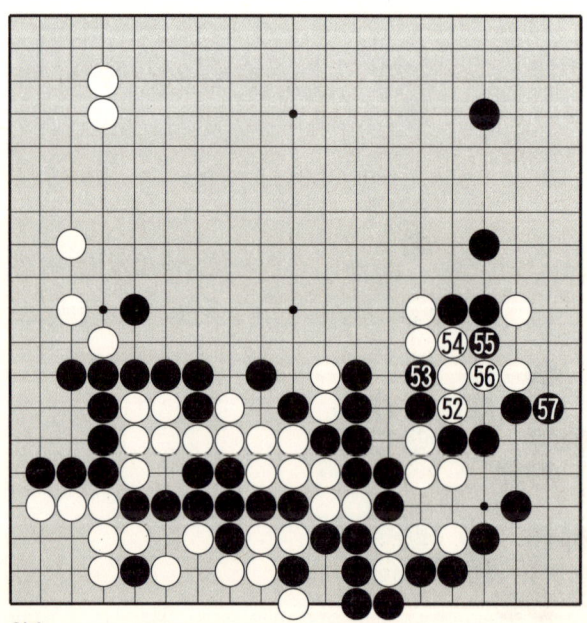

8보

▦ **8보**(52~57)

실전은 백52의 끊음. 흑의 약점을 이용하여 모양을 정리하겠다는 뜻이다. 흑은 53, 55를 선수한 후 57로 공격을 계속 이어간 장면이다.

　아무튼 공격하는 쪽이 마음이 편한 국면이다. 형세도 나쁘지 않다.

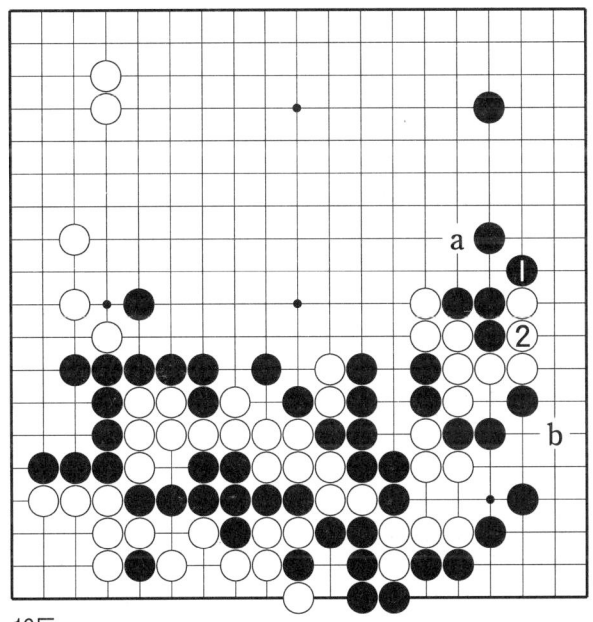

19도

19도(공배 효과)

실전 흑57로 변에서 1로 늦춰 막아 공격하는 것은 백2로 둔 후 a와 b의 맥점을 노리게 된다.

백이 모양을 정리하면서 공배를 다 메운 효과이다.

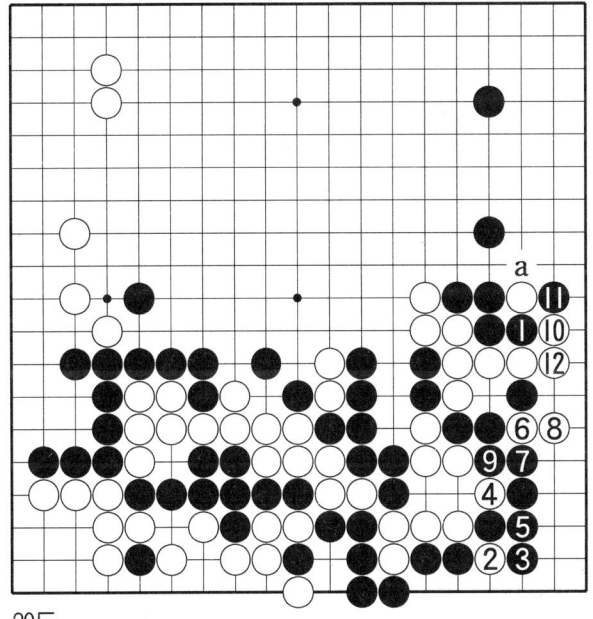

20도

20도(귀에서 공작)

또 흑1로 타이트하게 공격하는 것도 귀에서 백 2, 4의 공작 후 6의 맥점으로 귀에 파고든다. 이하 12까지 백은 최대한 흑을 괴롭혀 집을 내며 타개하는 흐름이다.

다음 a로 나가는 맛이 있어 흑이 거길 따내면 후수.

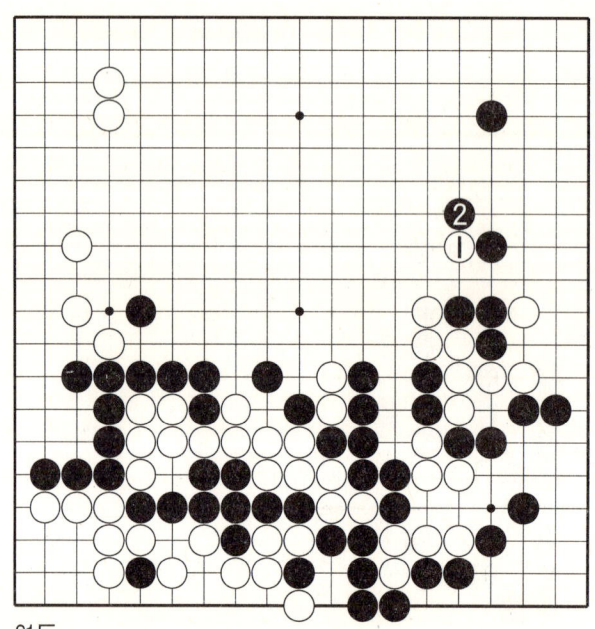

21도

21도(차후 실전)

따라서 실전 흑57은 느슨하지만 이유 있는 선택이다. 앞으로 이 바둑은 백의 타개 여부에 따라 우열이 가려질 예정이다.

차후 실전은 백1의 붙임부터 시작된다. 형태상 맥점. 이에 흑은 2로 젖히면서 최대한 강하게 대응해 간다.

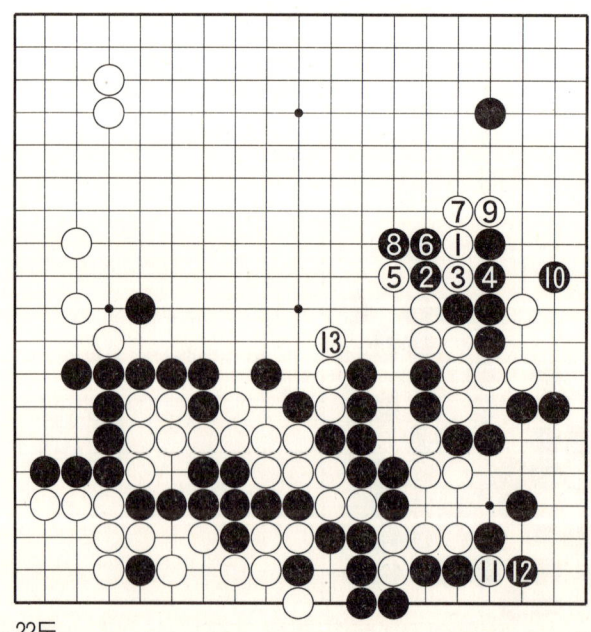

22도

22도(흑, 무리)

참고로 백1에 더 강하게 응수한다면 흑2의 젖힘이지만 결과는 무리다.

백은 3으로 끊은 후 9까지 선수해 둔다. 그리고 귀에서 11의 활용 후 13으로 두점을 살려 나가면 흑이 피곤한 싸움이다. 우하쪽 수상전은 흑이 유리하지만 그 사이 중앙 백이 두터워지기 때문이다.

상식을 뒤집어서
발상을 전환하라

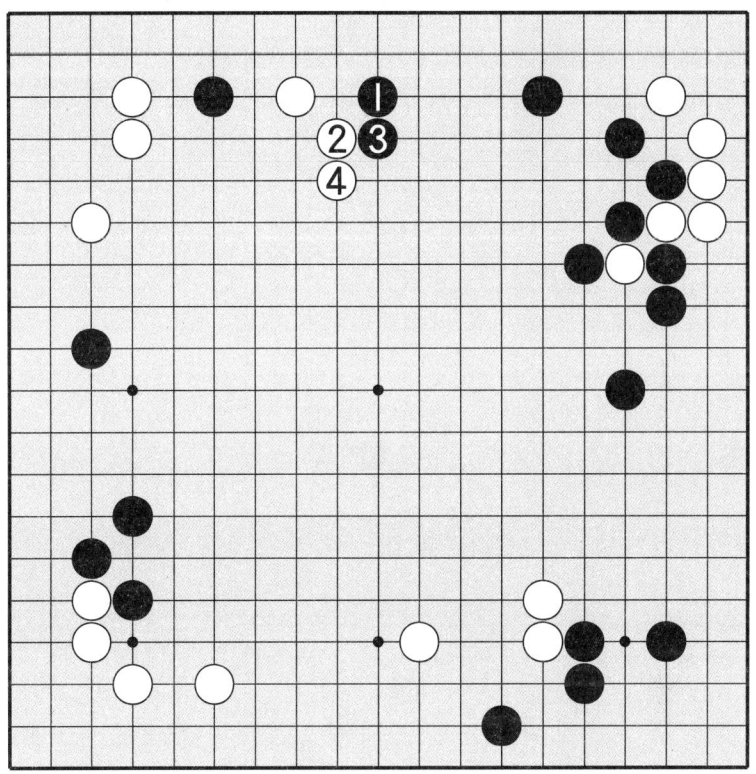

2회 영재정상대결 3국(● 최철한 vs ○ 신진서)

흑은 우하귀와 호응하여 우변에서 세력을 펼쳤고, 백은 우하에서 어깨짚어 이를 삭감하고 있다. 좌하귀는 백의 평범한 정석 선택. 좌변을 내주고 위아래 귀의 실리를 중시한다. 상변 흑1로 다가서고 백2, 4로 두텁게 움직인 장면이다.

  어려운 국면에서는 상식이 통하지 않을 때도 있다. 동전 옆면이 어떻게 생겼을까. 모른다고? 의미가 없어 생각조차 못했을 것이다. 그런데 바둑이 동전이라면 어떨까. 상식을 뒤집어서 옆면도 살펴야 한다. 발상을 전환하라. 어쩌면 옆면에 길이 있을지도 모르니까.

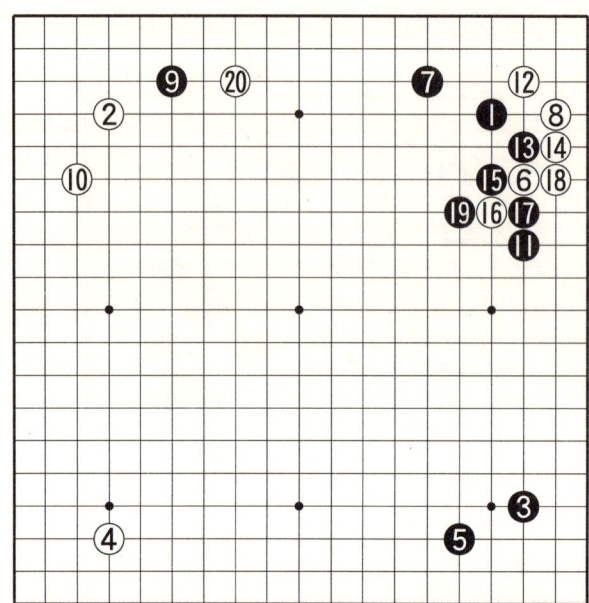

과정 1보

과정 1보(1~20)

우상귀 백6, 8에 흑9로 하나 걸쳐놓고 11의 협공은 상용 수순이다.

이하 19까지는 우하귀 굳힘을 배경으로 한 유행 정석이다. 백20의 협공도 보통.

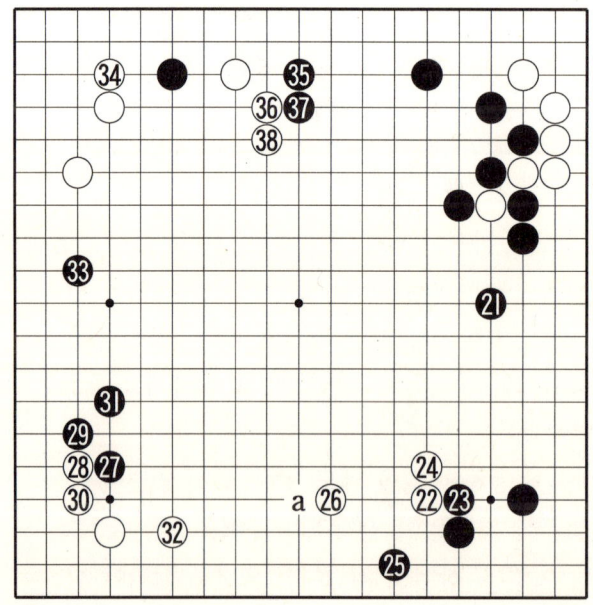

과정 2보

과정 2보(21~38)

흑21로 완성된 포석. 백 22~26은 중앙을 중시한 적극적 삭감책. 보통은 a쪽에 벌린다. 33까지 좌하귀는 정석이지만, 하변 뒷문이 열려있는 백이 약간 아쉽다.

백은 34로 귀를 지키고 38까지 능률적으로 좌상을 키우며 차분하게 버틴다. 그래서 흑35는 37로 높이는 경우가 많다.

136

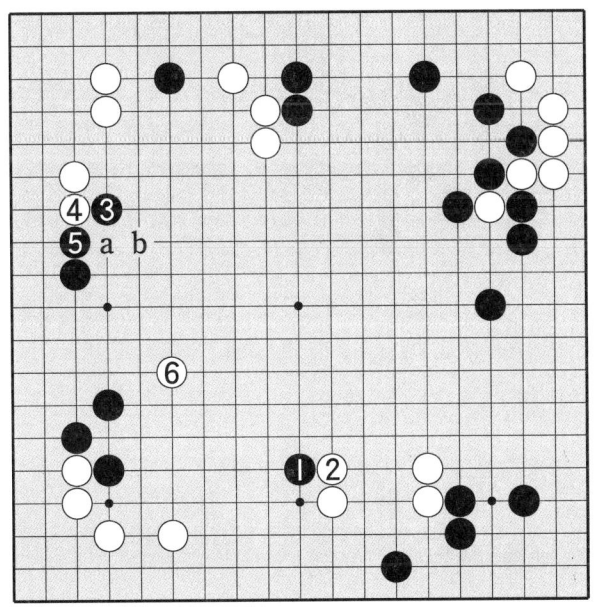

1보

1보(1~6)

흑1의 고공플레이. 좌상 백진을 견제하는 3의 행마와 연관지어 생각할 수 있다. 백4에 흑5로 막겠다는 뜻. 여기서 백a로 끊으면 흑b로 축. 이때 1이 축머리 역할을 한다. 백6은 적절한 타이밍. 축머리를 방해하며 중앙 주도권을 쥐려는 작전이다.

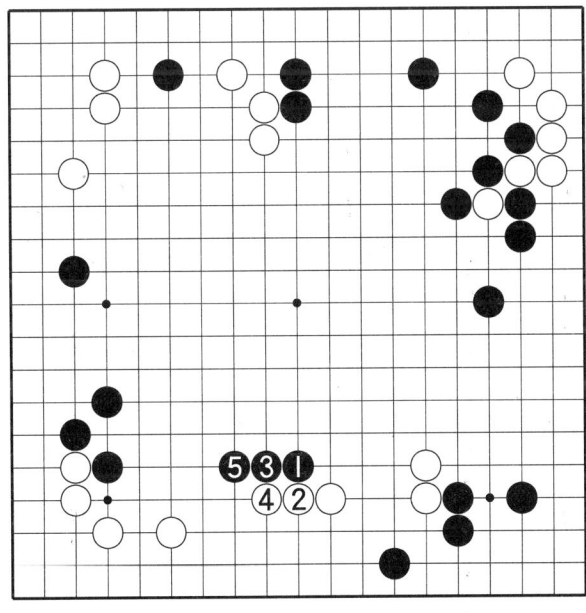

1도

1도(흑, 두터움)

중앙 흑1로 어깨짚을 때 백2, 4로 아래쪽에서 밀어가는 것은 중앙 흑이 두터워지고, 하변이 열려 있는 백이 답답하다.

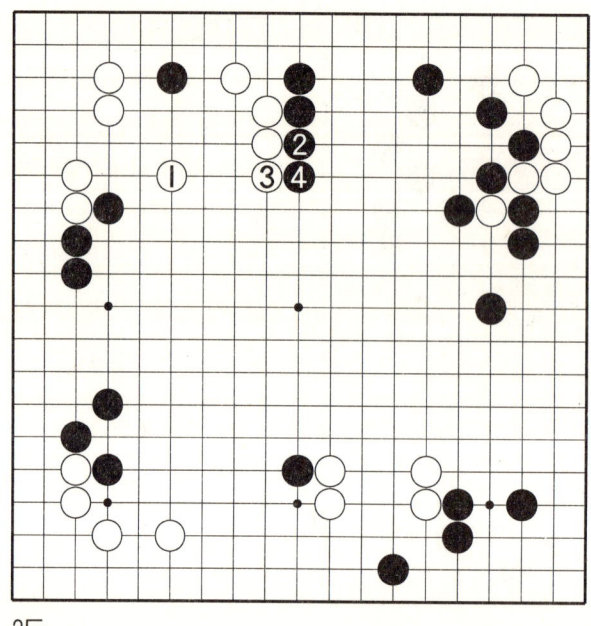

2도

2도(흑, 순탄)

실전 흑5에 백1로 그냥 좌상을 지키면 흑은 좌변 정리로 만족한 후 2, 4로 다시 우상변을 키워 간다.

이건 흑이 순탄한 진행이다.

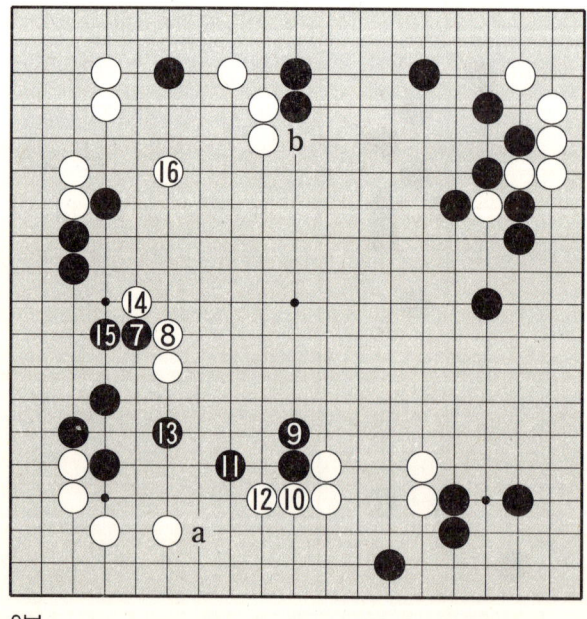

2보

▥ 2보(7~16)

흑은 7로 좌변을 지킨 후 9 이하 13으로 하중앙을 튼튼히 연결해놓는다. 차후 a로 붙이는 맛이 남는다.

백은 좌변 14를 선수한 후 16으로 좌상 진영을 확보한다. 백16으로는 b의 꼬부림도 두터운 자리다.

백은 중앙 석점을 볼모로 삼아 외곽을 두텁게 정리하려는 뜻도 있다.

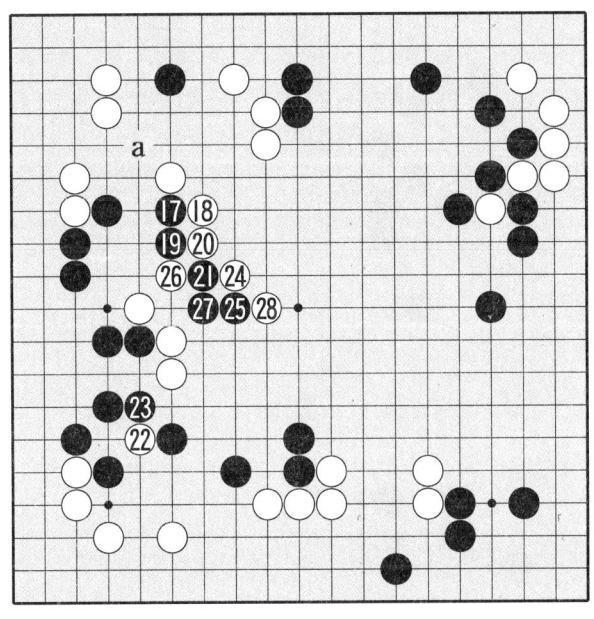

3보

▦ **3보**(17~28)

확정가는 백이 많지만, 흑은 우변의 발전 가능성과 중앙의 주도권을 통해 해결할 생각이다. 17, 19는 그 전초. 그리고 21, 25의 강력한 이단젖힘. 백은 28까지 사석작전 양상이다.

수순 중 22는 응수타진. 그리고 26의 끊음으로 흑a의 맛을 방어한다.

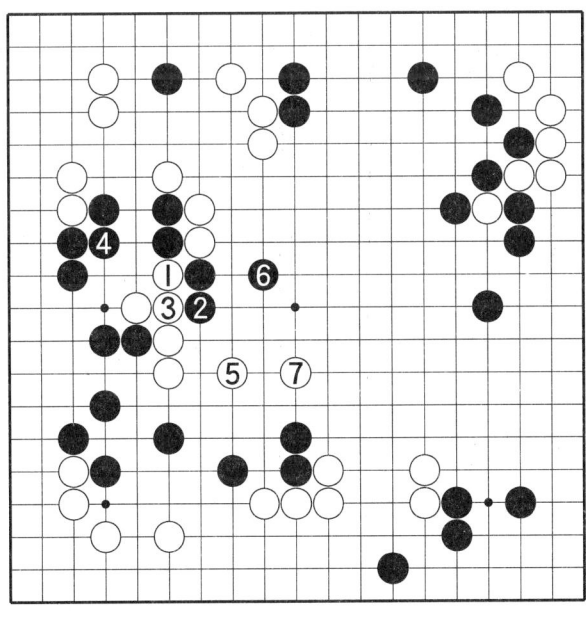

3도

3도(백, 무거운 발상)

실전 흑21에 백이 1로 끊어 전체를 살리자는 생각은 무거운 발상이다. 흑은 4로 약점을 지키고 백5로 나갈 때 6으로 동행한다. 백7로 진출한 다음….

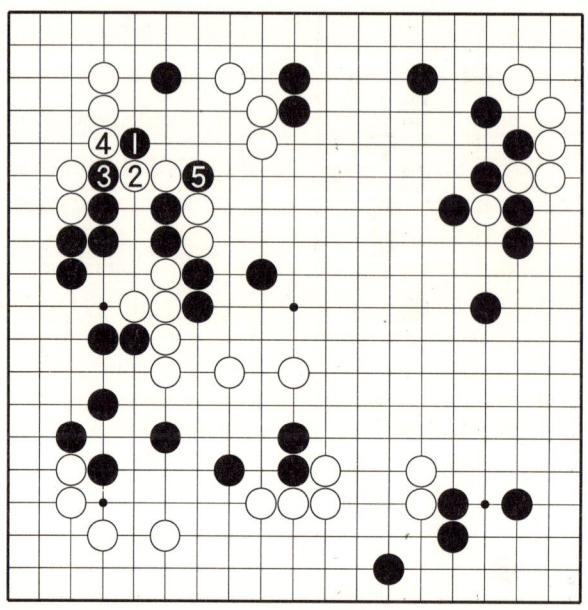

4도

4도(백, 곤란)

흑1로 백진에 파고드는 노림이 있다. 백2, 4로 차단하면 흑5의 끊음. 백이 양쪽을 다 방어할 수 없어 곤란하다.

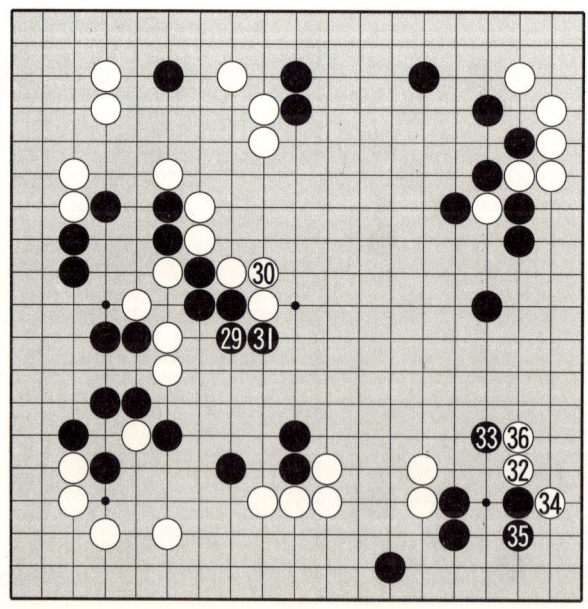

4보

▦ 4보(29~36)

흑29, 31로 중앙의 집이 제법 쏠쏠하다. 백도 전체적으로 두터워진 만큼 우변 처리가 더욱 중요해졌다. 일단 백32의 붙임이 우변 침공의 맥점이다. 흑33의 공격에 백 34, 36이 타이트한 타개법이다.

여기서 형세 판단이 중요하다. 백이 우변에서 쉽게 안정한다면 흑이 집부족에 걸릴 공산이 크다. 잡지는 못해도 흑은 한몫 챙겨야 할 국면이다.

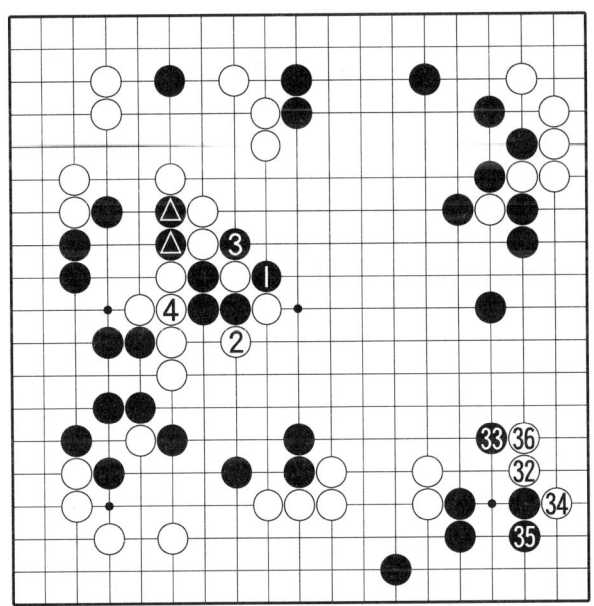

5도

5도(흑, 곤란)

실전 흑29는 정수. 이 수
로 흑1로 두는 것은 백
2로 반발하는 수단이 있
다. 백4의 이음이 흑●
에 선수 작용하여 흑이
곤란하다.

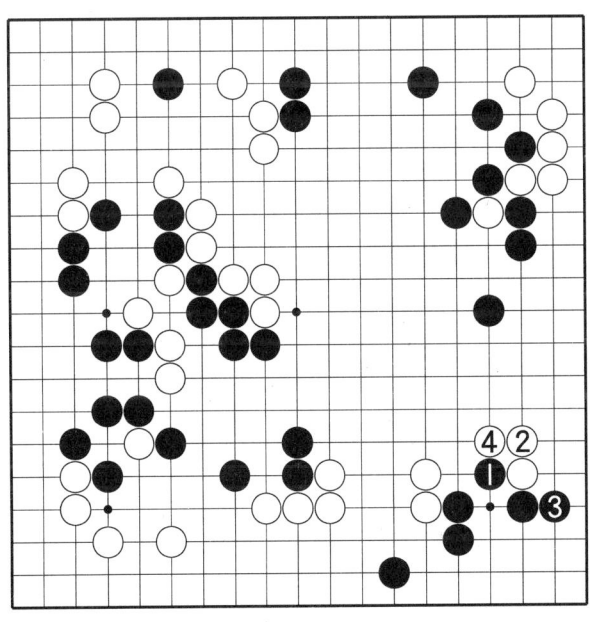

6도

6도(흑, 나약)

실전 백32에 흑1, 3으로
귀를 지키는 것은 백4로
막혀 싱겁다.

흑이 나약한 태도이다.
집만으로 이길 수 없는
것이 바둑이다.

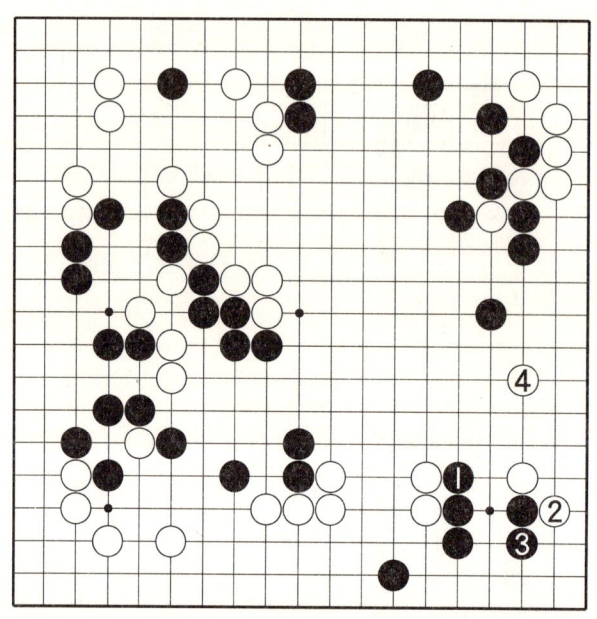

7도

7도(우변 안정)

또 흑1로 차단하는 것은 백2, 4로 우변에 보기 좋게 자세를 잡는다.

백이 크게 공격받을 모양이 아니다.

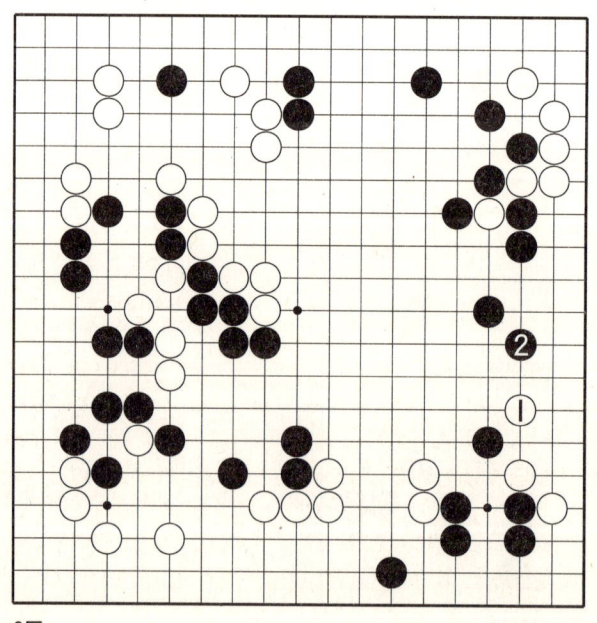

8도

8도(공격의 급소)

실전 백36. 이 수로 1로 뛰는 것이 경쾌하지만 여기는 흑2가 공격의 급소가 된다. 백이 기분만 낸 꼴이다.

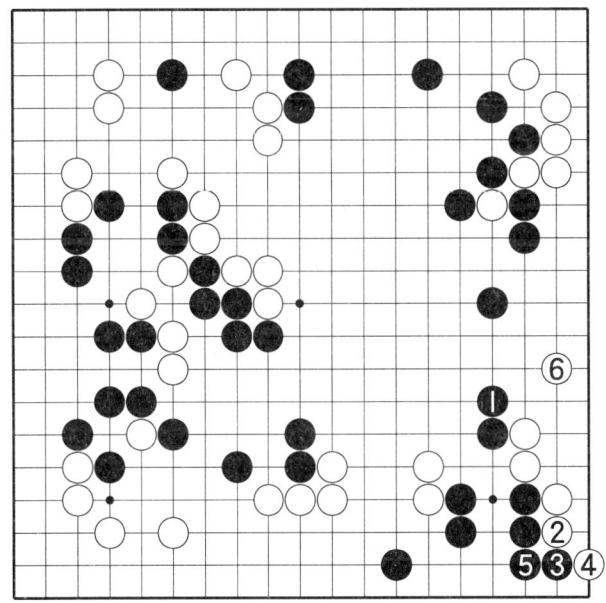

9도

9도(삶의 공간 확보)

실전 다음 흑1이면 백은 2, 4로 귀를 파고든 후 6으로 변에서 자세를 잡을 요량이다. 백이 최대한 공간을 확보하며 안정한 모습이다.

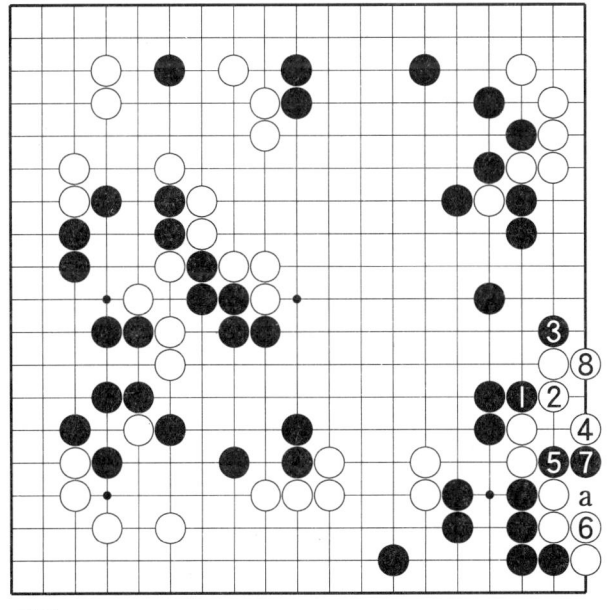

10도

10도(교묘)

그래도 흑1, 3으로 끝까지 잡으러 오면 백4, 6이 교묘한 수순. 흑7에 백8로 가까스로 살 수 있다. 귀의 젖힘 덕분에 a가 자충으로 작용한다.

그 외 어떤 식으로 공격해도 잡기가 어렵다.

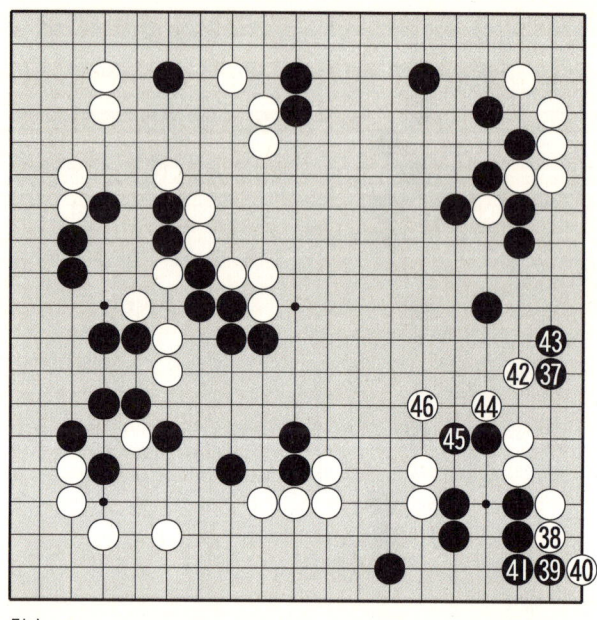

5보

▦ 5보(37~46)

실전은 흑37이 변의 궁도를 줄이는 공격의 맥점이다. 특이한 행마지만 상식을 거부하는 발상의 자유를 느낄 수 있다. 백은 38, 40으로 귀를 선수한 후 46까지 중앙을 씌워 약간 허술하지만 수습의 길을 모색한다.

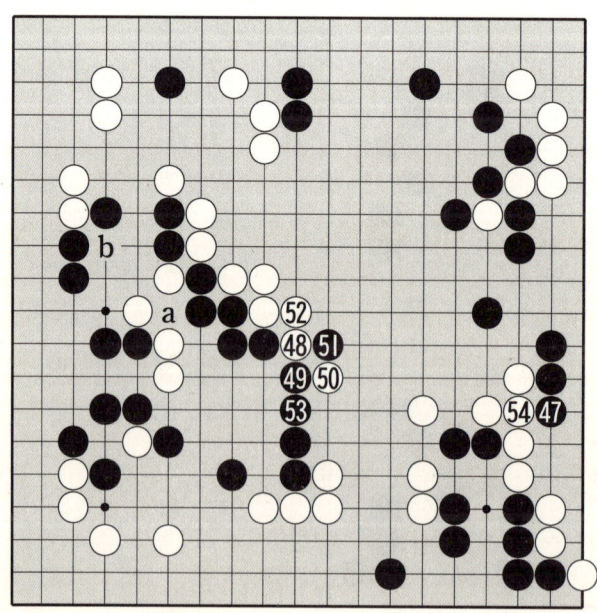

6보

▦ 6보(47~54)

흑47로 안형을 공격할 때 백48, 50의 이단젖힘은 기민한 수순. 그래놓고 54로 잇는다.

중앙은 백a가 선수이므로(흑b의 지킴이 필요) 흑은 53까지 단속이 필요하다. 중앙에서 일련의 수순이 우변 백 대마의 활로에 도움을 준다.

그래서 당연한 선수로 여겼던 흑47이 실착으로 지적됐다.

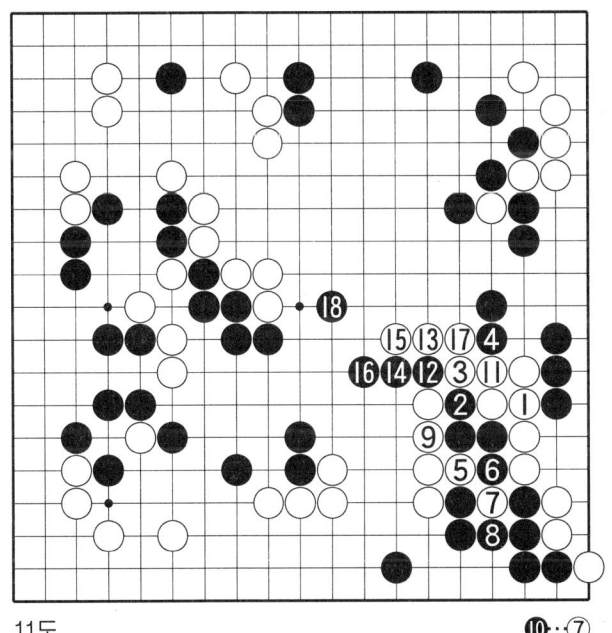

11도

⑩‥⑦

11도(백, 위험)

실전 흑47에 중앙의 사전 공작 없이 즉각 백1로 잇는 것은 무거운 발상이다.

흑2, 4의 공격에 백5~9까지 싸바르며 기분은 내지만, 11의 이음이 불가결하다.

결국 흑12로 끊어 공격하면 18까지 우변의 백대마가 위험하다.

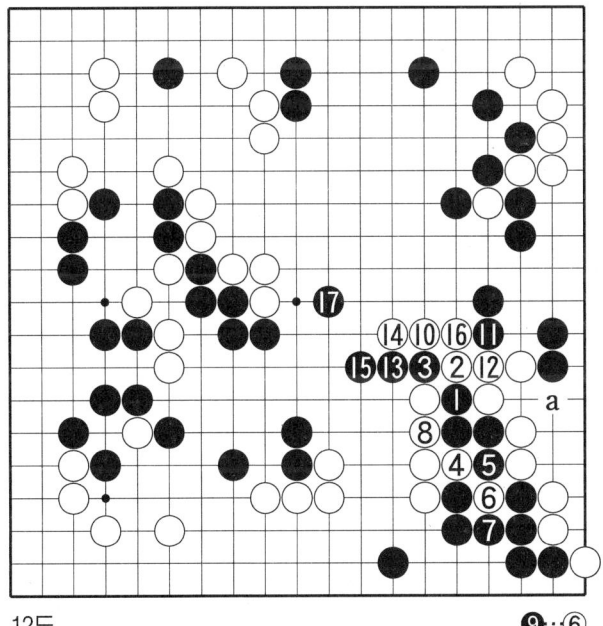

12도

⑨‥⑥

12도(일사천리)

그래서 실전 흑47로는 먼저 1, 3으로 끊어가는 것이 수순이었다.

그래야 덩치가 커진 백대마는 중앙에서 사전 공작할 겨를도 없이 17까지 거의 일사천리가 될 것이다.

이건 a의 선수만 없을 뿐 앞 그림과 다름없다.

발상을 전환하라 145

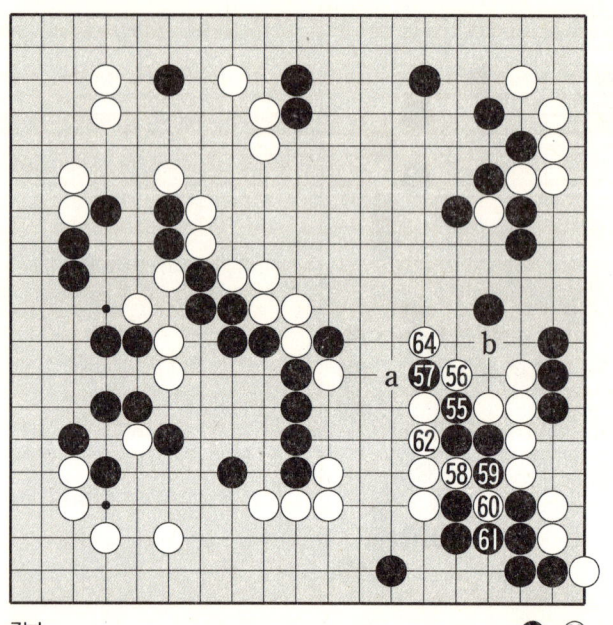

7보

63··60

7보(55~64)

실전도 흑55, 57로 끊어 공격하지만, 중앙의 사전 공작 덕분으로 백은 58~62의 싸바름 후 64로 몰아갈 수 있다.

다음 흑a로 나가면 백b로 우변 대마에 탄력이 붙는다.

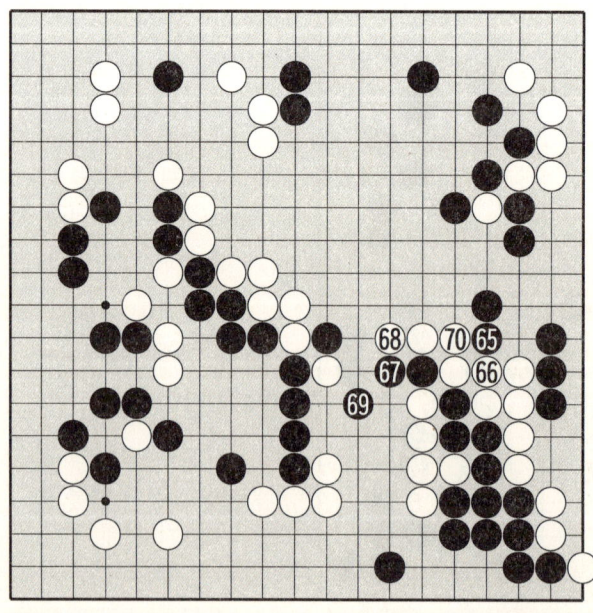

8보

8보(65~70)

그래서 실전은 흑65로 먼저 안형을 공격한 후 67로 나간다. 백68로 막을 때 흑69의 마늘모 행마는 정수다. 70의 이음까지 백은 위험 지역에서 벗어나고 있다.

그러나 아직은 흑이 약간 편한 국면. 큰 차이는 아니므로 앞으로의 끝내기가 중요하다.

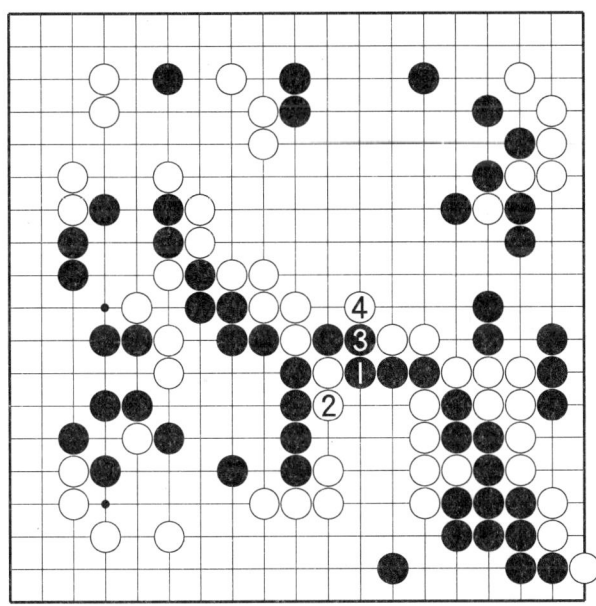

13도

13도(흑, 잡힘)

실전 백68에 흑1로 단수하는 것은 백2로 나갈 때 다음이 없다. 흑3에는 백4. 중앙 흑 다섯점이 오히려 잡힌다.

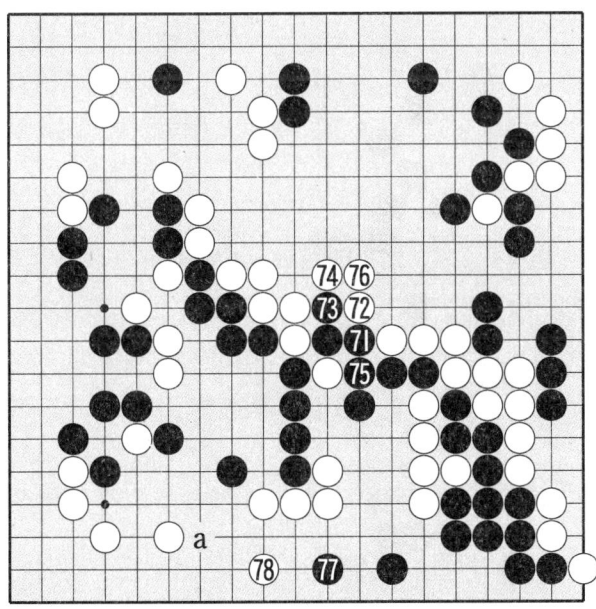

9보

▥ 9보(71~78)

흑71로 치받고, 백도 72 이하 76까지의 중앙 보강은 이런 정도다.

흑77은 하변의 요처. 집으로 매우 큰 곳이다. 백78의 보강이 필요하다. 그렇지 않으면 흑a의 붙임이 통렬하다.

미세한 국면에서는 상대의 약점을 이용하여 좀 더 이득을 보는 수단을 강구해야 한다. 바로 이 장면이 그렇다. 그리고 흑은 그런 수단을 찾는 중이다.

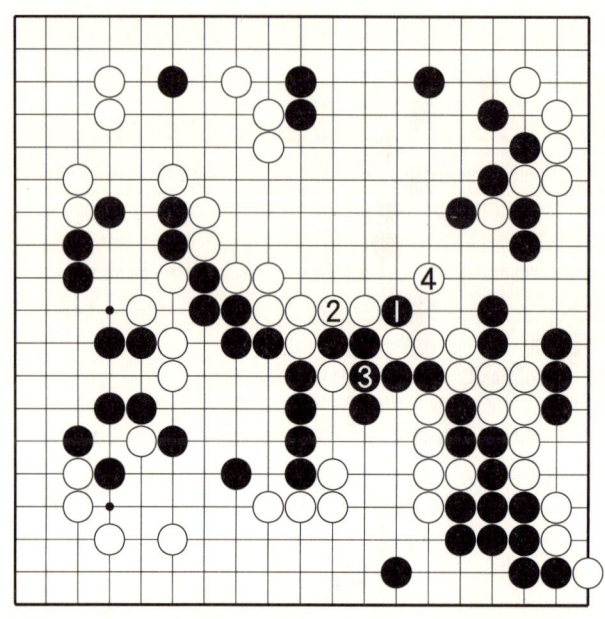

14도

14도(장문)

실전 백72에 흑1로 끊으면 백2를 선수한 후 4로 장문. 어렵지 않지만 참고로 제시한다.

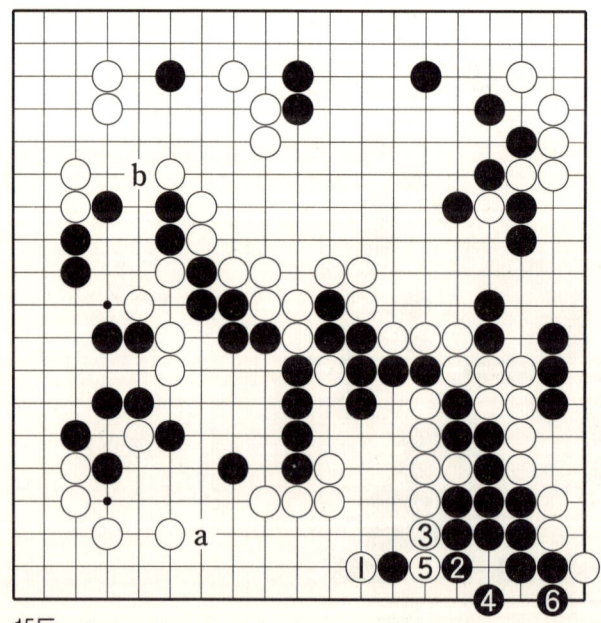

15도

15도(사활의 맥점)

실전 백76의 시점에서 우하 흑은 이대로 방치하면 곤란하다.

먼저 흑a로 붙여 수단을 부리거나 b로 큰 곳을 둔다고 가정해보자. 그러면 백1의 붙임이 사활의 맥점. 살자고만 하면 흑2로 움츠리고 6까지. 선수로 크게 당한 모양새다.

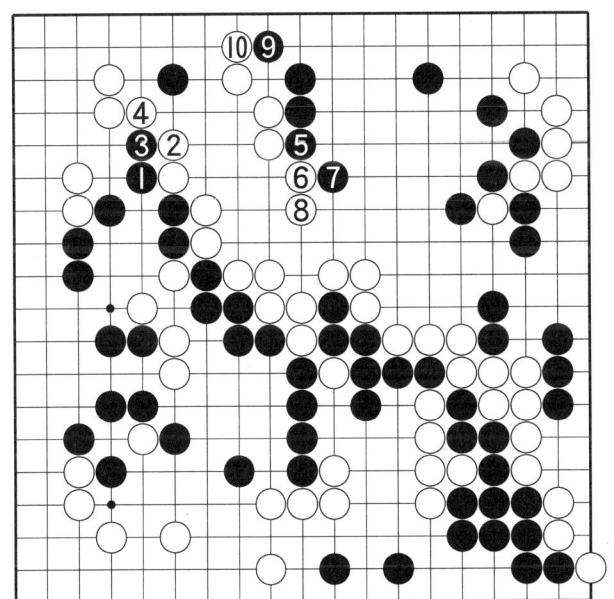

16도

16도(덤 부담)

이제부터 종반인데 흑1, 3은 일단 선수.

여기서 10까지의 경계로 상변이 무난하게 결정된다면, 이 바둑은 덤이 부담되는 국면이다.

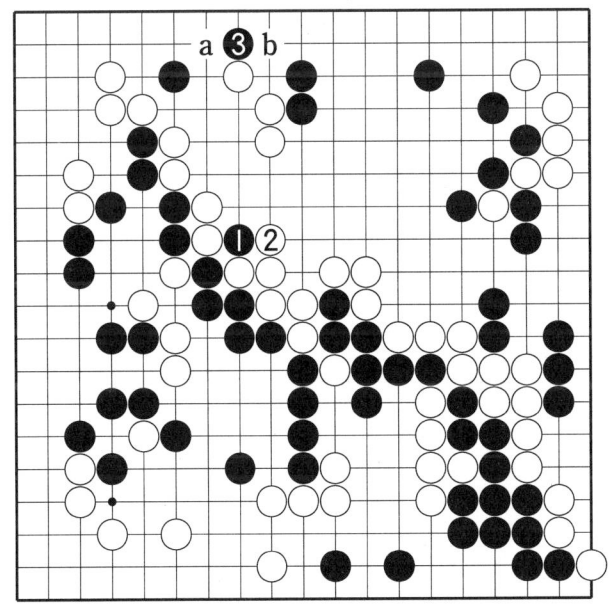

17도

17도(차후 실전)

따라서 차후 실전은 흑1로 끊어 맛을 남긴 후 3으로 붙여 응수를 기다린다. 뭔가 노림을 품은 수순이기도 하다.

백a로 후퇴하면 자체로 이득이 커서 해볼 만하다는 생각이다. 실전은 백b로 반발하여 앞으로 파란이 일어난다.

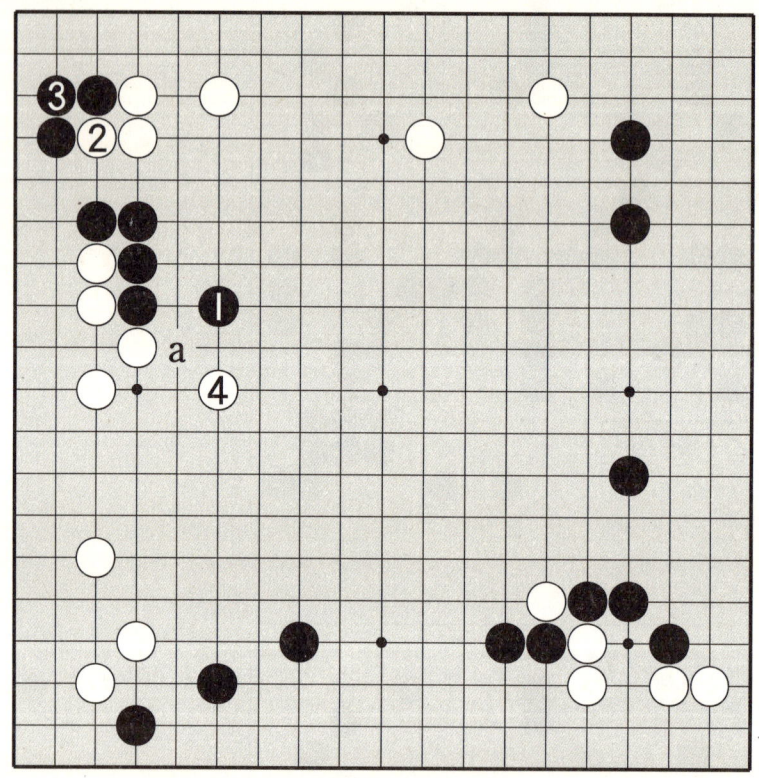

4회 황룡사쌍등배 12국(● 위즈잉 vs ○ 최정)

흑은 우변과 하변에서, 백은 상변과 좌변에서 진영을 구축하고 있다. 우하귀는 하나의 정석 모양으로 기억해두면 좋다. 좌상귀는 정석 형태에서 파생된 모양이다. 여기가 초점. 흑1로 뛰자 백은 2와 3을 교환한 후 4로 뒤에서 쫓는다. 상대에게 a의 호구자리 급소를 맞기 싫은 것. 다만 상변 공간이 넓은 것이 문제다. 그렇다면 서로 상변에서 싸움이 붙을 공산이 크다.

기업은 현명한 의사결정으로 위기를 통제하고 기회를 창출시켜 나간다. 이것이 창조 경영 아닐까. 바둑도 기업 경영과 통하는 데가 많다.

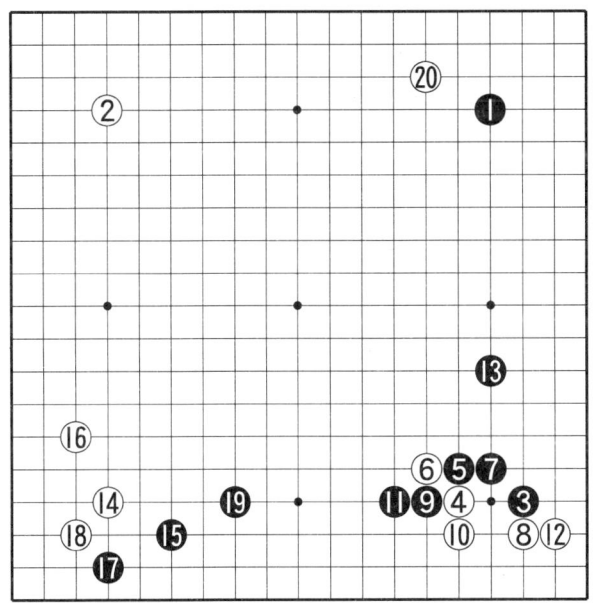

과정 1보

과정 1보(1~20)

시작부터 백4의 걸침으로 적극적이다. 흑5, 7에 백8은 귀의 실리를 중시한 정석 선택이다. 13까지 정석 수순이다.

흑15~19는 하변의 두터움을 고려한 4선 벌림이다. 손을 돌려 백20의 걸침.

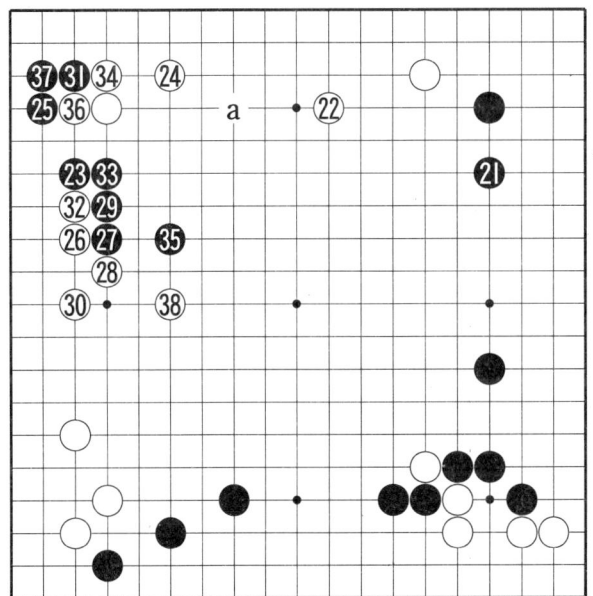

과정 2보

과정 2보(21~38)

흑21과 백22. 서로 중앙을 의식하고 있다. 백26의 협공에 흑27, 29는 중앙 봉쇄를 피한 수단. 흑31에 백32, 34로 강하게 귀를 압박한다. 상변이 비어 있어 a로 지킬 만도 할 텐데.

흑35에 백36, 38로도 백의 태도를 읽을 수 있다. 중앙에 무게를 실으며 타이트하게 둔다는 것.

앞으로 상변에서의 싸움이 관건이다.

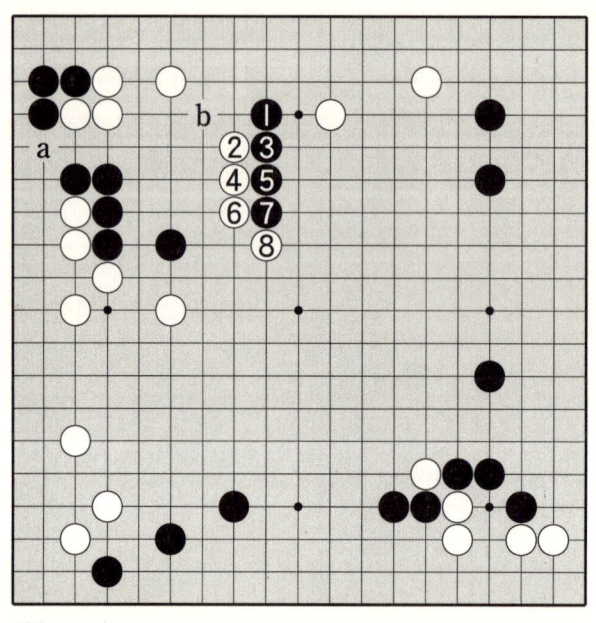

1보

▦ 1보(1~8)

흑1의 침입. 드디어 칼을 뺐다. 백2로 크게 가르고 나오며 8까지 만만치 않은 싸움이다.

여기서 흑은 a, 백은 b의 곳에 약점이 있음을 염두에 두어야 한다.

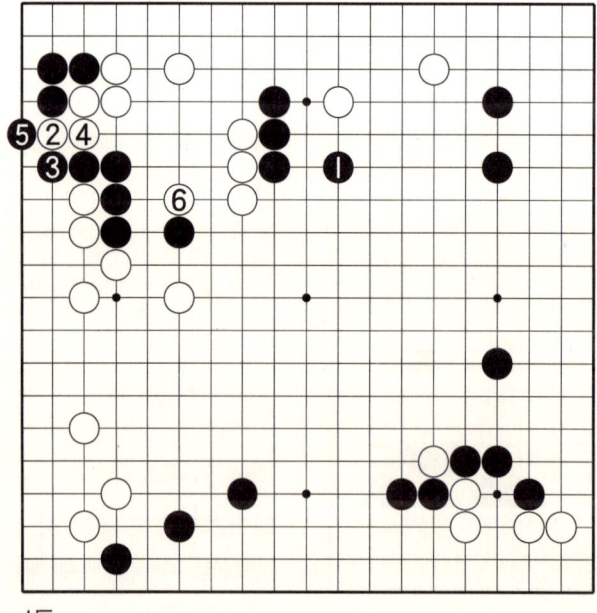

1도

1도(흑, 미생)

실전 백6에 흑1의 상변 공격이 강력하다.

그렇게 두지 않은 것은 백2~6이면 좌상 흑 전체가 못 살아 있기 때문일 것이다.

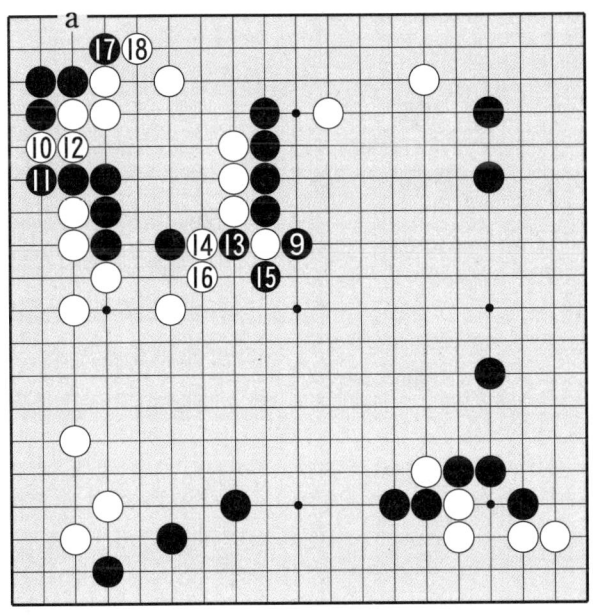

2보

흑9는 중앙 두터움을 고려한 기세의 젖힘이지만 백10, 12의 공격을 감내해야 한다. 흑은 13, 15로 아예 한점을 빵따내고 좌변은 포기하겠다는 복안이다. 좌상귀는 흑 17 다음 a면 따로 사는 맛이 남아 있다. 아무튼 백의 좌변 실리는 크다.

현명한 의사결정은 손실을 줄이고 위기를 구할 수 있다.

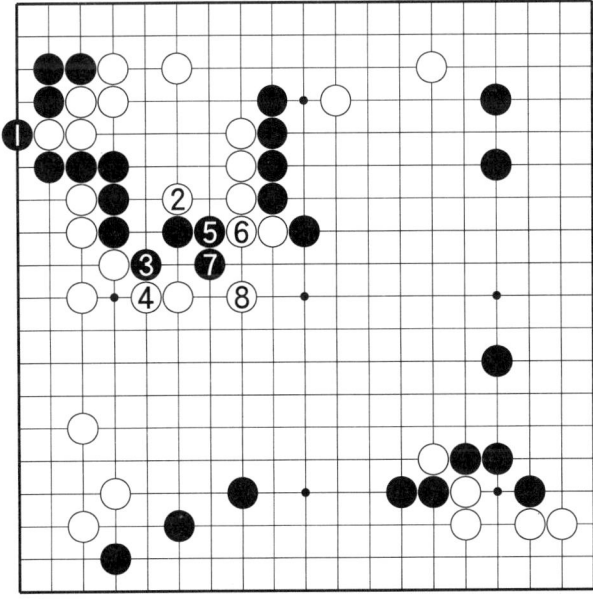

2도

2도(흑, 위험)

실전 백12 때 흑1로 넘는 것은 이제 와선 스텝이 꼬인다. 중앙 안형을 공격하는 급소인, 백2의 맥점 이후 8까지 봉쇄되면 좌상 흑 대마 전체가 사활에 걸린다. 좌상귀만으로는 두 눈을 낼 수 없음을 확인할 것.

의사결정이 현명하지 못하면 이처럼 위험에 빠뜨린다.

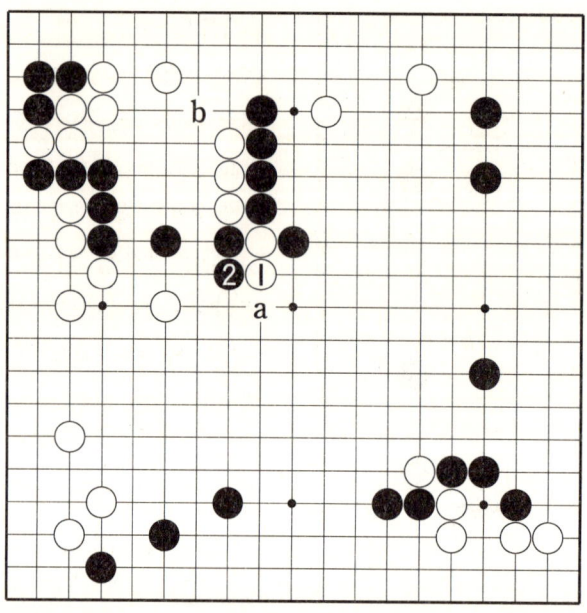

3도

3도(백, 곤란)

실전 흑13에 백1로 나가는 것은 욕심이다. 흑2로 밀고 나서 a의 축과 b의 공격이 맞보기가 되어 백이 곤란하다. 실전에서 흑의 웅장한 세력과 백의 두둑한 실리 흐름을 이해하기 바란다.

▦ 3보(19~28)

백의 실리에 맞서, 흑은 상변 공격을 통해 우변과 중앙으로 이어지는 세력을 영토화해야 한다. 위기를 기회로 만드는 창조 경영이 필요한 시점이 아닐까.

우선 흑19의 공격. 백은 20으로 비스듬히 삭감하며 아웃복싱을 구사한다. 흑의 웅장한 세력을 고려하여 부분에 치우치지 않으려는 고심의 선택이다. 흑21, 23의 공격에 백22~28로 가볍게 행마하며 모양을 정돈해 놓은 것도 같은 이유다.

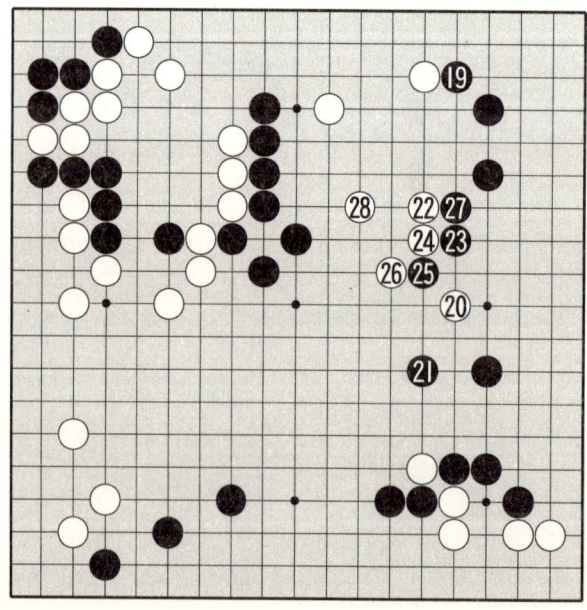

3보

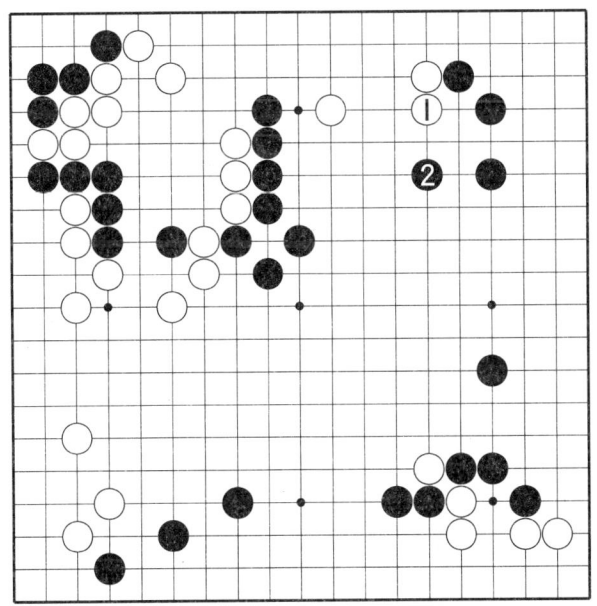

4도

4도(흑, 세력 웅장)

실전 흑19의 붙임 공격에 보통이라면 백1의 지킴이지만, 흑2로 재차 모자 공격이 강력하다.

상변이 살기는 하겠지만, 흑이 중앙을 키워 집으로 대항하면 백이 감당할 수 없을 것이다.

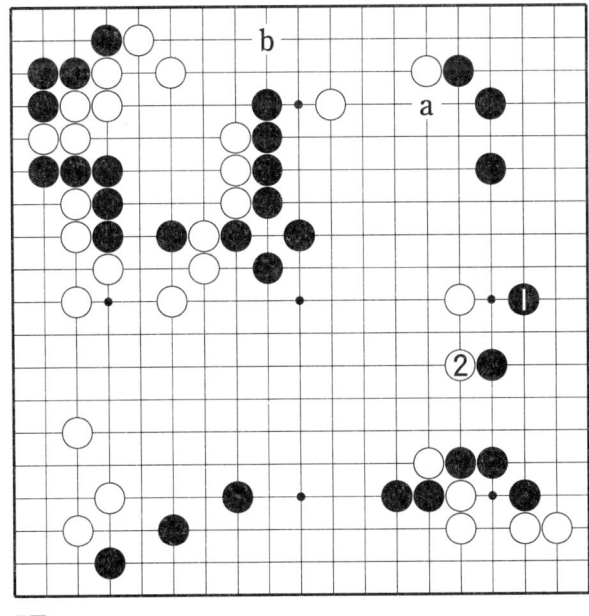

5도

5도(흑, 집부족)

실전 백20에 흑1로 받는 것은 형세를 낙관할 때나 쓰는 수단이다. 백2로 붙여 중앙을 지우며 수습해가면 흑이 집부족에 걸릴 공산이 크다.

상변은 흑a로 단속해도 b의 뒷문이 열려 있음을 참고하라. 형세 판단에 따른 현명한 의사결정이 중요하다.

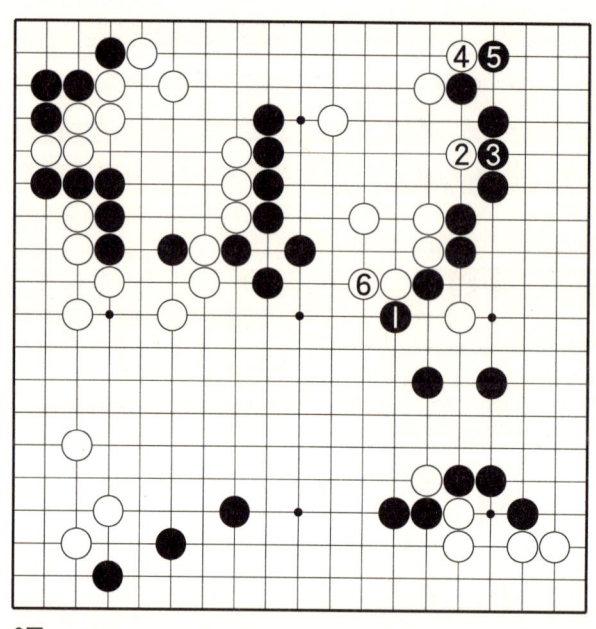

6도

6도(백, 좋은 자세)

실전 다음 흑1의 젖힘이 기세이지만 백2, 4를 가볍게 선수한 다음 6으로 늘면 좋은 자세를 갖추게 된다.

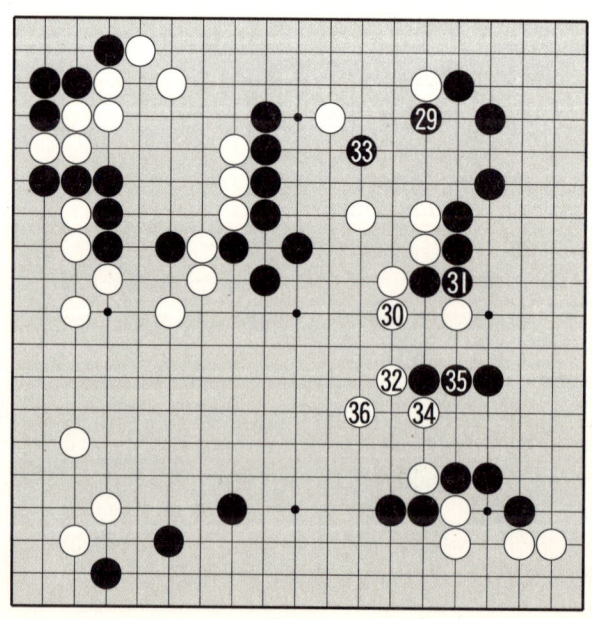

4보

▦ **4보**(29∼36)

흑29는 백의 의도를 간파한 반발. 백은 30을 선수한 후 32로 붙여 중앙을 지우려 한다. 이때 흑33의 상변 차단. 백은 34, 36으로 모양을 갖추는 게 시급하다.

흑29와 33은 어차피 중앙은 먹을 게 없다 보고 실리 부족을 만회하려는 작전 전환이다.

이것도 바꿔치기일까. 어쨌든 백도 여유를 부릴 수 없게 됐다.

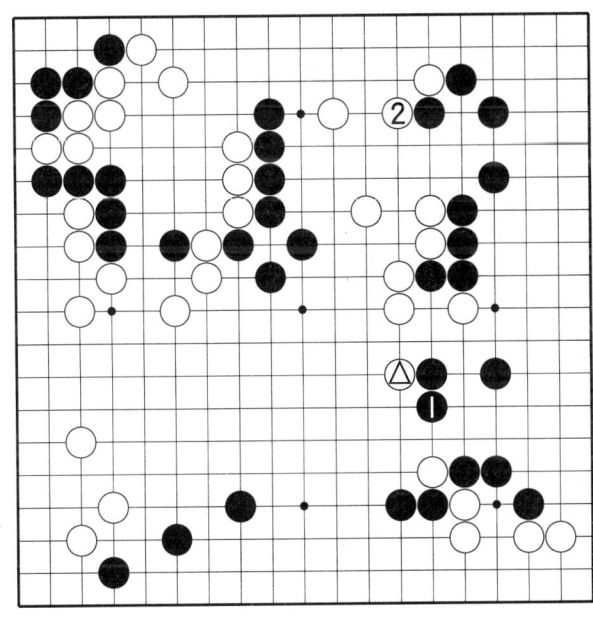

7도

7도(백, 대만족)

실전 백32는 혹시 흑1을 기대했던 것일까. 그러면 백은 2로 상변과 중앙, 양쪽을 연결하며 모양을 갖춰 대만족이다.

실전처럼 차단되느니, 차라리 백△로 붙이지 말고 처음부터 2로 모양을 갖춰 버티는 게 나았을지도 모른다.

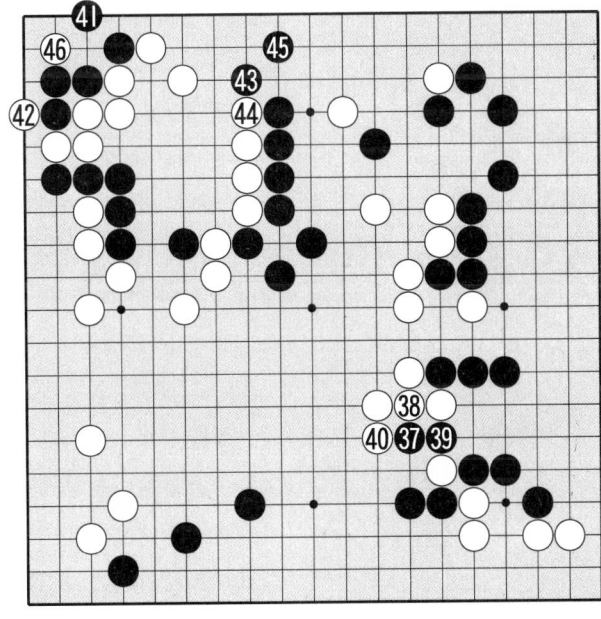

5보

5보(37~46)

흑37, 39로 두텁게 한점을 잡아둔다. 백도 40의 두터운 꼬부림. 대마를 돌보면서 하변 진출을 노린다.

흑은 41로 귀를 사는 척하다가 43, 45로 상변을 확실히 지켜둔다. 백도 46으로 귀를 잡는 것은 당연.

흑이 왜 귀보다 상변을 중시한 걸까.

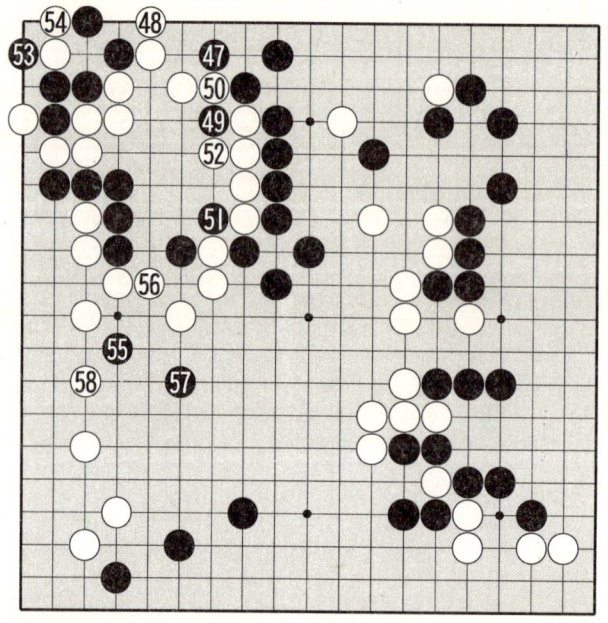

6보

▦ 6보(47~58)

흑은 47을 활용한 후 49, 51로 백진에 맛을 남긴 다. 얼핏 무슨 맛일까 생 각할 수 있지만 흑55의 활용을 보면 그 진의를 짐작할 수 있다.

58까지 뒷맛을 이용한 좌변에서의 활약으로 집 균형이 맞춰지고 있다. 더구나 흑의 선수. 흑은 상변 선택부터 이런 흐 름을 예상하고 있었다.

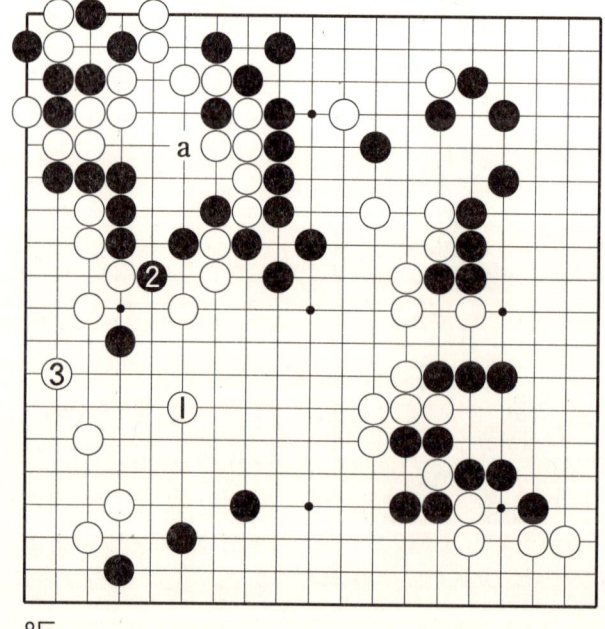

8도

8도(백, 모험)

실전 흑55의 활용에 어 쩌면 백은 1로 최강의 반격을 생각해 보았을지 도 모른다. 흑2에는 백3 으로 넘는다. 이건 전쟁 이다. 그 와중에 우중앙 백 대마가 위험할지도 모른다. 집으로 앞서 있 다 생각한 백이 이런 모 험을 감행하지는 못한 것. 참고로 a의 돌려치 기가 있어 이쪽은 흑이 끊어질 염려가 없다.

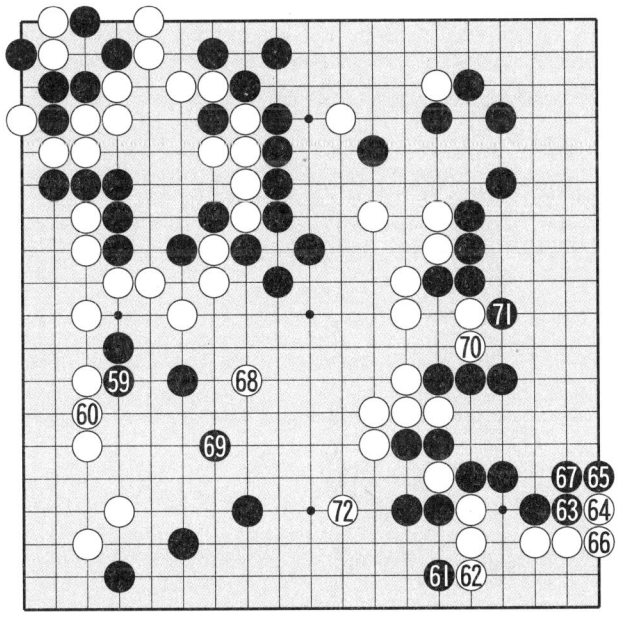

7보

7보(59~72)

흑은 59를 선수한 후 67까지 끝내기를 서두른다. 우변에서 상변으로 이어진 흑집이 제법 크다. 이제 하변이 초점. 이대로 흑집으로 굳어지면 백의 불리다.

백은 68, 70을 선수한 후 72로 스며든다. 시급한 자리였다.

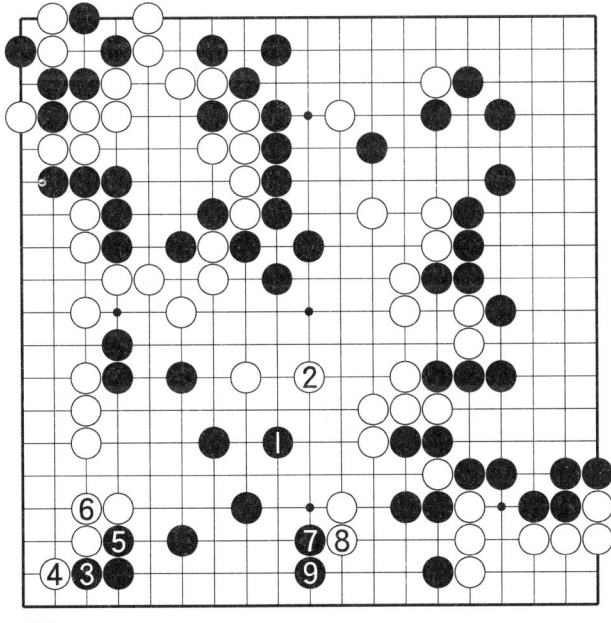

9도

9도(흑, 우세)

이 바둑은 흑이 중앙 백 대마를 괴롭히면서 하변을 지키면 우세한 국면이다.

일단 흑1은 중앙의 요소. 이때 백2로 지키면 9까지 흑이 하변을 지켜 집으로 나쁘지 않다.

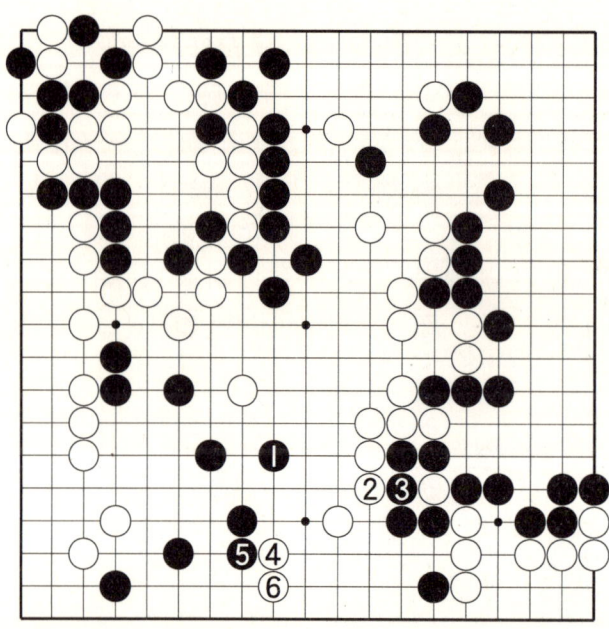

10도

10도(대마 염려)

흑1에 중앙만 무사하면 백은 2~6으로 하변에 정착하고 싶을지도 모른다. 그러나 대마가 걱정이다. '대마불사'를 믿고 싶겠지만 많이 시달리기만 해도 곤란하다. 그런 상황을 얼마나 많이 겪었는가.

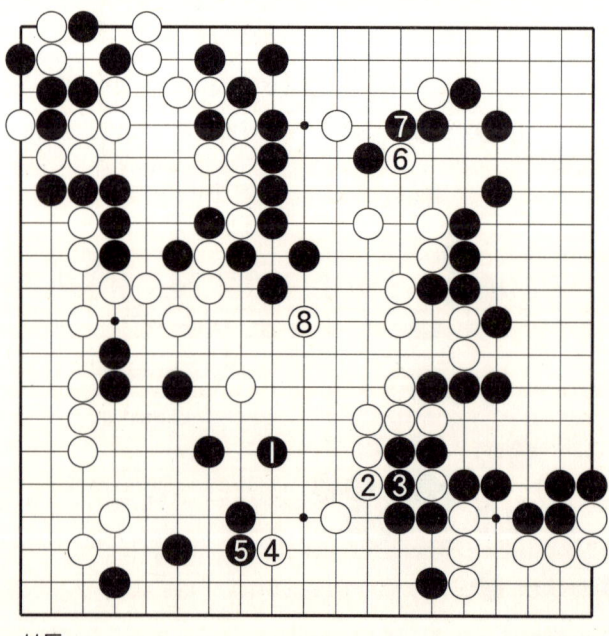

11도

11도(차후 실전)

차후 실전은 흑1에 백2, 4로 하변에 발만 걸쳐둔 후 결국 6, 8로 중앙에 도움을 주는 흐름으로 진행된다.

조급증을 버리고
다른 각도에서 판세를 읽어라

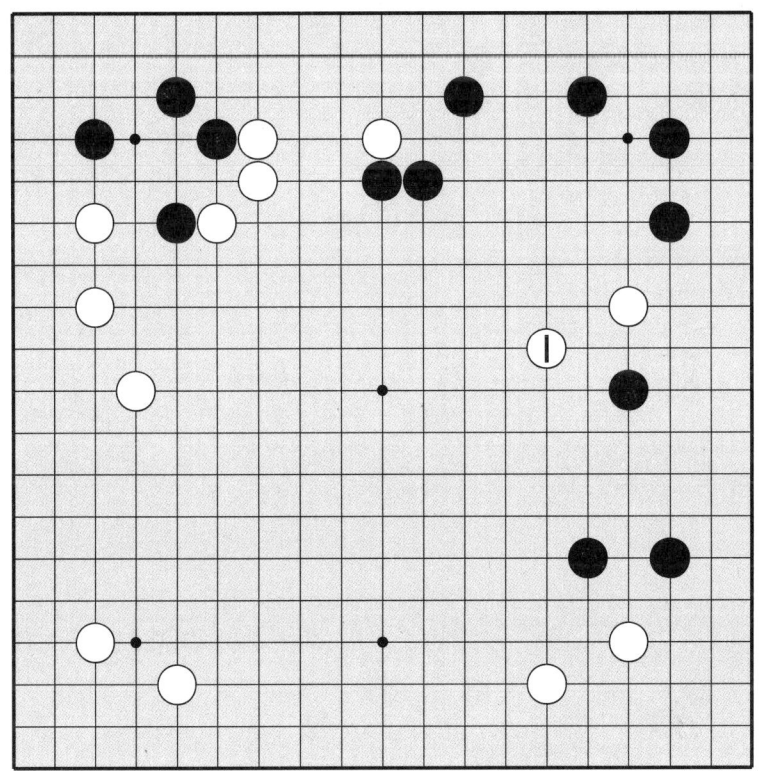

58회 국수전 도전3국(● 조한승 vs ○ 박정환)

서로 소목에서 굳힘을 먼저 하고 두는 모양 바둑이다. 그런 다음 백이 변에서 상대의 모양을 깨러 가고 흑이 공격하는 양상이다. 이런 형세에서는 가벼운 행마가 중요하고 부분에 치우쳐서는 안 된다. 백 1의 날일자 진출도 그런 마음에서 나온 가벼운 행마다.

바둑은 상대가 빈틈을 보인다고 해서 조급하게 굴면 안 된다. 함정일지도 모르니까. 한 발 물러나 전체를 한번 둘러본 후 다른 각도에서 판을 읽어보라. 기업에서도 최고의 가치 있는 혁신은 다른 관점과 독특한 시각에서 나오지 않던가.

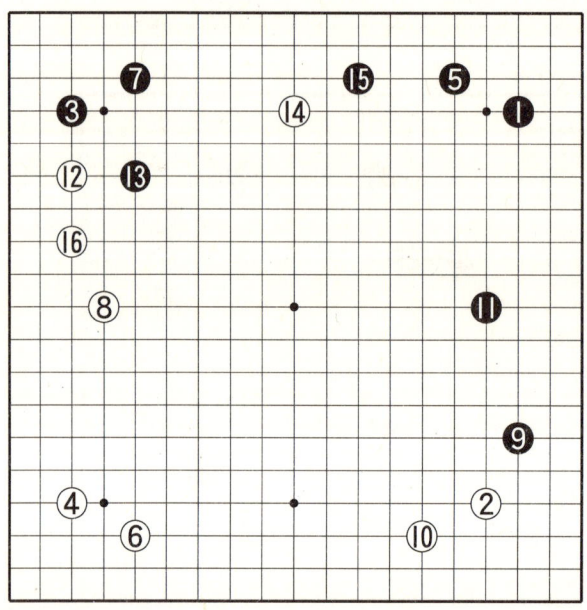

과정 1보

과정 1보(1~16)

흑1과 3으로 향소목 포석. 이하 7까지 소목을 모두 굳혀가는 모양 바둑이다. 그리고 백8, 12와 흑9, 11로 서로 변에 모양을 펼친다.

흑13의 모자는 좌변과 상변 모양의 확장에 통로가 되는 대세점이다.

백은 14로 갈라쳐 상변 모양을 견제한 다음 16으로 지킨다.

과정 2보

과정 2보(17~26)

흑17의 공격. 백을 몰면서 은근히 우변 모양 확장에 뜻을 두는 고급 작전이다. 백18~22로 타개할 때 한 발 물러나 흑23으로 뛴 것도 그런 의중을 드러내고 있다.

백24의 침투는 시급한 곳. 흑25로 뿌리를 공격하자 백26으로 가볍게 진출한다.

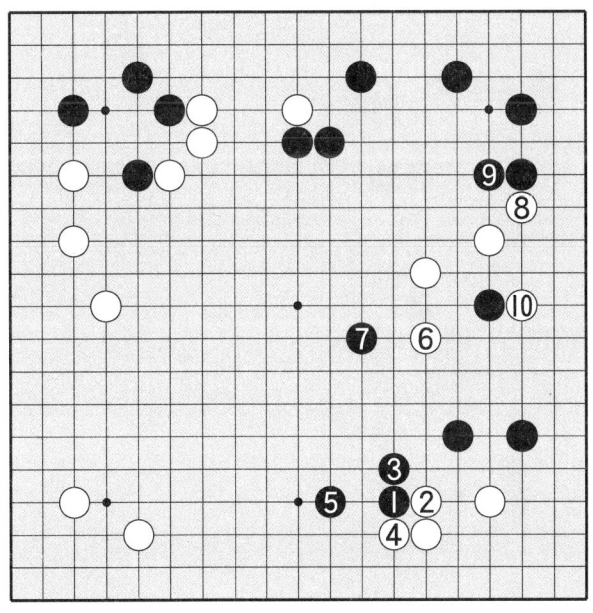

1보

흑1은 일종의 성동격서 작전. 당장의 공격보다는 멀리서 요소를 두며 천천히 압박해 가겠다는 발상의 전환이다.

백은 2, 4로 임시조치한 후 6으로 움직인다. 흑이 두터움을 살려 7로 중앙에서 압박하자 백은 8, 10으로 변에서 정리해간다.

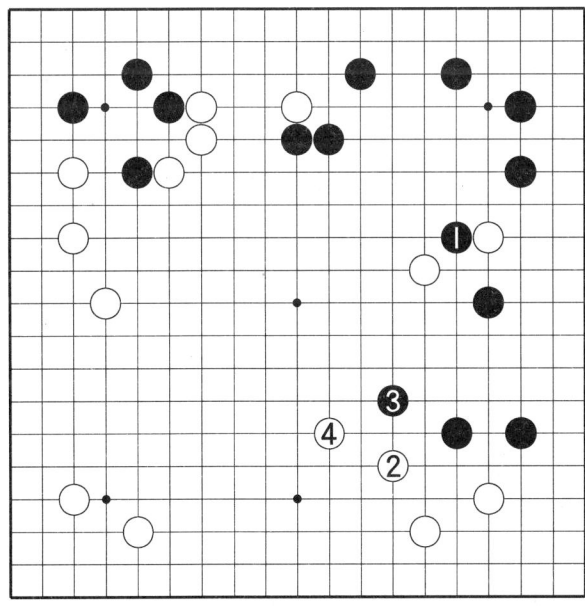

1도

1도(백, 모양 확장)

실전은 치열한 맛은 없지만, 이런 유연한 진행이 바둑의 묘미다. 흑1로 당장 끊어가는 것은 아마추어의 맹점인 조급증이다. 물론 백 한점은 잡을 수 있다. 그런데 백이 우변 두점을 가볍게 생각하고 2, 4로 하변에서 중앙으로 모양을 키우기만 해도 가능성이 열린 바둑이다.

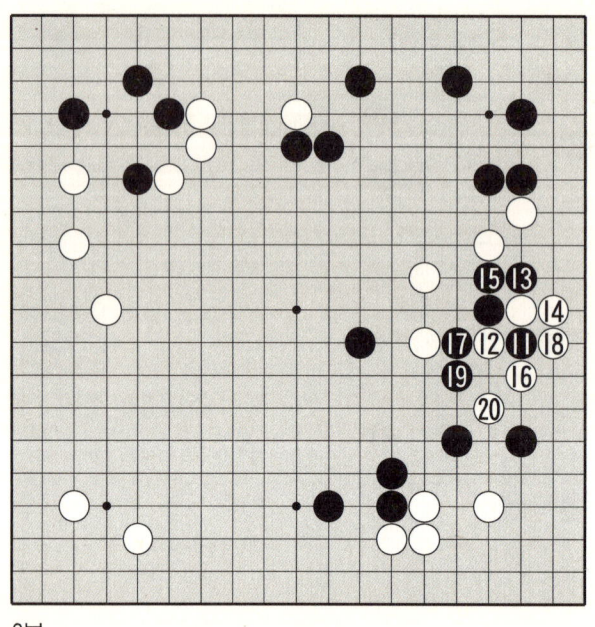

2보

2보(11~20)

흑11에 백12의 맞끊음은 변에서의 처리법이다. 이하 19까지는 정해진 코스.

흑은 중앙을 돌파했지만 다시 백20으로 약점을 노린다.

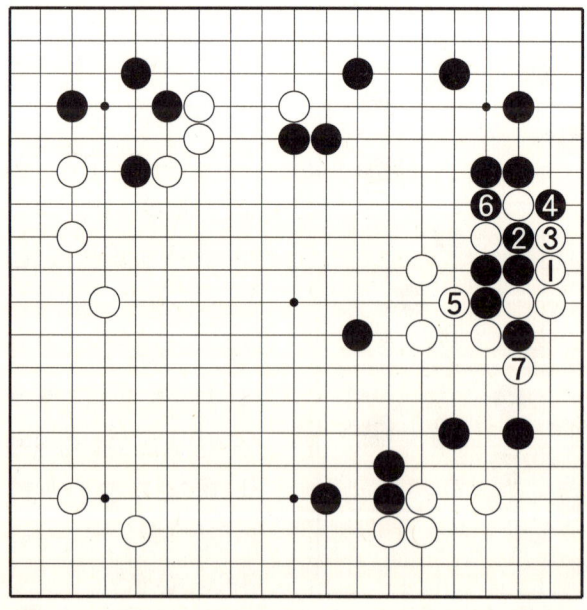

2도

2도(백, 수습)

실전 흑15 때 백1로 꼬부리면 어떻게 될까. 보통 이렇게 두는 경우가 많으므로 생각해 본다.

흑2, 4로 후퇴하면 백5, 7로 전체가 연결되며 수습된다.

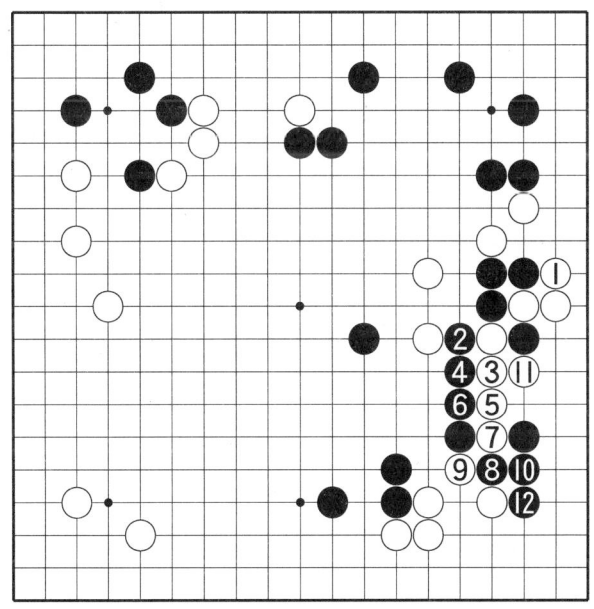

3도

3도(흑, 반격)

백1에는 흑2로 중앙 돌파가 기세. 흑6 때 백7로 뚫어 우하변과 귀를 접수하면 좋겠지만, 흑8의 반격이 기다린다.

12까지 흑이 오히려 안방을 차지할 태세다. 백이 실전에서 시도하지 못한 이유일 터.

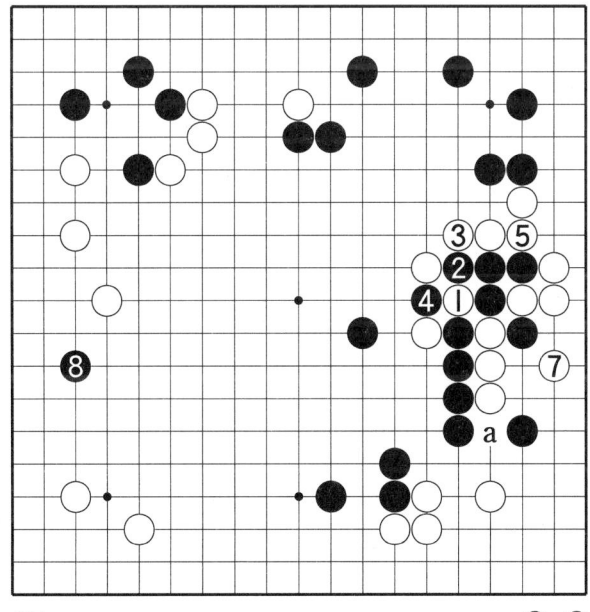

4도   **6**‥**①**

4도(흑, 충분)

앞 그림 백7로 뚫지 못한다면 백1로 끊은 후 3, 5로 돌려치고 7로 지켜 우변을 정리하는 정도다. 그런 다음에도 a로 뚫어 완전히 귀를 접수하지는 못한다.

흑은 중앙 두터움을 배경으로 8로 좌변에 침입하면 충분히 둘 수 있다.

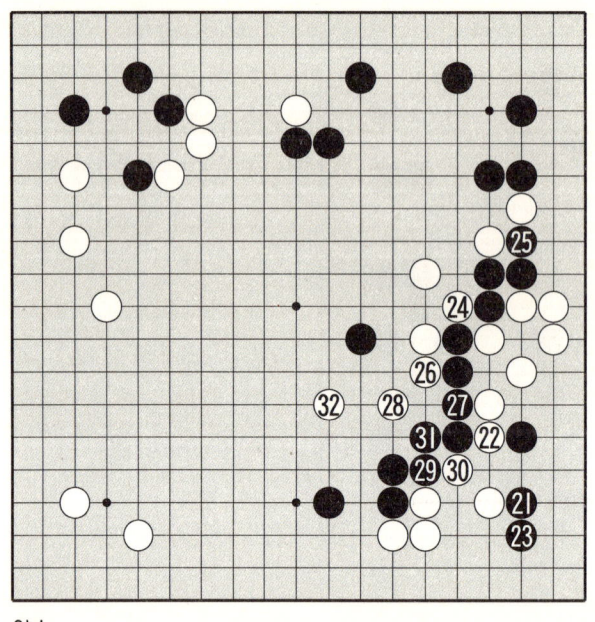

3보

3보(21~32)

귀에 흑21의 붙임은 바깥을 확실히 막기 위한 사전공작.

백은 귀를 내주고 22로 돌파한다. 반발이다. 그런 후 24 이하 32까지 흑의 요석을 몰며 중앙으로 진출한다. 일단 시원한 작전이다.

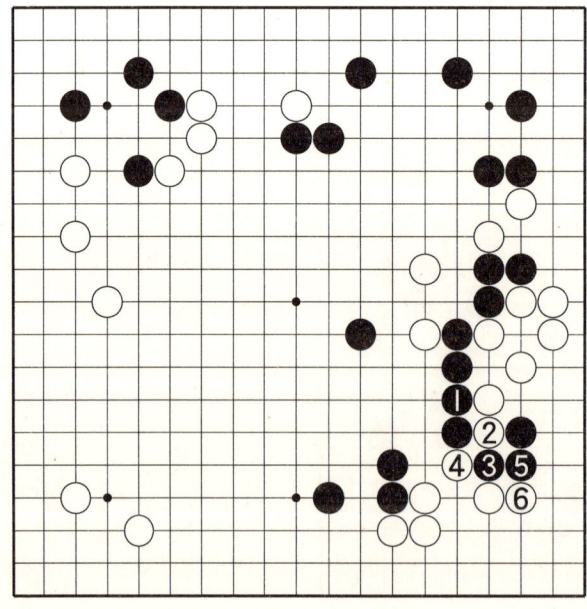

5도

5도(백, 버팀)

실전 흑21의 붙임. 이 수로 1에 바로 막으면 백 2~6으로 막아 버틸 수 있다.

이런 여지를 없애려는 실전의 선택이었다.

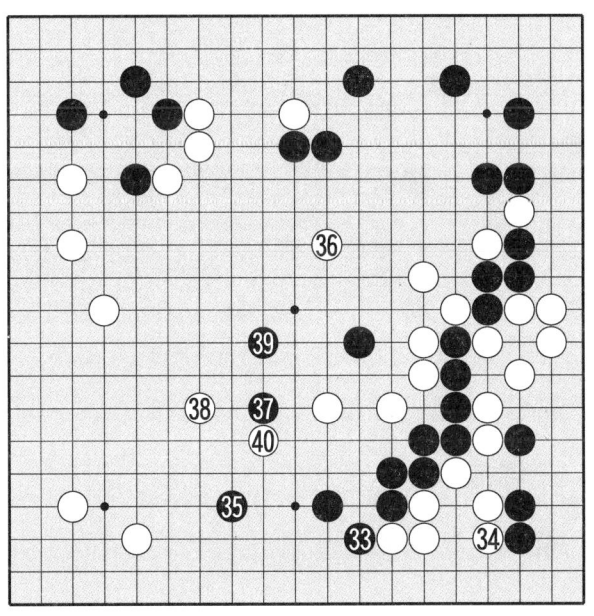

4보

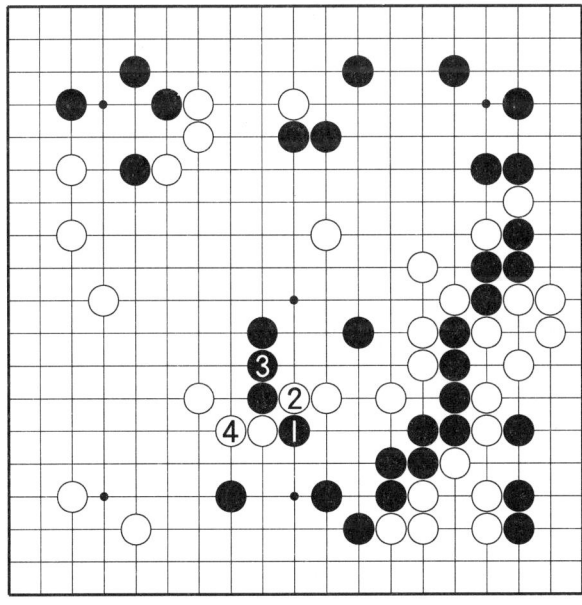

6도

4보(33~40)

흑은 33, 35로 활발하다. 백34로 지키지 않으면 우하 백 전체가 사활에 걸릴 우려가 있다.

백36은 중앙 대세점. 상변 흑과 백, 중앙 백을 생각한다면 대략 일석삼조다. 이런 자리를 찾을 수 있다면 고수의 반열.

흑은 37로 중앙 백모양을 견제하지만 뜻은 좌변 침입에 있다. 백38은 그런 의중을 간파한 협공. 그리고 40의 반격이다. 중앙에서 서로 밀리지 않으려는 샅바싸움이 치열하다.

6도(백, 충분)

실전 다음 흑이 어느 한쪽 젖힘을 일단 생각할 수 있다.

만일 1로 안쪽으로 젖혀 4까지 되면 이 모양은 백이 충분히 싸울 수 있다. 중앙 흑이 별로 탄력이 없기 때문이다.

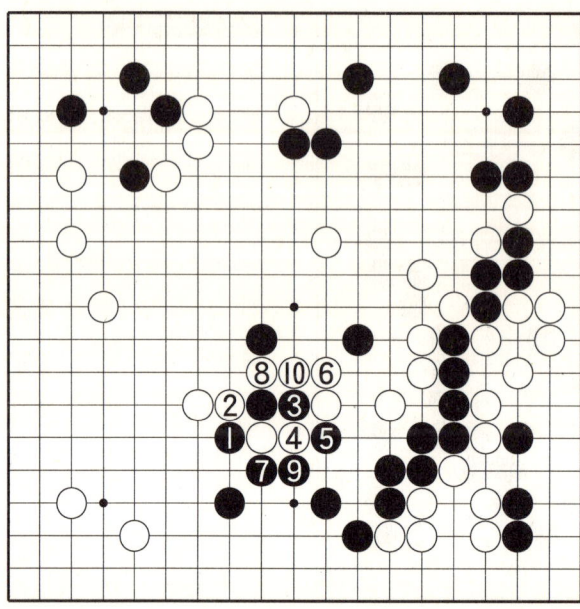

7도

7도(백, 두터움)

흑1로 바깥으로 젖히면? 대략 10까지 바꿔치기 모양을 예상할 수 있다.

흑이 눈에 보이는 실리는 좋지만, 중앙과 좌변까지 두터워진 백이 전체적으로 나쁘지 않다. 이런 두터움이 나중에 힘을 내는 경우를 많이 볼 수 있다.

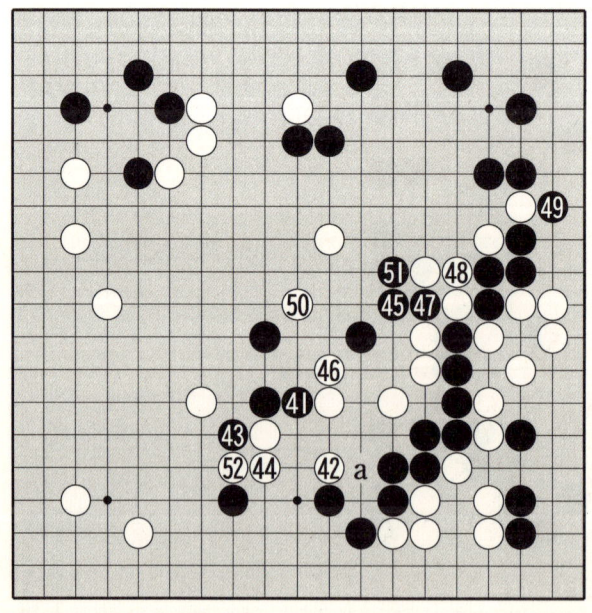

5보

▦ 5보(41~52)

흑41로 먼저 움츠린 것은 끊는 효과를 최대로 내기 위한 것. 백은 42로 한 발 물러나 탄력을 준다. a의 선수가 뒤를 받친다는 것. 흑43 다음 45의 들여다봄. 모두 받아주면 좋으련만 백46의 반발이 기다린다. 내친 김에 51까지 백 5점을 잡아 실리를 챙기지만 백50, 52로 중앙이 뚫린 두터움이 너무 좋다.

때로는 현찰보다 투자가 필요한 법.

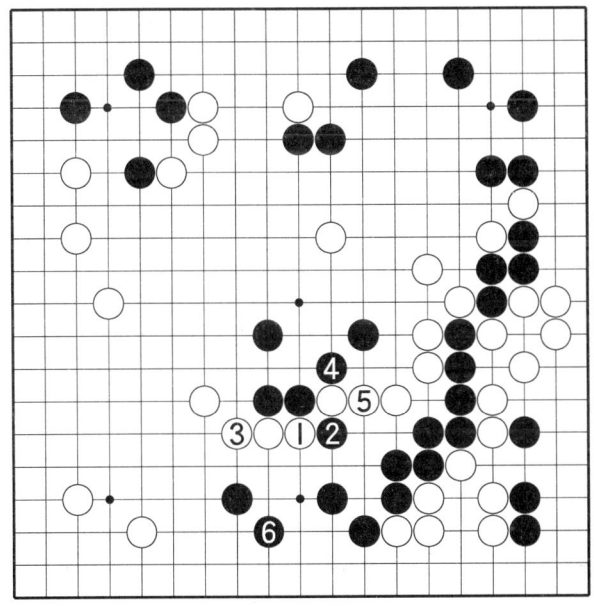

8도

8도(흑, 탄력)

실전 흑41은 백1로 막으
면 흑2로 끊겠다는 것.
백3이면 흑4로 단수하여
중앙 흑진에 탄력을 주
고 6으로 하변을 지킨
다. 흑이 충분히 싸울 수
있는 그림이다.

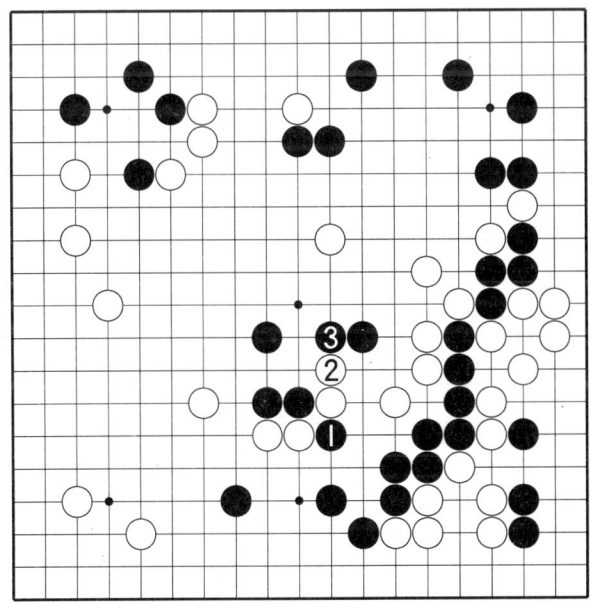

9도

9도(흑, 막음)

흑1로 끊을 때 백2로 머
리를 내미는 것은 흑3으
로 막아 그만이다.

　이 교환은 백이 중앙
흑의 탄력을 없애는 데
큰 도움이 되지 못한다.

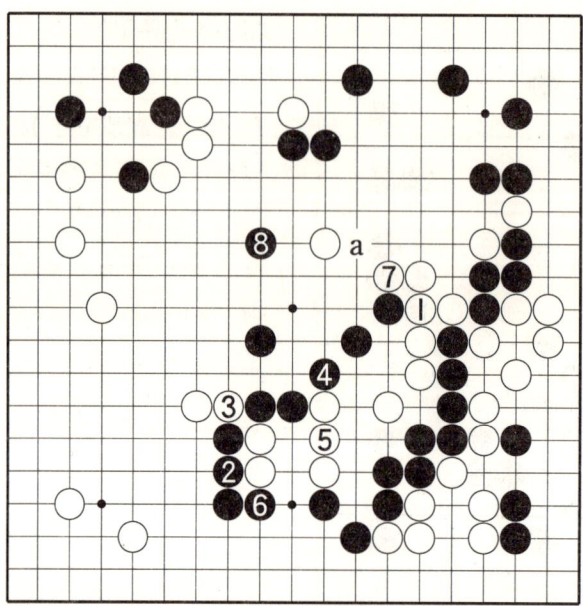

10도

10도(흑의 주문)

실전 흑45의 주문은 무엇일까. 백1로 이으면 흑 2로 막고 백3에 끊을 때 일단 흑4, 6으로 지킨다. 백도 7로 a의 건너붙임을 방어하면 흑8로 공격한다. 백은 상변도 걸려 있어 양곤마 성격. 흑이 재미있는 싸움일 것이다. 실전은 백의 반발로 이런 그림이 무산된다.

차라리 들여다보지 말고 하변 수순을 밟는 것이 좋았을 것이다.

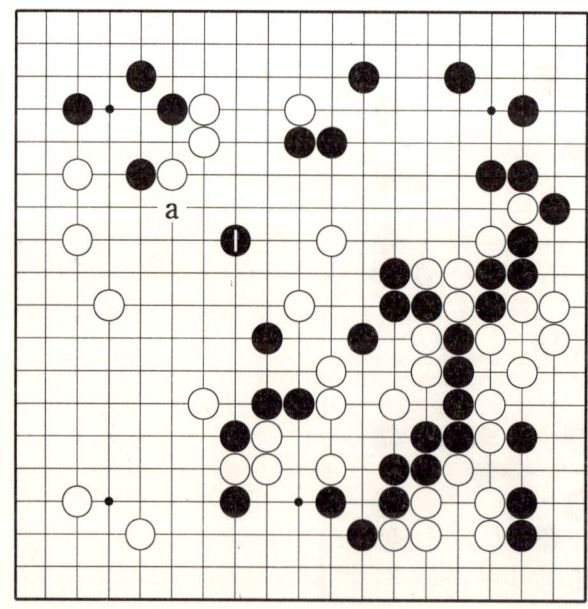

11도

11도(형세 판단)

실전 마지막 장면. 흑은 실리가 좋은 만큼 좌변과 연계하여 중앙 두터움을 어떻게 지우느냐가 앞으로의 과제다.

중앙만 생각한다면 흑 1 정도의 삭감을 생각할 수 있다. a의 젖힘도 노리면서. 흑은 처음부터 a로 젖혀 싸워가는 것은 너무 노골적일까.

170

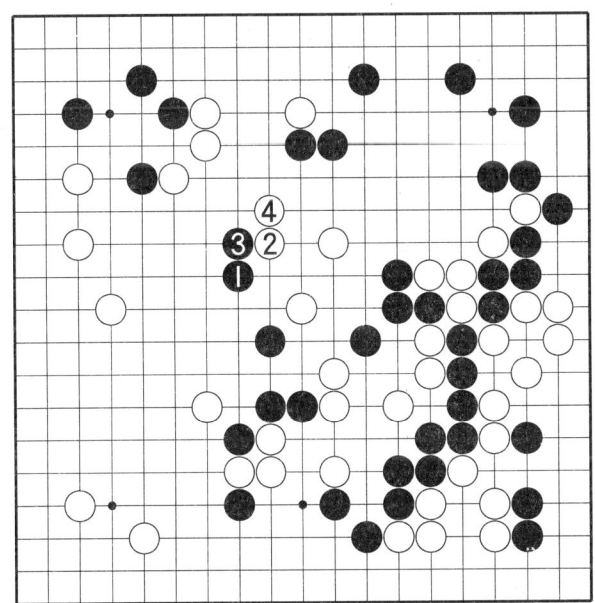

12도

12도(흑, 무거움)

그런데 중앙을 너무 의식하여 흑1로 깊숙이 들어가는 것은 가장 좋지 않다. 백2, 4면 흑이 무거운 진행이다.

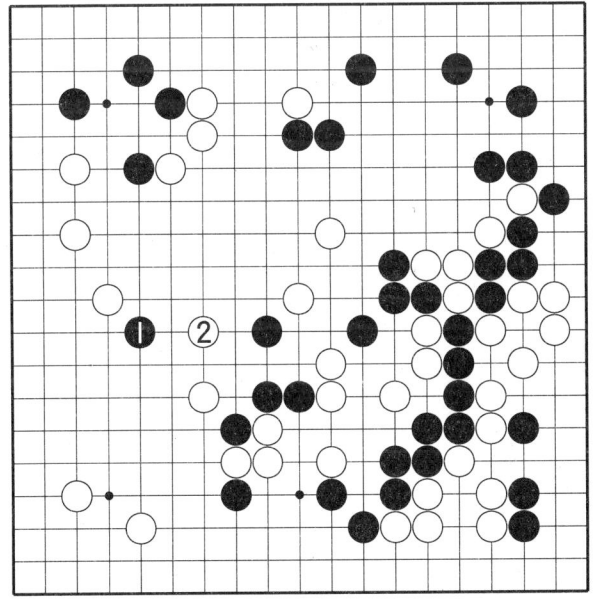

13도

13도(차후 실전)

차라리 어중간하지만 흑1 정도로 두어 좌변과 중앙을 맞보는 것도 일리 있는 작전이다.

어디서건 백진을 깨고 잘 살기만 하면 좋다는 생각으로, 차후 실전도 이런 뜻에서 흑1로 두고 백2로 갈라 승부를 좌우하는 중요한 일전을 벌인다.

세가 불리하면
아이디어로 용감하게 돌파하라

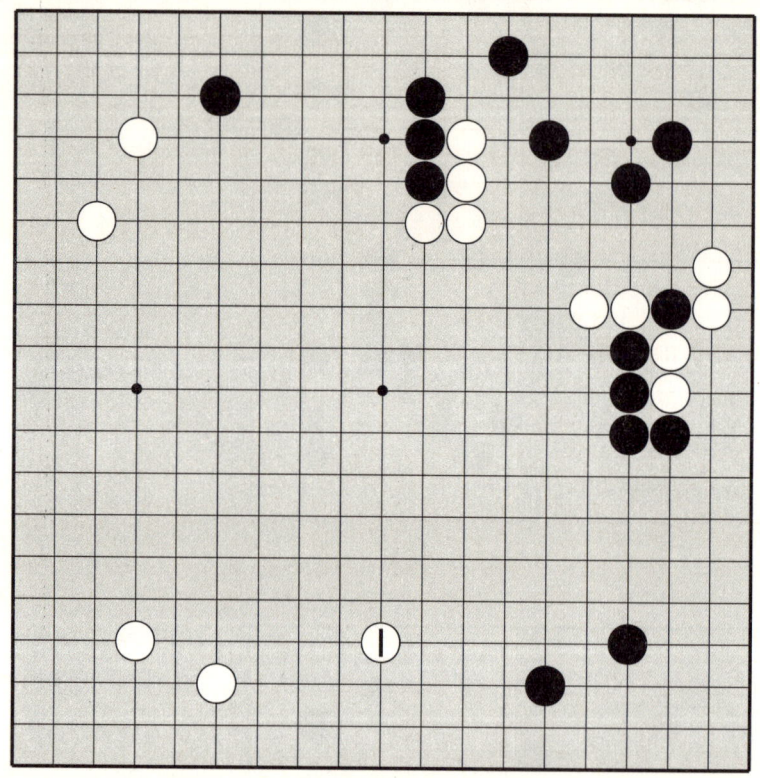

20회 GS칼텍스배 결승1국(● 목진석 vs ○ 최철한)

미니중국식 포석에서 나온 형태다. 흑은 확실한 집을 구축하면서 반면을 리드해가려 한다. 백은 상변과 우변을 가볍게 삭감하면서 폭넓은 바둑을 구사하고 있다. 백1도 그런 차원의 넓힘이다. 더불어 우하흑의 모양을 견제한다. 여기서 좌변이 초점.

삼국지의 그 유명한 '적벽대전'을 아는지. 전쟁 전야 제갈공명은 기지를 발휘, 수많은 화살을 빼앗아 전력 부족에 도움을 준다. 일품 아이디어의 승리다. 바둑은 전쟁과 마찬가지로 세가 불리하면 번뜩이는 아이디어가 돌파구를 연다. 판에서 용감하게 그런 기지를 발휘해 보자.

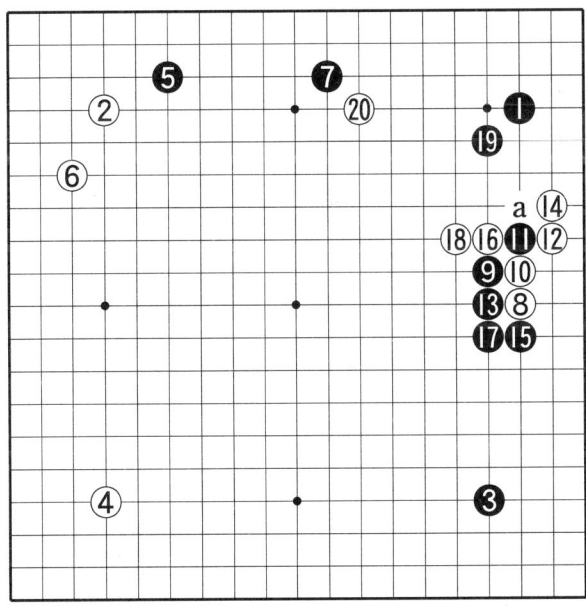

과정 1보

과정 1보(1~20)

흑9는 미니중국식 모양을 살리려는 적극적 수단이다.

흑11, 13은 두터운 수법. 백14로 늘면 18까지는 익혀둘 만한 하나의 수순. 흑은 우하변에 모양을 얻고, 백은 중앙 진출에 만족한다.

흑19에 백20으로 상변 삭감을 서두른다. 보통은 a의 빵따냄.

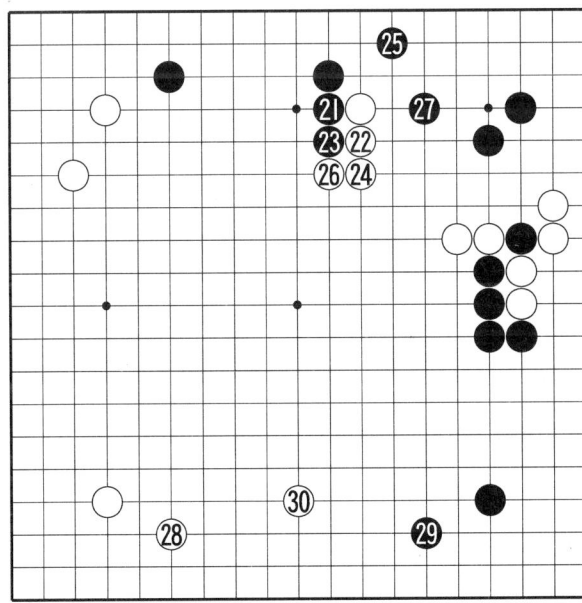

과정 2보

과정 2보(21~30)

흑21~25의 '밀고 날일자'는 교과서에 나오는 행마법이다.

백은 26으로 두텁게 누르고 28로 지킨다. 바둑을 길고 폭넓게 두려는 작전인 듯하다. 그 사이 흑은 27, 29로 지켜 불만이 없다.

백30은 서로 모양을 넓히는 대세점.

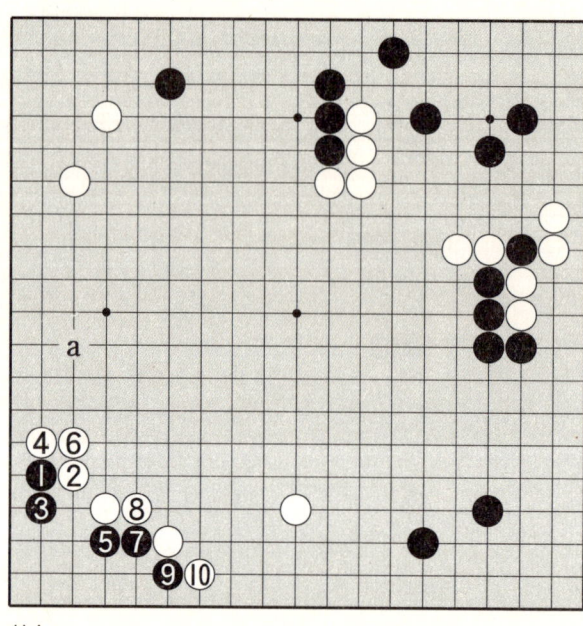

1보

1보(1~10)

흑1의 침투는 세가 불리할 때 쓰는 상용 수법이다. 변에 a로 어설피 갈라쳐 압박당하는 것보다 낫다는 판단이다.

백2에 흑3, 5로 귀를 거점으로 수습해가려는 작전이다. 백도 일단은 10까지 귀를 압박해 간다.

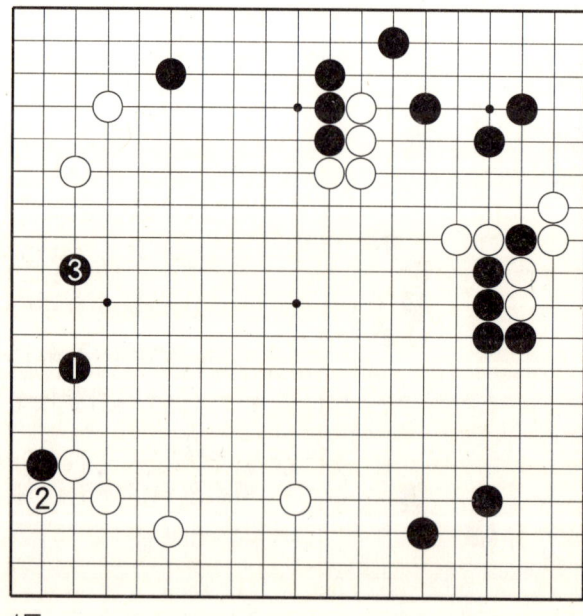

1도

1도(유연한 작전)

실전 백2에 다소 느슨하지만 흑1, 3으로 변에서 터를 잡는 방법도 가능하다.

귀의 실리는 주더라도 바둑을 길게 보는 유연한 작전이다.

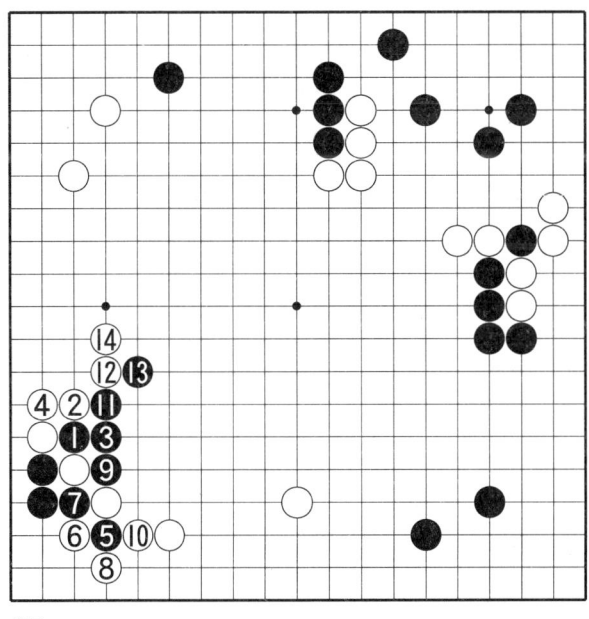

2도

2도(흑, 끊음)

실전 흑5로 먼저 1로 끊은 후 두는 수단도 많이 쓰인다.

그러면 백이 6, 8로 변화하여 14까지 흐름이 예상되지만, 지금은 좌변과 하변에서의 백의 자세가 좋다.

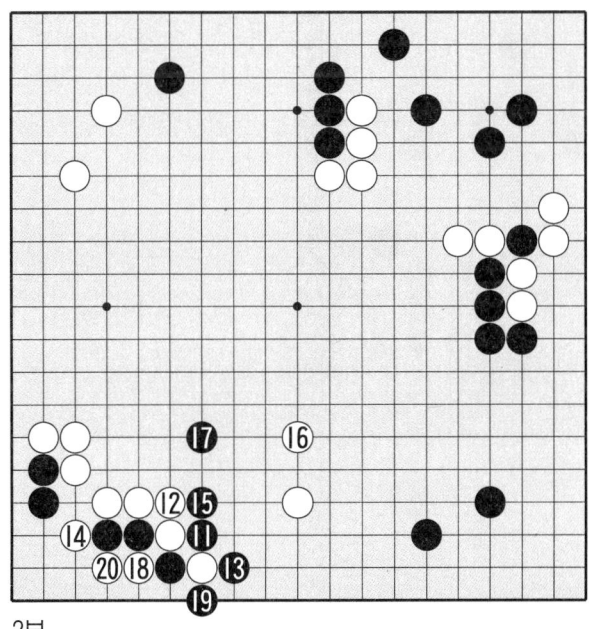

2보

2보(11~20)

흑11~15는 정해진 코스. 백16은 중앙을 봉쇄하기가 거북하므로 이렇게 따로 움직인 것이다. 흑17로 뛰어 기분 좋은 흐름이다.

백도 일단 18, 20으로 두점을 잡고 실리로 버텨간다.

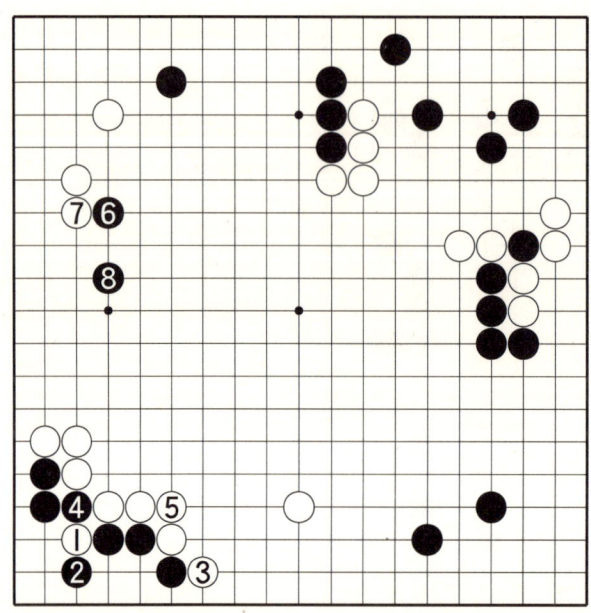

3도

3도(흑, 만족)

실전처럼 흑이 변으로 진출하는 것을 방지하자면, 애초 백1로 귀에서 먼저 젖히고 3으로 막는 방법도 있다.

다만 흑4로 귀에서 집을 내며 살고 6, 8 정도로 변을 삭감해가면 흑이 기분 좋은 흐름이다.

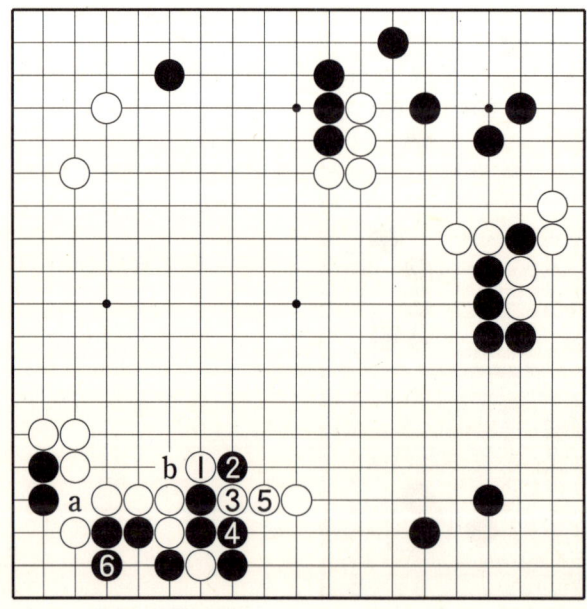

4도

4도(백, 부담)

실전 흑15에 백1로 막으면 얼핏 5까지 흑의 중앙 진출을 차단한 것처럼 보이지만 흑6 다음 a, b 등의 약점으로 백이 부담만 늘어난다.

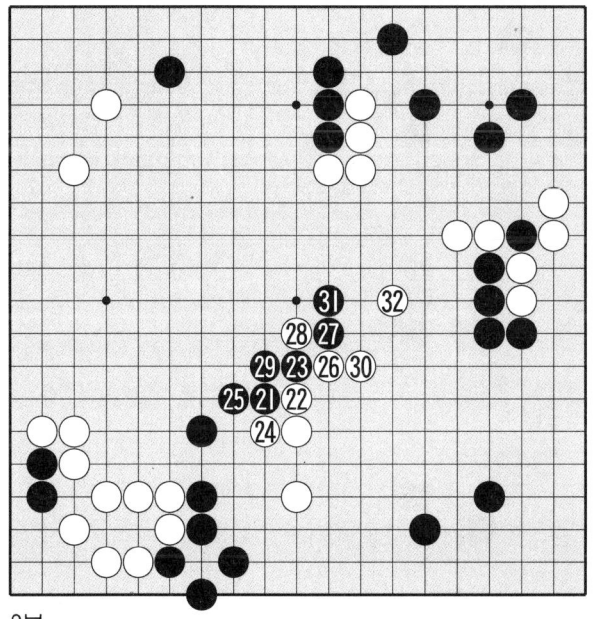

3보

3보(21~32)

흑21, 23은 은근하지만 기세의 공격법.

31까지는 교과서에 나온 대로의 공격과 타개 수순이다.

백도 32로 연결고리를 만들며 반격을 노린다.

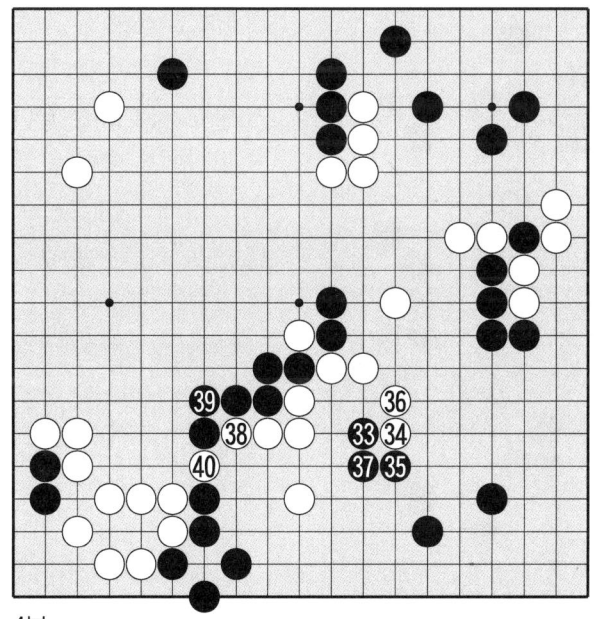

4보

4보(33~40)

흑33은 기분 좋은 급소 공격이다. 백34, 36으로 안전하게 수비한 후 38은 적절한 응수타진이다. 다음 백40으로 위아래 흑을 차단해간다.

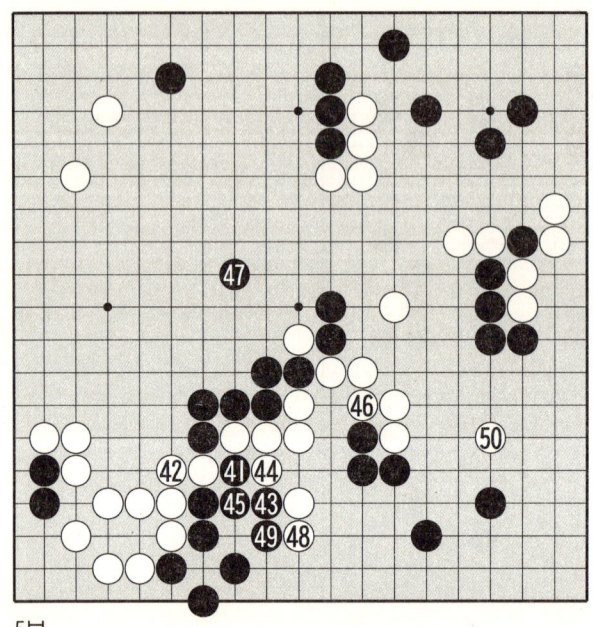

5보

▦ 5보(41~50)

흑41부터 백46까지는 예정된 코스. 다음 흑은 중앙을 지켜야 한다. 흑47의 효율적 지킴은 배워두기 바란다.

백은 48을 선수한 후 50으로 우변을 공격해간다. 흑이 우변을 쉽게 정리한다면 우세한 국면일 것이다.

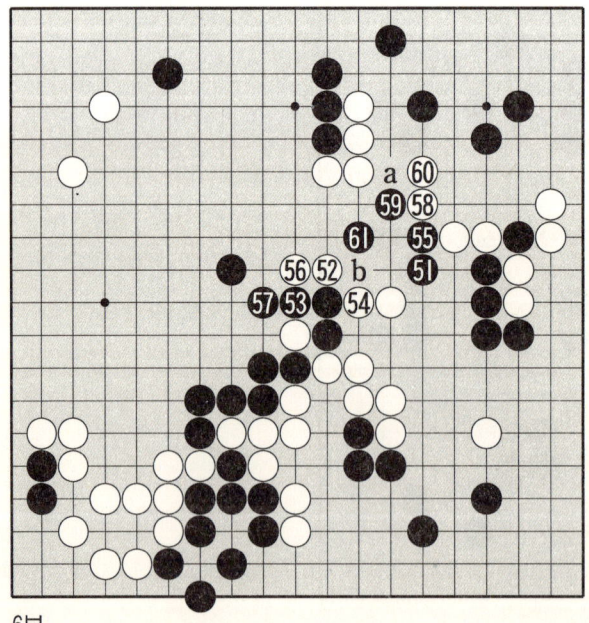

6보

▦ 6보(51~61)

흑51로 밭전자 약점을 가른다. 백52, 54는 상대의 모양에서 행마를 찾는 기대기 수법이다. 이하 61까지 좁은 공간에서 치열한 공방이다.

백은 a와 b의 약점을 어떻게 방어하면서 공격할 것인지가 관건이다.

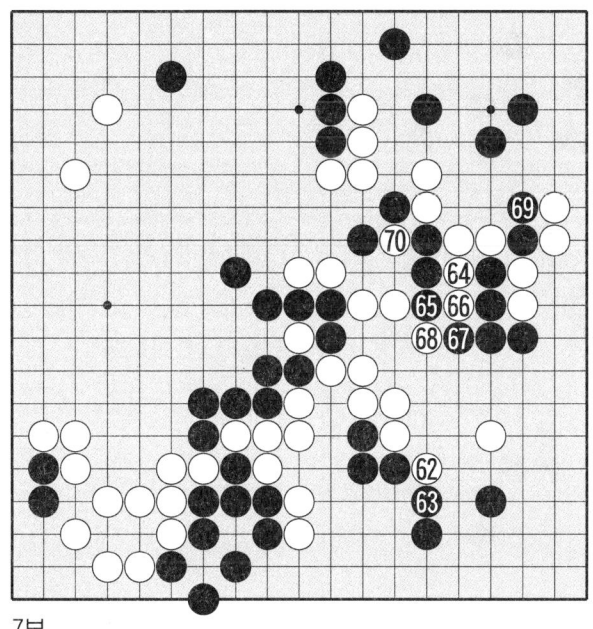

7보

백은 62로 하나 선수해 외곽에 도움을 준 후 64 ~68로 허리를 끊는다. 중앙 약점이 많은 백이 선택할 수 있는 유일한 출구다. 흑69로 나갈 때 백 70의 먹여침은 맥점.

64 이하 70까지는 서로 최선을 다한 수순으로 봐도 무방하다.

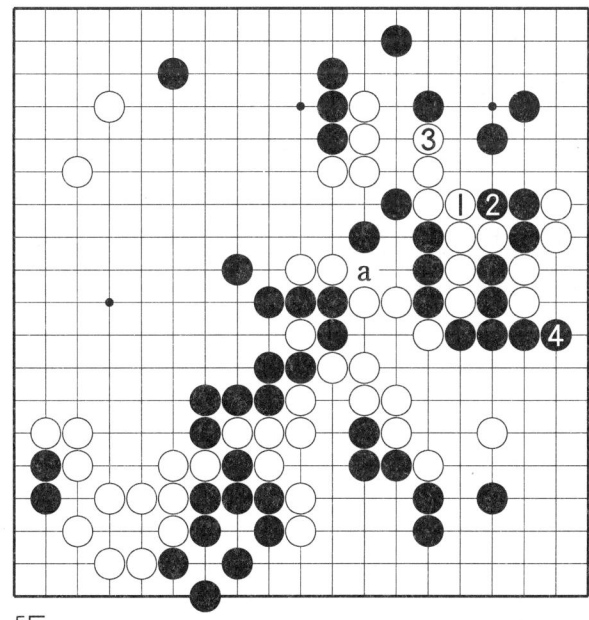

5도

5도(백, 망함)

실전 백70은 배워둘 맥점. 중앙 약점을 백1과 3, 이런 식으로 보강하는 것은 흑이 4로 우변을 제압한 후 a로 끊는 수가 남아 백이 망한 거와 다름없다.

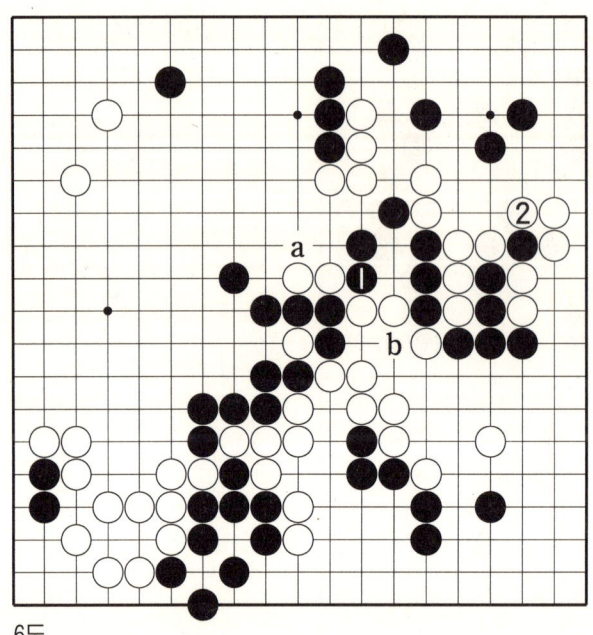

6도

6도(흑, 위험)

반대로 흑이 실전 69로 나가지 않고 먼저 1로 끊으면 어떻게 될까.

부분적으로 a와 b를 노려 중앙 탈출은 가능하지만, 백2로 잡으면 우변 흑이 위험하다.

실전이 최선을 다한 수순인 셈이다.

8보

▦ 8보(71~74)

결국 백이 72로 빵따내 중앙을 차지하고, 흑은 71과 73으로 우변을 제압하는 타협이 이루어진다. 바둑은 국면이 어지러워도 절묘한 타협이 성사되는 경우가 많다.

이 바둑은 타협이라도 집이 많은 흑이 편한 형세로 보인다.

백74로 바짝 다가선 것도 중앙 흑을 위협하며 좌변을 최대한 키우겠다는 뜻이다.

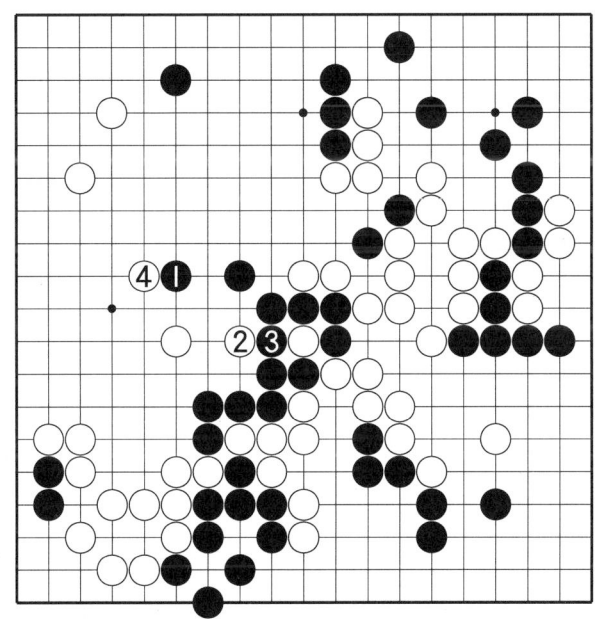

7도

7도(차후 실전)

앞으로 이 바둑은 좌변이 초점. 흑이 좌변 백진영을 적당히 줄이고 좌상귀에 손이 돌아가기만 해도 나쁘지 않은 국면이다.

그런 점에서 차후 실전은 흑1로 안전 운행. 백은 2를 선수한 후 4로 붙여 육박전으로 좌변을 사수하려 한다.

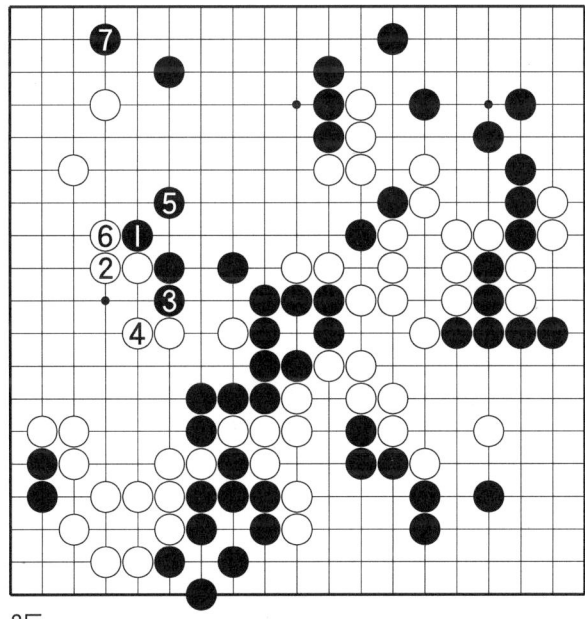

8도

8도(흑, 좋은 국면)

참고로 흑이 좌변을 1~5 정도로 정리하고 7로 좌상귀에 손이 가면 좋은 국면일 것이다.

3
생각하고
상상하라

치열한 전투에서도
타협을 모색하라

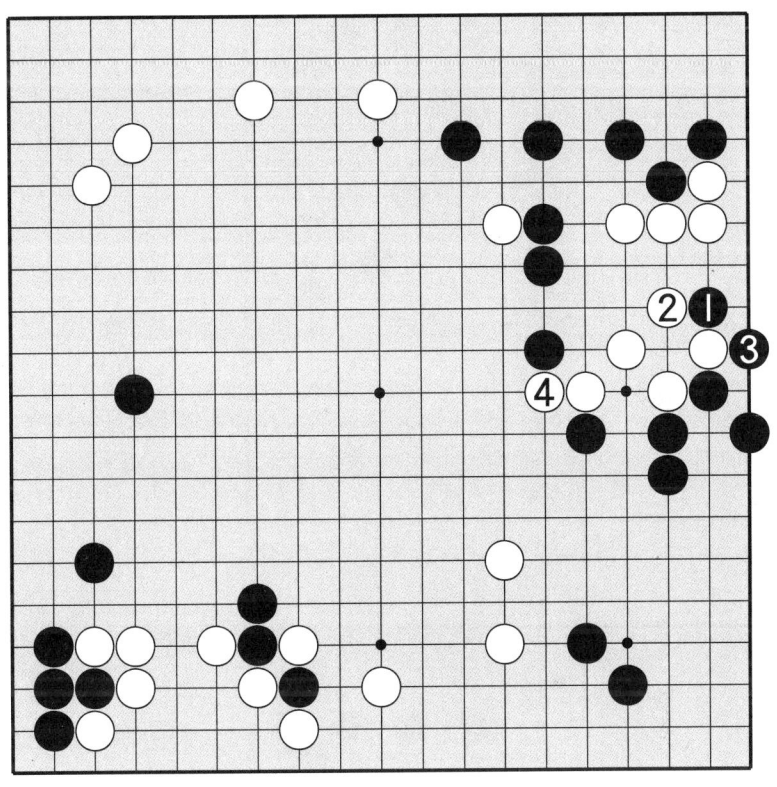

9회 춘란배 결승2국(● 천야오예 vs ○ 이세돌)

우변은 소위 변형 중국식에서의 변화. 흑이 우변과 중앙을 두텁게 두
는 사이 백은 하변과 상변에 터전을 두며 발빠르게 움직인다. 이후
흑은 좌변에 터를 잡고 좌하귀를 잠식한 후 하변 백세를 삭감한다.
그리고 우변 백을 은근히 공격해 가는데, 백이 알기 쉽게 살리는 순
간 1의 붙임으로 발목을 붙든다. 백은 2의 패모양으로 버틴 후 4로
나간 장면이다. 앞으로 우중앙 전투가 초점이다.
　바둑은 치열한 전투에서도 타협이 이루어지는 묘한 게임이다. 공정
한 싸움이니 그렇다. 그러니 언제든 타협을 모색할 줄 알아야 한다.

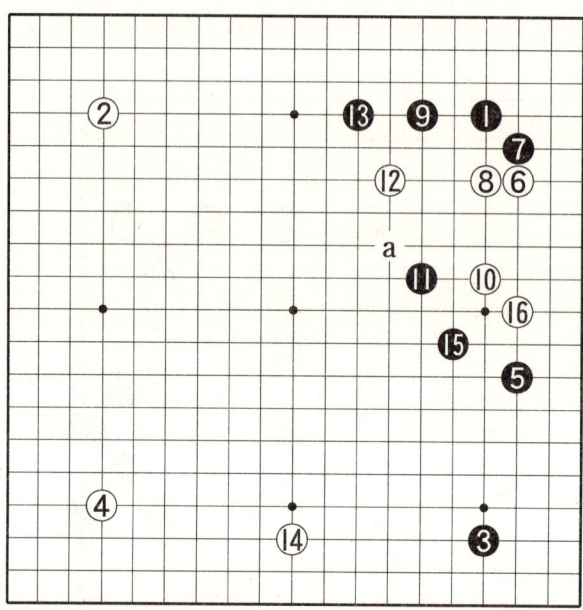

과정 1보

과정 1보(1~16)

흑5는 일명 변형 중국식 포석이다. 백10의 벌림에 흑11의 모자 씌움. 우변을 압박하며 우하 진영을 효과적으로 운영하겠다는 뜻이다. 백은 12 다음 14의 벌림이다. 발빠른 작전이지만 엷은 것이 흠. 흑15로 씌워 그 엷음을 추궁한다. 백16으로는 중앙에서 a의 지킴도 생각할 수 있다.

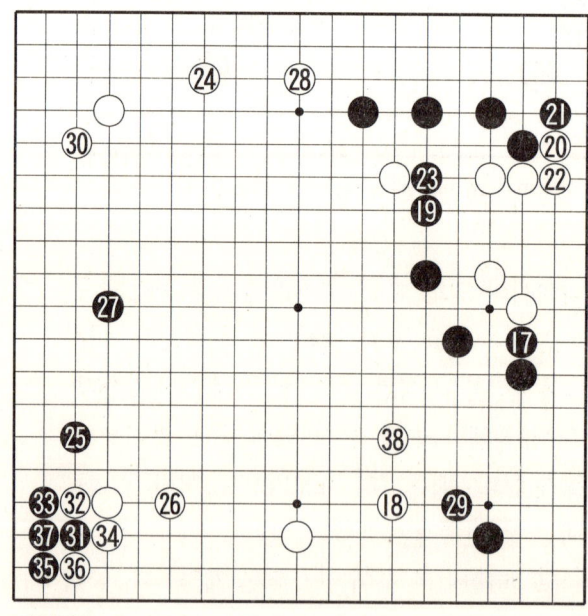

과정 2보

과정 2보(17~38)

흑이 17, 19, 23으로 우변을 관통하는 사이 백은 18~24로 우변은 임시 조치, 그리고 변과 귀에서 활발하다. 25~30까지 서로 변에 터를 잡고 귀를 지킨다. 흑31~37로 귀를 잠식할 때 백38은 중앙 요소다.

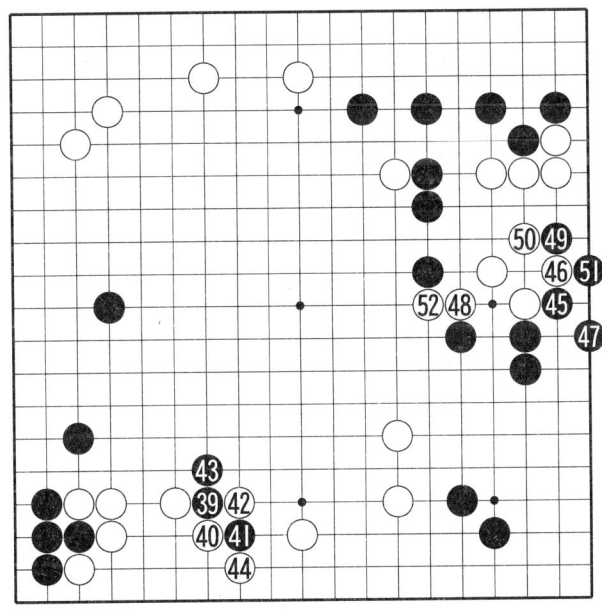

과정 3보

과정 3보(39~52)

39~44까지는 하변에서의 활용 수단이다. 흑45, 47로 실리를 벌며 은근히 백을 위협한다. 고수의 수법. 백48로 안에서 살 준비하는데, 흑49의 붙임이 바깥으로 쫓는 맥점이다. 백은 50으로 버틴 후 52로 나간 장면이다.

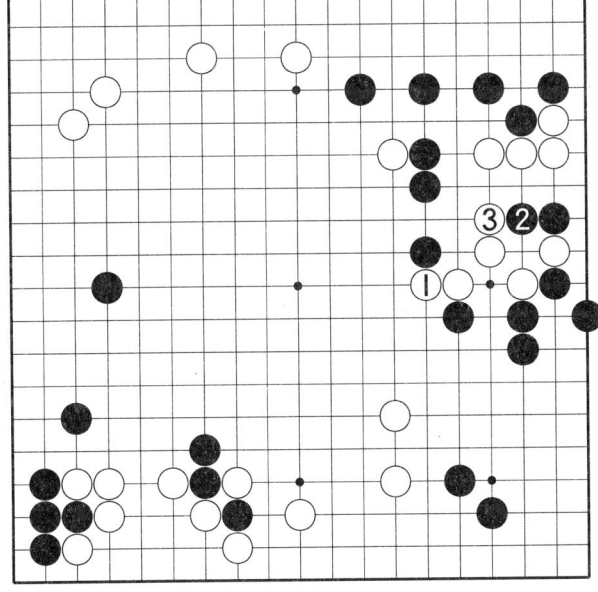

참고도

참고도

실전에서 백은 패의 모양으로 버틴 후 중앙으로 진출했다.

만일 그 교환 없이 막바로 1로 나가면 흑2로 안형을 파괴당해 형태가 무너진다. 그러면 앞으로 꽤 시달릴 것은 불을 보듯 뻔하다.

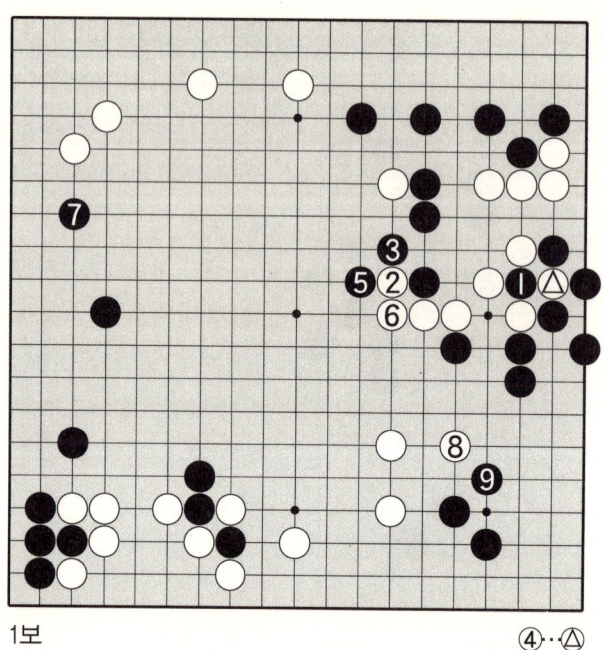

1보

④‥△

▦ 1보(1~9)

흑1로 따내자 백2의 젖
힘. 흑3으로 막을 때 다
시 백4의 따냄. 흑은 알
기 쉽게 5로 단수한 후
손을 돌려 좌변 7에 벌
려 큰 곳을 차지한다. 백
8의 삭감에 흑9의 지킴.

　현상은 패싸움이지만
본질은 은근히 타협해
간다. 상대를 존중하는
바둑의 묘미다.

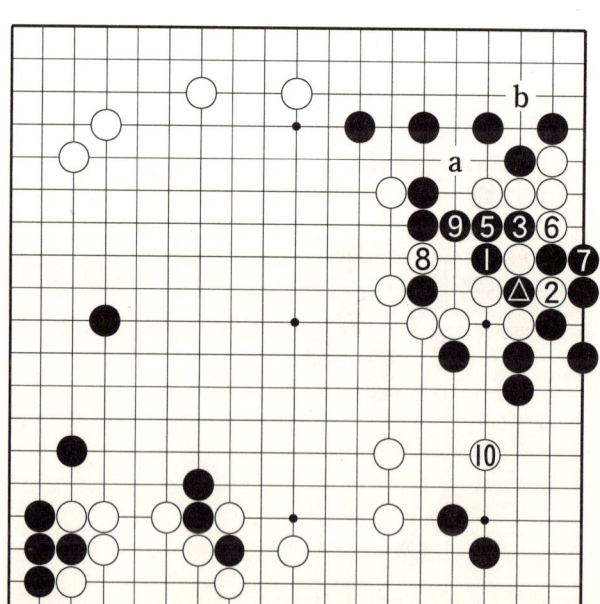

1도

④‥△

1도(흑, 소탐대실)

실전 흑3으로 1~5면 꼬
리를 차단할 수 있지만
백6, 8의 선수 후 10으
로 우하 흑 진영에 파고
들면 오히려 흑이 괴롭
다. 더구나 a, b의 약점
도 신경 쓰인다. 흑의 소
탐대실이나 다름없다.

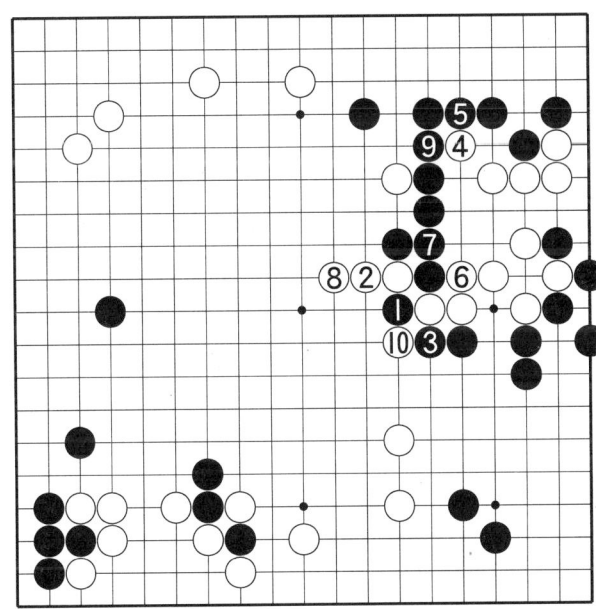

2도

2도(백8, 교묘)

실전 흑5로 1, 3에 막아 봉쇄하면 어떻게 될까. 그러면 일단 백4로 약점을 짚어 응수타진.

흑5로 귀를 방어하면 백6을 선수해 둔 후 8이 교묘한 맥점이다. 흑9의 지킴이 필요할 때 백10의 단수면 축이다. 확인하기 바란다.

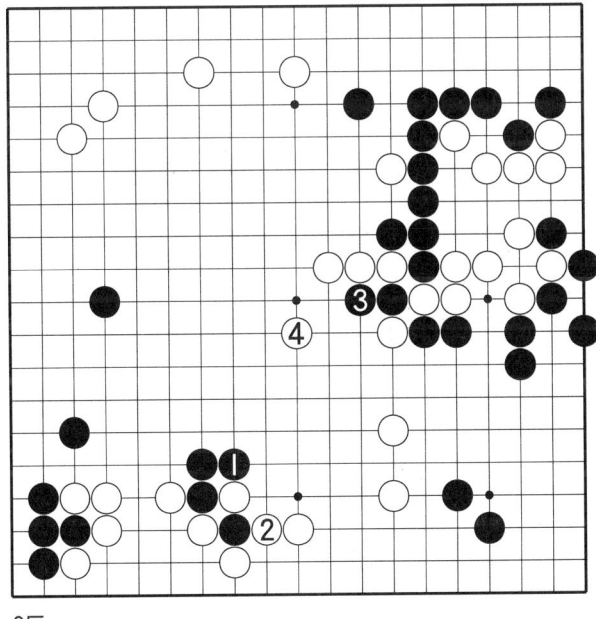

3도

3도(포위)

또 흑1이 선수로 들으면 축머리 효과가 있지만 그래도 백은 2로 따내고 본다. 흑3으로 나가면 백4의 씌움 정도로 흑 두 점이 완전 탈출하기가 어렵다.

생각하고 상상하라 189

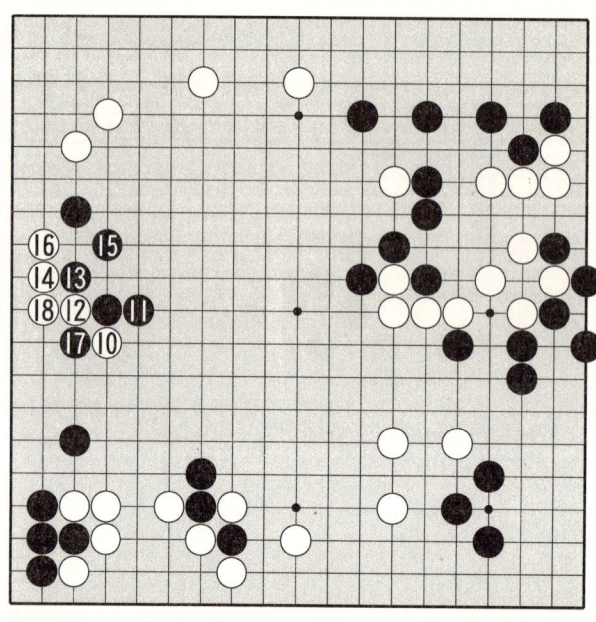

2보

백10으로 붙여 전단을 모색한다. 흑11은 중앙 중시의 수단. 백12에 흑 13은 온건하지만 정수 다. 백14에 흑15로 계속 물러나지만 냉정한 지킴 이다. 내친 김에 백16으 로 버티는데, 여기서 흑 은 17로 단수한 후 생각 에 잠긴다.

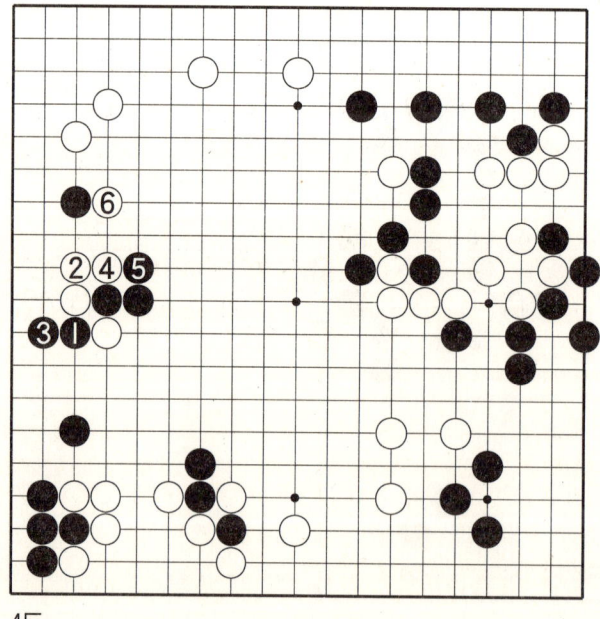

4도

4도(백, 한점 제압)

실전 백12에 기세로는 흑1의 끊음이지만 백2로 뻗은 후 흑3에 지킬 때 백4, 6으로 한점을 제압 하면 흑이 재미없다.

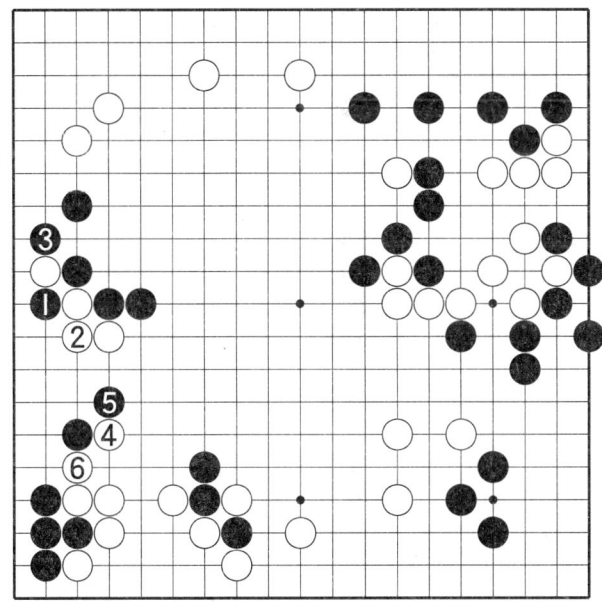

5도

5도(백의 주문)

실전 14에 흑1, 3으로 한 점을 잡는 것은 백의 주문이기도 하다. 그런 후 백4, 6으로 정리해 가면 앞서 좌변의 활용이 역할을 한다는 생각이다. 백4는 6부터 둘 수도 있다. 그러니 한점 잡는 데 연연하지 말 것.

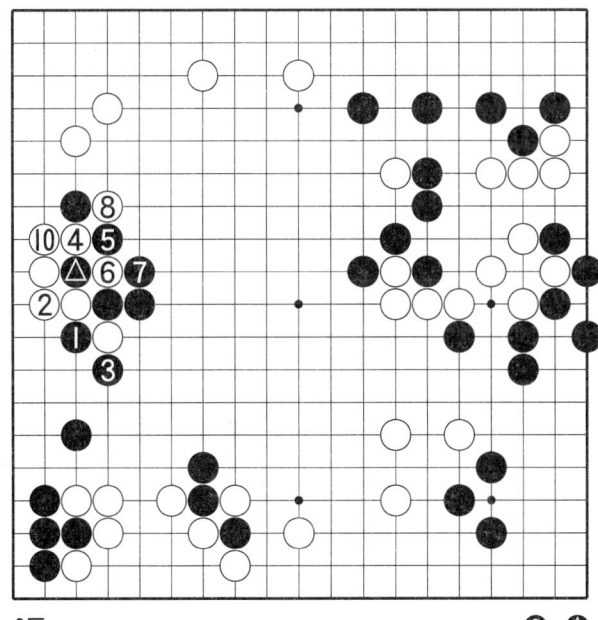

6도   ❾‥△

6도(백, 만족)

그렇다고 흑1, 3으로 이쪽 한점을 잡는 것은 백4로 돌파하여 이하 10까지. 흑진에서 주객이 전도된 느낌이다. 백의 만족이다.

생각하고 상상하라 191

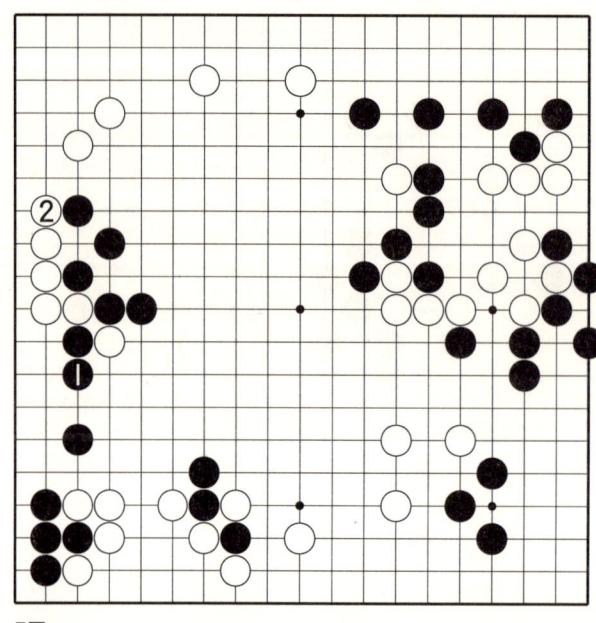

7도

7도(흑, 불만)

실전 다음 흑1로 이쪽을 지키는 것은 백2로 귀와 연결된 백의 실리가 돋보인다. 흑의 불만이다.

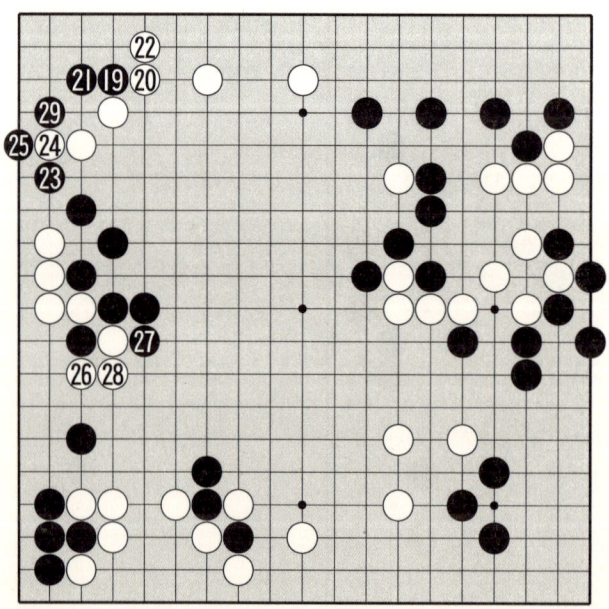

3보

3보(19~29)

흑19는 절묘한 응수타진. 백20, 22로 바깥에서 차단한 것은 고심의 응수다. 이 수로 안에서 21의 응수는 자체 활용당할 여지가 많다고 본 것. 흑23, 25는 귀와 변을 맞보는 확실한 수단이다. 백26으로 좌변을 지킬 때 흑은 27을 선수한 후 29로 귀와 연결해 간다.

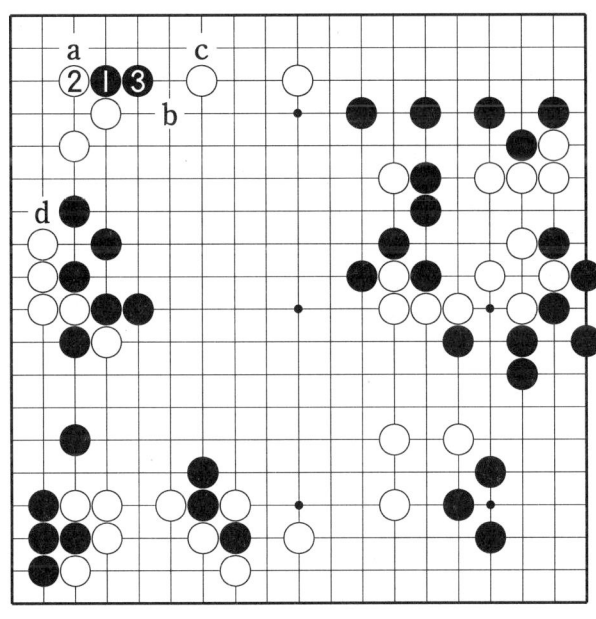

8도

8도(백, 시달림)

흑1의 응수타진에 백2로 안쪽에서 받으면 흑3으로 둔 후 백의 태도에 따라 활용한다.

가령 백a면 흑은 중앙 진출할 수 있어 백의 손해가 크다.

또 백b로 차단하면 흑은 a와 c의 활용 수단이 있고, d의 단점도 이용할 수 있어 백이 많이 시달린다.

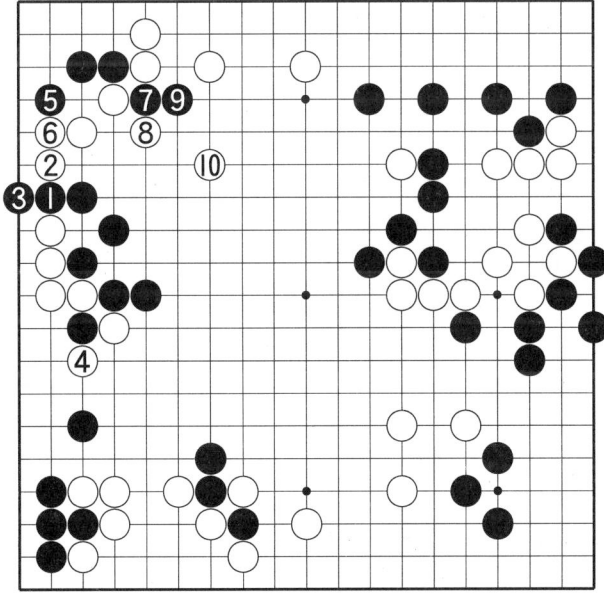

9도

9도(흑, 버티기 어려움)

실전 흑23으로 그냥 1에 막는 것은 백2의 붙임이 있다. 흑3에 차단하면 백4로 변을 지킨다. 흑5에는 백6. 귀의 흑은 사는 안형이 없다. 흑7로 단점을 끊어 보지만 백8, 10으로 몰면 흑이 버티기 어렵다.

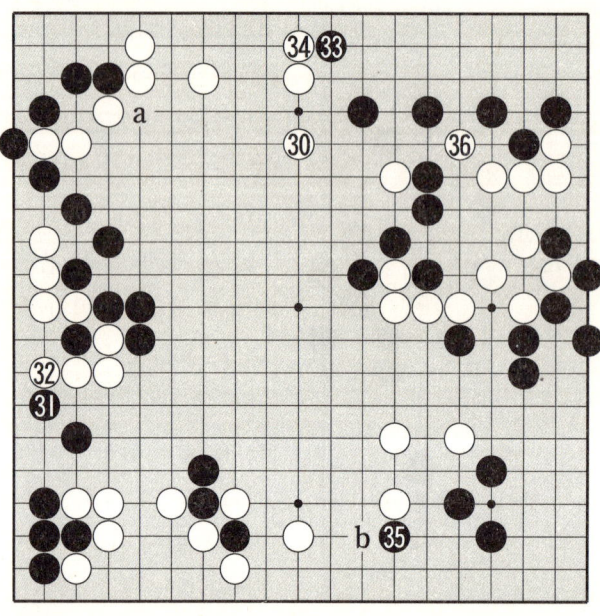

4보

4보(30~36)

백30은 a의 단점을 간접 보강하는 의미와 함께 우측 흑의 엷음도 노린다. 흑은 31, 33을 선수한 후 35의 붙임. 발빠른 실리 작전이다.

백은 알기 쉽게 b로 받아 후수를 잡으면 집에 뒤진다 보고 먼저 36으로 약점을 찔러 간다.

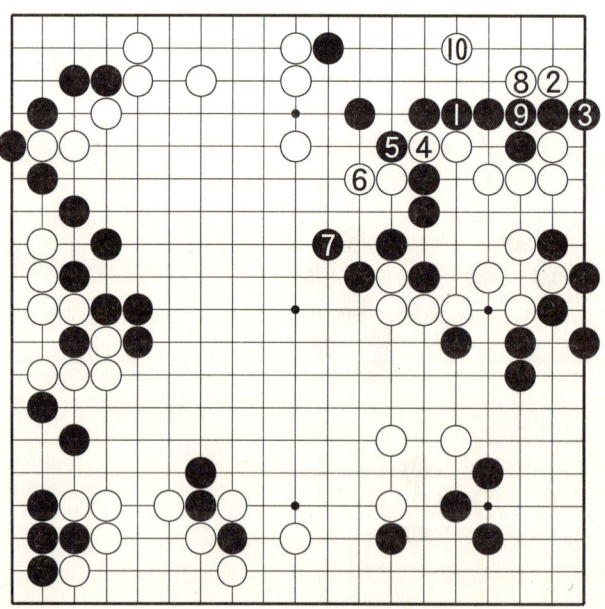

10도

10도(흑, 귀를 지키면)

실전 다음 흑1로 귀를 지키는 것은 백2로 붙여 보고 내친 김에 흑3에 차단하면 백4, 6으로 일단 중앙을 갈라놓는다.

이어 흑7의 지킴이 필요할 때 백8, 10으로 수단을 부리면 시끄러워진다. 최소한 패가 나는 형태로 흑이 재미없다.

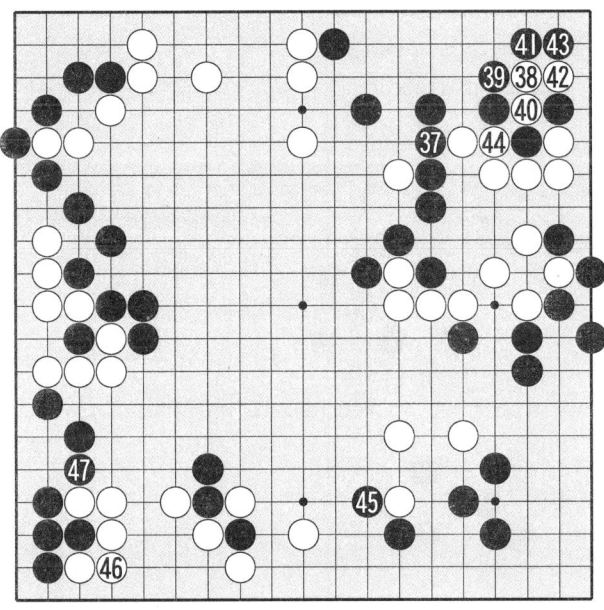

5보

실전은 흑37의 이음. 이쪽이 깔끔하다. 물론 백38의 침입으로 44까지 귀의 실리는 많이 뜯겼지만 어차피 약점이 있던 곳이다.

선수를 잡은 흑은 45로 젖혀 계속 실리에 앞서 나간다. 백46의 이음. 귀를 공격하는 맛도 있어 실리에 크다. 흑47의 지킴은 당연.

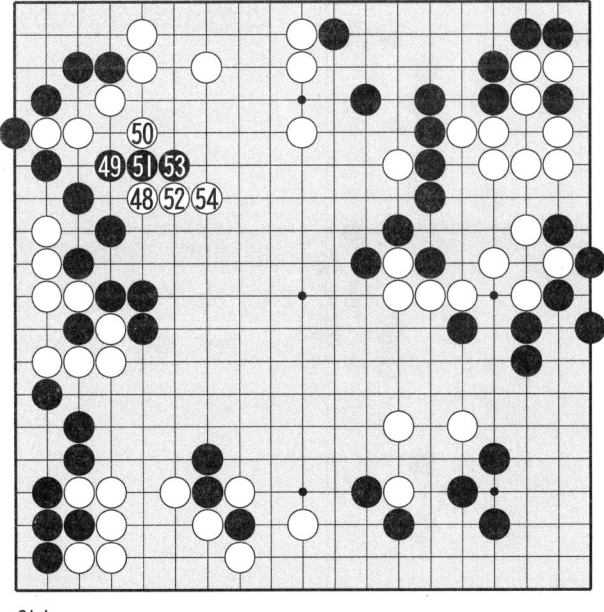

6보

백48은 중앙 모양의 급소. 다만 49쪽에 약점이 있어 흑은 거길 비집고 나온다.

백50의 호구는 최선의 지킴이다. 흑51, 53으로 뚫고 나갈 때 백52, 54의 후퇴는 어쩔 수 없다. 흑이 우세한 가운데 중앙 접전으로 치닫고 있다.

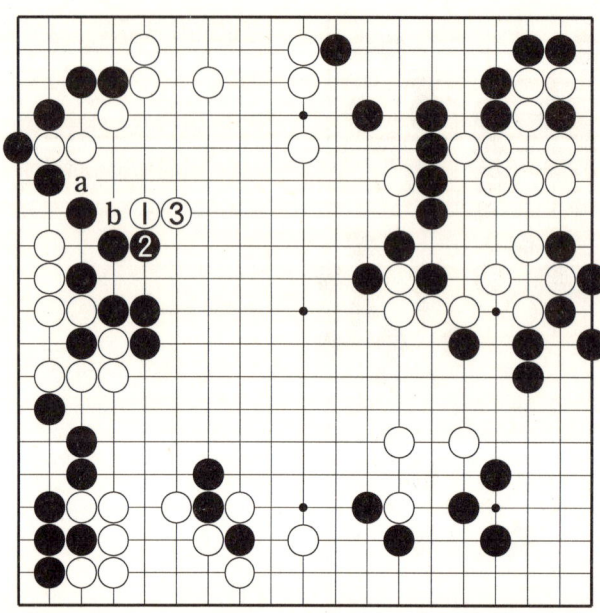

11도

11도(백의 주문)

백1에 흑2로 받아주면 백3에 늘어 만족이다.

이건 a, b가 모두 선수로 들어 중앙 백집이 커진다. 백의 주문이기도 하다.

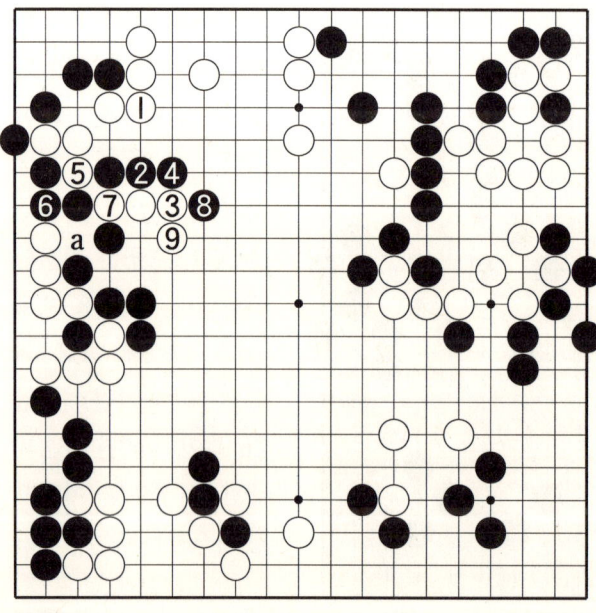

12도

12도(백, 유리한 싸움)

실전 흑49에 모양만 놓고 보면 백1의 꽉 이음이 어울린다. 만일 흑2, 4로 밀고나오면 백5, 7의 반발이 기다린다. 흑8에 백9. 이건 a의 약점도 있어 백이 유리한 싸움이다.

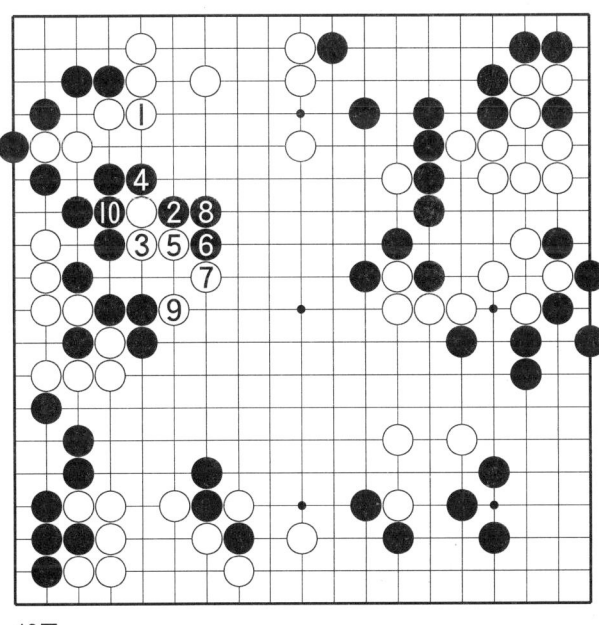

13도

13도(고급 맥점)

백1의 이음에는 흑2의 붙임이라는 고급 맥점이 기다린다. 기세상 흑3, 5로 나가지만 흑6의 젖힘.

이하 10까지 예상되지만 이번에는 흑이 두터운 싸움이다.

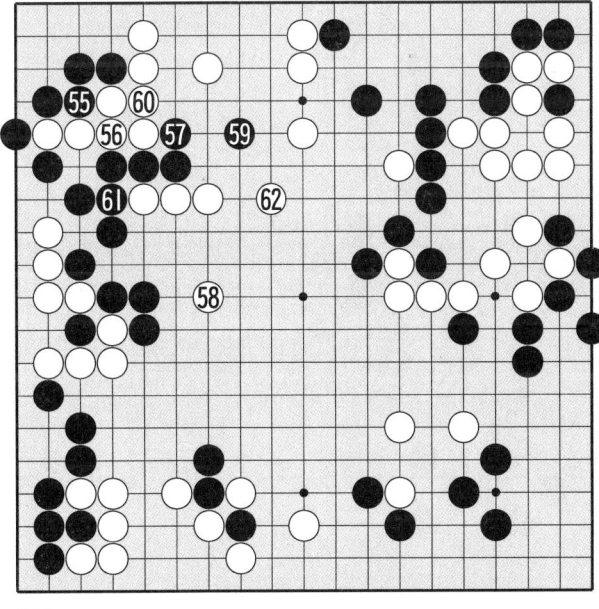

7보

▦ **7보**(55~62)

흑55, 57은 좌측 끊기는 약점을 효과적으로 지키는 수순이다. 집으로 부족한 백은 58로 흑 전체를 공격해 본다.

흑은 59로 백진을 헤치며 약점을 노린다. 백은 60을 선수한 후 62에 보강한 장면이다.

앞으로 상중앙, 좌중앙을 아우르는 공간에서의 전투가 승부의 추를 움직일 예정이다.

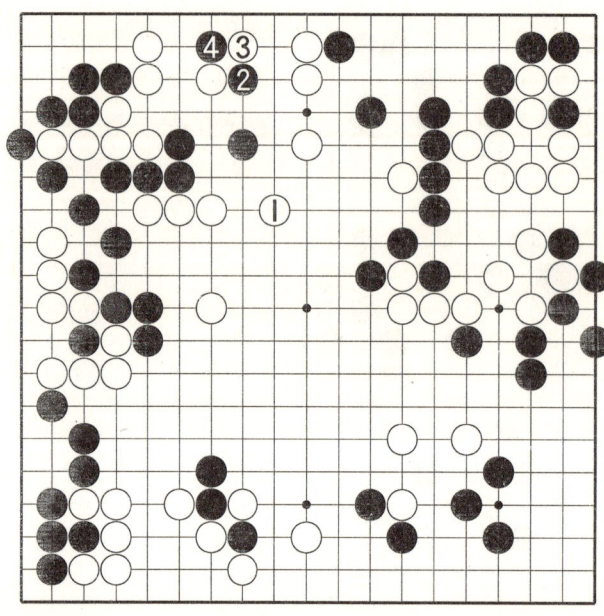

14도

14도(고약)

실전 백60의 이음. 이 수를 미리 결정한 이유는 상변 엷음에 있다.

만일 그냥 백1이면 흑이 2, 4로 수단을 부리는 맛이 고약하다.

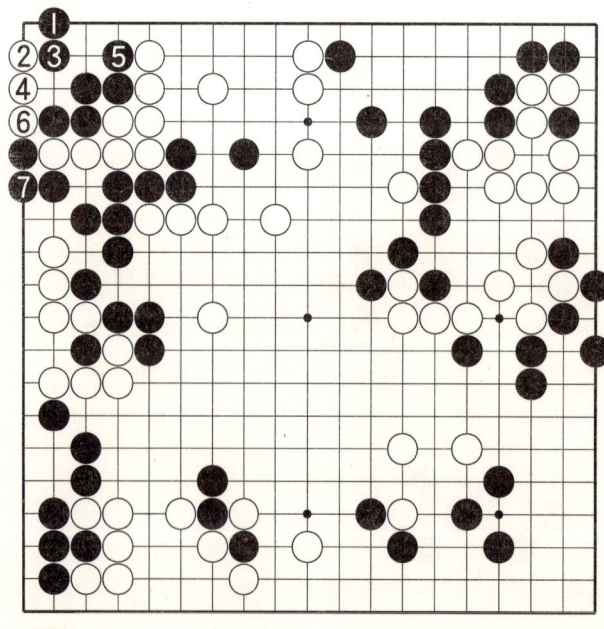

15도

15도(사활의 급소)

참고로 좌상 흑은 비상시 살자는 맛이 남아 있다. 흑1이 사활의 급소 백2로 안형을 공격해 오면 흑3, 5로 우측에 안형을 마련한다. 백6에는 흑7로 이으면 그만이다.

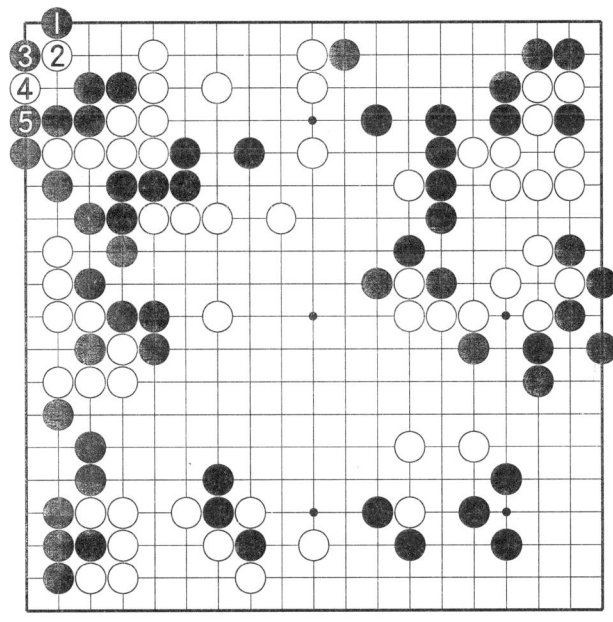

16도

16도(패)

백도 그냥 살려주면 사활 풀이에 낙제. 흑1에 백2의 붙임이 맥점이다. 그러면 5까지 패가 정답이다.

그러니까 좌상 흑은 비상시 패가 남아 있는 셈이다.

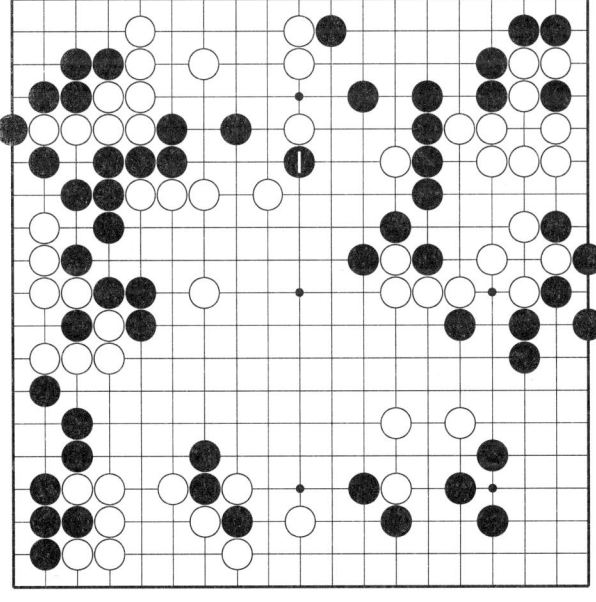

17도

17도(차후 실전)

이 바둑은 표면상 주도권은 백이 갖고 있다. 따라서 집으로 우세한 흑은 상중앙 백의 약점을 노리면서 타개를 잘해 나가면 계속 우세한 국면을 이끌 수 있다.

그런 배경에서 차후 실전은 흑1의 건너붙임부터 시작된다.

결행할지 보류할지
잠시라도 생각하는 습관을 들여라

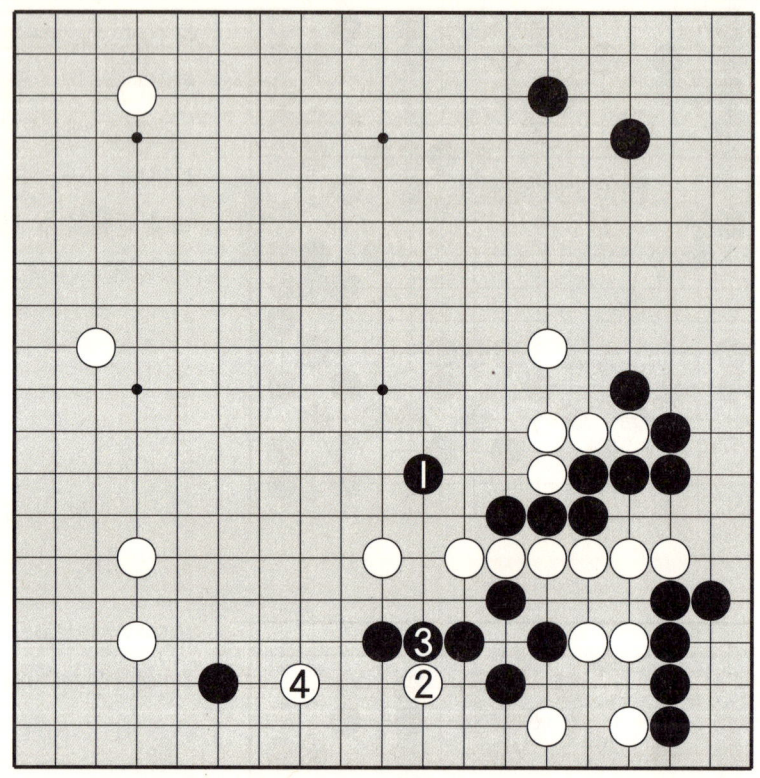

9회 한국물가정보배 결승3국(● 박정환 vs ○ 이영구)

좌변은 백의 중국식 포석이다. 이를 토대로 모양을 키우고 싶을 것이다. 다만 우중앙과 하중앙에 대마가 끊겨 있어 엷은 형세다. 흑은 큰 모양은 없으나 두터움을 배경으로 1로 크게 가르며 양쪽의 백을 노린다. 이에 백은 하변에서 2, 4로 흑의 약점을 노리며 싸움을 확산한 장면이다.

바둑은 필연적인 수순이 아니라면, 국면의 기로에서 어떤 수단이건 결행과 보류에 따라 승부에 큰 영향을 미친다. 그러므로 결단에 앞서 잠시라도 생각하는 습관을 들여야 한다.

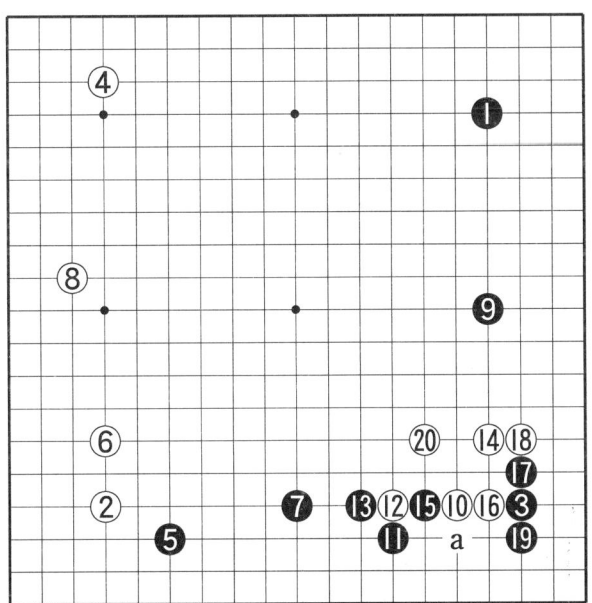

과정 1보

과정 1보(1~20)

5, 7의 벌림. 백6이 4선이므로 흑도 자세를 높인 것이다.

흑11의 협공에 백12, 14의 씌움은 생각한 수법이다. 12가 없으면 흑a로 편안히 넘어가 백이 불만이다.

15와 16은 각기 기세의 행마다. 20까지 얼추 타협된 진행이다.

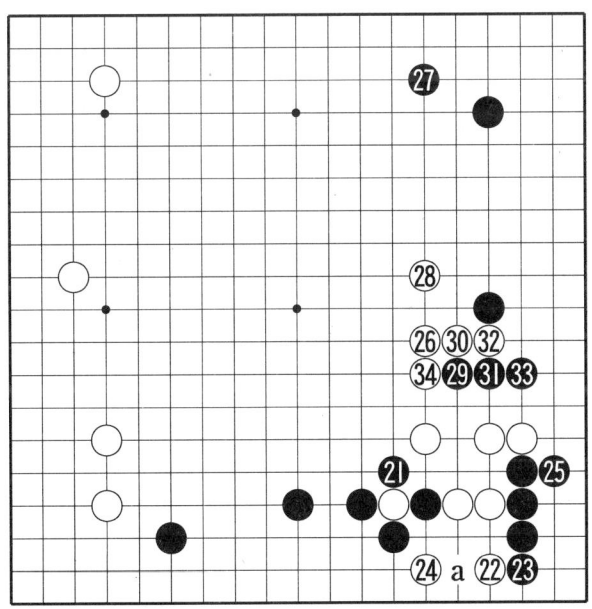

과정 2보

과정 2보(21~34)

흑21은 두터운 수단. 실리로는 a의 연결이 클 것이다. 백22, 24에 흑25의 지킴은 정수. 백26, 28로 중앙을 강화하자 흑27로 일단 귀를 지킨 후 29가 날카로운 공격이다. 25가 있어 가능한 수단이기도 하다. 그러므로 앞서 백24는 보류해 두는 것이 좋았을 것이다. 백30, 32에 흑31, 33으로 후퇴하며 배후 양단을 노린다.

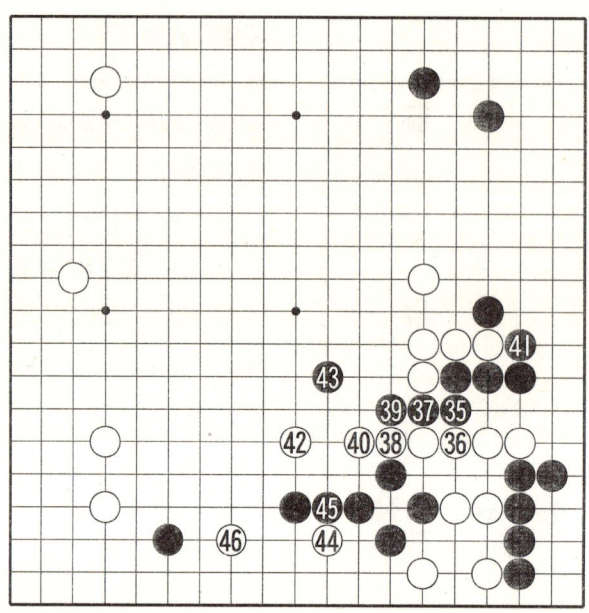

과정 3보

과정 3보(35~46)

흑35 이하 39로 추궁하
자 백은 연결은 고사하
고 40까지 급히 도망갈
수밖에 없다.

흑41로 숨을 고르자 백
42로 중앙을 보강하여
한숨 돌린다. 흑43으로
크게 가르고 나오니 백
도 44, 46으로 하변의 엷
음을 추궁하며 나름 싸
움을 유발한 장면이다.

참고도

그런데 흑41은 문제의
한수로 평가됐다. 단지
수순 하나를 빠뜨렸다.
흑1과 백2의 교환. 그리
고 흑3에 두면 만점이
다. 그러면 하변 흑모양
이 보강되어 백의 행마
가 어려워진다.

그렇다고 양쪽 백의 연
결도 수월치 않다. 흑의
우세라고 분명히 말할
수 있다.

참고도

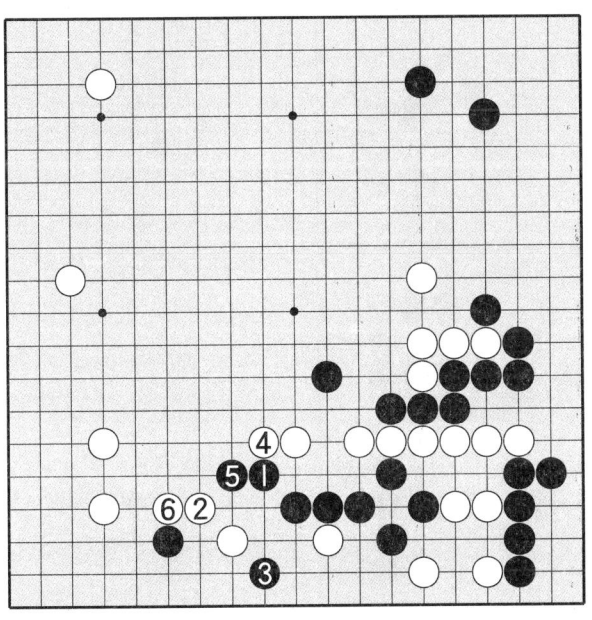

1보

1보(1~6)
흑1의 마늘모 진출. 역시 백2의 마늘모로 나올 때 흑3으로 하변을 엿본다. 백은 4로 중앙을 하나 민 후 6으로 막아둔다. 하변의 공방은 일련의 자연스런 수순이다.

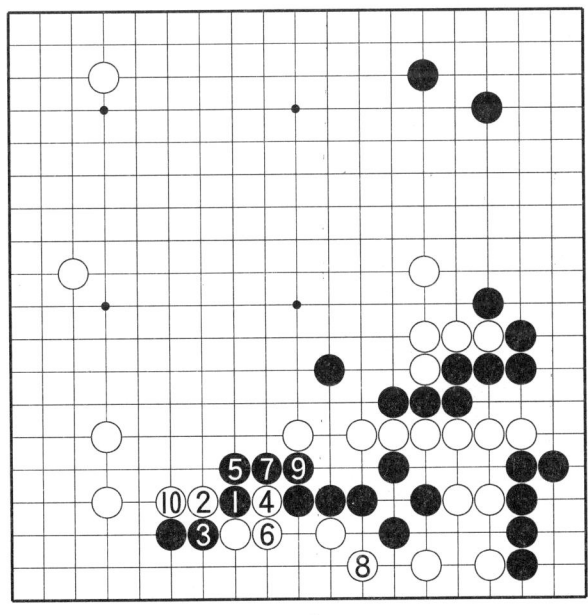

1도

1도(백의 의도)
실전 흑의 마늘모 진출. 그 수로 흑1로 막고 싶지만 그건 백의 의도다. 2 이하 8의 선수가 안성맞춤이고 흑9로 이을 때 10으로 막는 백의 자세가 그럴 듯하다.

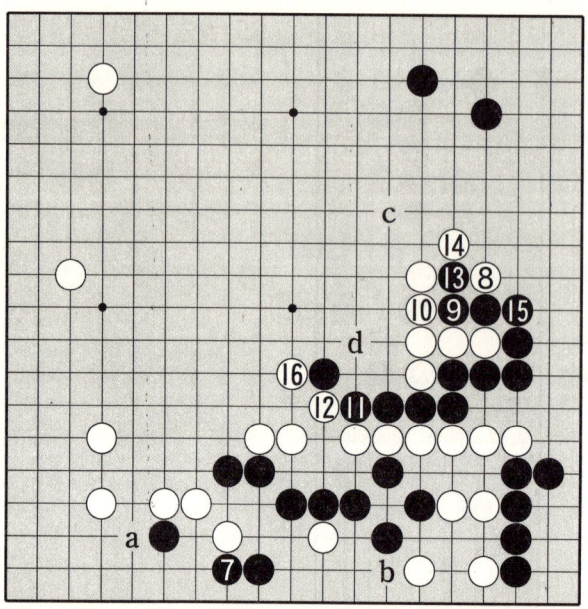

2보

2보(7~16)

흑7은 하변 요소, 백a로 막으면 흑b로 둘 예정이다. 백은 선택으로 남겨 두고 8에 붙여 우변 처리에 나선다. 보류는 결행을 위한 고수의 전략이다. 흑9 이하 15까지 일사천리. 다음 c의 지킴이면 흑은 d로 튼튼히 이어 양곤마로 압박할 예정이다. 이에 반발하듯 백은 16으로 두텁게 젖히며 우변과 하변을 연계하려는 구상이다.

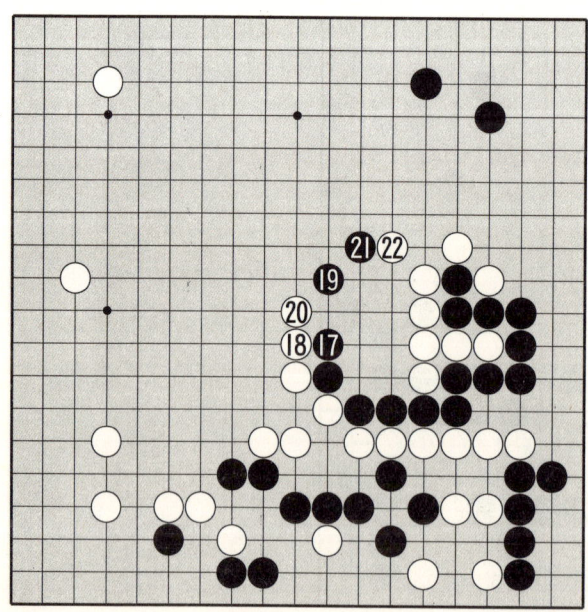

3보

3보(17~22)

흑17에 늘 때 백18로 꿋꿋하게 밀어간다. 백20은 중앙의 급소. 흑21에 이제야 백은 22로 우변을 탄력적으로 지킨다. 우변 수습이 부담이지만 좌중앙 두터움이 좋아 여기는 여기대로 견디겠다는 백의 생각일지도 모른다. 결과적으로 일리 있는 작전이었다.

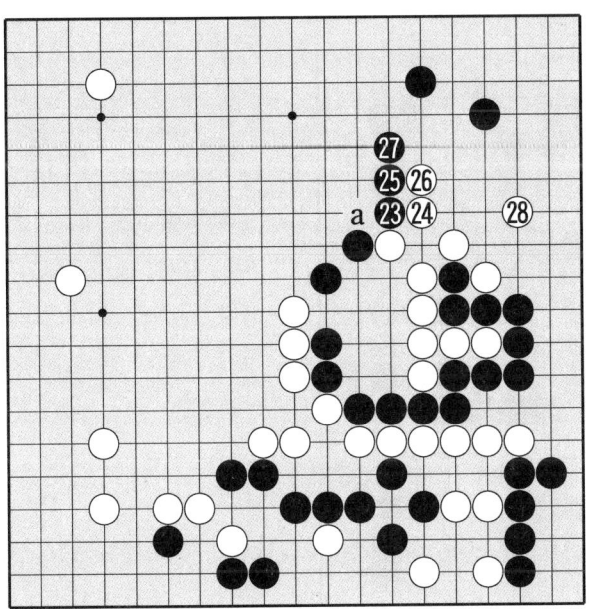

4보

흑23으로 기세좋게 젖혀
공격. 백은 a로 끊어 싸
우기보다 24, 26으로 알
기 쉽게 밀어둔 후 28로
우변에 뿌리를 내리며
안정해둔다. 좌변 두터
움이 있으므로 여기는
지켜두는 것만으로 나쁘
지 않다는 생각이다.

흑29, 31의 공격에는 백
32, 34로 여기에 방을 하
나 마련하여 사는 형태
를 만들 수 있다.

다음 흑35로 이을 때
백36으로 상변 큰 곳으
로 향하니 백이 활발한
국면이다.

국후 흑29가 실착으로
무리한 공격이었음이 밝
혀진다. 그리고 백은 36
으로 a가 안전하고 빌미
를 제공할 여지가 없다.

여기서도 결행에 앞서
생각하는 습관의 중요함
을 일깨워준다.

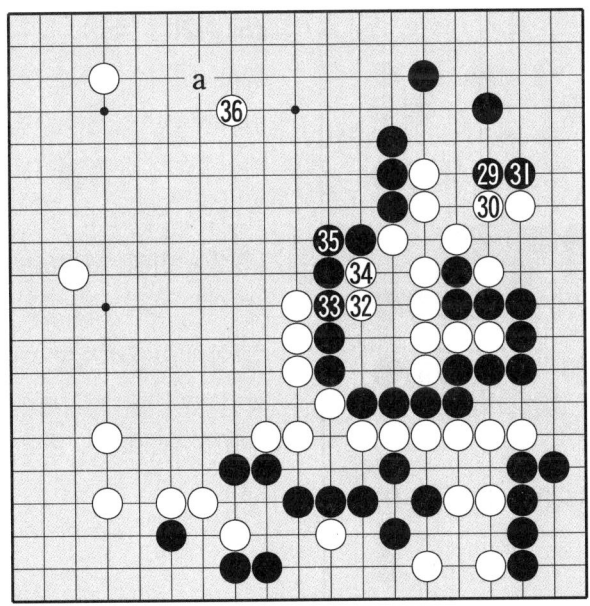

5보

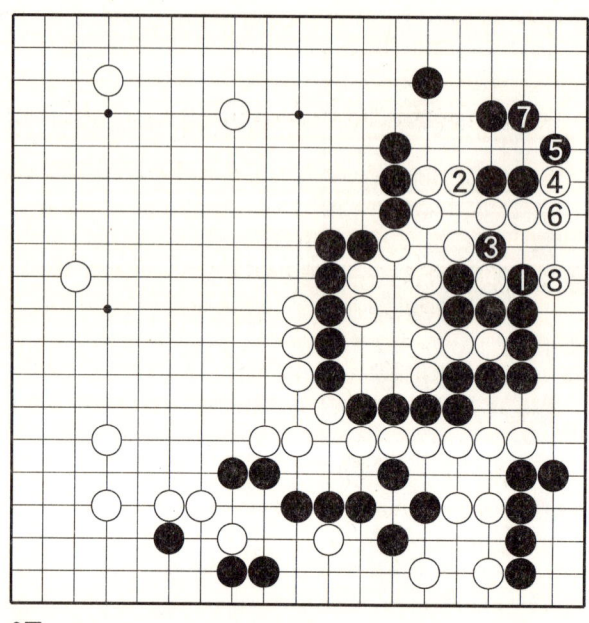

2도

2도(백, 완생)

실전 백36으로 마음놓고
벌린 것은 우변이 자체
로 살아있다는 뜻. 흑1
로 안형을 공격해도 백
2에 이은 4, 6의 젖힘이
귀에 선수로 듣는다. 8
까지 우변에 방을 새로
마련할 수 있다.

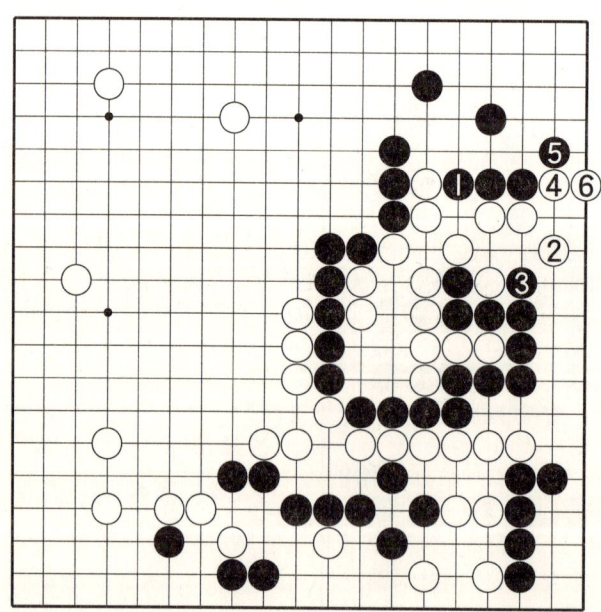

3도

3도(사활의 급소)

흑1로 먼저 공격해도 백
2가 사활의 급소. 흑3에
백4, 6으로 방을 마련하
여 역시 삶의 자세다.
 조심할 일은 백2로 3으
로 두는 것. 흑2의 급소
를 맞아 상황 역전. '적
의 급소는 나의 급소'임
을 명심할 일이다.

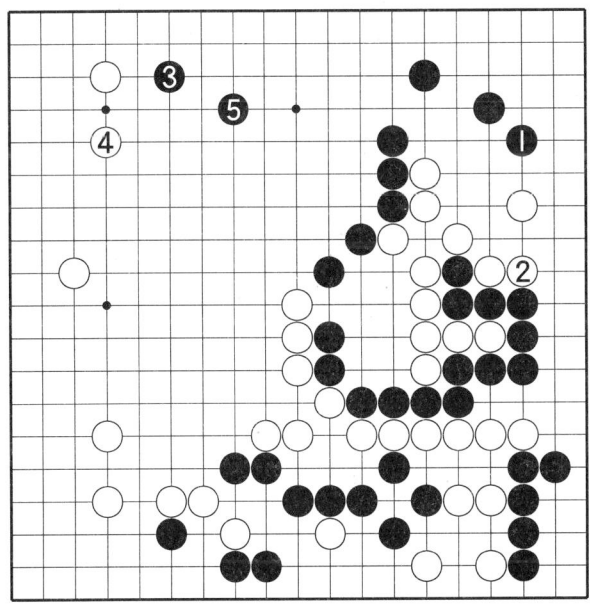

4도

4도(선수 후 상변 구축)
그러면 실전 흑29로 어
떻게 두어야 했을까.

평범하게 1을 선수한
후 3, 5로 상변을 보기
좋게 구축하면 흑이 나
쁘지 않은 국면이었을
것이다.

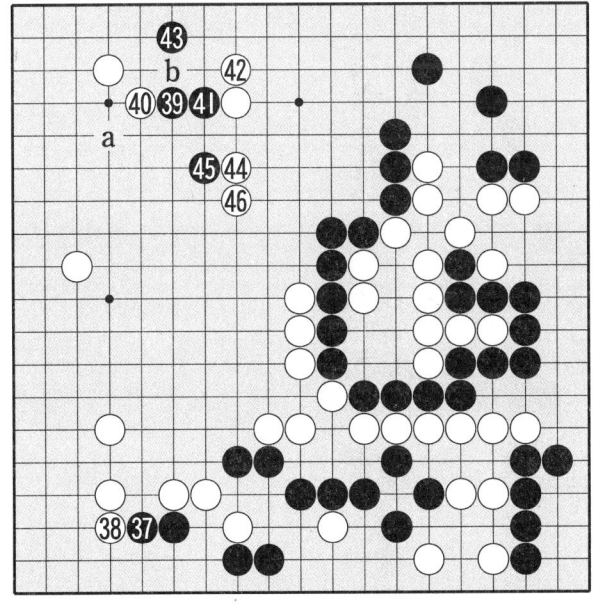

6보

▦ **6보**(37~46)
흑은 37로 하변을 보강
한 후 39의 상변 침입.
치열함을 예고한다.

백40으로 붙여 상변과
효율적으로 연결하려 하
지만 흑41로 치받아 독
하게 연결을 방해한다.
이하 46까지 이런 정도
의 공방.

사실 백40은 a나 b로
받는 것이 무난했다. 원
래 의도와는 달리 국면
이 더 복잡해지고 있다.

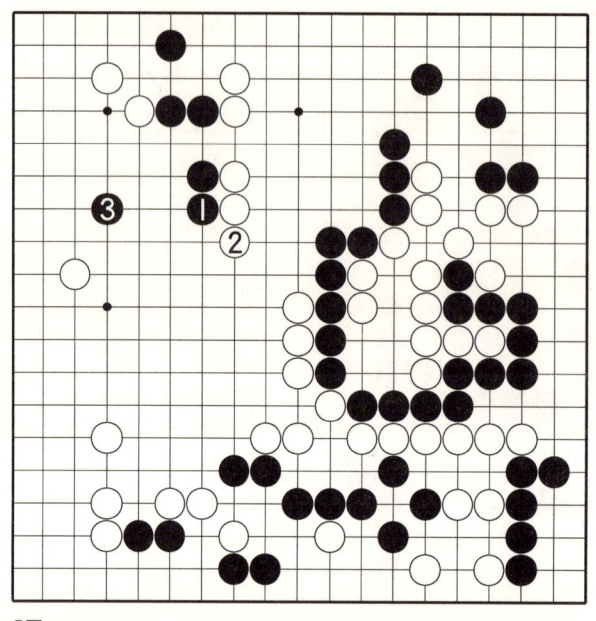

5도

5도(흑, 평범)

실전 다음 흑이 평범하
게 두자면 1로 민 다음
3으로 좌변을 갈라 자리
잡는 것. 다만 치열함이
요구되는 국면으로 본다
면 느슨한 운영일지도
모른다.

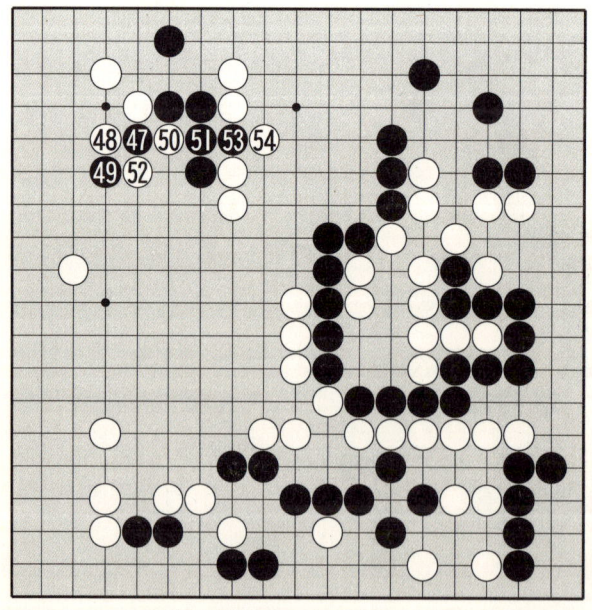

7보

▦ 7보(47~54)

실전은 흑47, 49의 이단
젖힘. 국면이 불리하다
판단하고 치열한 몸싸움
을 통해 풀어가는 수법
이다.

　백50에는 흑51을 선수
한 후 53으로 나가 상변
백 일단에 단점을 만들
어 놓는다.

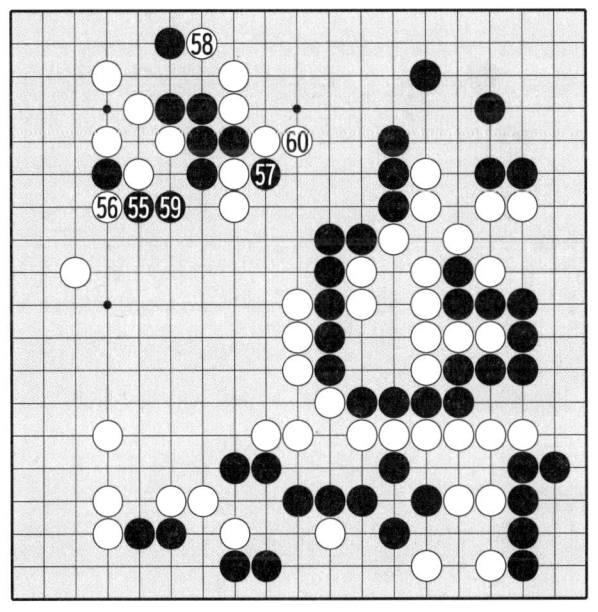

8보

8보(55~60)

흑55에 백56의 끊음. 이 교환으로 상변 일단에 약간 탄력을 준 흑은 57로 백의 약점을 끊어간다. 백은 58의 급소에 붙여 흑59를 유도한 후 60으로 늘어 상변의 모양 정리에 나선다.

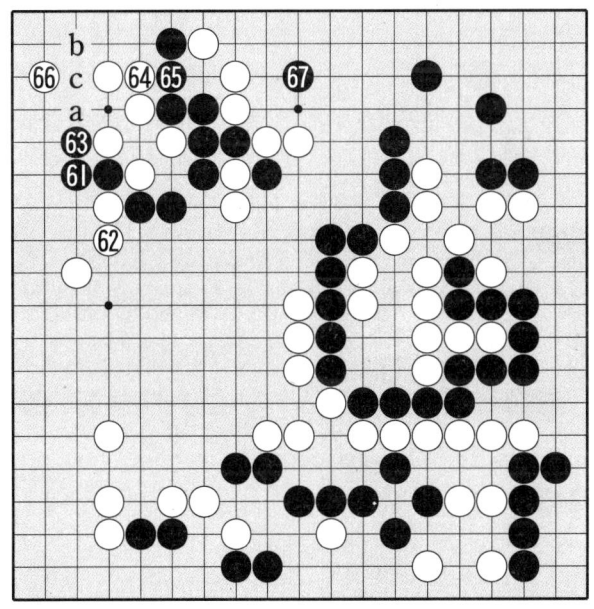

9보

9보(61~67)

흑61은 백62로 좌상변이 통째로 잡혀 큰 손해처럼 보이지만 귀에 맛을 보고 있다. 흑63에 일단 백64, 66의 지킴. 여기서 흑은 67의 공격부터 가고 본다.

그런데 백66은 일견 능률적이지만 a가 확실했다. 백b의 노림에는 흑c로 받는다.

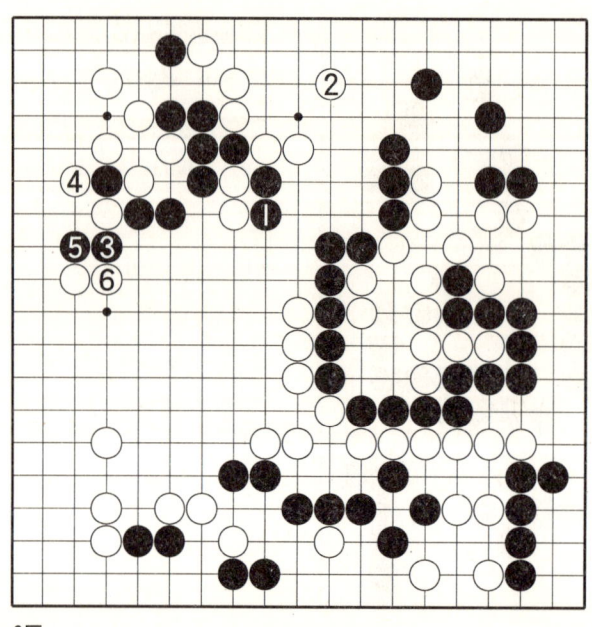

6도

6도(흑, 무책)

실전 흑61의 키우는 수단. 이 수로 흑1처럼 중앙을 강화한 후 백2로 상변에 안정할 때 흑3, 5로 좌변을 뚫는 것은 기분은 내지만, 6까지 백이 전체적으로 정비하면 흑이 한 게 별로 없어 보인다.

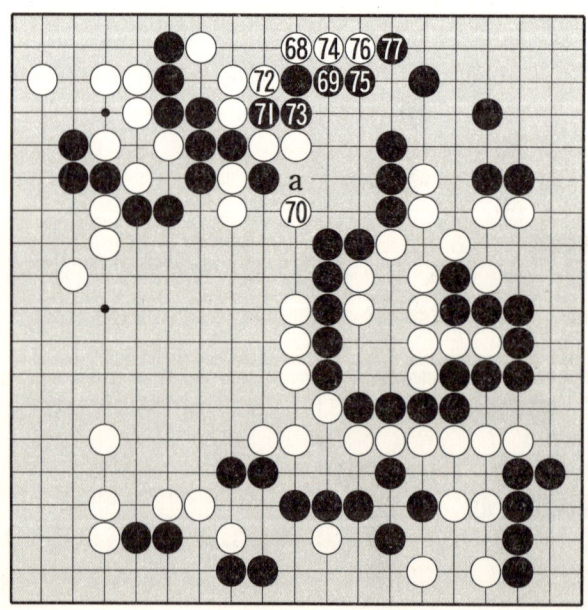

10보

▦ 10보(68~77)

백68의 붙임은 일견 수습의 맥점. 흑69로 물러설 때 백70으로 중앙을 돌본다. 흑71로 끊으면 백72 이하 흑77의 막음까지는 일사천리.

흑77은 a로 잡고도 싶지만, 그러면 백77이 더 짭짤한 곳이다.

그런데 앞서 백68로는 멀리 내다보며 알기 쉬운 수법이 있었다.

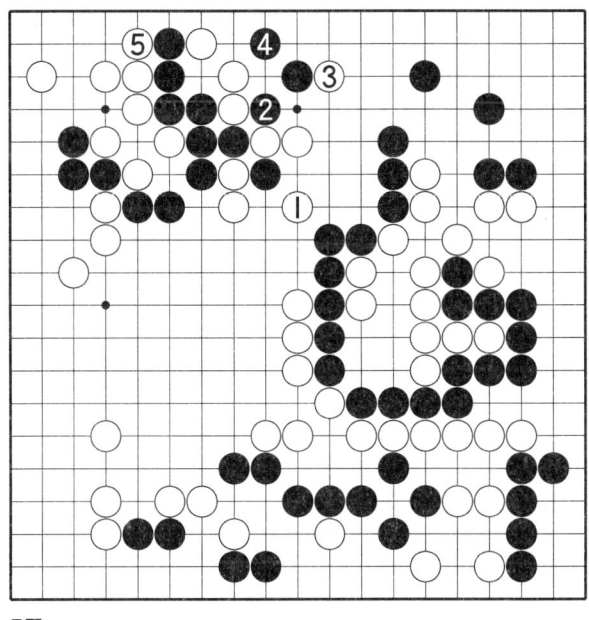

7도

7도(귀의 맛도 보강)

실전 백68로는 백1로 중앙을 먼저 지킨 다음 흑2의 끊음에는 백3으로 상변 석점을 버림돌로 삼는다.

그러면 백5를 선수해 귀의 맛도 보강할 수 있었을 것이다.

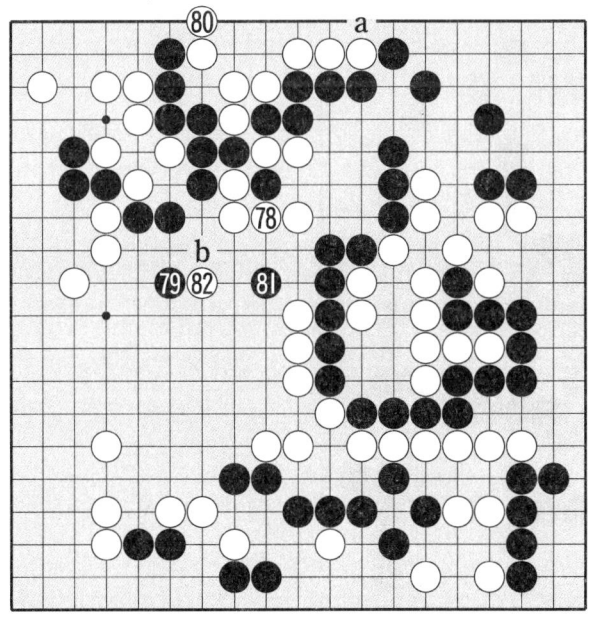

11보

▦ 11보(78~82)

백78로 중앙 돌봄. 이때 흑a로 젖히면 상변 백은 죽음. 그러나 백b로 외곽을 조일 수 있어 중원에 백의 대가가 형성될 여지가 크다. 따라서 흑79의 뜀. 그러면 백80의 삶이 수순이다. 흑81의 공격에는 백82로 붙여 돌파구를 연다.

국면이 이렇게 혼란하므로 7도의 알기 쉬운 수법을 제시한 것이다.

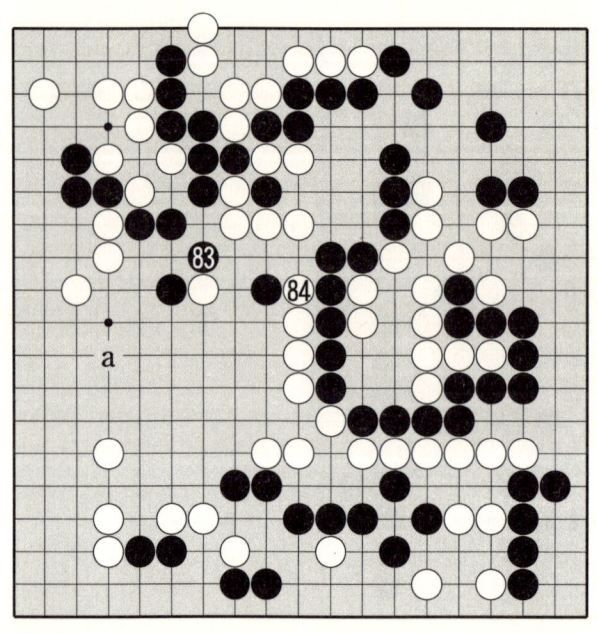

12보

12보(83~84)

흑83으로 차단하지만 백
84로 탈출로는 준비되어
있다.

이제 종반으로 치닫는
시점. 집은 백이 많은 듯
하지만 중앙이 얽혀 서
로 안심할 수 없다.

차후 실전은 흑a로 좌
변을 견제하면서부터 시
작된다.

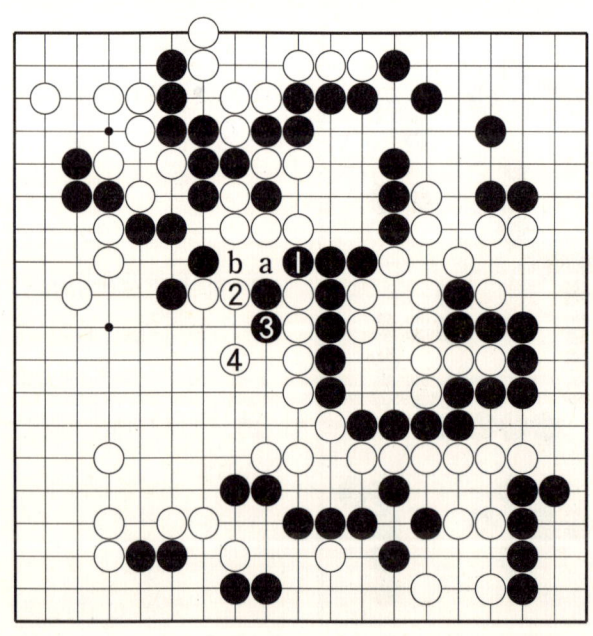

8도

8도(타개 요령)

실전 다음 흑1로 차단하
면 백2로 치받는 수가
맥점이다. 흑3으로 나오
면 백4의 씌움이 여기서
의 타개 요령이다. 흑a면
백b의 이음.

중앙 백이 허술해 보이
지만 상중앙 흑도 곤마
여서 오히려 흑의 운신
이 어렵다.

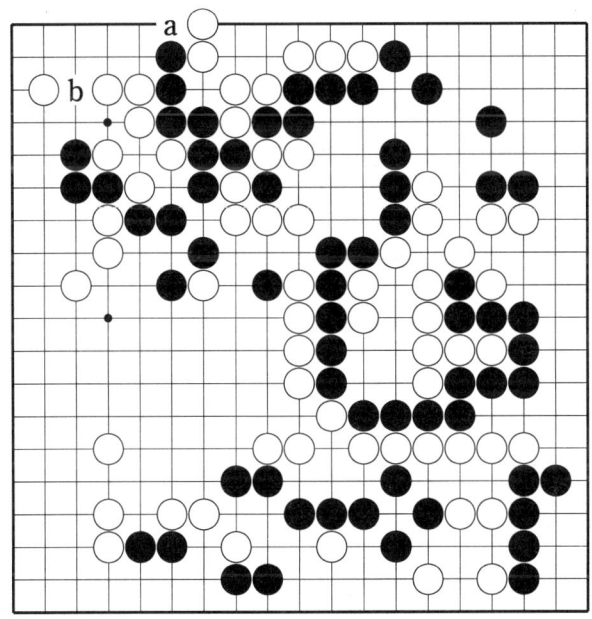

9도

9도(끼우는 맛)

실전 마지막 장면을 다시 제시한다.

　여기서 좌상귀의 집이 완전하다면 백이 확실히 편한 국면이지만, 흑은 a가 상변 사활상 선수로 작용하여 b로 끼우는 맛이 있음도 간과해서는 안 된다.

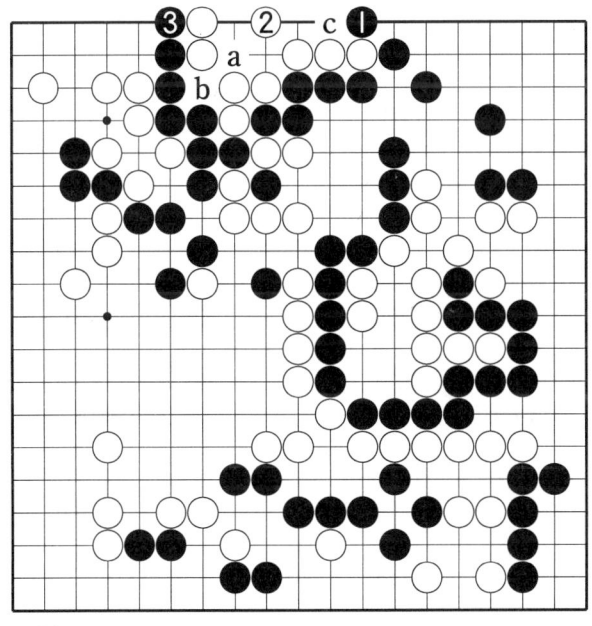

10도

10도(사활 공부)

참고로 상변 사활을 공부해 보자. 흑1의 젖힘이 우선일 것이다. 백2로 지킬 때 흑3의 막음이 선수로 작용한다. 만일 백이 손을 빼면 흑a의 치중이 급소. b와 c를 맞보며 백의 죽음을 확인할 것.

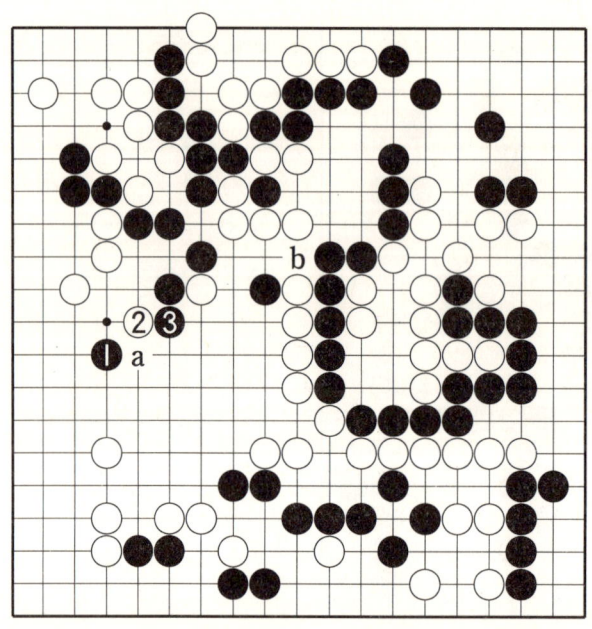

11도

11도(맞보기)

종반은 흑1부터라 했지만, 앞을 내다본 고급 행마다.

밭전자 모양이라 허술해 보여도 백2로 째고나오면 흑3으로 밀면서 a와 b의 차단을 맞볼 수 있다. 실전도 그렇게 진행되는데….

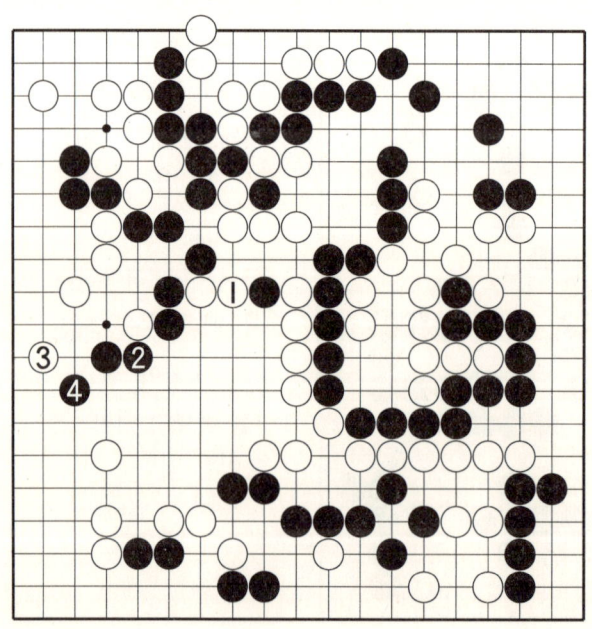

12도

12도(좌변 행마)

참고로 실전을 좀 더 진행해 보자.

백1로 중앙을 보강하고 흑2로 자연스럽게 연결해간다. 백3에 흑4로 좌변으로 파고드는 흐름이다. 이 바둑은 아직 변수가 많아 집중이 요구되는 국면이다.

올바른 판세 읽기를 위해
한 걸음 물러서서 형세를 보라

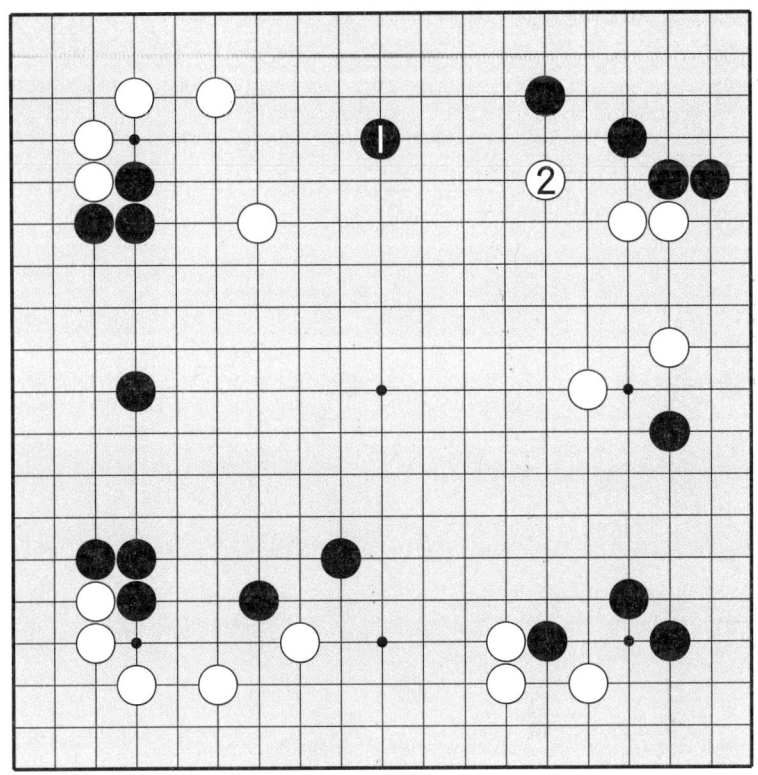

18회 삼성화재배 결승2국(● 이세돌 vs ○ 탕웨이싱)

서로 실리를 나눠 갖고 모양을 펼치고 있다. 흑1로 상변 큰 곳에 벌리자 백2로 흑모양을 견제하며 우변 엷음을 보강한 장면이다. 어디서부터 시작해야 할지 고민이다.

바둑은 어려울수록 항상 한 걸음 물러서서 형세를 보아야 한다. 그래야 눈앞의 이익에 사로잡히지 않고 올바른 판세 읽기가 가능하다. 더불어 너무 서둘러서도 안 되고 느려서도 안 되며 폭넓은 발상이 필요하다.

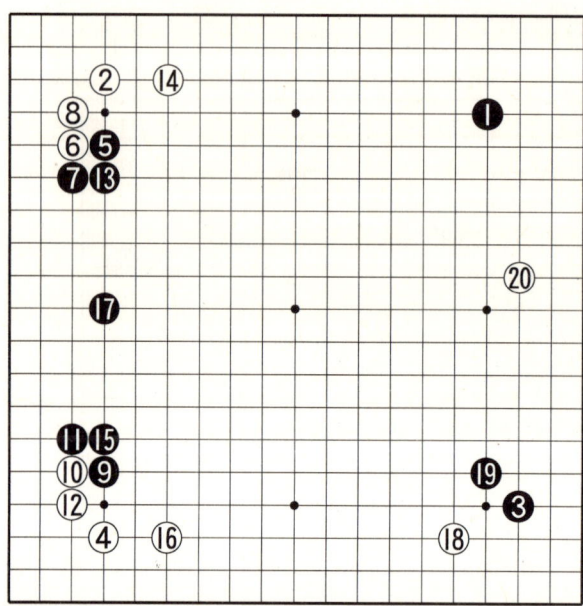

과정 1보

과정 1보(1~20)

좌변 17까지는 백의 향
소목에서 나오는 포석으
로 요즘에는 뜸하다. 흑
세력과 백 실리의 갈림.
백18의 걸침에 흑19의
마늘모 행마는 두터운
수단이다. 그러면 백20
의 갈라침이 보통이다.

과정 2보

과정 2보(21~36)

21~28까지는 무난한 흐
름. 흑29는 힘을 비축하
는 두터운 수단이다. 백
30은 하변 보강과 우변
엷음에 도움을 준다. 흑
31, 33으로 넓히자, 백34
로 모양을 견제한다.

흑35로 벌리자 백36의
씌움. 지금까지 흑은 넓
히고 백은 견제하는 흐
름이다.

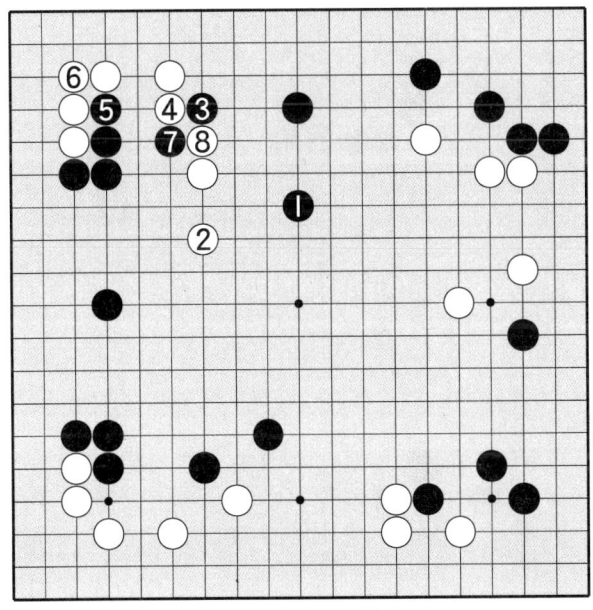

1보

▦ 1보(1~8)

흑1은 폭넓은 발상. 멀리 우변도 노리면서 상변 끊음을 생각한다. 백2로 중앙을 움직이자 흑3 이하로 즉시 끊어갔는데, 이른 시기에 너무 노골적인 느낌이 든다.

흑5의 활용까지는 상대 심리를 흔드는 가벼운 행마로 보면 되지만…

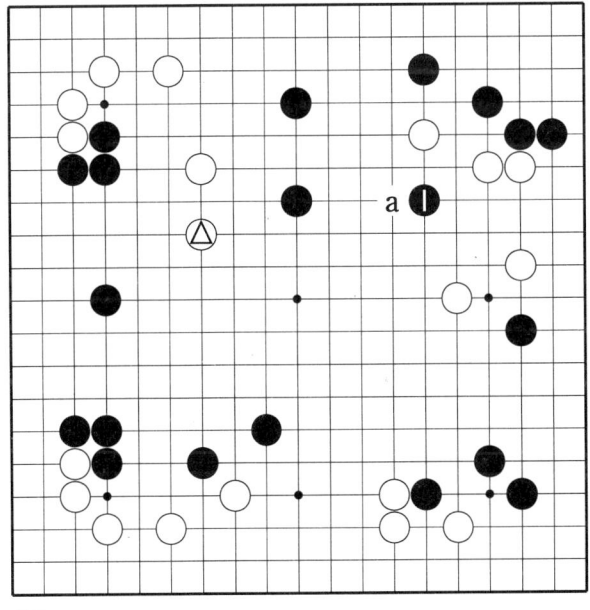

1도

1도(급소 자리)

중앙이 백△로 보강되어 있는데도, 실전 흑7로 끊어간 것은 너무 서두른 결단이 아닐까.

차라리 흑1의 우변 공격이 어땠을까. 두고 보니 급소 자리에 해당한다. 너무 깊다고 생각하면 a로 늦추는 것도 괜찮을 것이다. 아무튼 올바른 판세 읽기가 필요한 시점이었다.

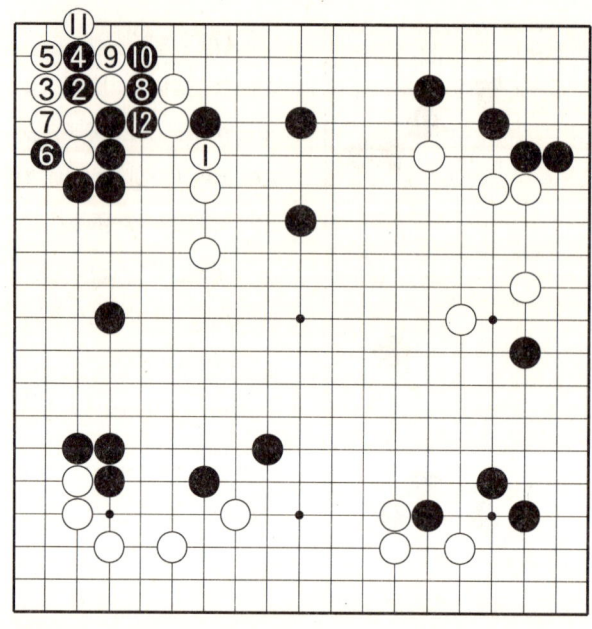

2도

2도(통렬)

실전 흑5 때 백1로 중앙을 지키면 흑2로 끊는다. 백3, 5로 귀는 무사하지만 흑6, 8의 수순으로 12까지 뚫는 것이 통렬하다.

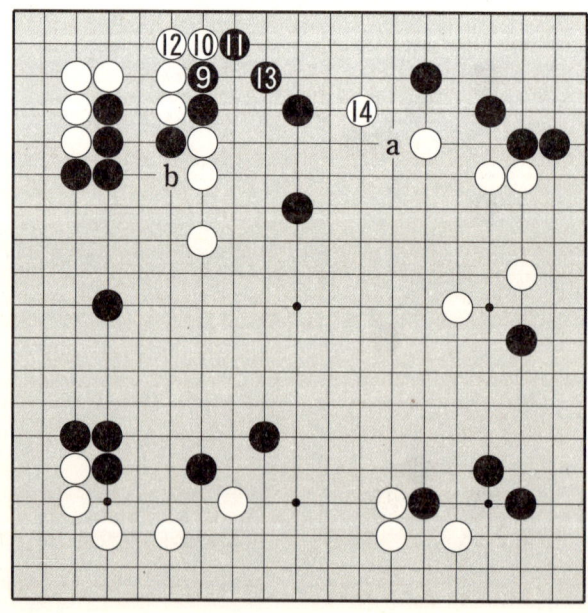

2보

2보(9~14)

흑9로 막고 13까지는 알기 쉬운 진행. 여기서 백14, 상변으로 넌지시 움직인다. 무슨 뜻일까.

다음 흑이 공격적이라면 a의 건너붙임을 생각할 수 있다. 또는 상변을 무시하고 b쪽으로 밀어 싸움터를 바꿀 수도 있다.

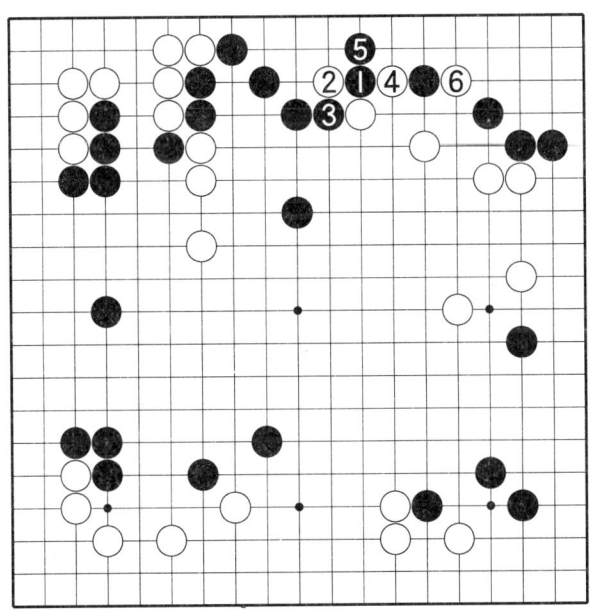

3도

3도(조심할 수순)

그런데 실전 다음에 흑 1로 받는 것은 백이 6까지 우상귀와 연계하여 수단을 부릴 수 있다. 흑이 조심할 일이다.

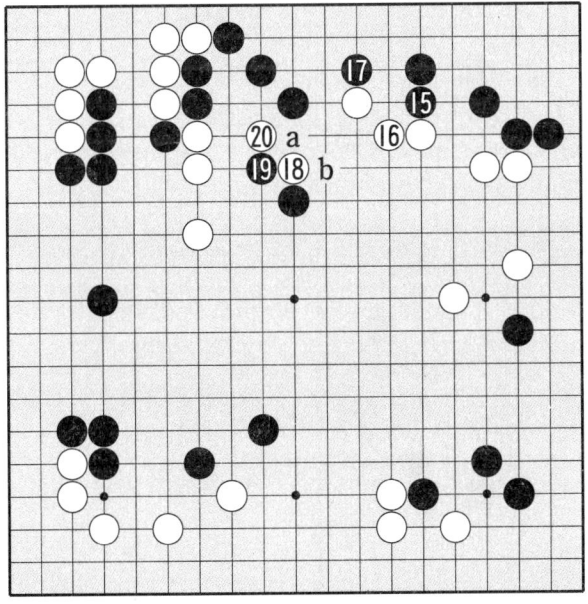

3보

▦ **3보(15~20)**

흑은 15로 우상귀 약점을 확실히 지킨 후 17로 연결한다.

백18은 강수. 중앙 흑 한점의 차단을 노린다. 흑19에는 백20으로 같이 젖히겠다는 뜻이다.

그러고 보니 상변에서 16까지 미리 해둔 백의 수순은 힘을 비축해서 중앙 차단에 도움을 주려는 사전 공작이 아니었을까.

다음 흑은 a와 b의 대응이 있다. a는 적극책, b는 타협책.

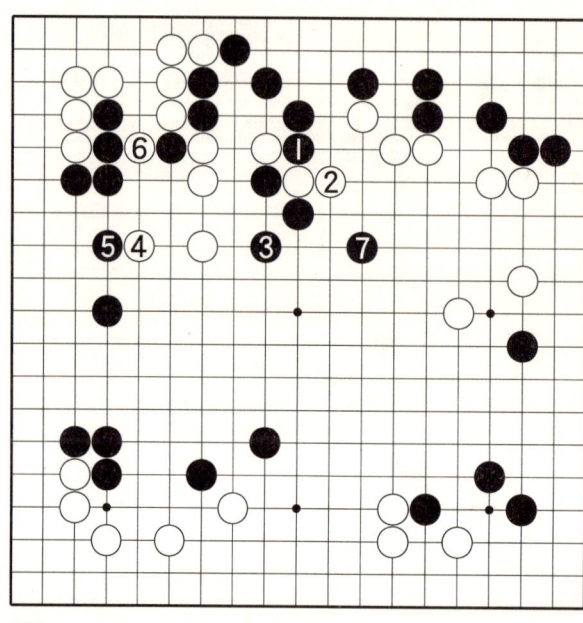

4도

4도(적극책)

먼저 흑1, 3으로 끊어 차단하면 7까지 예상할 수 있다.

중앙에서 백은 보강하고, 흑은 우변을 노리며 자세를 잡는 모양새다. 결과적으로 이 그림이 모양과 효율에서 다음 실전보다 낮지 않았을까.

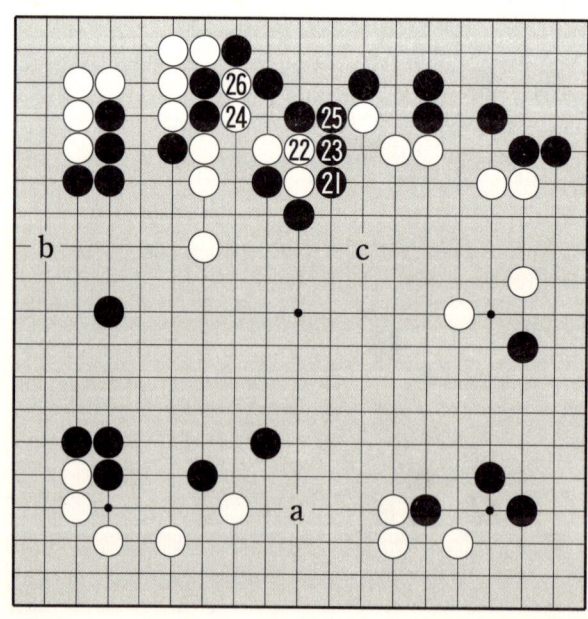

4보

▦ **4보**(21~26)

실전은 흑21 이하 타협으로 간다.

결국 흑은 상변을 돌파하고, 백은 두점을 기분좋게 빵따낸다. 일명 거북등 따냄이라 두터워도 너무 두텁다.

여기서 형세를 살피면, 흑은 a의 침투가 큰 곳. 백은 b와 c의 노림이 있다. 흑은 다음 실전처럼 c가 오기 전에 우변 공격을 강행할 수 있다.

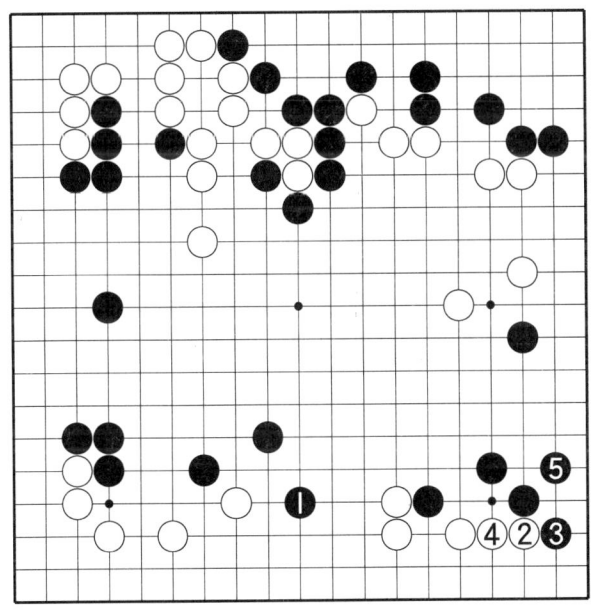

5도

5도(흑, 하변 침투)

흑1로 하변에 침투하면 백2, 4로 지켜 5까지 우하귀 처리가 예상된다.

뭔가 승부의 강렬한 맛은 없다. "거북등 빵따냄의 두터움으로 좌변집을 한껏 지키기 어렵다. 집바둑으로 간다면 곤란할 것이다." 흑은 이렇게 생각했을 것이다. 이런 그림을 흑이 선택할 수 없는 이유다.

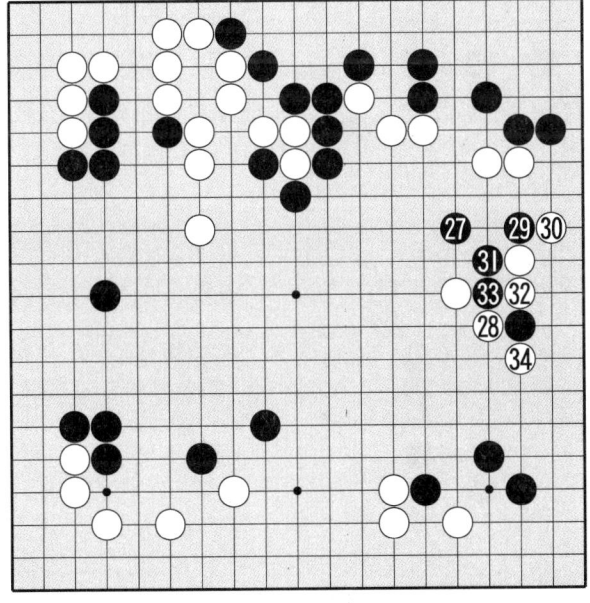

5보

▦ **5보**(27~34)

실전은 흑27로 우변 공격을 강행한다. 백28로 붙여 지키려 하자 흑은 33까지 백을 계속 차단해 간다.

어절 수 없는 공격일지도 모른다. 공격하는 중에 기세를 타겠다는 태도다.

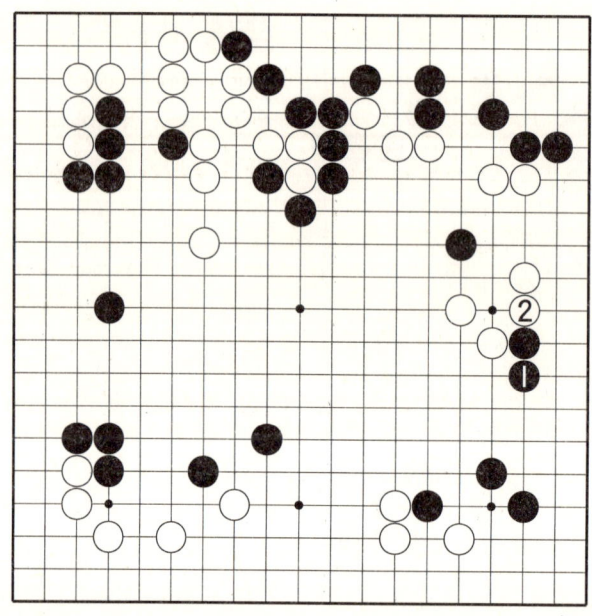

6도

6도(백, 안정)

실전 백28에 흑은 공격을 늦추고 우변 지킴을 생각할 수 있다. 흑1이 알기 쉬운 선택. 그러면 백은 2로 쉽게 안정한다. 이렇게 두려고 흑이 공격을 강행하지는 않았을 것이다.

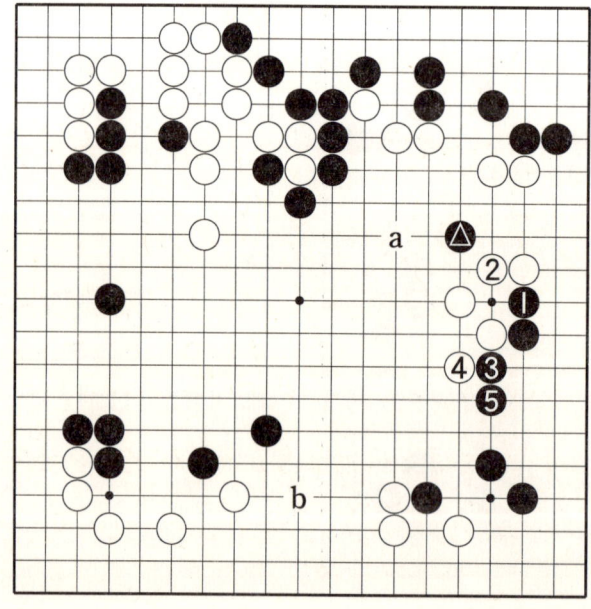

7도

7도(흑, 약화)

흑1로 파고들어 5까지 우변을 키울 수도 있다. 다만 흑△가 약해져서 재미없다.

다음 백은 a로 한점을 위협하며 우변을 경영하거나 b로 하변을 지킬 수 있다.

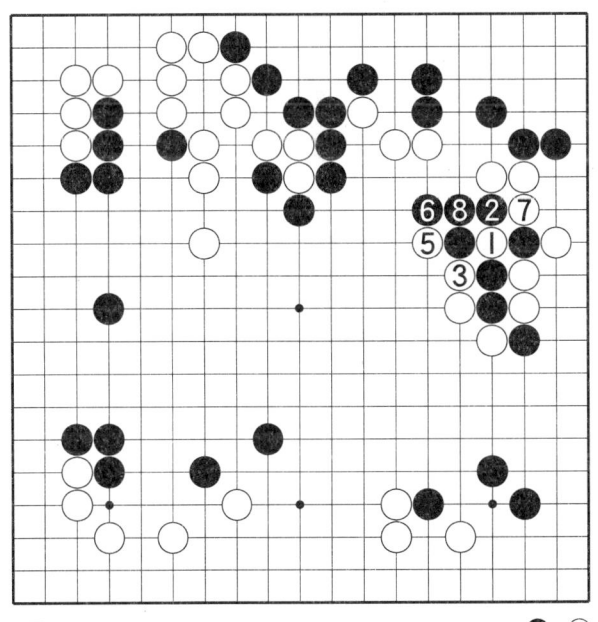

8도

④‥①

8도(참고 수순)

참고로 실전 흑33으로 끊은 시점에서, 백은 1 로 먹여치고 이하 8까지 몰아갈 수 있다는 점을 염두에 둔다.

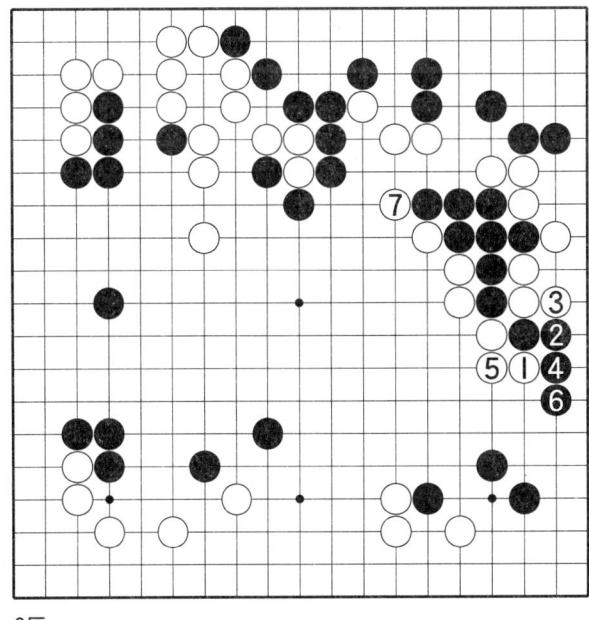

9도

9도(흑, 잡힘)

계속해서 백1, 3으로 몰고 5의 이음이 선수가 되면 7로 막아 우중앙 흑 전체가 잡힌다.

생각하고 상상하라 223

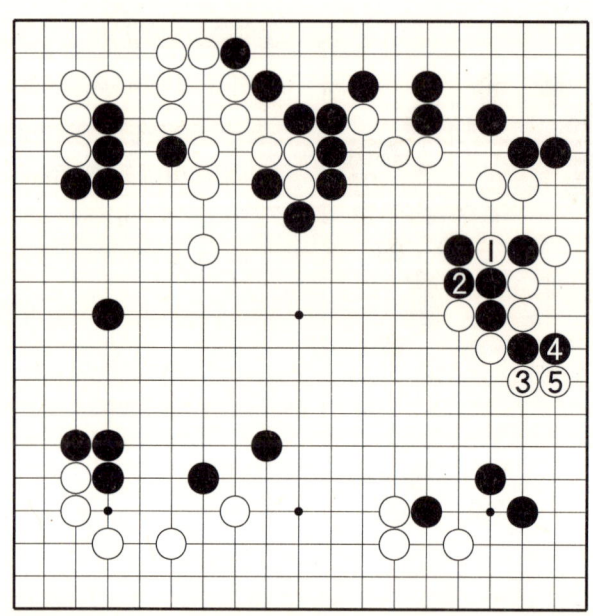

10도

10도(흑, 두점 잡힘)
백1로 먹여칠 때 흑2로 이어 피해가면, 이번에는 백3 다음 5쪽으로 막아 흑 두점이 잡힌다.

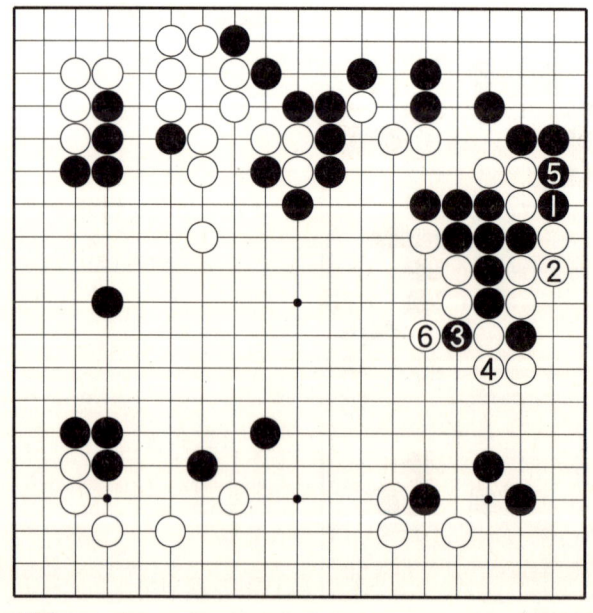

11도

11도(흑, 위기 모면)
그런데 9도 백1로 몰 때 흑1의 끊음이 위기를 벗게 한다. 6까지 예상되며, 바꿔치기 양상이다.

224

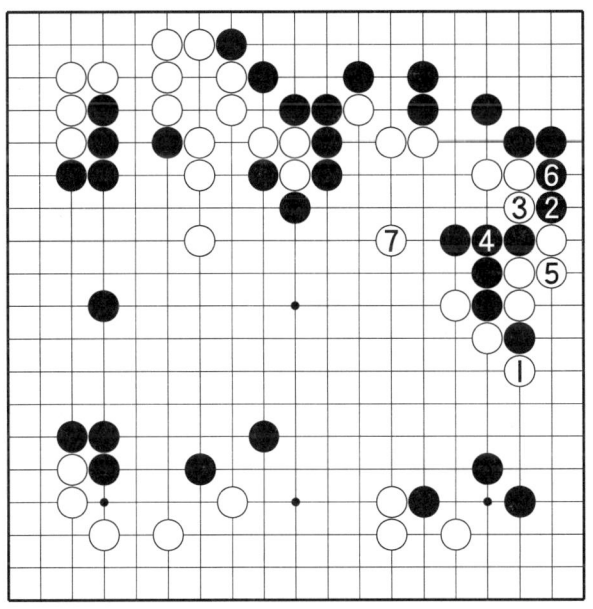

12도

12도(백, 만족)

그래서 실전에서는 백이 1로 먼저 몰아 둔 것. 다음 흑이 알기 쉽게 두자면 2의 젖힘을 생각해 볼 수 있다.

이하 7까지 예상되지만, 우변을 부수고 중앙까지 움직인 백이 만족이다. 앞 그림과 비교해 보기 바란다.

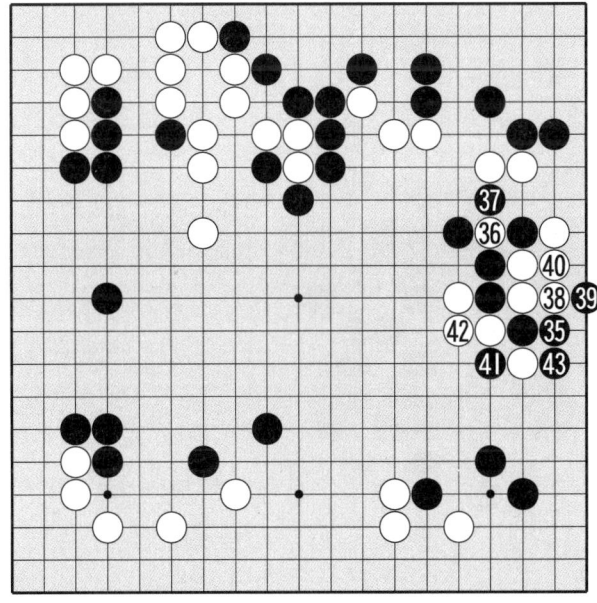

6보

▦ **6보**(35~43)

이대로 우변을 내주면 집부족. 그래서 실전은 흑35로 살린다. 그러나 백36의 먹여침이 이때야말로 멋진 수순이다. 그리고 38로 막는다. 이제 9도까지 기대했을까.

흑은 39, 41로 아낌없이 단수한 후 43으로 나간다. 왠지 버티는 느낌이다.

무슨 뜻일까.

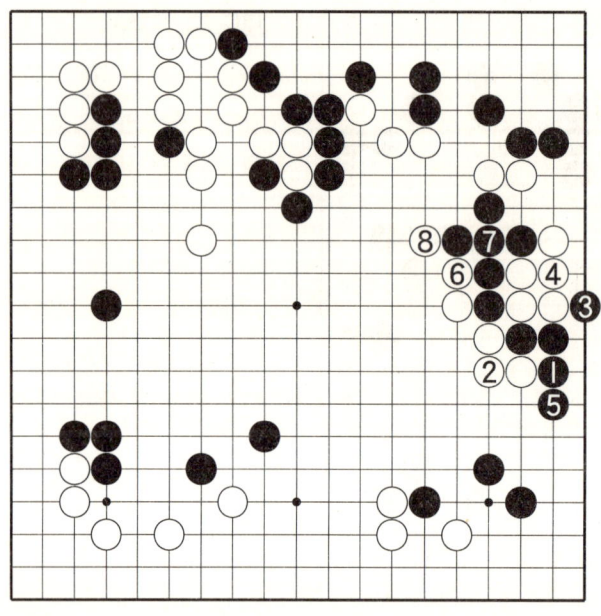

13도

13도(행마법이지만)

실전 흑41, 43의 단수.
그냥 흑1로 나가는 것이
행마법이지만 백2로 이
은 후 6, 8로 몰면 흑이
고스란히 잡힌다. 9도와
같은 이치.

만일 실전에서 이렇게
진행된다면 여기서 흑은
손을 들어야 한다.

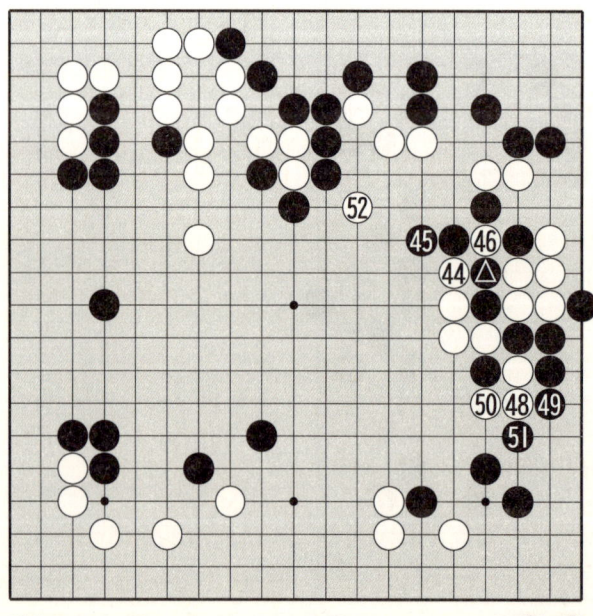

7보   ⑰‥△

▦ 7보(44∼52)

실전은 백44에 흑45로
늘어 본진을 탈출하려는
뜻이 있었다. 백46으로
두점을 빵따내도 흑47로
되따내 버텨 보겠다는
생각이다. 이때 [6보]에
서 아낌없이 단수한 것
이 백을 중복시키는 효
과가 있다. 그렇지만 어
쩔 수 없는 괴로운 선택
임에 분명하다. 백은 48,
50을 선수한 후 52로 나
와 기분 좋은 흐름이다.

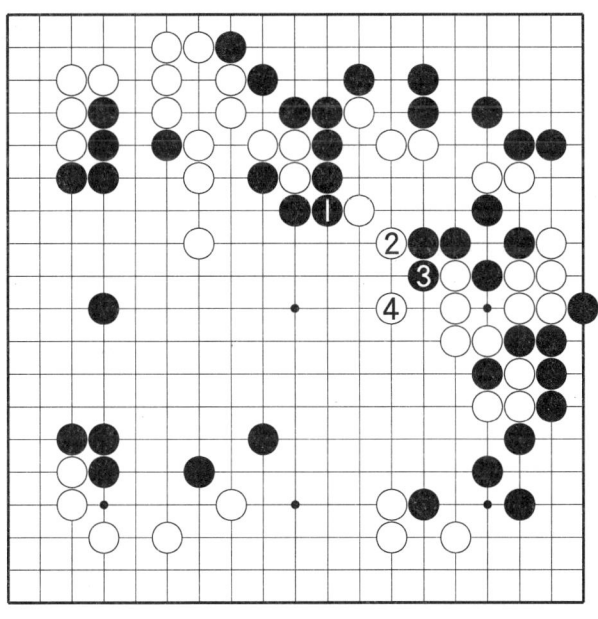

14도

14도(흑, 위험)

실전 다음 흑1로 잇는 것은 일단 안 된다. 백2, 4로 씌우면 한눈에 봐도 흑이 위험하다.

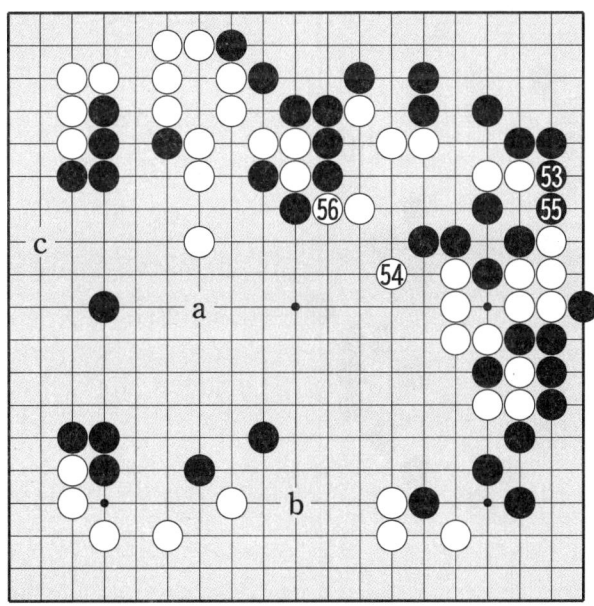

8보

▦ 8보(53~56)

흑은 53, 55로 보강. 그 사이 백은 54, 56으로 중앙을 차단하여 우세한 국면이다. 흑53으로는 중앙으로 나가는 방법도 있지만 실속이 없다 판단한 듯하다.

불리한 국면이지만, 뿌리를 강화하고 중앙 약점을 노리는 편이 좋다는 생각이다. 이제 흑은 a로 중앙 경영, b로 하변 침투가 눈에 보이는 큰 곳이다. 다만 c쪽 백의 침입이 부담이다.

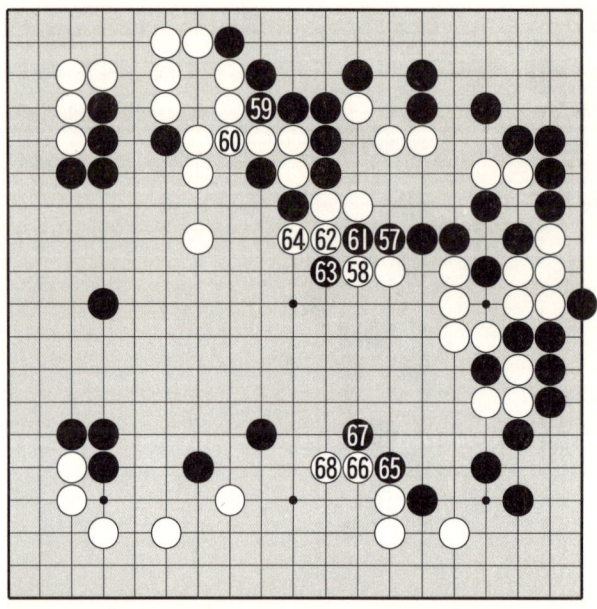

9보

9보(57~68)

실전은 흑57로 나가 63의 끊음. 백의 중앙 약점을 볼모로 전체를 압박해 가겠다는 뜻이다. 또 그래야 승부가 된다.

바둑은 핵심 요소들을 연동해서 운영하는 것이 묘미다. 흑65, 67로 이단젖히며 강하게 하변을 압박한 것이 그런 의중을 드러내고 있다. 양동작전의 느낌이 풍긴다.

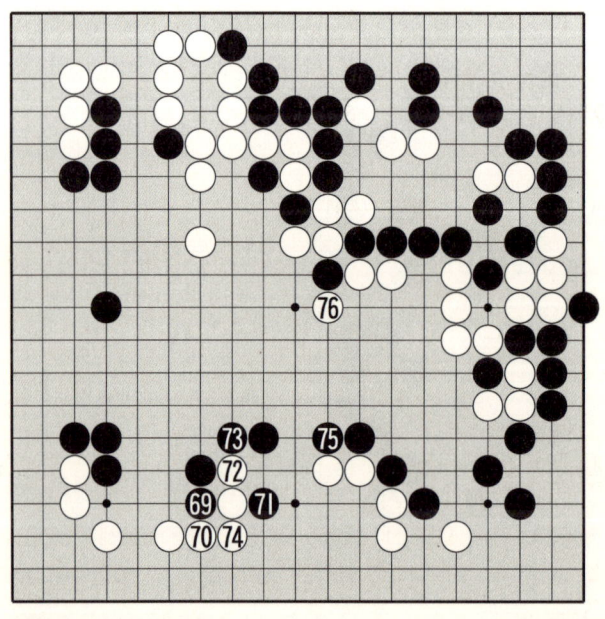

10보

10보(69~76)

흑은 69 이하 74까지 백을 굴복시킨 후 75로 두텁게 막아둔다.

우중앙이 엷어 한기를 느낀 백은 76의 보강으로 대처한다.

228

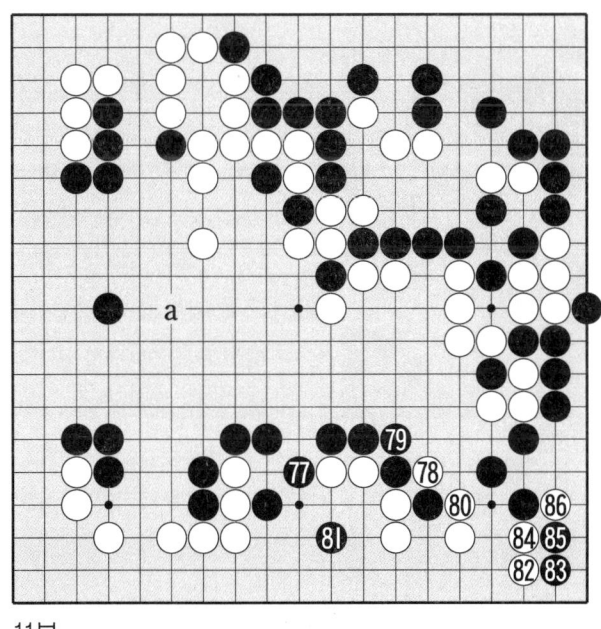

11보

▦ **11보**(77~86)

흑77로 하변에 본격적으로 좁혀간다. 백78, 80으로 한점을 잡아둘 때 흑81의 급소 공격. 백82에 흑은 a 정도로 두어 중앙 경영을 생각해 볼 수도 있지만, 귀가 크다고 보고 83으로 계속 압박해간다. 백86의 끊음은 배워둘 맥점.

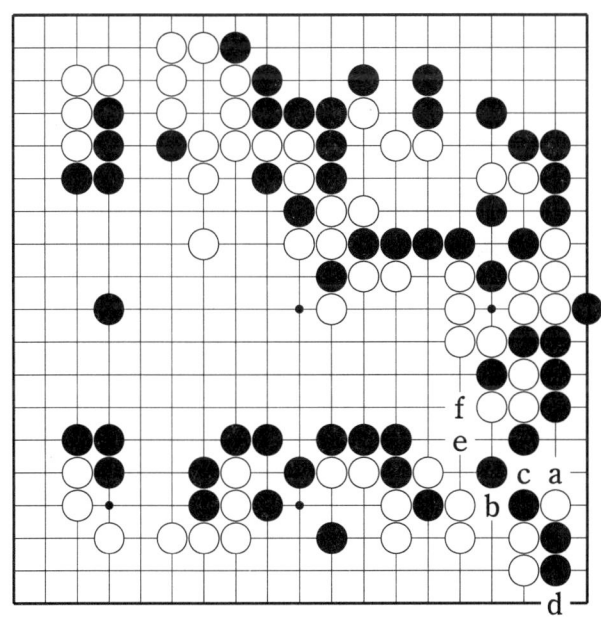

15도

15도(맥점의 효과)

실전 백86은 배워둘 맥점이라 했다.

흑a로 받으면 백b가 선수. 흑은 흑c로 받으면 백d가 선수인 점이 맥점의 효과다.

참고로 백의 하변과 우중앙은 연결고리가 없다. 가령 백e에는 흑f의 찝음으로 연결 실패.

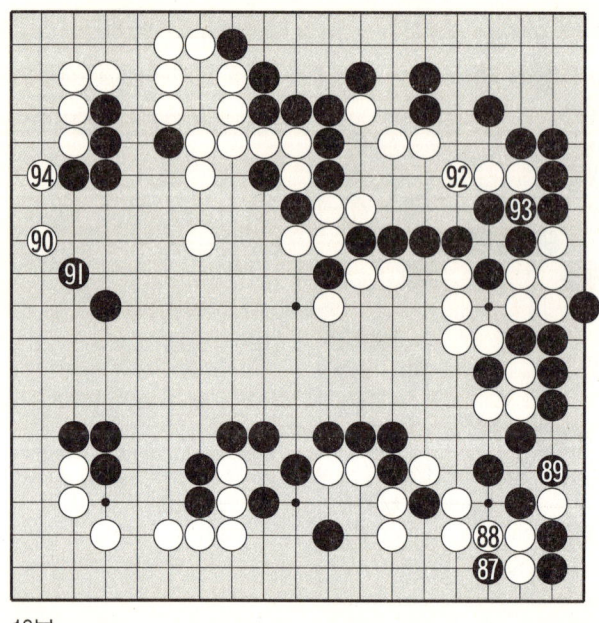

12보

12보(87~94)

흑도 미리 87로 붙여 둔 것이 맥점. 그리고 89로 잡는 것이 약간이라도 득이 되는 좋은 수순이다. 드디어 선수를 잡은 백이 90의 좌변 침투. 그리고 92를 선수한 후 94로 넘은 장면이다.

좌변에서 백은 쏠쏠한 집을 벌고 있다. 거의 반면승부에 가깝다.

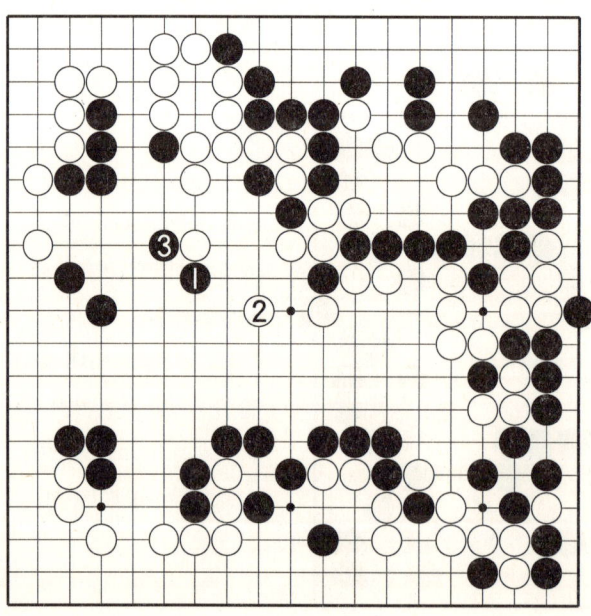

16도

16도(차후 실전)

이 바둑은 전체적으로 집이 많은 백이 편한 형세다. 흑은 중앙에서 20집 이상의 집이 필요하다. 흑은 쉽지 않다 보고 1로 붙여 강하게 버텨간다. 백2로 안전하게 수비할 때 흑3으로 눈에 보이지 않는 집까지 챙기려는 것이 차후 실전의 출발점이다.

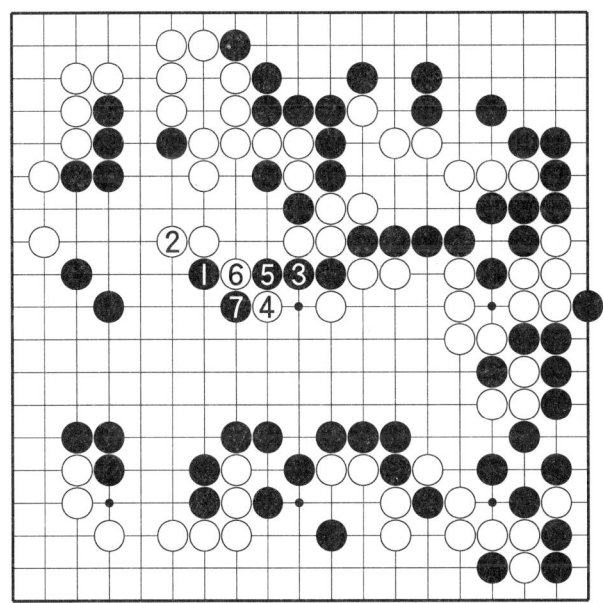

17도

17도(백, 곤란)

흑1에 백2로 물러서면 흑3으로 나가는 수가 성립한다.

원래는 백4의 장문이 듣는데, 지금은 흑5, 7로 백이 곤란하다.

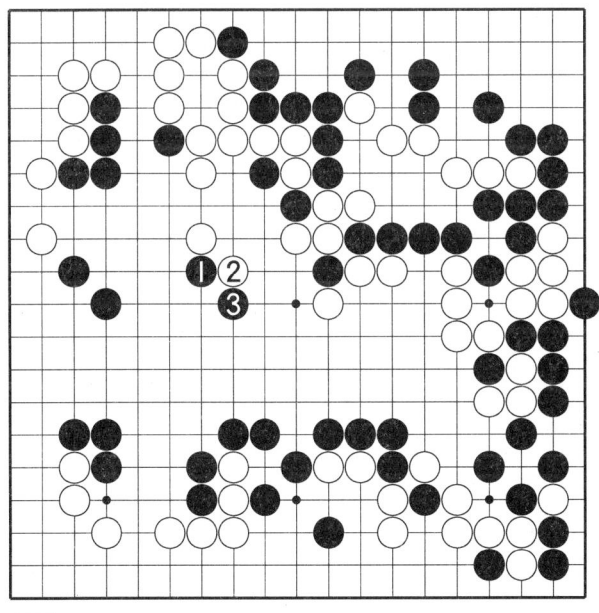

18도

18도(안성맞춤)

흑1에 백2로 젖히는 것은 흑3으로 되젖히는 자세가 안성맞춤이다. 백이 16도 백2로 수비한 까닭이다.

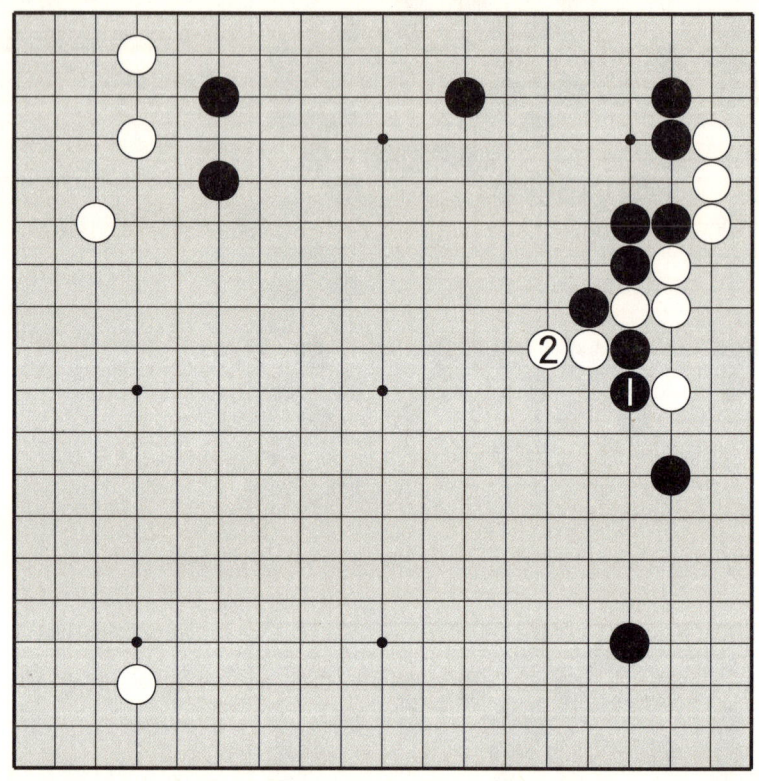

18회 LG배 조선일보 기왕전 결승3국(● 저우루이양 vs ○ 퉈자시)

흑은 상변에서 변형 미니중국식을 바탕으로 모양을 펼치고 있다. 백은 좌상귀와 우변에서 실리로 대항한다. 우변 접전이 초점. 흑이 들여다보고 백이 나와 끊자 흑1, 백2로 기세의 진행이다.

　바둑은 앞을 내다보면서도 뒤를 고려해 판세를 읽어야 한다. 특히 진영을 확장할 때 기분만 내다 보면 뜻밖의 역습을 당할 수 있다. "체인의 전체 강도는 항상 가장 약한 부분에 따라 결정된다"는 말이 있다. 바둑에서는 그 약한 부분이 원인이 되어 치명적인 문제가 초래된다. 충분히 주의를 기울여야 한다.

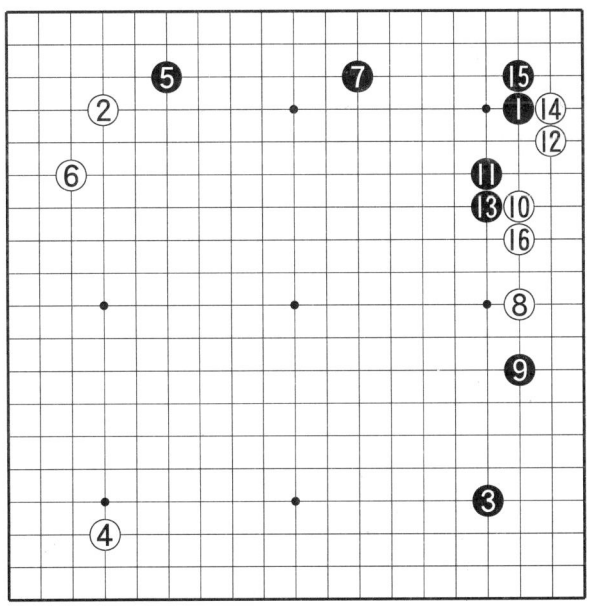

과정 1보

과정 1보(1~16)

상변은 흑7까지 변형 미
니중국식이다. 우변 백8
로 갈라친 이후의 진행.
백12에 흑13은 모양을
넓히려는 작전이다. 귀
를 중시한다면 14로 막
을 일이다. 백14, 16은
수순. 흑15는 16에 젖혀
싸울 수도 있다.

과정 2보

과정 2보(17~26)

흑17, 19로 모양을 넓히
려 할 때 백20, 22로 나
와끊은 것은 이렇게 반
발할 타이밍이다. 흑23,
25는 수순. 23을 먼저 두
지 않으면 백a의 껴붙임
으로 흑모양에 균열이
생긴다.

백26으로 기세 좋게 뻗
은 장면이다. 흑이 우변
싸움을 피하자면 19 대
신 b로 상변 모양을 확
대하는 것이 보통이다.

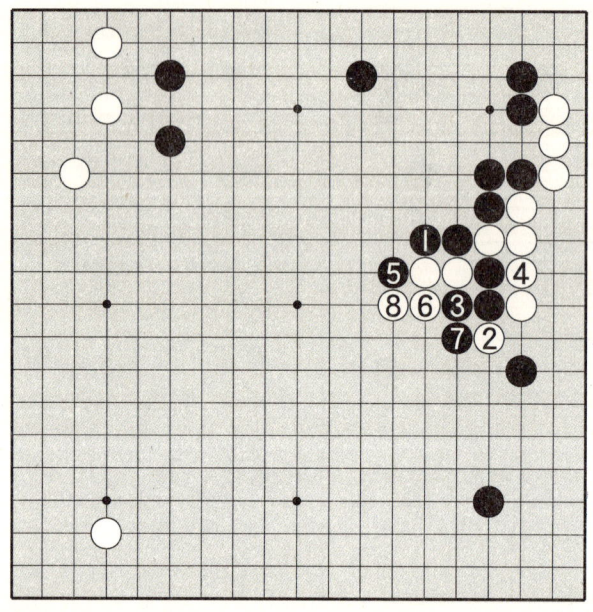

1보

흑1로 약점을 지키면서 백을 압박한다. 백2, 4는 우변 단점을 지키는 수순. 이하 8까지 몰고 몰며 중앙에서의 공방이 뜨겁다.

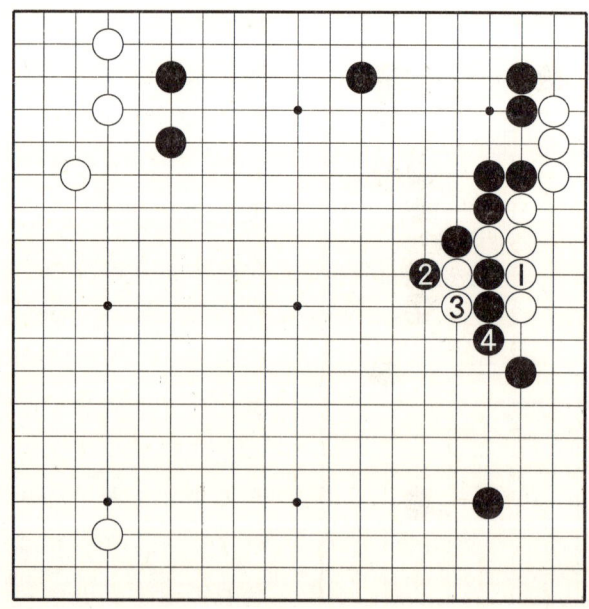

1도

1도(흑, 두터움)
거슬러 올라가 장면도의 백2는 기세. 이 수로 우변만을 생각하면 1의 이음이지만 흑2, 4로 몰아가는 자세가 자연스럽고 두텁다.

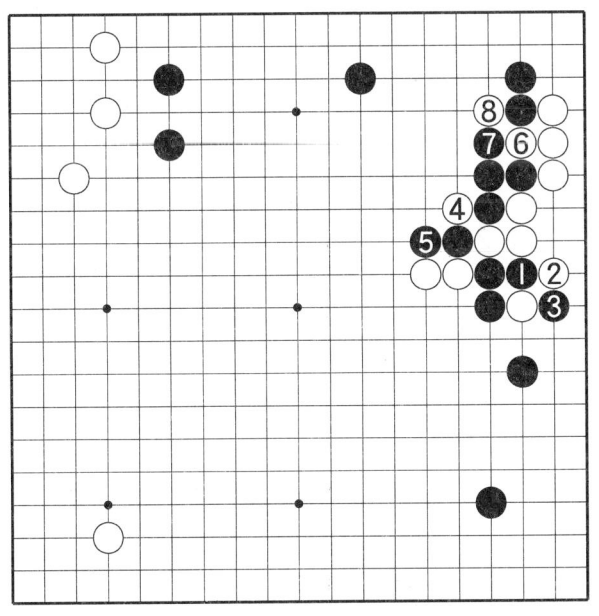

2도

2도(끊는 수단)

실전 흑1로 우변을 추궁하는 것은 백4로 몬 후 6, 8로 끊는 수단이 있다.

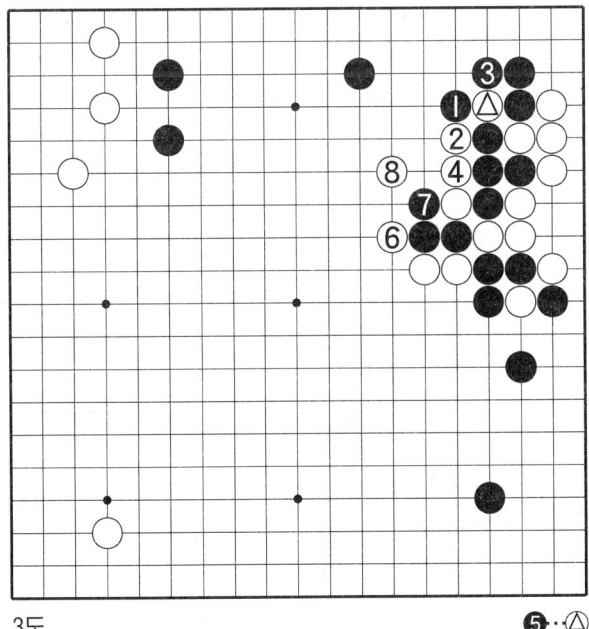

3도

⑤··△

3도(장문)

계속해서 흑1에 백2, 4의 연단수를 결정한 후 6, 8이면 흑 석점이 장문으로 잡힌다.

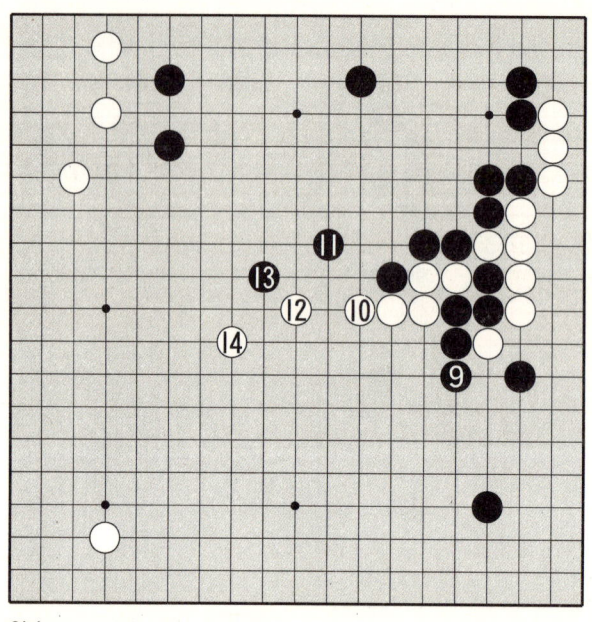

2보

2보(9~14)

흑9로 지키고 백10으로 힘차게 뻗어둔다. 백은 곤마 성격이지만 흑모양을 견제하는 역할도 있어 일장일단이 있다.

흑11, 13은 모양을 넓히는 보기에도 시원한 행마법. 백은 12, 14로 지켜 참아둔다.

중앙은 서로 균형을 맞춘 최선을 다한 행마다.

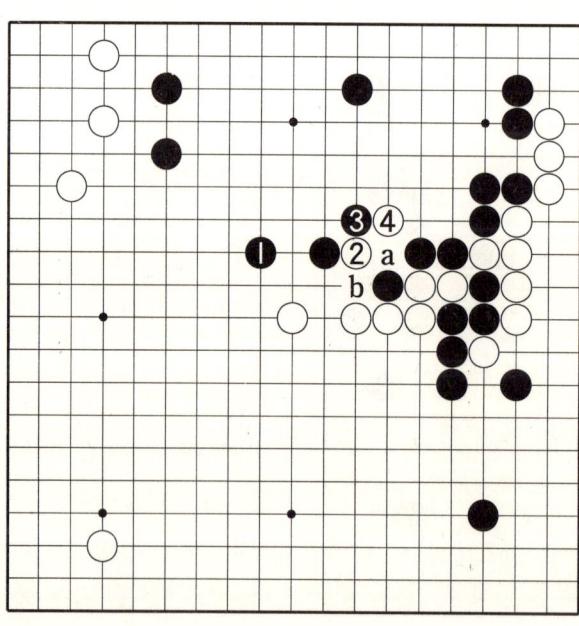

4도

4도(맥점)

실전 백12에 무심코 흑1로 두는 것은 백2, 4로 흑진에 파고드는 맥점이 있다. 다음 흑이 a나 b, 어디에 받더라도 둑은 무너진다.

어쩌면 흑이 안정적으로 둔다고 생각했을지 모르나 오히려 역습을 받은 꼴이니 여기에 바둑의 묘미가 있다.

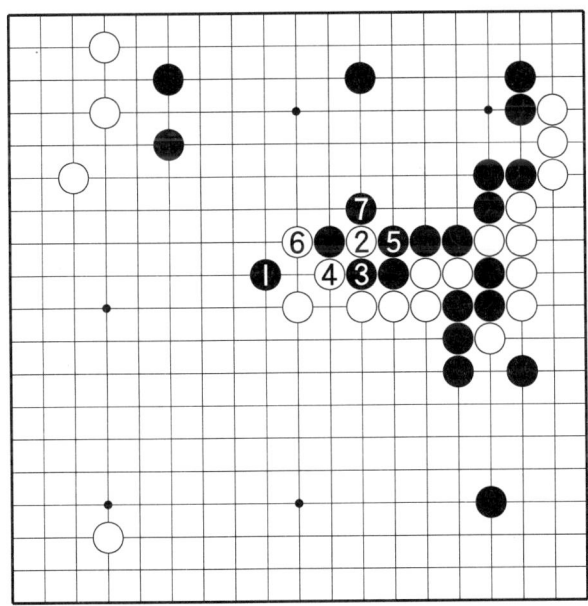

5도

5도(제격)

실전 흑1에도 백2라면 이번에는 흑3으로 차단한다. 그리고 이하 7까지 탄탄하게 받아둔다.

이 결과는 호구를 들여다보는 흑1이 제격이다. 그럼 흑이 상변 모양을 두텁게 확보할 수 있다.

이런 미묘한 차이를 이해하면 고수의 반열이다.

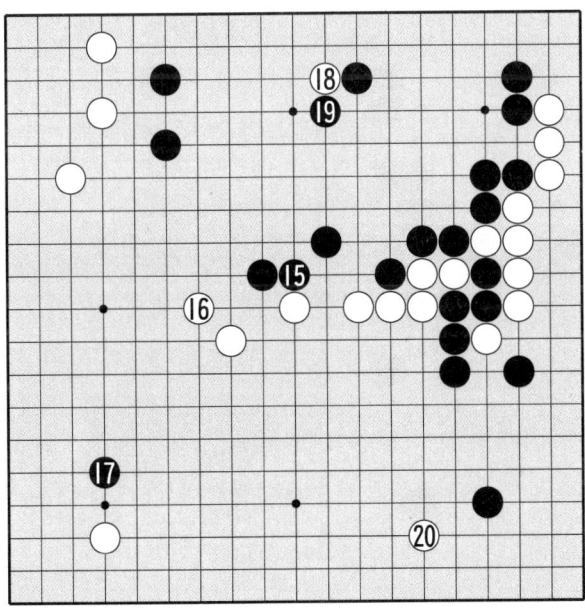

3보

▦ 3보(15~20)

흑15는 느리지만 힘찬 수단. 약점을 보강해놓아야 제대로 상변 모양을 완성할 수 있다는 생각이다.

백16으로 지키며 흑모양을 견제할 때 흑17로 발빠르게 걸친다. 흑은 넌지시 좌변을 견제하겠다는 태도다.

백은 18로 상변에 맛을 남기고 20으로 걸쳐 은근히 하변에 의미를 둔다. 서로 형세를 넓게 보는 태도다.

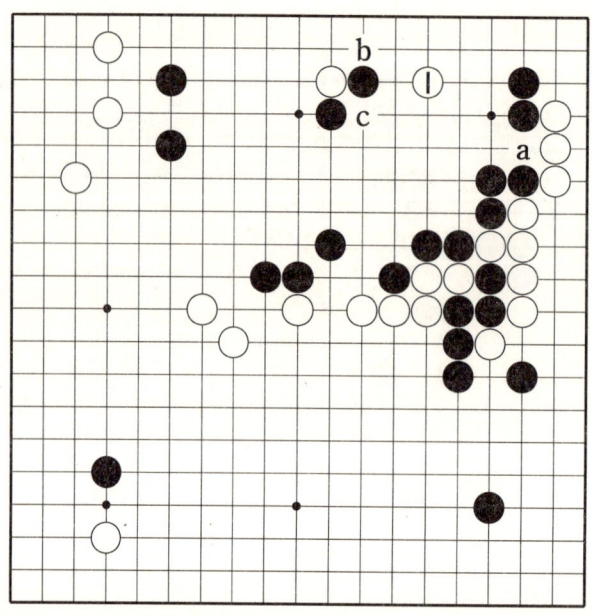

6도

6도(활용책)

실전 백18은 상변에 맛
을 남기는 활용책이다.
차후 백1로 침입하면 a,
b, c 등의 노림이 있어
흑도 약간 골치 아플 것
이다.

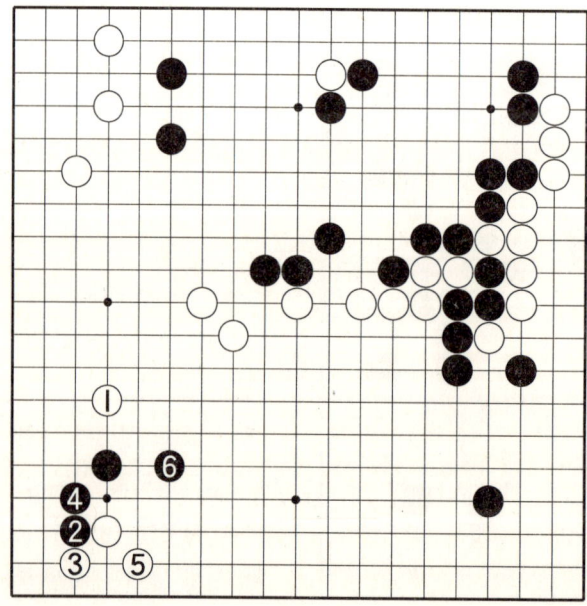

7도

7도(싱거운 국면)

실전 백20의 걸침은 하
변까지 포함하여 중앙
백의 두터움을 살리려는
폭넓은 작전이다.

당장 백1로 협공하고
싶지만, 흑이 6까지 알
기 쉽게 안정해 두면 어
쩌면 모양이 정리되어
싱거울지도 모르기 때문
이다.

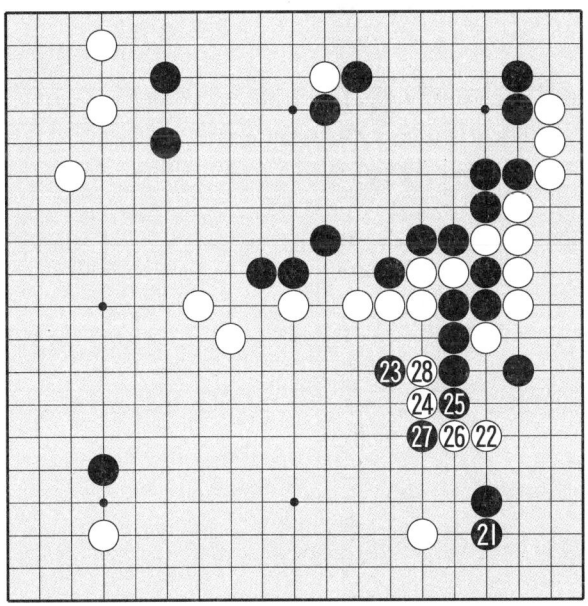

4보

▦ 4보(21~28)

흑21로 귀를 지킬 때 백 22로 뛰어든다. 흑의 대응에 따라 집을 깨든지 활용하든지 선택하려는 고급 작전이다.

흑23으로 비껴가자 백 24로 들여다본 후 28까지 치열하게 버텨간다. 바둑이 약간 불리하다 생각하면 이런 치열함도 필요하다. 그런데 이 바둑은 서로 해볼 만한 형세다.

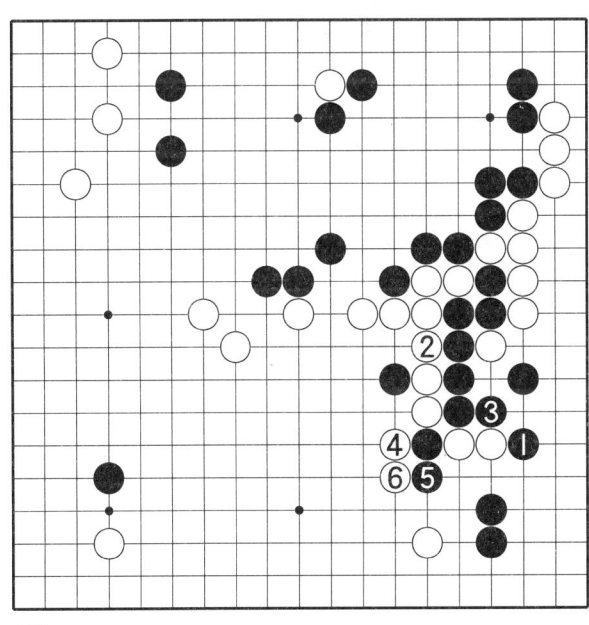

8도

8도(백, 만족)

실전 다음 흑1로 서둘러 귀를 방어하면 백2를 기분 좋게 선수한 후 4, 6으로 틀어막는다. 일종의 타협이지만 중앙 두터움과 호응하는 백의 세력이 만족스럽다.

백이 우변에 침입했을 때는 바로 이런 식의 진행을 기대했을 것이다.

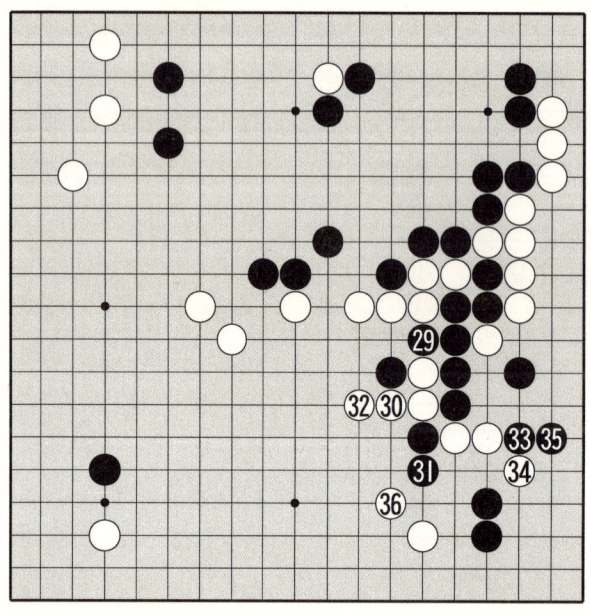

5보

5보(29~36)

흑29, 31에 백32로 힘차게 뻗는다. 이유 있는 두터운 수단이다. 흑33으로 변을 돌볼 때 백34, 36도 32와 호응하는 두터운 수단이다.

흑도 주변 환경에 맞춰 모양을 정비하는 수순이 자연스럽다.

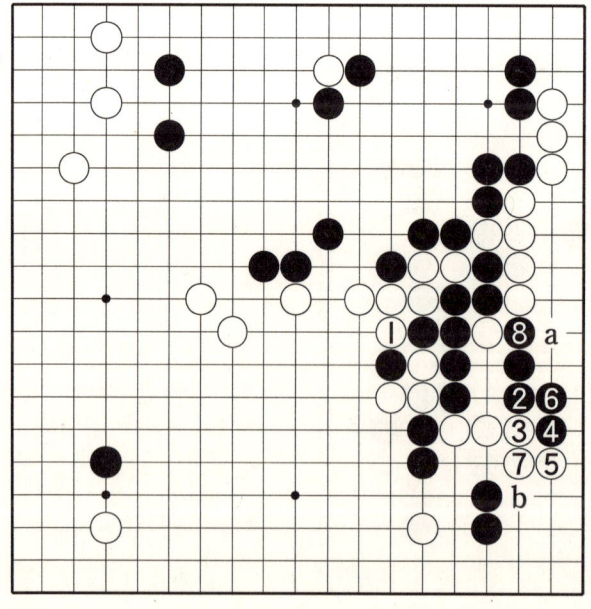

9도

9도(흑승)

실전 백32의 두터운 뻗음. 이 수로 백1로 막고 3으로 흑진 안에서 싸우고 싶을지도 모른다.

그러면 흑은 4, 6의 젖혀이음을 선수한 후 8로 일단 한점을 잡는다.

다음 백a면 흑b로 수상전은 흑승이다.

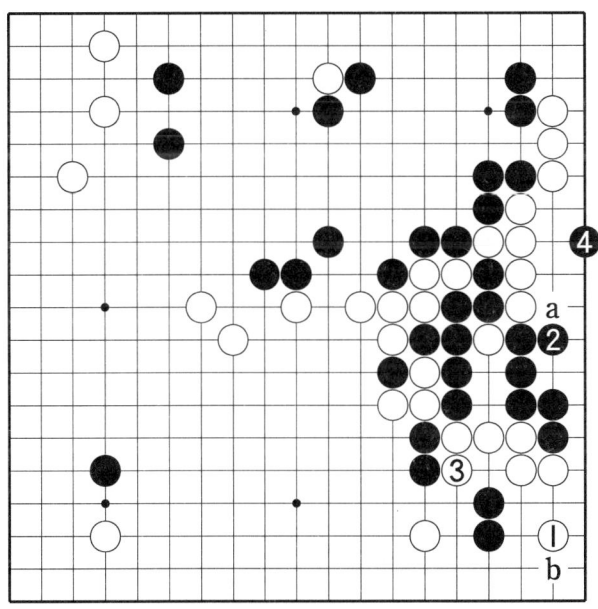

10도

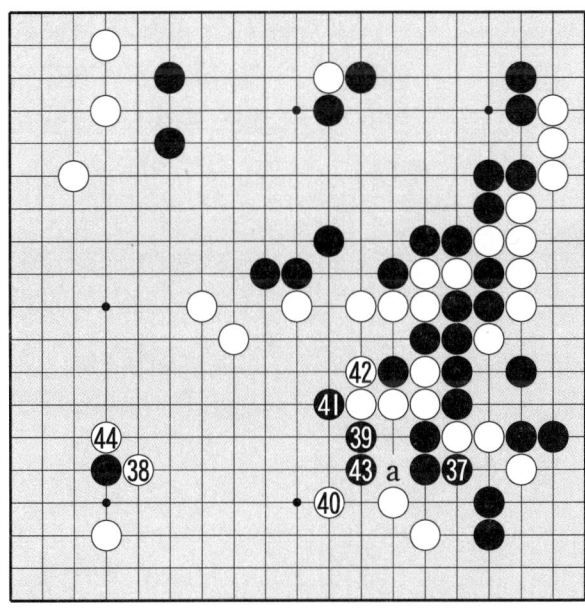

6보

10도(백, 위험)

따라서 백1로 뛰어 수를 늘리면, 이번에는 흑2로 일단 여기를 살아둔다. 백은 내친김에 3으로 공격하게 되지만, 흑4의 비마로 우변 백이 위태롭다. 그렇다고 흑2에 백a로 지키면 흑b의 붙임이 통렬하다. 실전에서 백은 직접 수상전이 불리하다 보고 한발 물러서서 두터운 작전으로 돌아선 것이다.

▦ 6보(37~44)

흑37은 후수지만 정수. 백a로 지키면 이득이라는 생각이다. 백38은 기세. 집이 부족한 흐름에서 하변 경영을 추구해야 한다. 흑39의 맥점은 37의 효과다. 이하 43까지 중앙은 뚫리지만 백은 44로 귀를 제압하여 버틴다. 어쨌든 우하변을 제압하고 중앙으로 터져 나왔으니, 흑이 약간 기분 좋은 형세다.

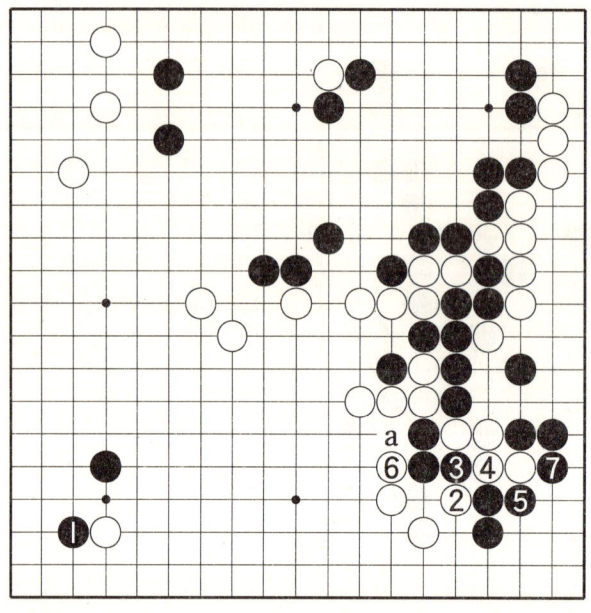

11도

11도(백, 철벽)

실전 흑37은 정수. 이 수
는 1로 먼저 이런 데 붙
이고 싶지만, 백이 2 이
하 6의 수순으로 바깥이
철벽이다(a까지 선수).

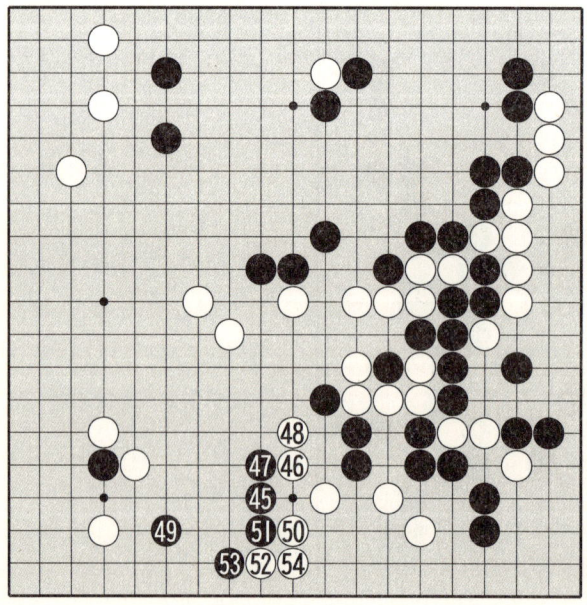

7보

▦ **7보**(45~54)

흑45로 하변 공격에 나
선다. 백46에 나갈 때 흑
47, 49로 터를 잡는다.

백은 54까지 얼른 하변
을 지키며 역으로 공격
해가니 흑이 어딘지 몰
리는 양상이다.

뭔가 수순이 잘못된 것
은 아닐까. 직감적으로
느끼면 고수다.

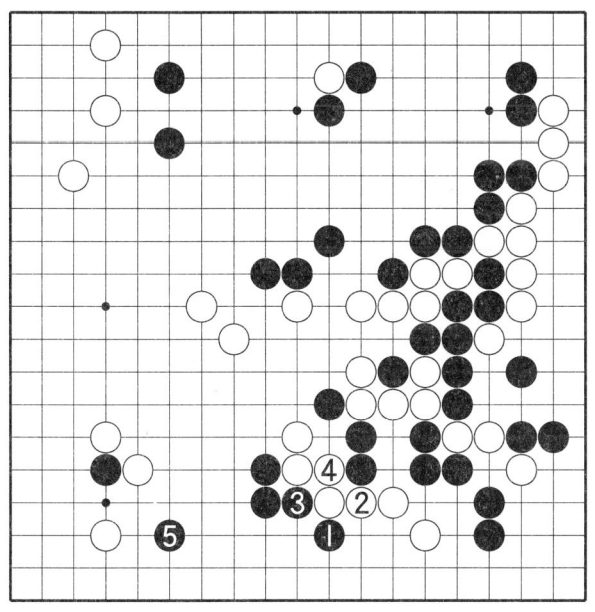

12도

12도(흑, 안정)

실전 백48 때 흑은 하변 1, 3을 선수한 후 5로 벌리는 게 어땠을까 생각해 본다.

이러면 안정적으로 크게 터를 잡아 실전처럼 몰릴 여지는 없다.

아닌게 아니라 국후 실전 흑49는 실착으로 지적됐다.

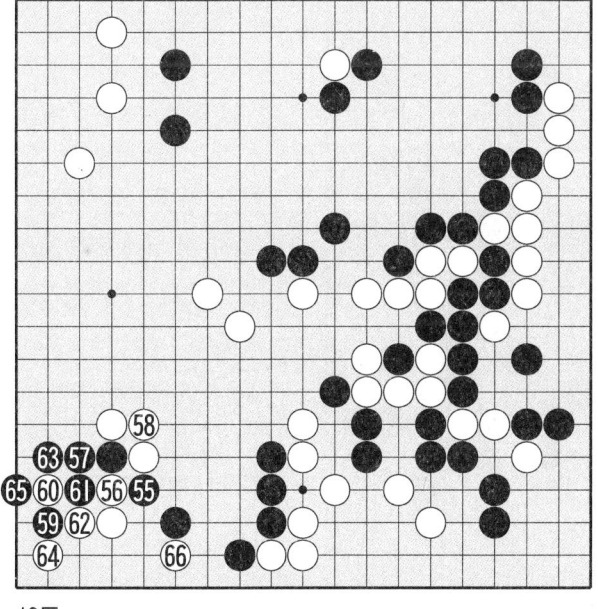

13도

▦ **8보**(55~66)

흑은 55 이하 59의 공격이 매섭지만, 백은 60의 건너붙임부터 66의 붙임까지 수습이 정교하다.

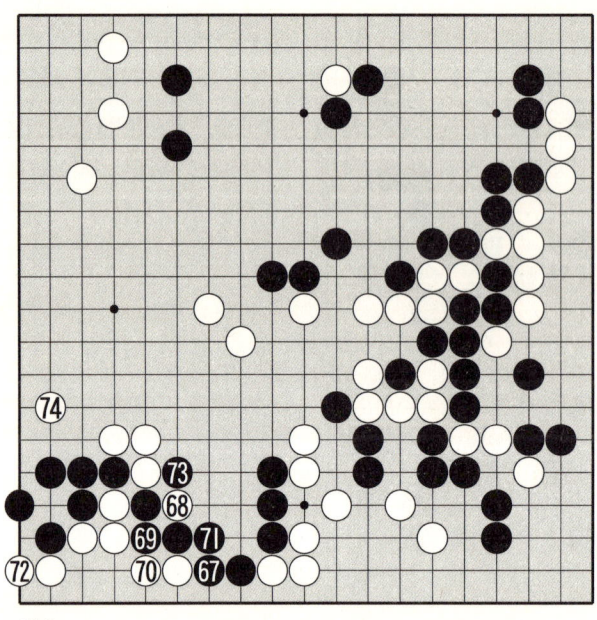

9보

▦ 9보(67~74)

흑67에 백68, 70의 연단
수. 흑71로 이을 때 백
72로 사는 데까지 정확
하다.

다음 흑73으로 끊어 하
변 흑을 보강해야 하지
만, 백74로 좌하 흑을 가
두니 전세가 이상하다.
이제는 흑이 분발해야
하는 형세다.

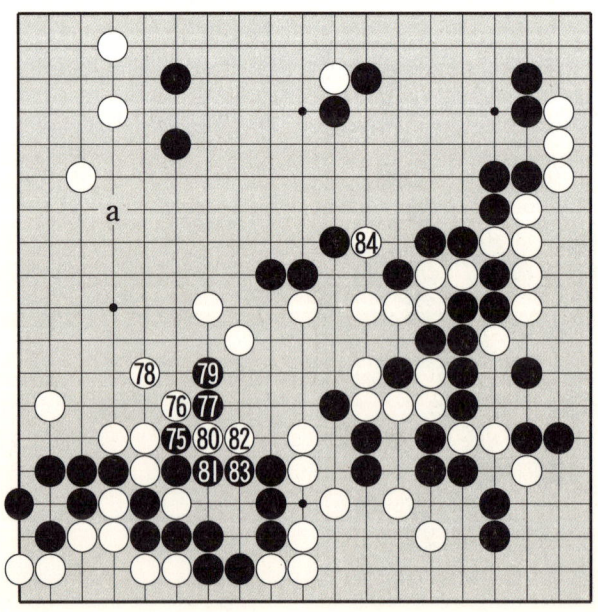

10보

▦ 10보(75~84)

흑75, 77로 하변의 삶을
확인한 후 79로 두텁게
둔 것은 중앙 맛으로 승
부를 보겠다는 의도도.
유연하게 둔다면 흑79로
a의 어깨짚음을 생각할
수 있다.

그러거나 백은 80, 82
를 선수한 후 84로 상변
약점을 찔러간다.

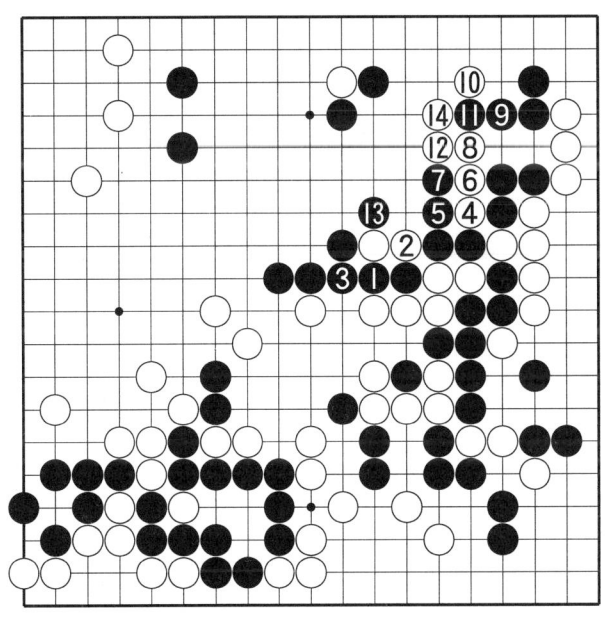

13도

13도(흑, 위험천만)

실전 다음 흑1로 끊는 것은 위험천만. 가령 알기 쉽게 백2, 4로 끊고 이하 14까지를 예상한다고 보더라도 흑이 위태롭다.

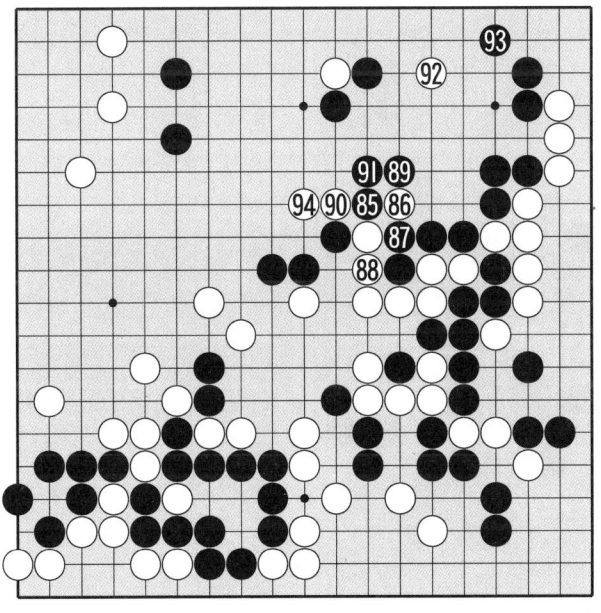

11보

▦ 11보(85~94)

실전은 흑85로 후퇴. 백은 86 이하 91까지 중앙에서 이득을 본 후 92로 침입하여 상변 맛까지 노린다.

이에 흑93으로 나름 효율적으로 지키고, 백94로 다시 중앙을 움직인 장면이다. 아무튼 상변 모양을 조여가는 백의 흐름이 좋다

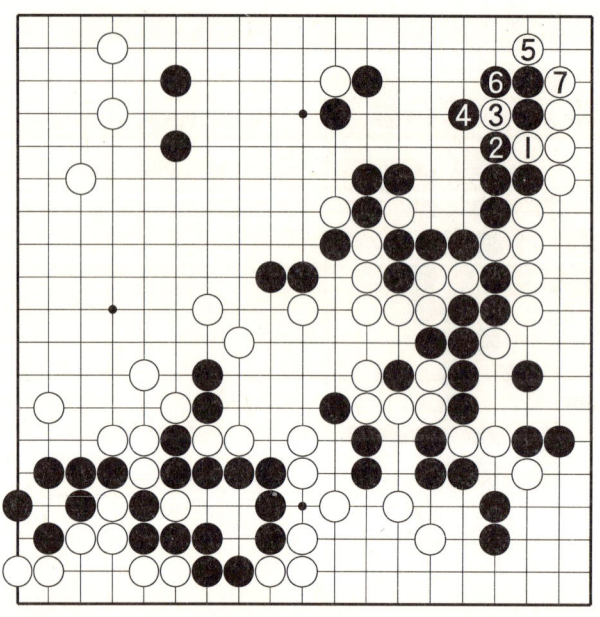

14도

14도(끝내기 이득)

실전 백92의 침입. 우상 귀에는 백1 이하 7까지의 끝내기 이득이 있으므로 집으로는 5집 이상 손해이지만, 중앙과 연관되어 상변의 맛에 비중을 둔 셈이다.

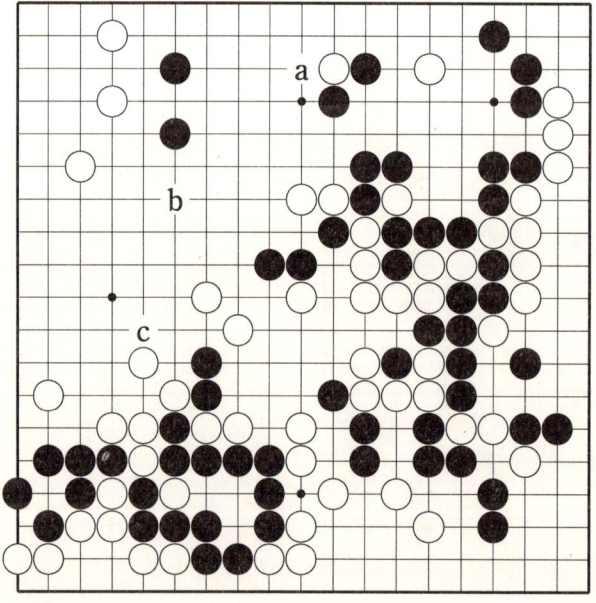

15도

15도(차후 실전)

다시 실전을 보자. 백a로 움직이는 맛 등 흑은 상변과 중앙에서 부담을 안고 있다.

차후 실전은 흑a로 우선 상변 화근을 없앤다. 백은 b로 좌변과 중앙의 선상으로 크게 넓히고 흑은 c로 붙여 승부를 구해간다. 흑이 많이 불리한 국면에서의 승부처를 맞이한다.

문제 해결을 위해 생각하고
가치 창조를 위해 상상하라

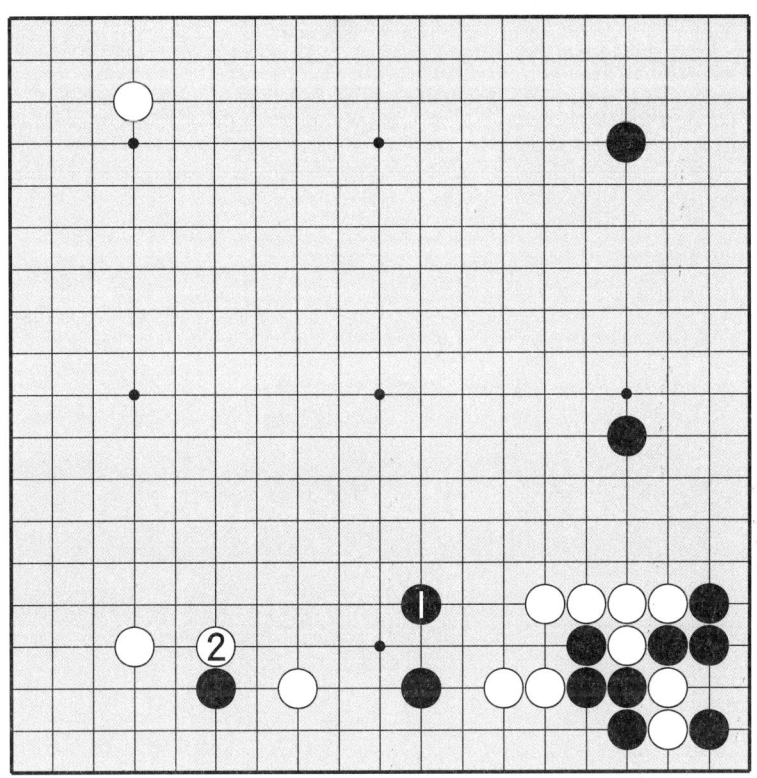

2014 렛츠런파크배 결승2국(● 이세돌 vs ○ 강동윤)

우하귀는 높은 중국식 포석에서 백이 변으로 걸치고 흑이 협공하여
나온 정석 모양이다. 흑의 실리와 백의 두터움인데, 그 두터움을 배
경으로 백이 하변에 침투하였다. 흑1과 백2는 서로 기세. 상대의 의
중에 역행한다.

바둑의 수는 무궁무진하다. 벼랑끝 위기에도 열린 문은 있다. 그러
니 문제 해결을 위해 생각하고 또 생각하라. 그러면 가치관이 달라지
고 확장된다. 나아가 창조를 향한 상상력으로 이어진다. 바둑과 인생
에 다 통하는 이야기가 아닐까.

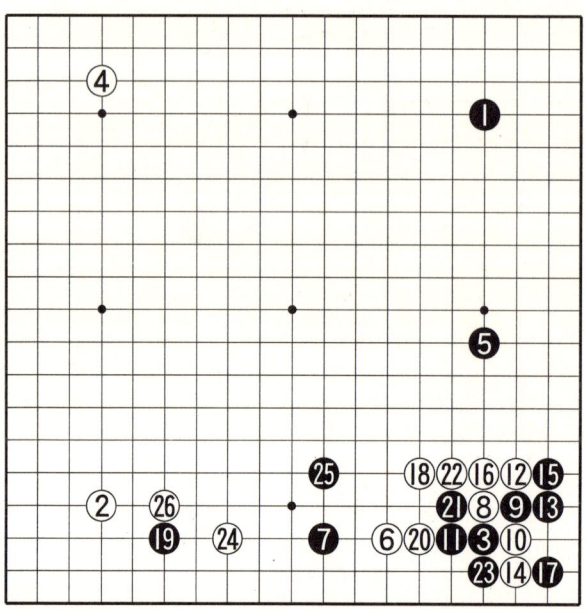

과정보

과정보(1~26)

흑5로 높은 중국식은 요즘 유행이다. 백6에 흑7의 협공으로 보아 공격적 기풍이다. 18까지 우하귀의 정석 수순은 배워두기 바란다. 백20, 22의 선수 활용을 하고 보니 흑 실리, 백 두터움의 성격이 극명하게 드러난다. 백24의 침투에 흑25로 상대의 의도를 거스른다. 백26은 기세.

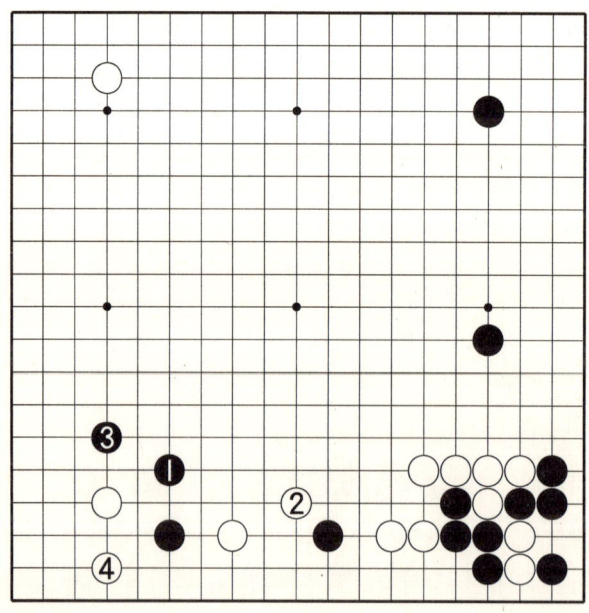

참고도

참고도

백의 의도는 흑1로 나가면 2로 하변을 제압하려는 것. 흑3은 아프지만 백4로 귀도 견딜 만하다는 복안이다.

그러면 백이 두터움을 살린 편한 국면이다.

248

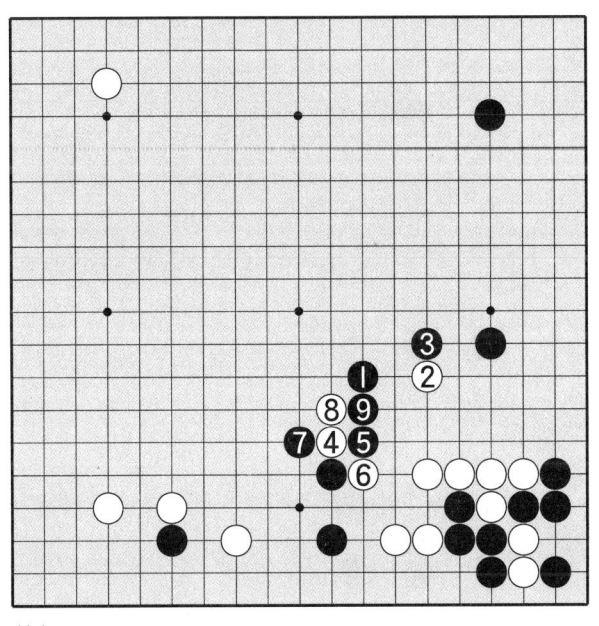

1보

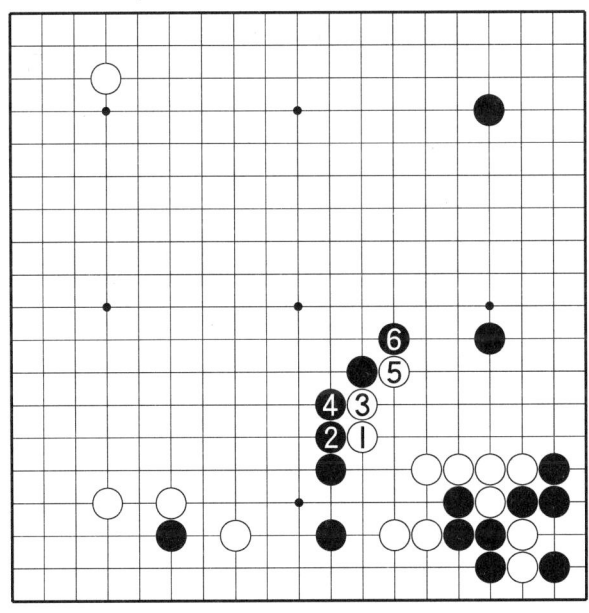

1도

🏁 1보(1~9)

흑1로 기분 좋은 포위.
초반인데 백 대마가 위
기에 몰린다. 백은 2로
응수를 물어본 뒤 4, 6
으로 맞끊어 상대의 허
술한 울타리를 비틀어본
다. 흑은 7, 9로 중앙에
서 강하게 차단한다.

과연 백은 효율적 돌파
가 가능할까.

1도(생불여사)

실전 흑1의 포위에 백1
~5로 안에서 삶을 도모
하는 것은 하책. 아마추
어 수법이다.

흑의 울타리가 더 촘촘
해지며 봉쇄되어 살아도
산 게 아니다. '생불여사'
란 격언도 있지 않은가.

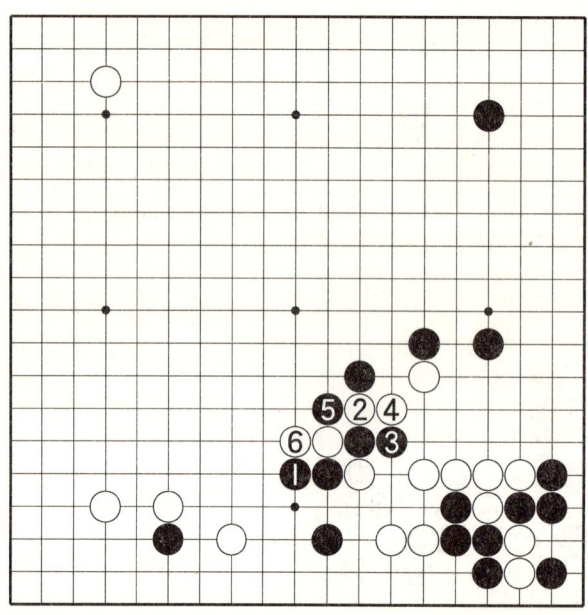

2도

2도(백의 의도)

실전에서 울타리의 허술함을 노릴 때 흑1로 물러나면 백2, 4로 몰고 6으로 나와서 중앙 담장이 무너진다. 백의 의도.

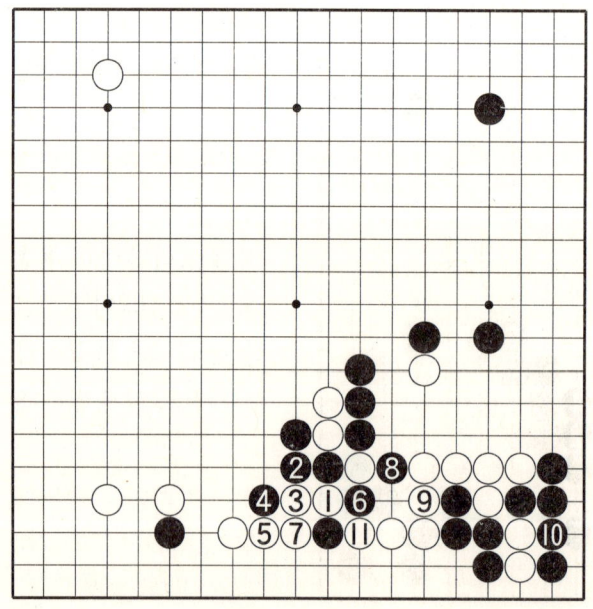

3도

3도(흑, 전국 압도)

실전 다음 백1, 3으로 뚫고 나가면 하변과 연결되지만 대세에는 밀린다.

흑6, 8의 빵따냄을 바탕으로 한 중앙 세력이 전국을 압도한다.

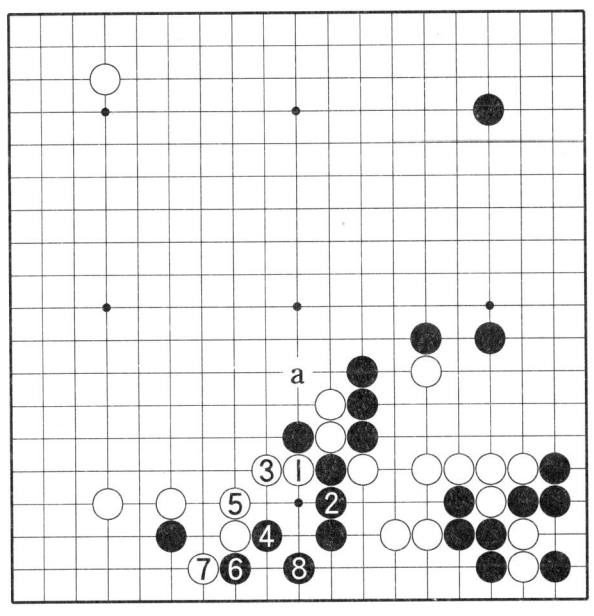

4도

4도(패의 부담)

둔다면 백1, 3으로 끊어
하변을 크게 공격하는
길이 당차다.

다만 8까지 예상되는
진행인데, 서로 어려운
싸움이다.

실은 하변에 패라도 나
면 흑a의 씌움이 팻감으
로 기분 좋을 것이다.

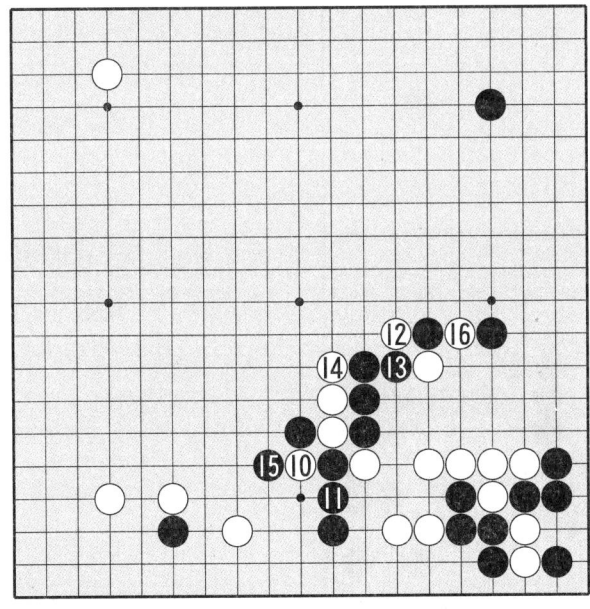

2보

⊞ 2보(10~16)

실전은 백10으로 끊어
단점을 만든 후 12로 젖
혀 중앙과 연동해서 원
대하게 타개할 심산이
다. 흑13은 기세의 끊음.
빈삼각이라 모양은 사납
다. 백은 14로 하변과 중
앙을 동시에 노리는 속
내를 드러낸다.

흑15로 하변을 지킬 때
백16으로 중앙 노림에
목표가 맞춰졌다.

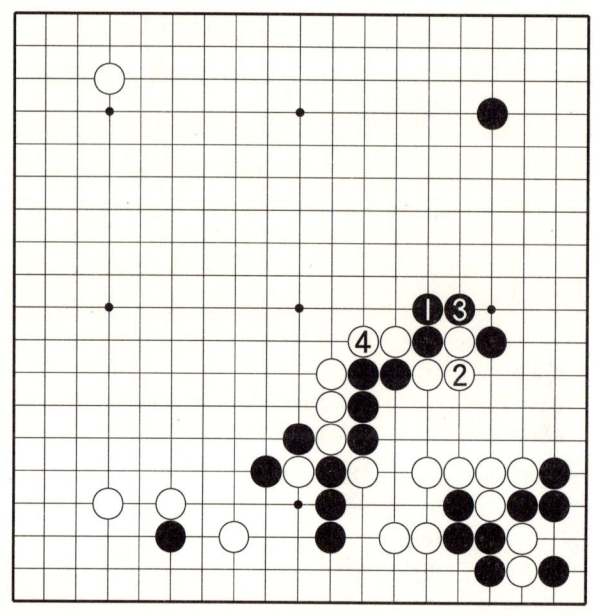

5도

5도(요석 잡힘)

실전 백16의 단수에 흑
1로 나가는 것은 백2에
흑3으로 막겠다는 뜻인
데, 백4로 중앙 흑의 요
석이 잡힌다.

그래서 실전 단수에 흑
은 반발하게 되는데… .

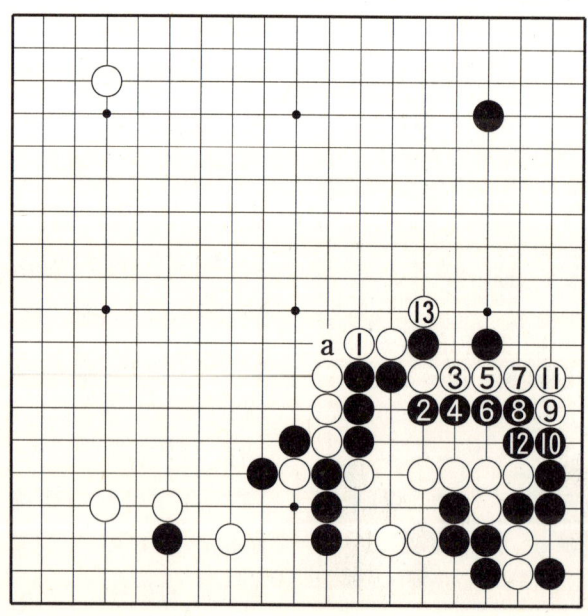

6도

6도(흑, 만족)

그런 반발이 두렵다면
단수치기 이전에 백1로
막는 방법도 있다. 그러
면 흑은 2 이하 12까지
죽죽 밀고나가 아래 백
을 잡을 수 있다. 대신
백은 13으로 우중앙을
두텁게 제압한다.

바꿔치기로 타협한 형
태지만, 흑의 실리가 크
고 a의 약점이 남아 백
이 강심장 아니면 선택
하기 어려울 것이다

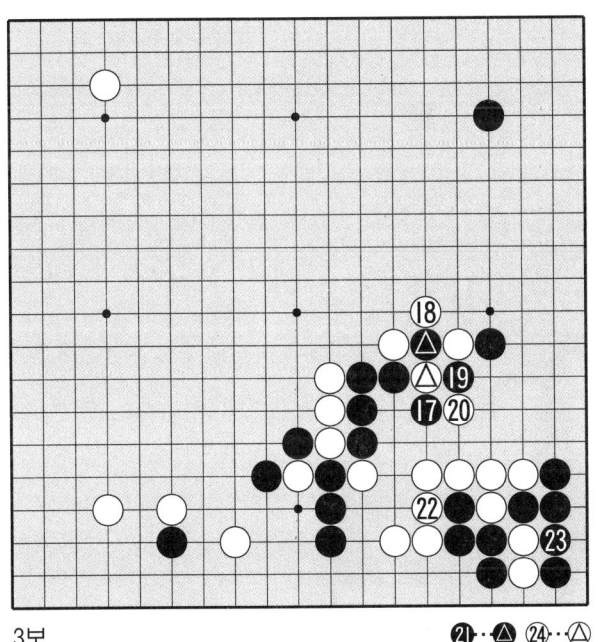

3보

㉑‥△ ㉔‥△

3보(17~24)

앞서 예고한 대로 흑은 17, 19로 패를 불사하며 반발한다.

백20의 패는 기세. 우하 백의 생사가 걸려 있다. 흑21로 따내고, 백은 22의 팻감 후 다시 24로 따낸다.

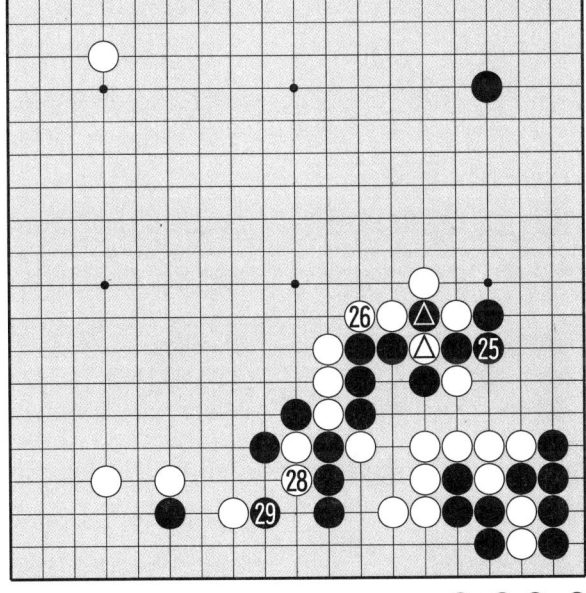

4보

㉗‥△ ㉚‥△

4보(25~30)

흑25로 잇고 백26으로 막아 패의 공방이 점입가경이다.

흑27로 따낼 때 백28로 나간 것은 무슨 뜻일까. 흑29의 맥점을 당해 손해 팻감은 아닌지….

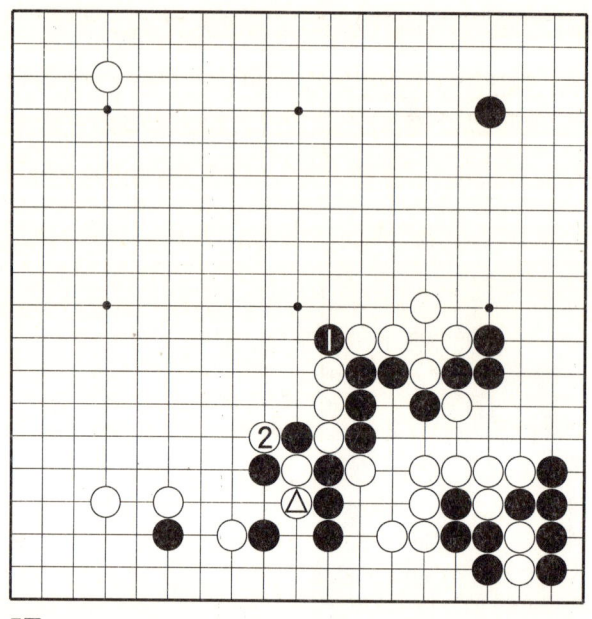

7도

7도(백의 의도)

실전 백△의 의도는 이런 것.

만일 흑이 1로 중앙을 끊는 파괴적인 팻감을 쓰면 백2가 모양상 효과적이란 생각이다.

부분적으로 손해지만 전체 팻감을 고려한 일리 있는 작전이다.

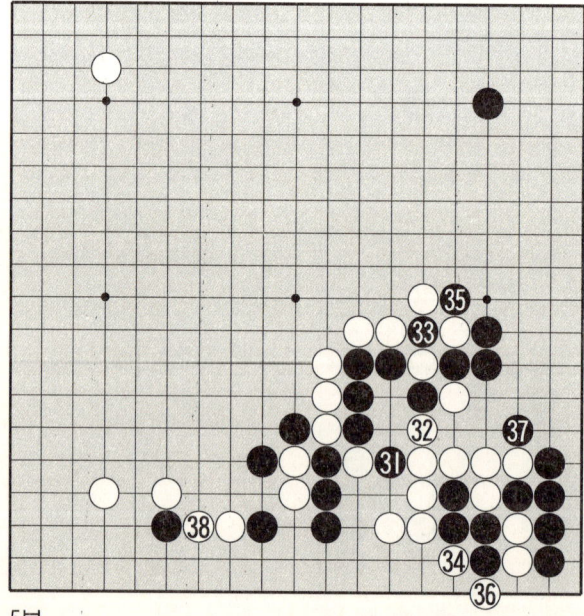

5보

▦ 5보(31~38)

다행히 흑은 31의 자체 팻감이 있다. 백은 32로 이쪽을 압박하여 외길로 몰고 34로 아껴 둔 팻감을 쓴다.

이제 다음 팻감이 없는 흑은 받을 수 없다. 36까지 타협.

흑37과 백38로 치열했던 전장을 정리하고 있다. 흑이 다소 두터운 결과다.

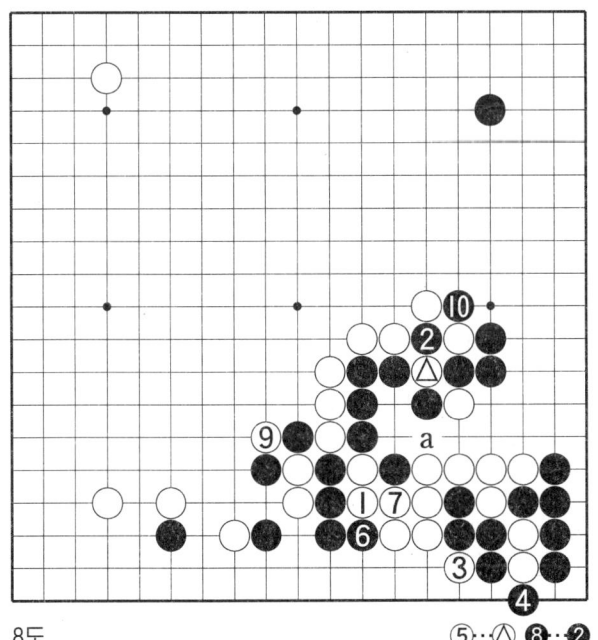

8도

⑤‥△ ❽‥❷

8도(백, 버팀)

실전 흑31에 백1로 버티면? 통하면 하변을 차단하니 a에 있는 것보다 당연 나을 것이다.

그런데 백3의 팻감에 흑4로 받을 수 있다. 흑6의 팻감이 하나 더 있으므로 그렇다. 그리고 백9의 팻감에는 흑10으로 해소한다.

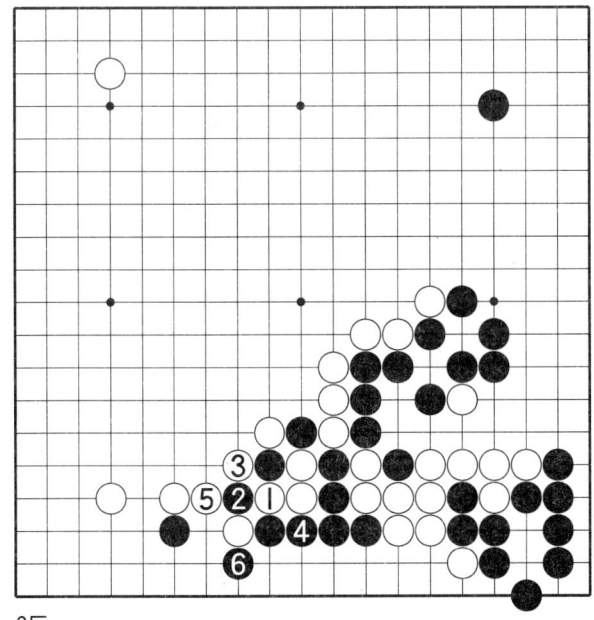

9도

9도(백, 위험)

계속해서 백1에 흑2, 4로 조이면서 6으로 넘어가는 자세가 기분 좋다. 우하 백도 자연히 위험에 처하고 있다.

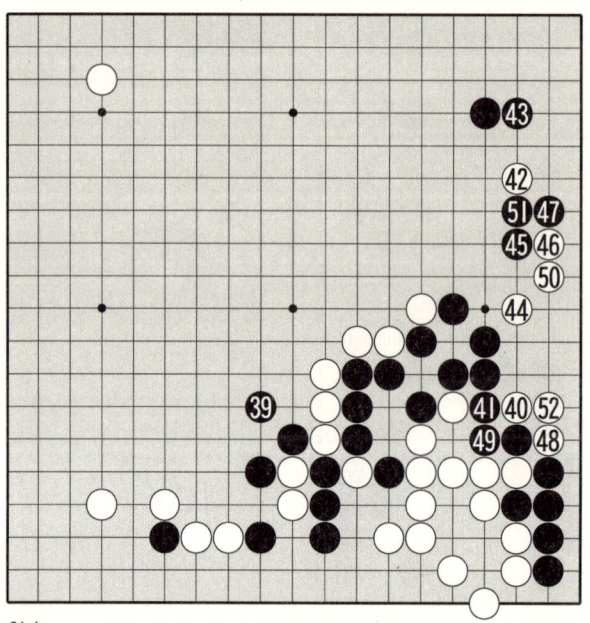

6보

▦ 6보(39~52)

흑39는 두터운 지킴. 형세가 여의치 않다 느꼈을까. 백은 우변에 꿈을 새긴다. 상상의 날개를 편다. 40으로 붙여 응수타진 하더니 42 다음 44로 우변에 공작을 편다. 흑의 틈새를 노린 준비된 수순이다.

흑45로 강하게 차단하자, 백은 46~52로 안에서 가볍게 수를 냈다. 그나저나 우하귀와의 수상전은 어떻게 될까.

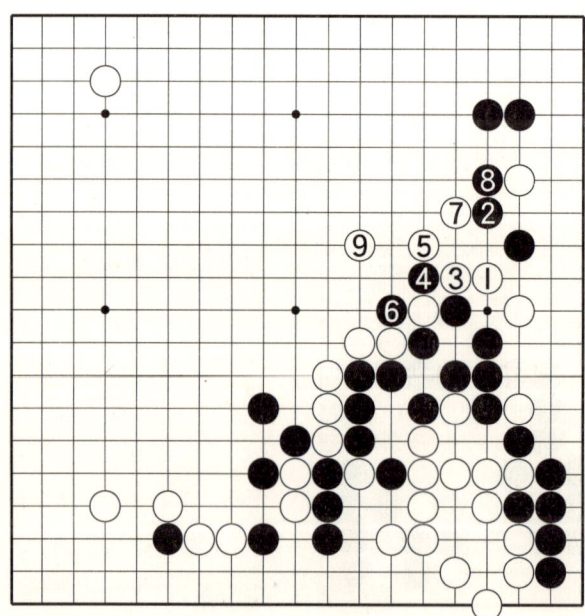

10도

10도(백, 중앙 진출)

실전 흑45 때 백1로 중앙 진출도 생각할 수 있다. 이하 9까지 예상되는데 무난한 진행이다. 다만 백은 중앙 돌의 흐름이 무겁다 생각했는지 모른다.

실전은 수가 나는 것을 읽고 확실한 실리를 선택한 셈이다.

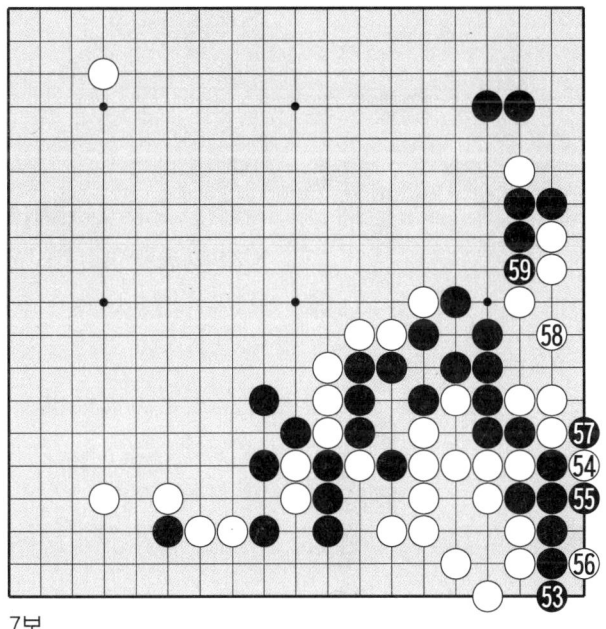

7보

7보(53~59)

물론 우하귀를 깔끔하게 잡는다면 백의 우세는 틀림없다.

실전도 흑53에 백54 다음 56으로 치중하여 잡으러 가고 있지만, 우변 백모양도 완전치가 않은게 문제다. 흑57에 백58로 지키고, 이번에는 흑이 59로 압박해간다.

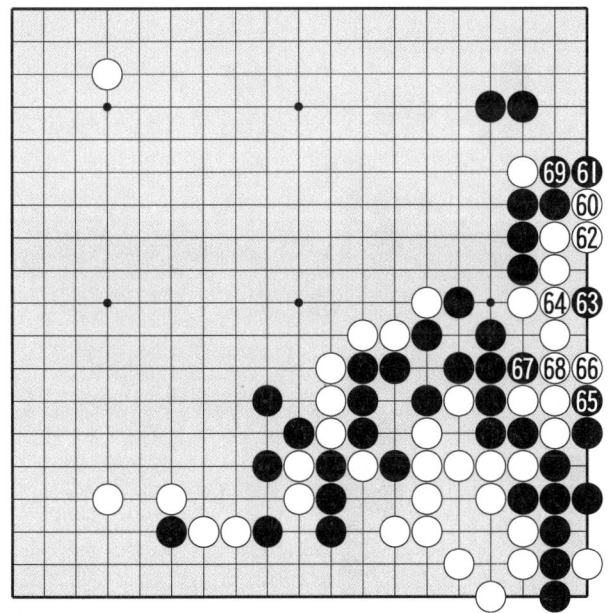

8보

8보(60~69)

백은 60, 62로 끝내기를 겸하면서 이곳의 결말을 확실히 보고자 한다.

흑도 63의 치중과 65, 67로 수를 줄이며 분주하다.

결론은 69의 이음까지, 계속 두면 백의 선패. 흑이 먼저 두면 빅. 백도 패를 걸어 지면 잡히므로 건드리지 않는게 상책이다.

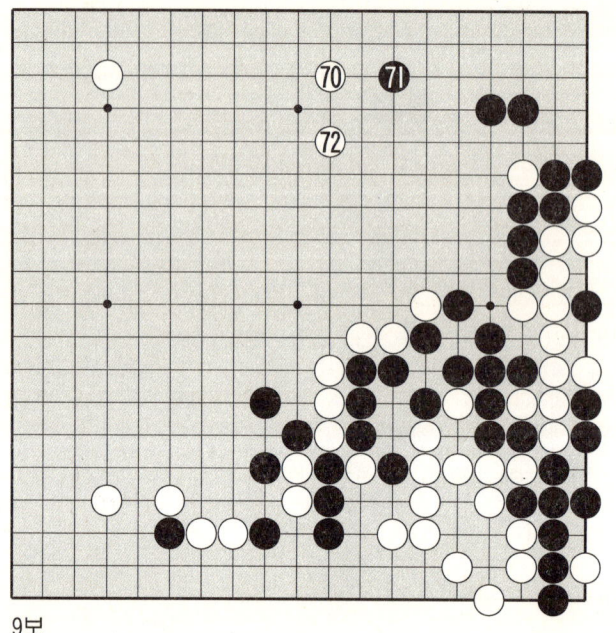

9보

9보(70~72)

어쨌거나 우변 흑진을 멋지게 부순 것은 백의 성과다. 다만 흑도 이 과정에서 우중앙 일대의 세력이 상당하다.

다행인 것은 백의 선수. 70, 72로 상대의 두터움을 기분좋게 지워간다.

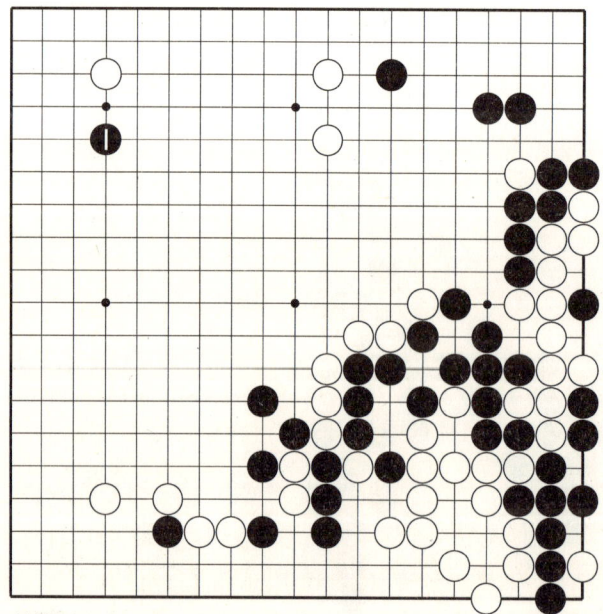

11도

11도(차후 실전)

이 바둑은 앞으로 실리가 부족한 흑이 중앙 두터움을 어떻게 살리는지가 포인트이다. 그리고 좌반부가 아직 공간이 넓다.

흑1로 일단 급히 걸쳐가며 종반을 향해 간다.

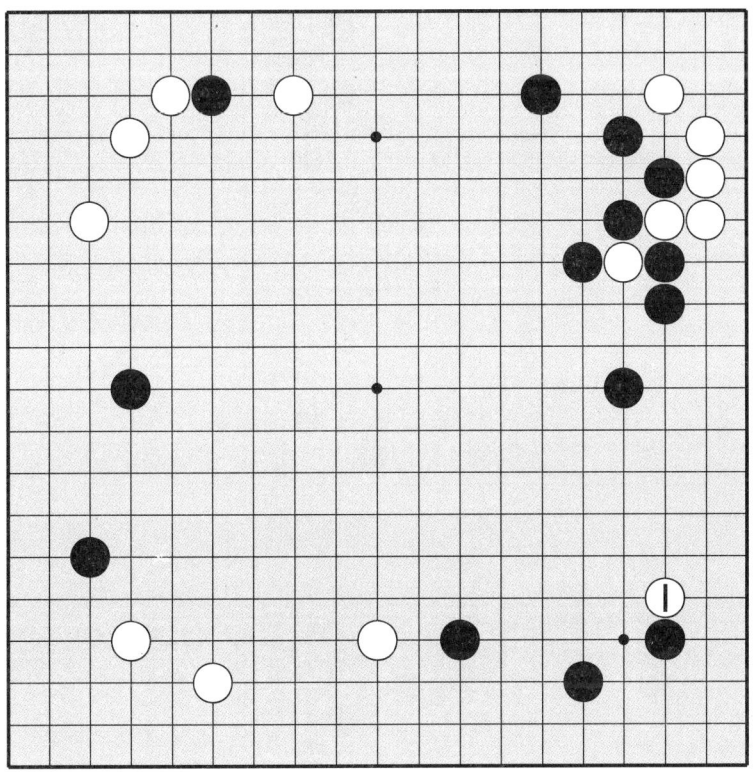

19회 LG배 조선일보 기왕전 결승3국(● 박정환 vs ○ 김지석)

많이 나오는 포석의 형태다. 흑은 상변으로부터 우변으로 이어지는
진영의 튼튼함을 뼈대로 우하 세력을 어떻게 집으로 만들지가 고민
이다. 백은 실리를 기반으로 하므로, 그 실리를 유지하면서 상대의 세
력을 견제해야 한다. 백1은 그런 견제의 일환인데 대단히 치열하다.

바둑은 눈앞의 이익만을 추구해서는 안 된다. <노자>에 무사성사
(無私成私)란 말이 있다. 자기 자신을 버릴 때 자기 자신을 온전하게
보전할 수 있는 것으로 해석된다. 이런 비유가 비약일까. 그러니 큰
흐름 안에서 판세를 읽어야 한다.

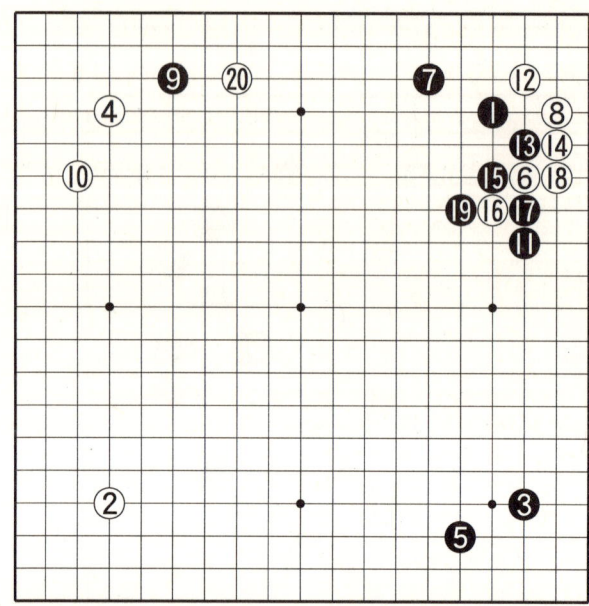

과정 1보

과정 1보(1~20)

화점 소목 포석에서 흑 5로 굳히면 백6으로 걸 치는 경우가 많다. 백8 에 흑9로 걸치고 11의 협공. 상변과 우변을 폭 넓게 사용하려는 발상이 다. 20까지는 익혀두면 유용한 포석 패턴이다.

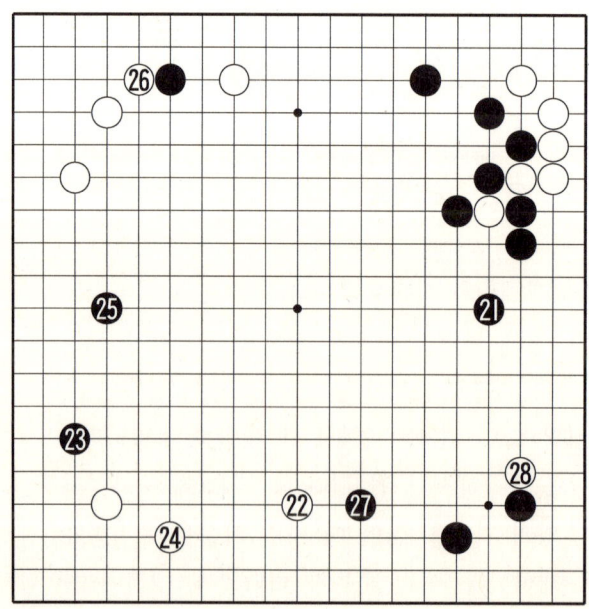

과정 2보

과정 2보(21~28)

흑21은 효율적인 우변 구축법. 백22로 높게 벌 릴지 낮게 벌릴지는 선 택 사항이다.

흑23, 25로 좌변에 터 를 잡고 백26으로 귀를 다스릴 때 흑27로 우하 모양을 확장한다.

백28의 붙임은 홀홀단 신 상대 진영을 파괴하 려는 치열한 전략이다.

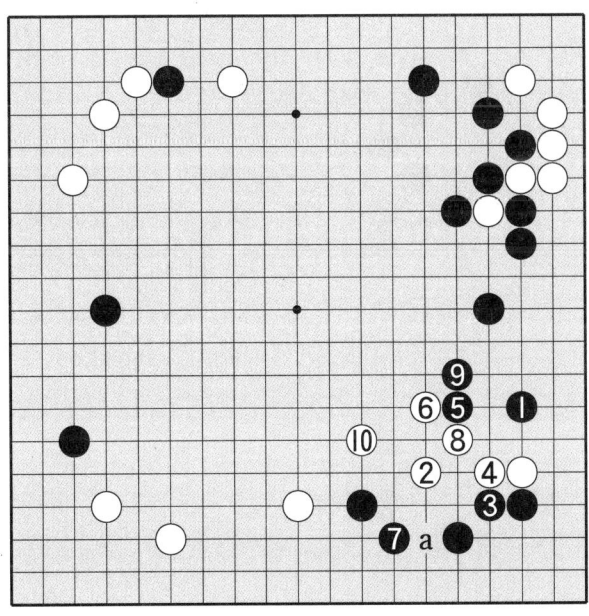

1보

▦ 1보(1~10)

흑1은 우변에 안형을 주
지 않으려는 공격법이
다. 백2는 유연한 행마.
a의 붙임을 노린다.

흑은 3, 5로 상대의 의
도를 거스르며 공격한
다. 10까지 서로 침착한
공격과 타개다.

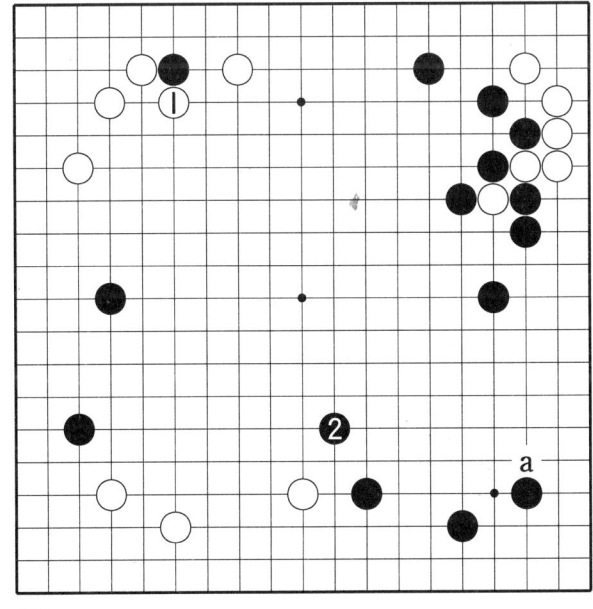

1도

1도(흑, 모양 확장)

애초 백a는 적절한 타이
밍의 붙임이다.

눈앞의 이익만 생각한
다면 백1의 실리가 좋지
만, 흑2로 모양을 더욱
확장하면 침투 타이밍을
놓칠 수 있다. 큰 모양
이 집으로 굳어지면 어
마어마할 것이다.

그러므로 큰 흐름 안에
서 판세를 읽어야 한다.

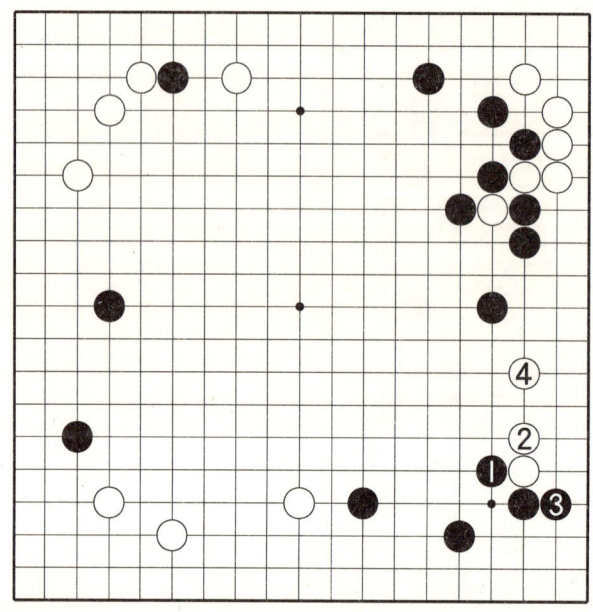

2도

2도(백, 안정)

실전은 우변에 안형을
주지 않겠다는 의도라고
했다.

만일 족보에 있는 대로
흑1, 3으로 귀를 지키면
서 압박하면 백2, 4로 가
볍게 터를 잡는다.

지식을 지혜롭게 살아
있게 하라.

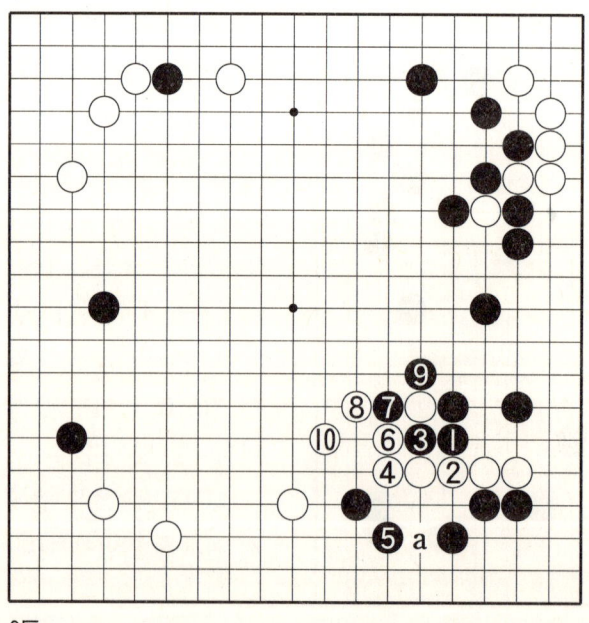

3도

3도(백, 깔끔한 흐름)

실전 백8은 급소 그 전
에 흑은 1, 3으로 급소
를 가격하며 나올 수 있
다. 백4에 a의 약점이 생
기므로 흑5로 지킨다.

10까지 이 모양도 타협
이지만 하변과 이어지는
백의 흐름이 깔끔하여
흑이 피한 듯하다.

262

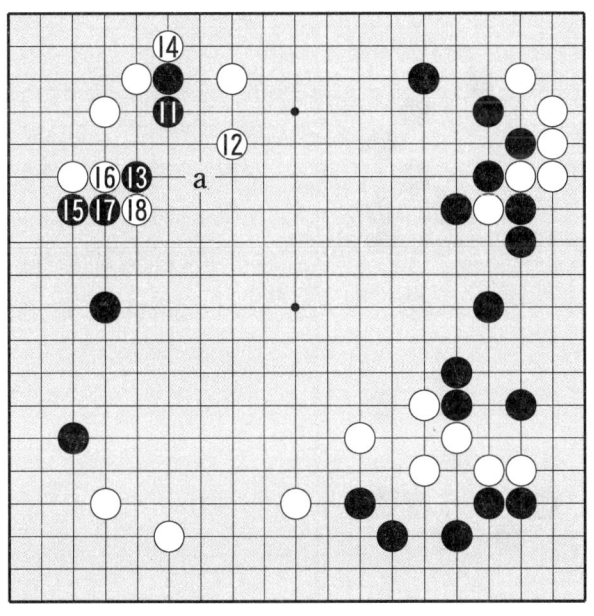

2보

▤ 2보(11~18)

흑11, 13으로 상변 전투를 유도한다. 백14는 귀의 실리를 중시한 선택이다. 모양으로만 본다면 a의 급소 공격도 생각할 수 있다.

손빼고 흑15의 붙임은 기세. 백16, 18은 일단 적을 분산시켜 싸우려는 강공책이다.

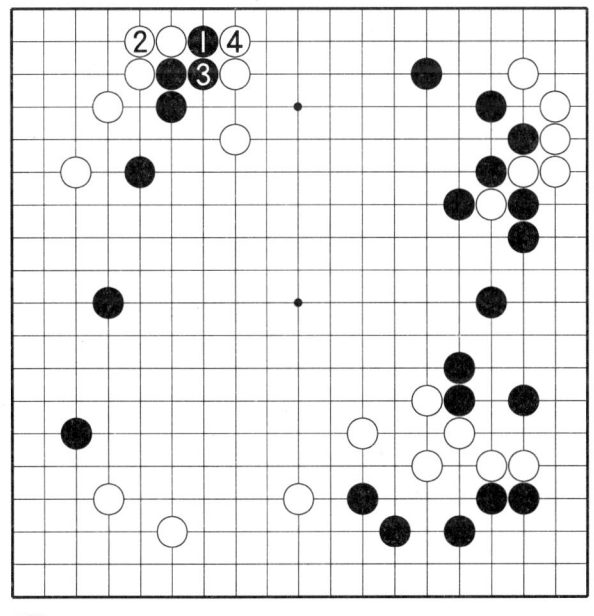

4도

4도(흑, 무거움)

실전 백14에 흑1, 3으로 젖혀잇는 것은 백4로 눌러 흑이 무겁다.

바둑은 상대가 흐름을 타게 하면 재미없다.

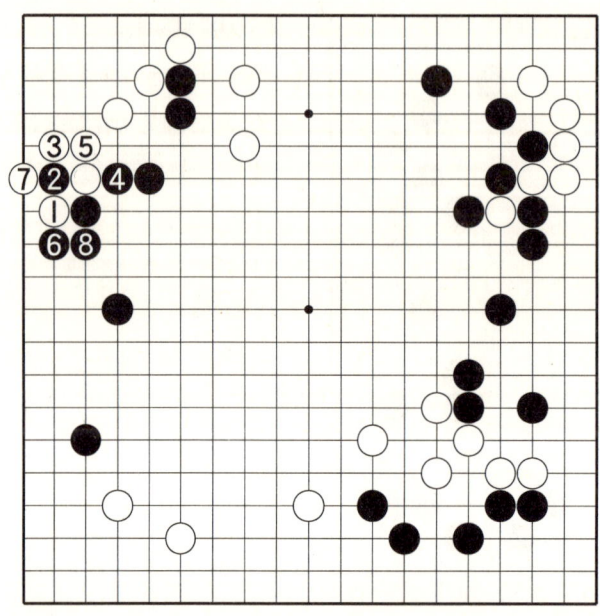

5도

5도(타협)

실전 흑15에 백1이면 타협. 흑2로 끊은 후 8까지의 수법을 익혀두면 도움이 된다.

실전은 이렇게 순하게 두지 않으려는 패기를 느낄 수 있다.

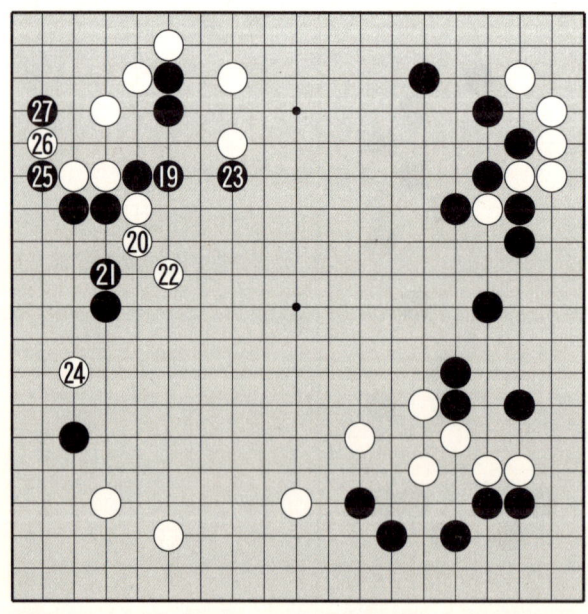

3보

▦ 3보(19~27)

백20, 22는 좀 엉성한 행마지만 상중앙 흑을 봉쇄할 수 없으므로 한발 물러선 수다.

백24의 침입은 좋은 타이밍으로 노림이 있다. 흑25, 27은 그에 대한 대응이며 멋진 수법이다.

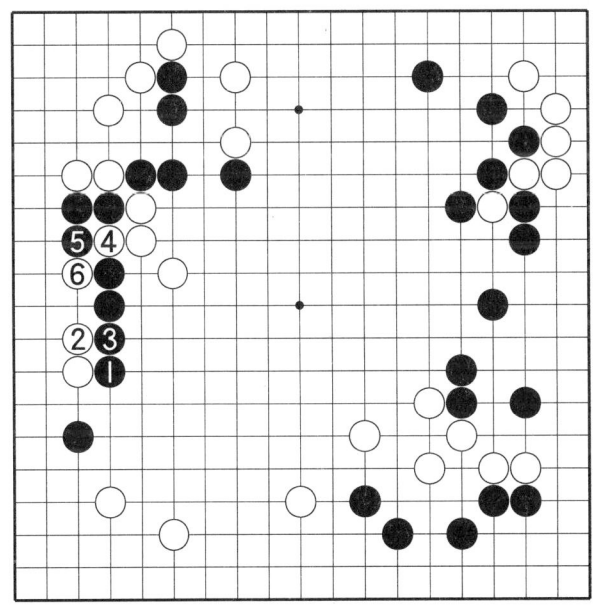

6도

6도(흑, 곤란)

실전 백24에 흑1로 막으
면 백2 이하 6으로 끊는
것이 눈에 뻔히 보인다.
흑이 곤란한 모습이다.

때로는 고정된 사고를
바꿀 필요가 있다.

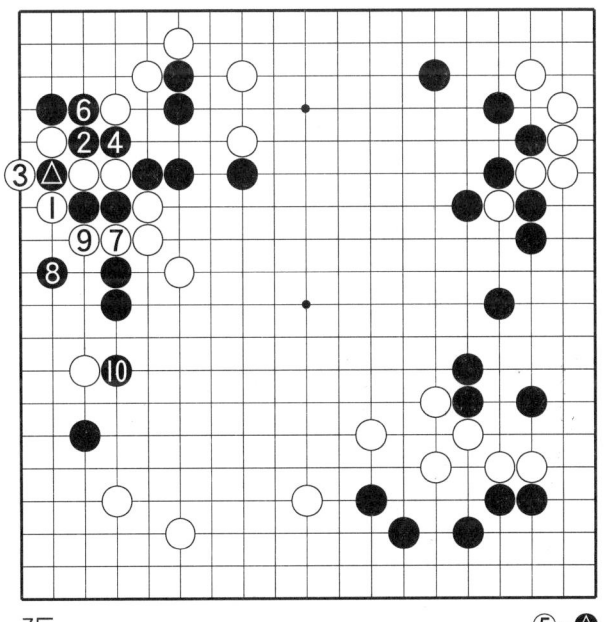

7도　　　　　　⑤‥△

7도(흑, 우세)

실전의 껴붙임에 백1로
잡는 것은 흑2, 4의 돌
려치기가 있다. 이하 10
까지가 예상된다.

바꿔치기 흐름이지만
귀를 접수하고 변도 적
절히 방어한 흑이 단연
우세하다.

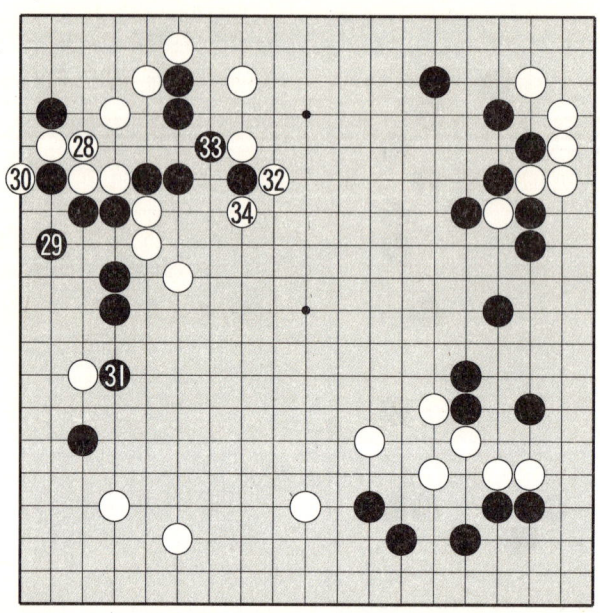

4보

8도

4보(28~34)

그런 이유로 백은 28로
이어 일단 참는다. 흑은
29, 31로 6도의 단점을
탄력적으로 보완하며 좌
변을 방어한다. 타협된
모습이다.

백32에 흑33은 상대가
원하는 흐름을 주지 않
겠다는 뜻이 내포되어
있지만, 보기에도 옹색
하다. 아무튼 백34의 단
수 한방은 기분 좋다.

8도(백, 공격 흐름)

실전 백32에 보통은 흑
1. 그러면 백2, 4의 공격
흐름으로 전개될 것이
다. 실전은 상대에게 그
런 흐름을 주지 않겠다
는 뜻이다.

그래도 이 그림처럼 참
으며 버텨야 했다.

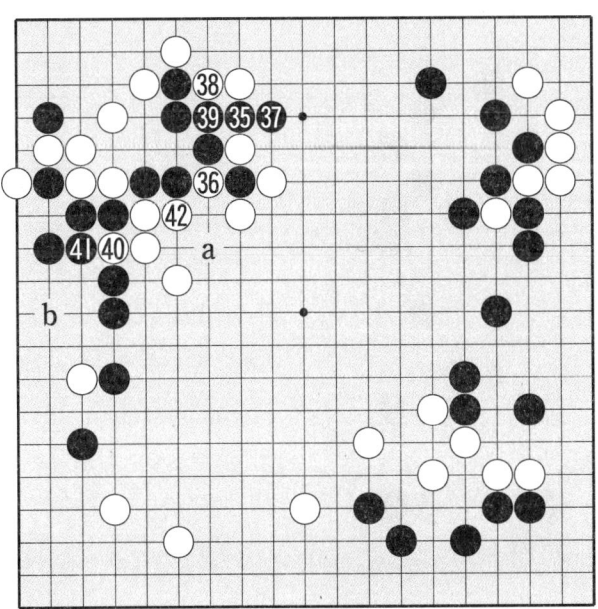

5보

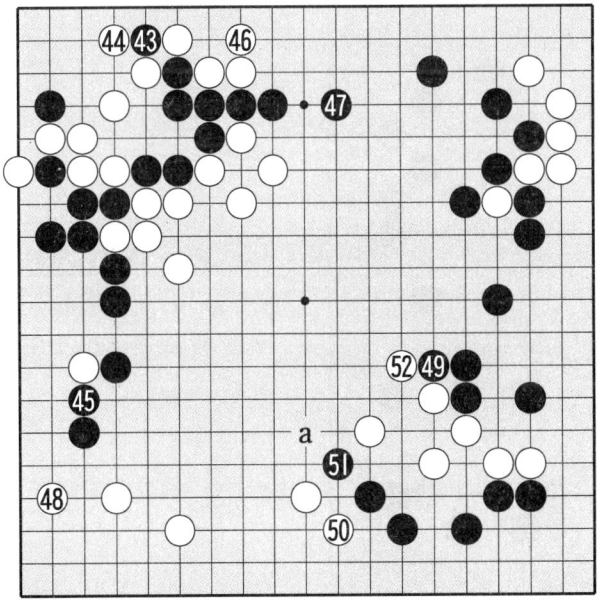

6보

▦ 5보(35~42)

흑은 35, 37로 상변에 진출하는 것이 낫다고 생각했을지 모르지만, 백이 a의 급소를 방어하며 42까지 중앙을 두텁게 정리하니 보기에도 시원하다.

백40의 선수는 자칫 손해가 될 수도 있지만 b의 약점을 노린 것.

▦ 6보(43~52)

흑43으로 하나 응수를 물어두고 45로 좌변을 지킨다. 48까지는 서로 지키는 수순. 흑49의 꼬부림은 상대를 압박하는 중앙 두터운 자리다. 백50은 실리로 큰 곳. 보통은 a로 지킬 곳이다. 상대가 지키지 않으므로 발전자 흑51로 째서 공격하는 것은 당연하다. 백52로 수습해간다.

아무튼 백은 실리를 벌어가며 지키므로 우세한 흐름임에 틀림없다.

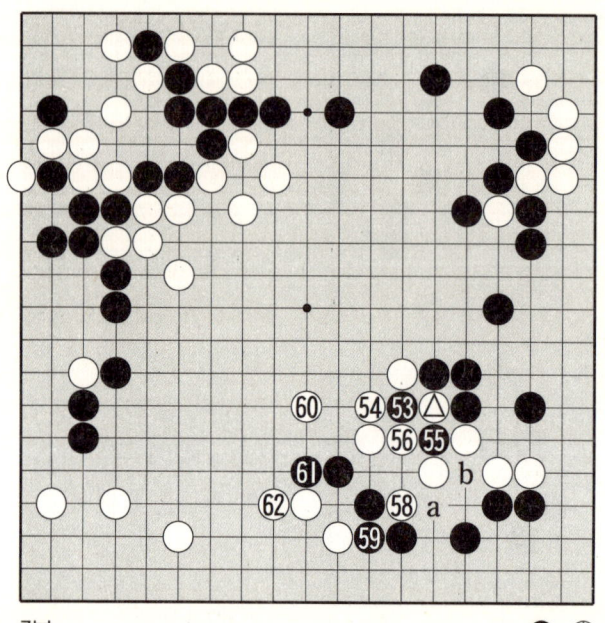

7보

57···△

▦ 7보(53~62)

흑53에 백은 58까지 돌려치며 수비한 후 60으로 진출한다. 정교한 행마법이다.

우변에는 흑a의 단수 후 b로 끊어가는 패맛이 남아 찜찜하지만 흑도 하변이 완전하지 않아 쉽게 결행할 수 없다.

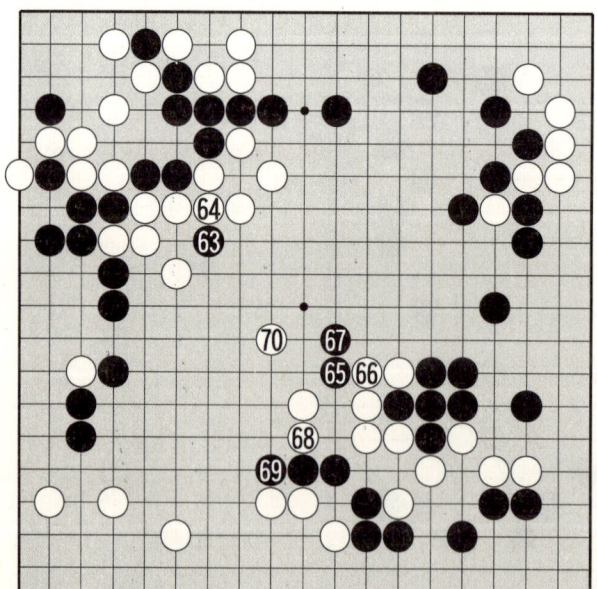

8보

▦ 8보(63~70)

흑63, 65의 공격. 상대를 양쪽에서 몰아가려는 양곤마 전략이다.

집이 부족한 흑은 어떻게든 중앙 공격을 통해 이득을 취해야 한다. 70까지 백은 중앙을 보기 좋게 수습해가는데….

하변에서 묘한 기류가 흐르고 있다.

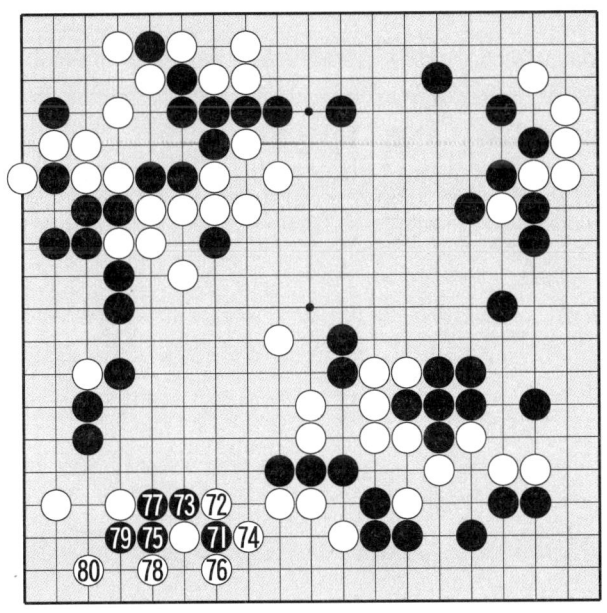

9보

9보(71~80)

흑71의 붙임이 맥점이다. 그동안 두텁게 두면서 노리고 있었다. 백72에 흑73의 맞끊음이 회심의 결정타. 80까지 좌하 백진이 뚫리며 집이 많이 축소되고 있다. 이게 중앙 공격의 효과라 해도 과언이 아니다. 그래도 백은 빵따냄이 있어 중앙에 도움을 주니 아직도 편한 국면이다. 이제는 승부의 추가 중앙 전투에 달려 있다.

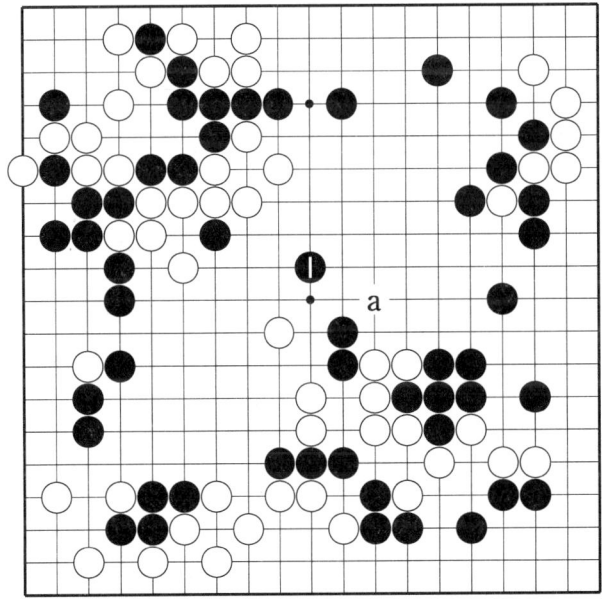

9도

9도(차후 실전)

아직도 흑은 배고픔을 느낀다. 보통이라면 다음 수는 흑a로 지키면서 상대의 약점을 노리는 수비형 공격일 터이다.

차후 실전은 여기에서 승부를 보겠다는 듯 흑1의 압박형 공격으로 시작된다.

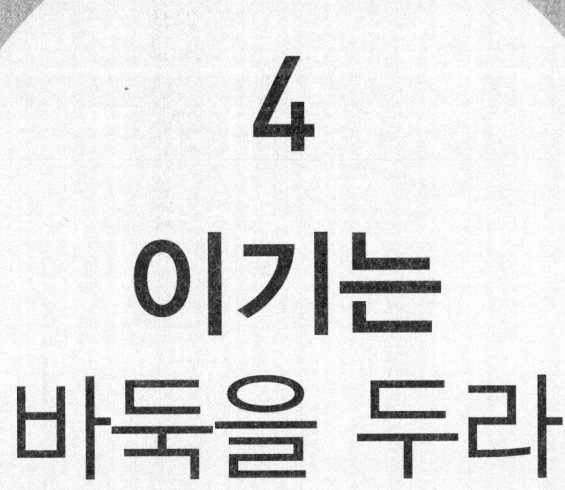

4

이기는
바둑을 두라

물러감으로써
나아가게 하라

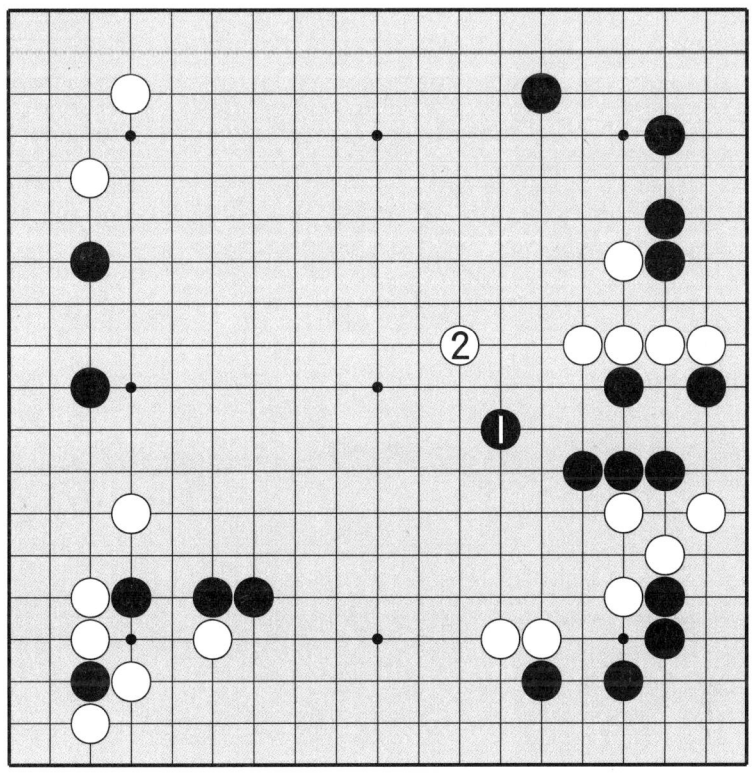

3회 초상부동산배 2라운드(● 천야오예 vs ○ 박정환)

흑과 백 모두 소목인 실리 포석이다. 이를 반영하듯 각자 귀에서 실리를 지켜간다. 그 사이 좌변은 흑이 터를 잡고 있다. 우변이 초점. 백의 벌림이 있었지만, 흑의 침입으로 중앙 전투가 벌어지고 있다. 흑1에 백2의 뜀. 서로 중앙에서 경합하고 있는 장면이다.

바둑은 상황에 따라 나아갈지 물러설지 결정해야 한다. 나아가더라도 몇 발짝 못간다면 오히려 기세가 꺾일지도 모른다. 차라리 물러섬으로써 더 나아갈 추진력을 얻는다면 이게 더 현명한 작전이다. 인생에서도 참았더니 더 많은 걸 얻었던 경험이 있지 않았던가.

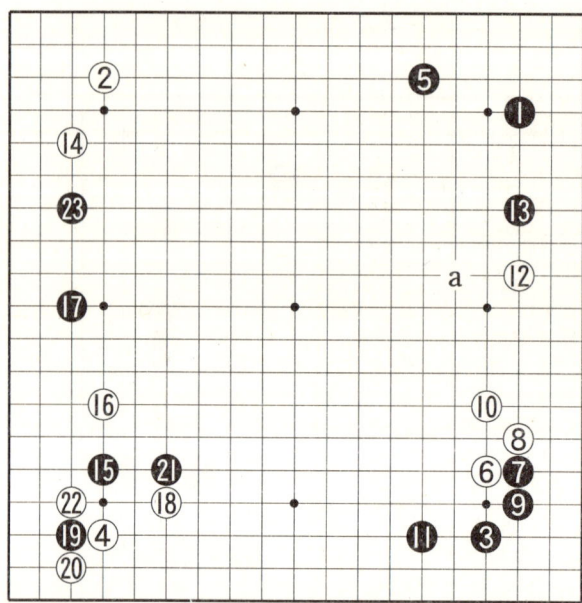

과정 1보

과정 1보(1~23)

백6의 걸침 이하 12까지는 기본 정석이다. 백14의 굳힘으로 우변을 중시한다면 a의 뜀도 있다. 흑15에 백16의 한칸 협공. 좌상귀의 굳힘을 배경으로 적극적인 공격에 나선다.

흑17은 임기응변. 백18의 공격에도 흑19, 21로 잽만 던진 후 23으로 좌변에 터를 잡는다.

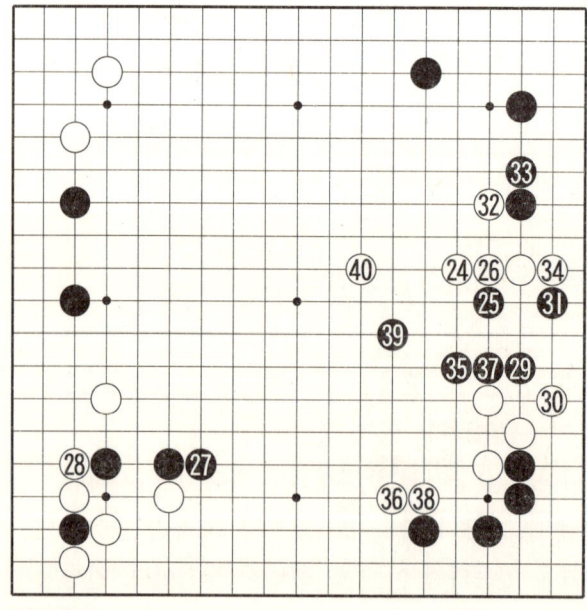

과정 2보

과정 2보(24~40)

백24의 지킴. 흑은 25, 27로 분주히 활용해 둔다. 뭔가 본격 수단에 나설 태세다.

흑29의 침입. 드디어 벼르던 수단이다. 이하 40까지 중앙 싸움으로 확산돼 간다.

수순 중 백36, 38은 모양을 보강하는 행마법. 흑37의 이음도 여기가 튼튼해야 백을 양곤마로 노릴 수 있다.

274

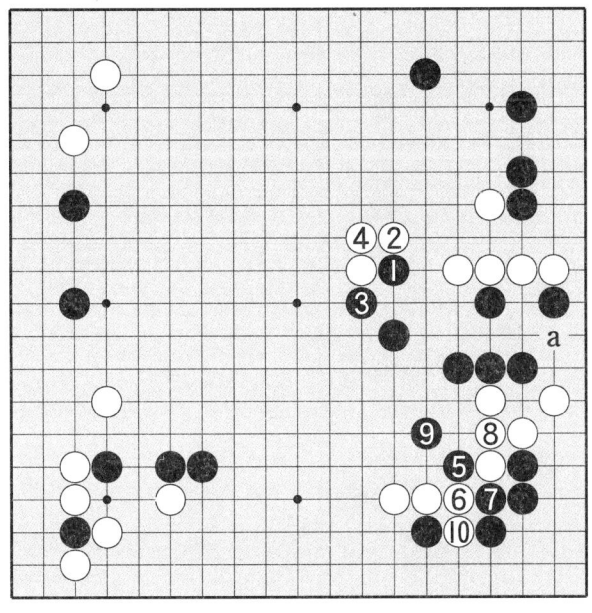

1보

▦ 1보(1~10)
흑1, 3의 중앙 보강은 백 2, 4로 굳혀주는 의미가 있어 내키지 않지만 흑 5~9의 차단을 생각한 수 단이다.

대신 백10으로 뚫으며 하변을 지켜간다. 우변 은 a의 패맛도 있어 완 전히 잡힌 것은 아니다.

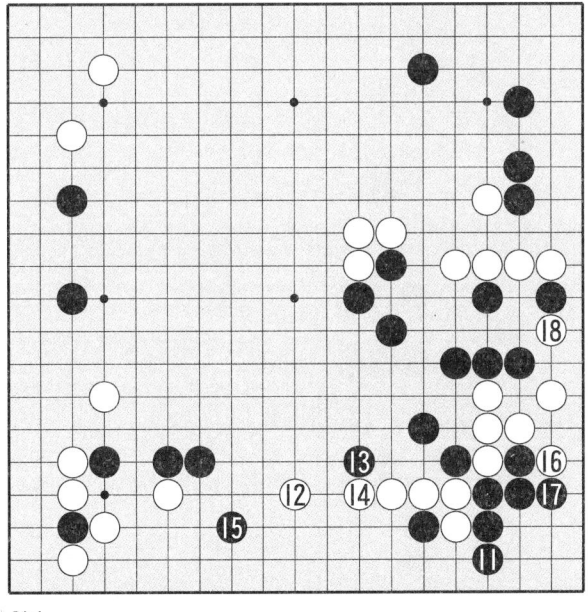

2보

▦ 2보(11~18)
흑11로 귀를 지키며 하 변을 노린다. 백12의 지 킴. 흑13, 15로 계속 공 격해 갈 때 손을 돌려 백16, 18로 우변의 노림 을 결행한다. 하변은 아 직 탄력이 있어, 수습에 는 문제 없다는 뜻이다.

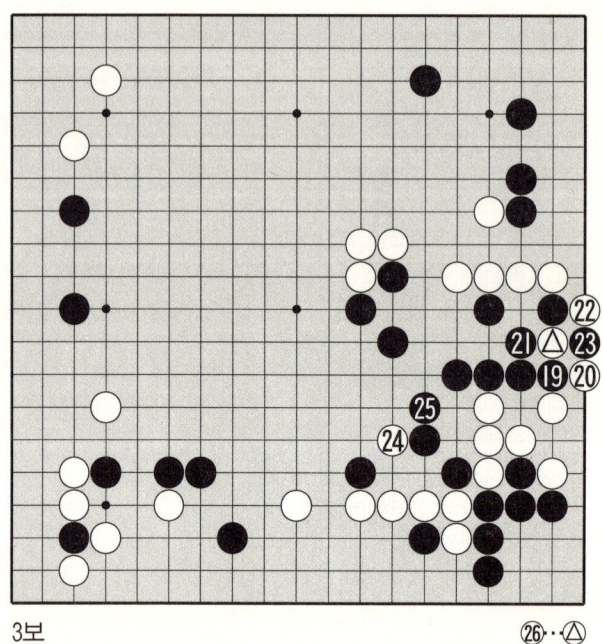

3보

26···△

▦ 3보(19~26)

흑19, 21에 백22로 받아
패. 흑23으로 따낼 때 백
24로 붙이는 팻감이 기
분 좋다. 흑25로 받아야
할 때 다시 백26의 따냄.

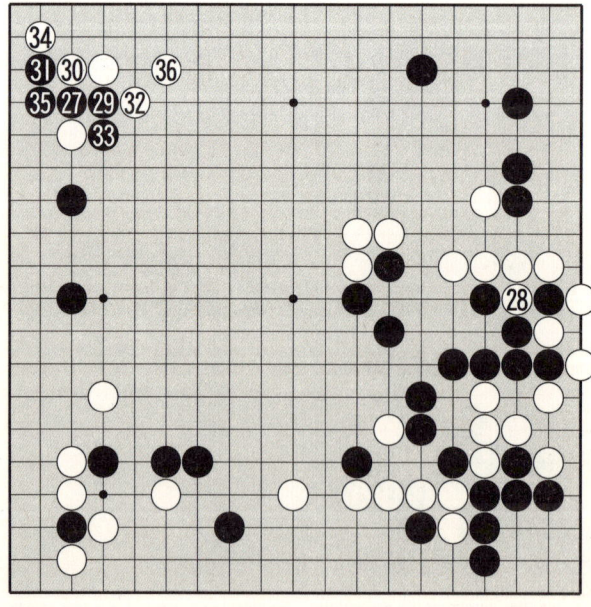

4보

▦ 4보(27~36)

흑은 27, 29로 좌상귀를
관통하는 팻감으로 대항
한다. 이에 백은 28로 패
를 해소한 후 30~36으
로 좌상귀를 튼튼하게
정리한다.

　여기서 실리를 내줬지
만 우변이 안정되며 흑
의 엷은 곳이 많이 노출
되어 약간이라도 백이
편한 국면이다.

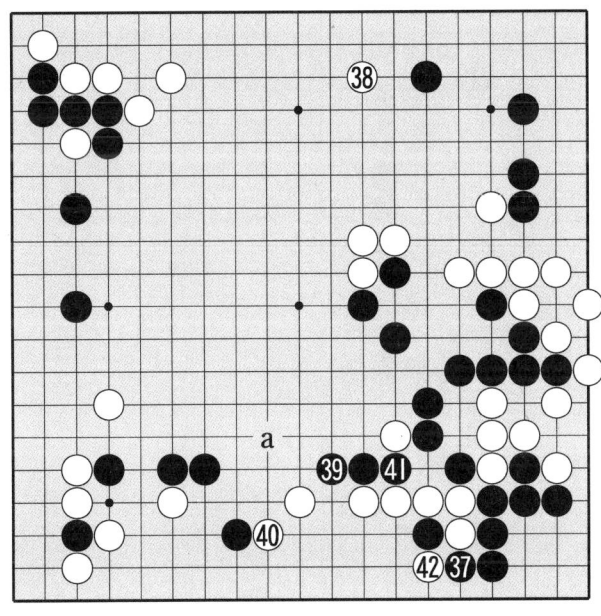

5보

5보(37∼42)

흑37의 꼬부림은 큰 곳. 백의 하변도 노리지만 흑이 거길 당하면 귀도 안심할 수 없다.

백38은 실리를 중시하는 발빠른 수단이다. 달리 a로 중앙에 진출하며 좌하 흑을 노릴 수도 있다. 흑39, 41로 중앙 보강 때 백40, 42로 하변을 지킨다.

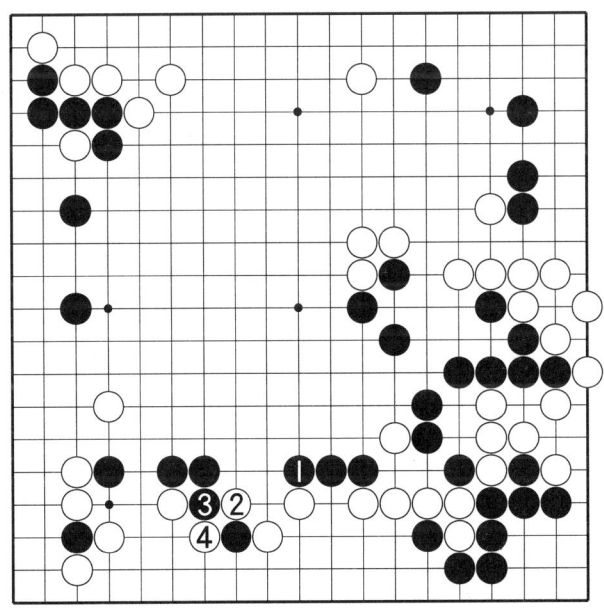

1도

1도(하변 실리 돋보임)

실전 백40 때 부분적으로는 흑1로 누르는 것이 두텁지만 백2, 4로 한점을 잡으면 하변 실리가 돋보인다.

나아가자면 물러설 줄도 알아야 한다.

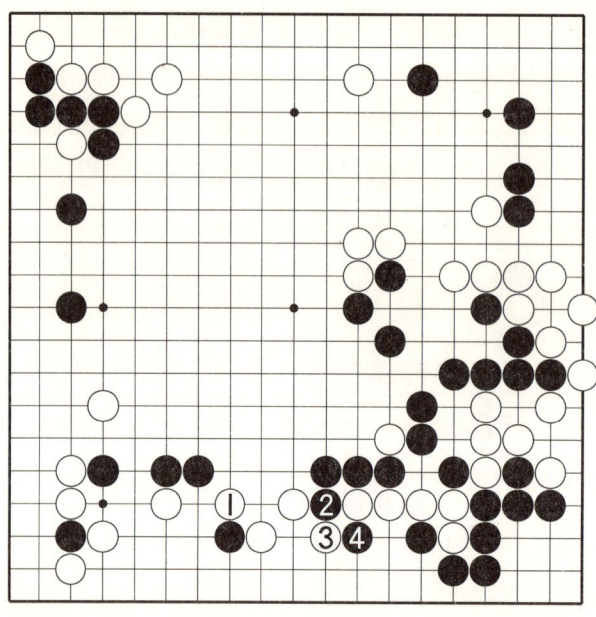

2도

2도(백, 곤란)

실전 흑41에도 백1이면 이번에는 흑2, 4로 끊어 백이 곤란하다.

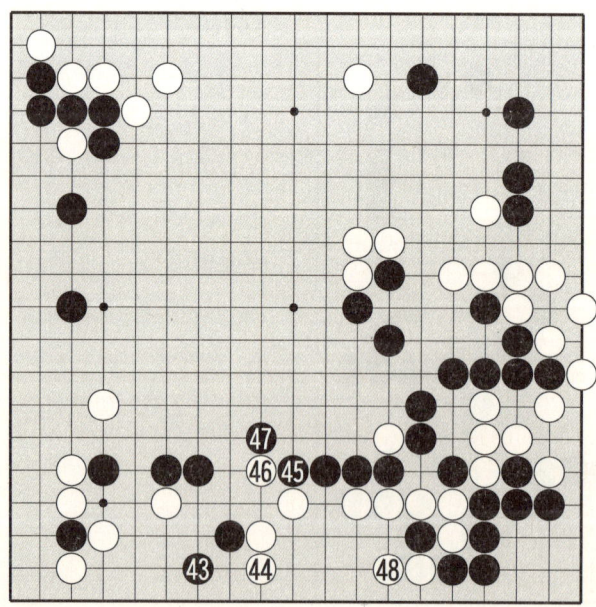

6보

6보(43~48)

흑43은 효율적인 행마. 백44로 하변을 지키자 흑45, 47로 이제야말로 두텁게 틀어막는다. 백 48의 지킴도 예정된 수순이다.

　백은 실리로 앞서 좋다는 태도다. 백이 두터움을 원한다면 44로 45에 밀어가서 흑의 엷음을 노려야 할 것.

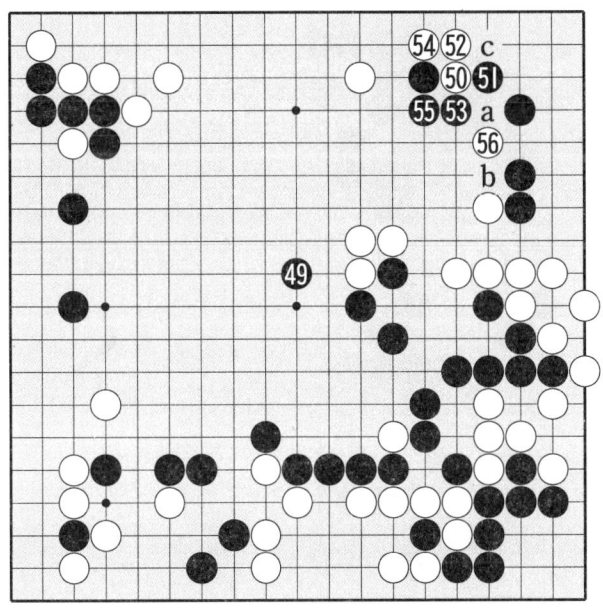

7보

▦ 7보(49~56)

흑49는 중앙 대세점. 모양을 키우며 상대 진영을 제한한다. 대신 백은 50으로 붙이는 맥점으로 눈목자 엷은 귀에 쳐들어간다. 이하 55까지 선수 활용. 그리고 56으로 들여다봐 응수를 묻는다. 흑a로 받으면 그 자체로 활용. b로 반발하면 백c의 맛을 보겠다는 의도다.

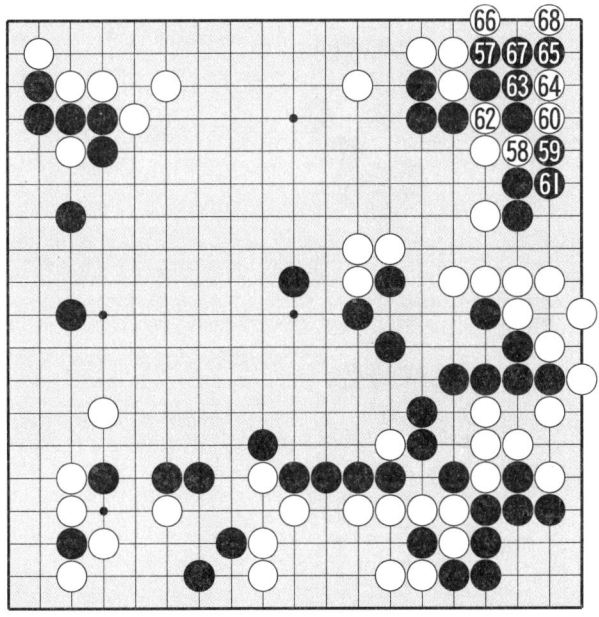

8보

▦ 8보(57~68)

실전은 흑57로 막아 버틴다. 백은 58로 찌른 후 60의 끊음이 모양을 정리하는 수순.

흑61로 이어야 할 때 백62~66을 기분 좋게 선수한 후 68의 붙임이 응수를 묻는 맥점이다.

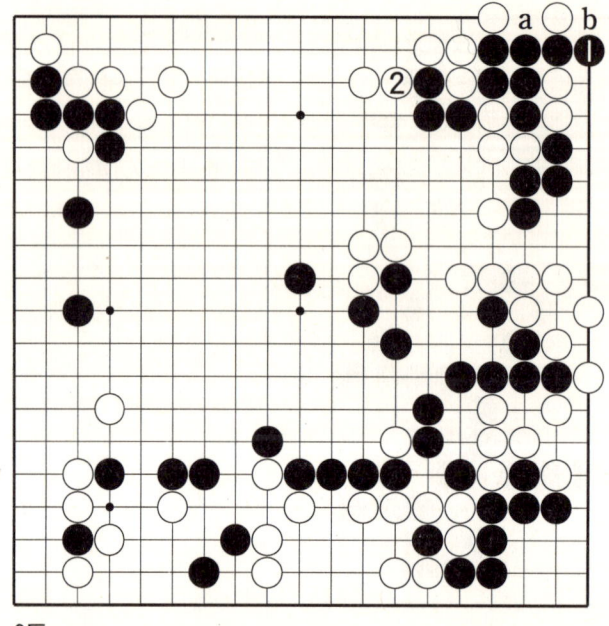

3도

3도(미생)

실전 다음 흑1로 받는 것이 실리로는 이득이다. 다만 백2로 받은 다음 a까지 이으면 귀의 흑이 미생이라는 게 문제다. 백a로 이을 때 흑b는 자충. 그렇다고 백2 다음 흑a는 후수로 대세에 밀린다.

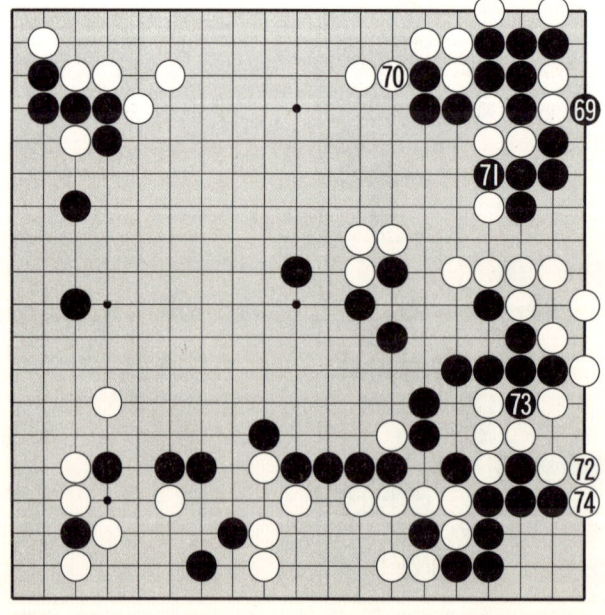

9보

▦ 9보(69~74)

앞 그림의 이유로 흑69, 자체 도생의 형태로 받는다. 그리고 백70에 지킬 때 흑71의 단수.

우하귀를 엿보는 백72의 1선 행마와 흑73의 공배 공격은 무슨 뜻일까. 그리고 백74로 파고 드는데…

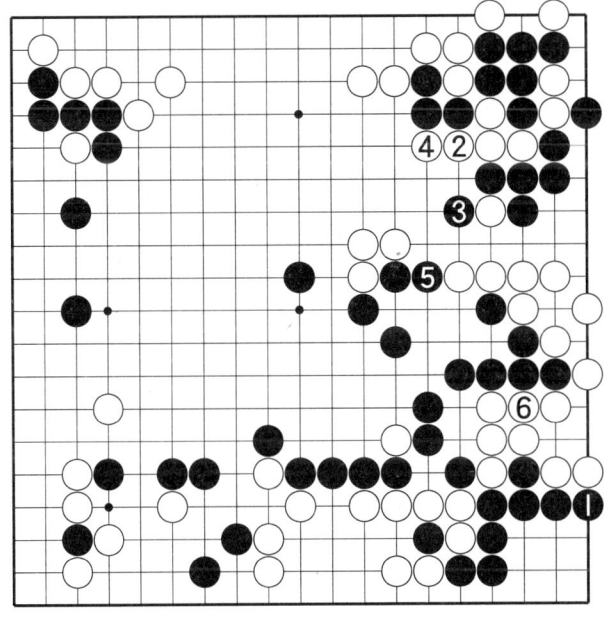

4도

4도(우변 삶)

실전 백72는 모종의 준비 공작.

만일 흑1로 지키면 백2로 석점을 살리려는 데 숨은 의도가 있다. 그럴 경우 흑3, 5의 차단이 두렵지만 백6으로 옥집을 면하며 우변 대마가 산다. 앞서 준비 공작 덕분이다.

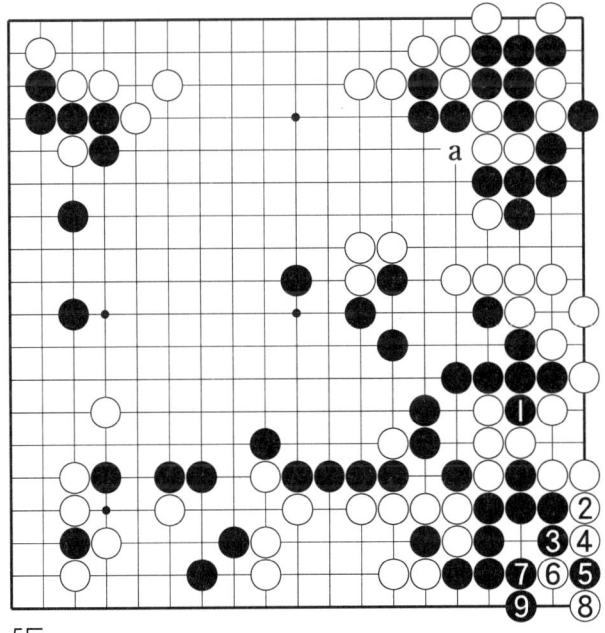

5도

5도(석점 탈출 불가)

따라서 흑도 실전처럼 옥집을 유도하는 1이 난국을 푸는 열쇠다. 백2, 4로 파고들 때 흑5의 젖힘이 묘수. 여기까지 읽어야 해결된다. 백6, 8로 잡을 때 흑9. 그러면 백이 a로 나가지 못한다.

물론 귀의 집은 다 깨지지만 목적은 우상 백석점의 포획에 있다.

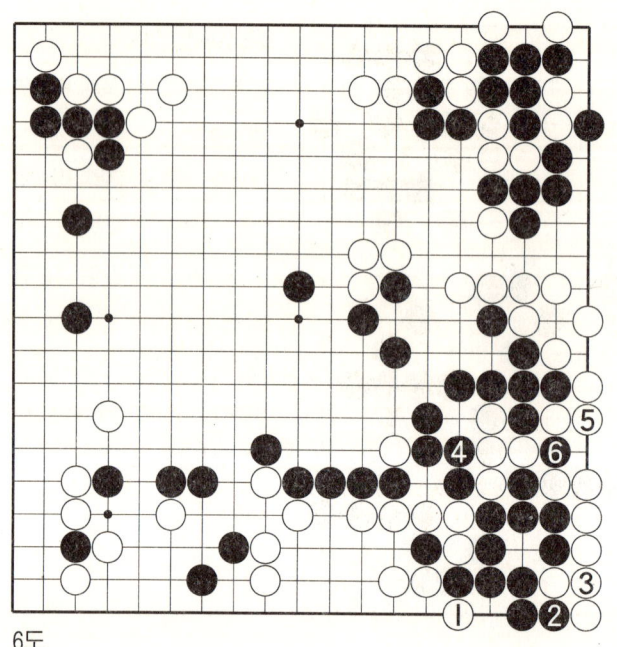

6도

6도(촉촉수)

사족이지만 계속해서 백 1로 귀를 잡으려는 것은 흑2, 4 다음 6의 먹여침 이다. 촉촉수를 확인하 기 바란다.

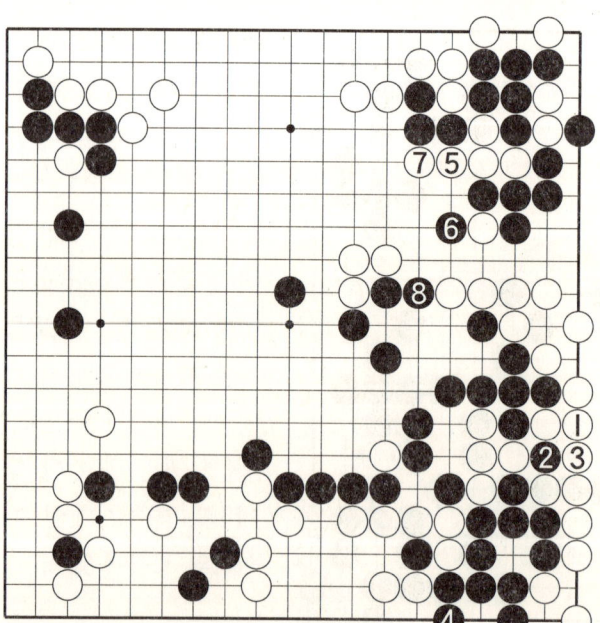

7도

7도(대형 묘수풀이)

우하는 백1에 흑2로 옥 집을 만든 후 4로 사는 정도다. 대신 백5로 탈 출할 수는 없다. 흑6, 8 로 차단되면 이번에는 옥집이 있어 백 대마가 사망한다.

　우상 백 석점의 생사를 둘러싸고 일종의 대형 묘수풀이를 감상한 셈.

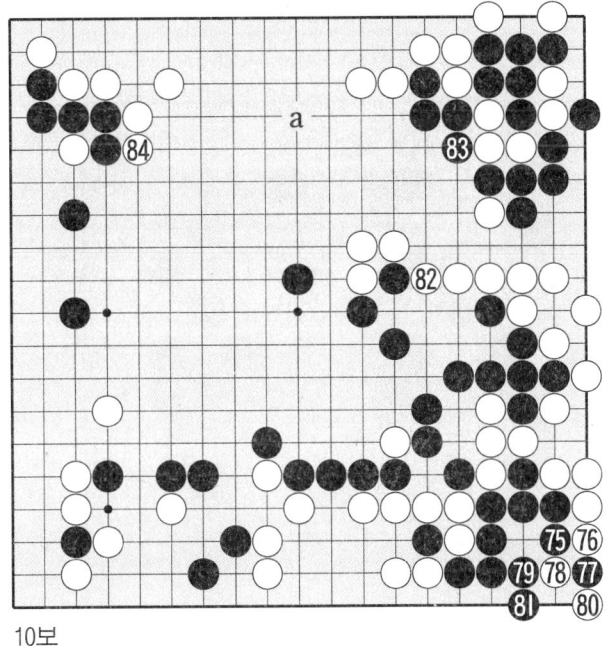

10보

10보(75~84)

실전도 역시 흑75~81로 간신히 살아간다. 대신 백82로 보강할 때 흑83으로 석점을 잡을 수 있다. 다음 백84로 두텁게 밀어간 장면이다.

앞으로 흑은 상변 침투를 연구할 대목. 백a로 지키는 날에는 흑이 완전 집부족증에 걸린다.

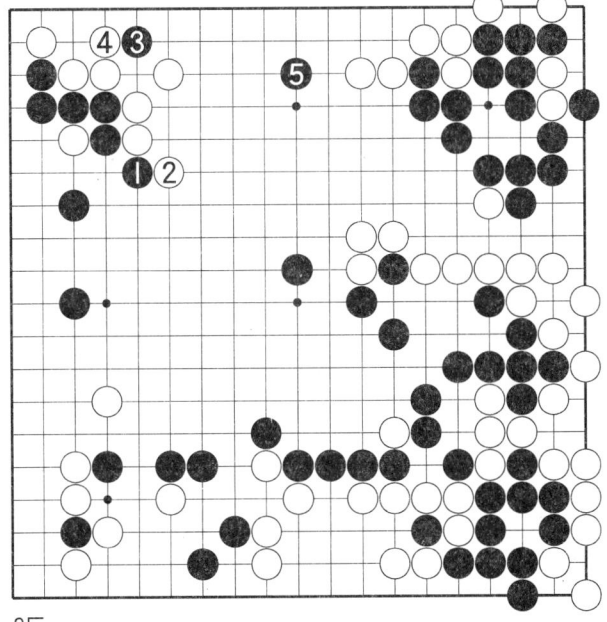

8도

8도(차후 실전)

다시 형세를 살펴본다. 흑이 우상 석점을 잡았지만 우하귀가 깨진 것도 상당하다. 아직은 백이 편한 국면이다.

그런 배경에서 차후 실전은 흑5의 침투부터 시작된다. 그 전에 1, 3의 응수타진. 앞으로 전투에 활용하려는 의도가 있다.

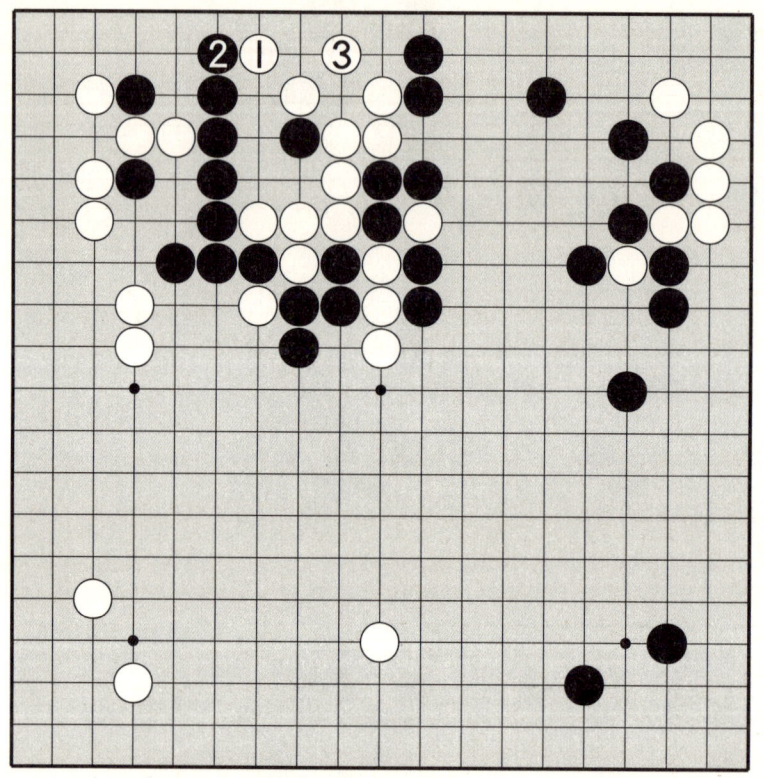

18회 GS칼텍스배 결승3국(● 김지석 vs ○ 이세돌)

흑은 우변, 백은 좌변에 터전을 두고 있다. 우상귀와 하변으로 백은 진입한 상태다. 이를 의식한 듯 흑은 상변에 침투한 백말에 대해 총 공세를 펼치고 있다. 흑이 주도권은 잡고 있지만 외곽에 단점이 있어 신경 쓰인다. 그러므로 백말을 더욱 옥죄는 중이다. 백1, 3으로 살자 고 한 장면.

바둑은 생사가 걸린 급박한 전투에서도 깊은 수읽기를 통해 나설 때와 굽힐 때를 탄력적으로 판단해 가야 한다. 판의 승세를 다지는 지혜는 여기서 나올 것이다.

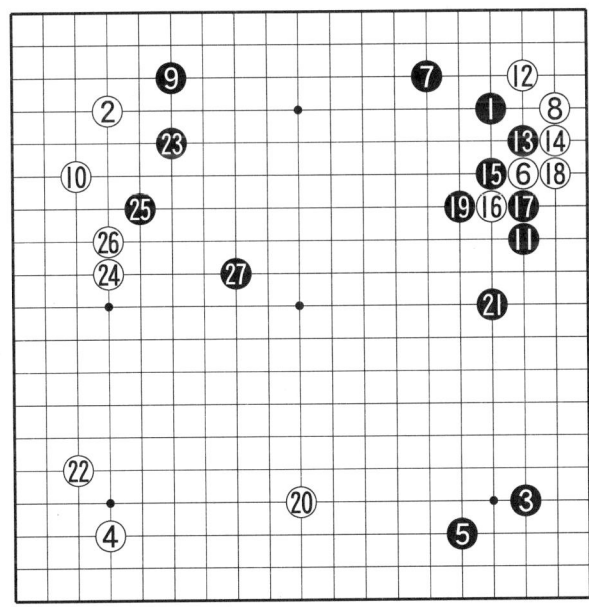

과정 1보

과정 1보(1~27)

백6, 8로 걸치고 달릴 때 좌상귀 흑9로 걸친 후 11의 협공은 우하 소목 굳힘에서의 상용 수단이다. 이하 21까지는 정석을 동반한 상용 포석. 백 22, 24로 좌변을 굳히자 흑은 23으로 기둥을 세운 후 25, 27로 상변에서 중앙으로 폭을 최대한 넓힌다. 상대를 끌어들여 한바탕 싸우려는 뜻도 있다.

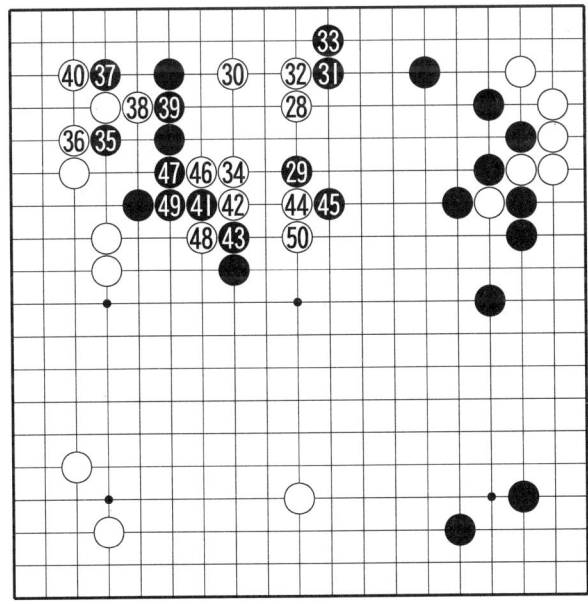

과정 2보

과정 2보(28~50)

백28의 침입. 더는 참을 수 없다는 뜻. 흑29의 공격은 모양에 구애받지 않는 정공법이다.

이후 34까지 치열한 공방인데, 여기서 흑은 35~39로 뒤를 정리한 후 41로 씌워 공격을 속행한다. 백은 50까지 중앙에 머리를 내밀며 타개해 간다.

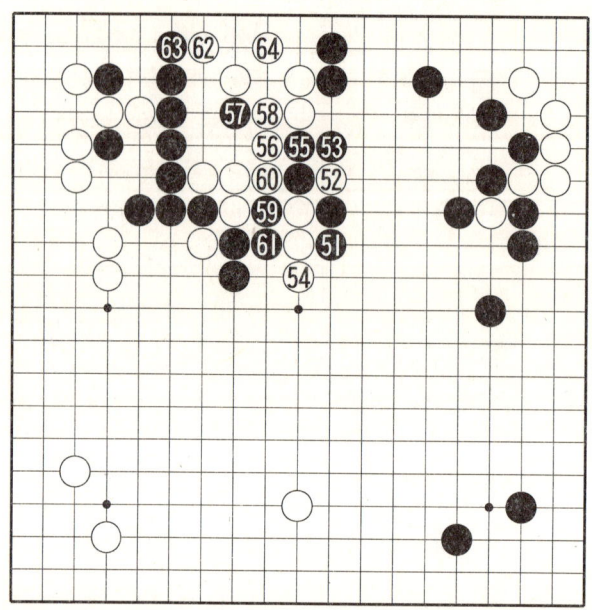

과정 3보

과정 3보(51~64)

흑51에 백52, 54는 수순. 그래야 흑55로 잇는 사이 백56으로 버틸 수 있다. 흑57, 59로 치열하게 끊어간다. 61까지 중앙은 차단이지만 백은 62, 64로 안형을 갖추며 최대한 버틴 장면이다.

그런데 나중에 안 사실이지만, 백64는 흑의 포위망을 헤쳐나가는 좋은 길이 있었다(참고도).

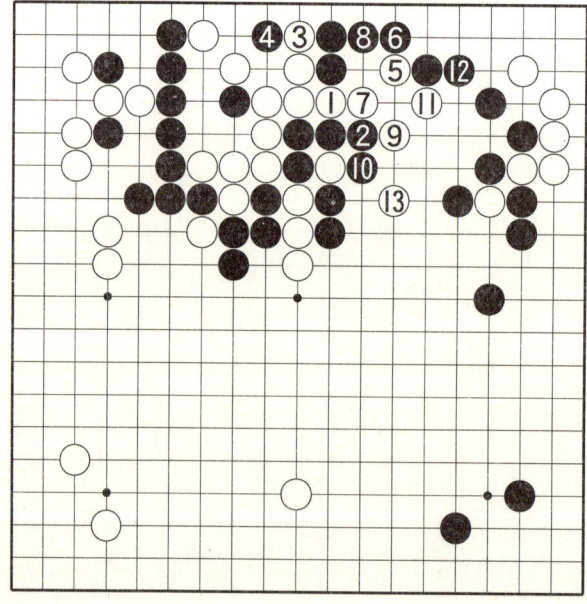

참고도

참고도

우선 1의 단수 후 3으로 막는다. 흑4로 잡으러 올 때 백5, 7이 좋은 수순. 흑8로 지키면 그 다음은 어렵지 않다. 13까지 흑의 공배를 이용해서 포위망을 헤치며 밖으로 나올 수 있다. 흑의 공격 실패로 백의 유리한 국면이다. 그 과정에서 몇몇 수단을 검토할 수 있지만, 여기는 이런 흐름만 이해하기 바란다.

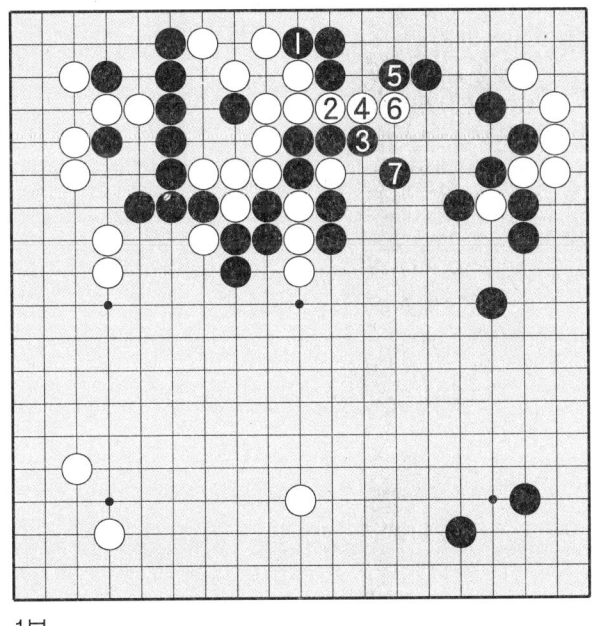

1보

흑1의 파호. 상변 백말
을 쉽게 살려주면 흑의
집부족. 따라서 집요하
게 물고 늘어지는 중이
다. 백은 일단 2~6을 선
수하여 흑집을 잠식해
놓는다.
 이제 정말 백은 대마로
커져 잡히면 끝장이다.

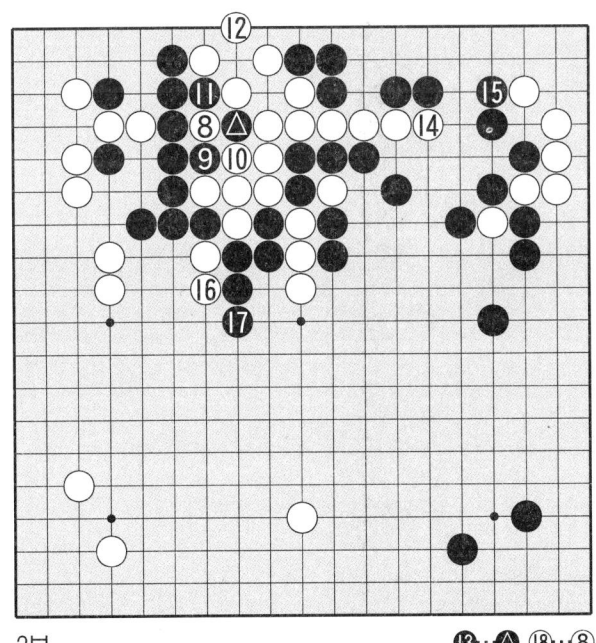

2보   ⑬··▲ ⑱··⑧

■ 2보(8~18)
다행히 백은 8~12로 패
의 길을 찾는다. 흑 진
영에서의 패이므로 나쁘
지 않다. 흑13의 따냄.
백은 14, 16을 선수한 후
다시 18의 따냄이다.

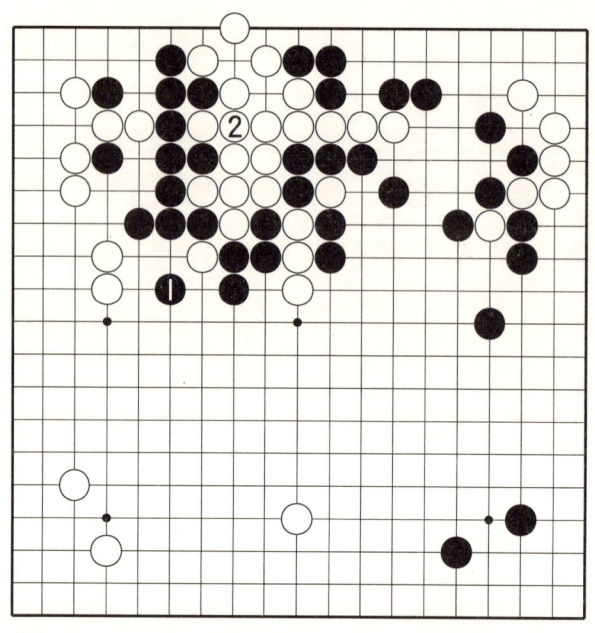

1도

1도(흑, 재미 없는 타협)
실전 백12로 한 눈을 낼 때 흑1로 잡으면 백2로 이어 타협이지만, 상변 흑집이 다 깨진 모습이므로 흑이 재미없는 결과다.

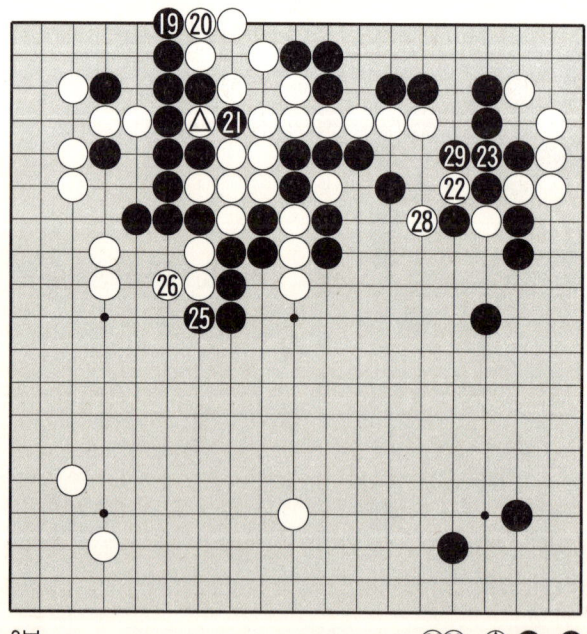

3보

⧆ **3보**(19~30)
패싸움이 치열하다. 흑 19, 25의 팻감에 백은 22, 28의 팻감으로 대응한다.

생사가 오고가는 고도의 수읽기 싸움이다. 집 중력을 잃으면 안 된다.

㉔㉚‥△ ㉗‥㉑

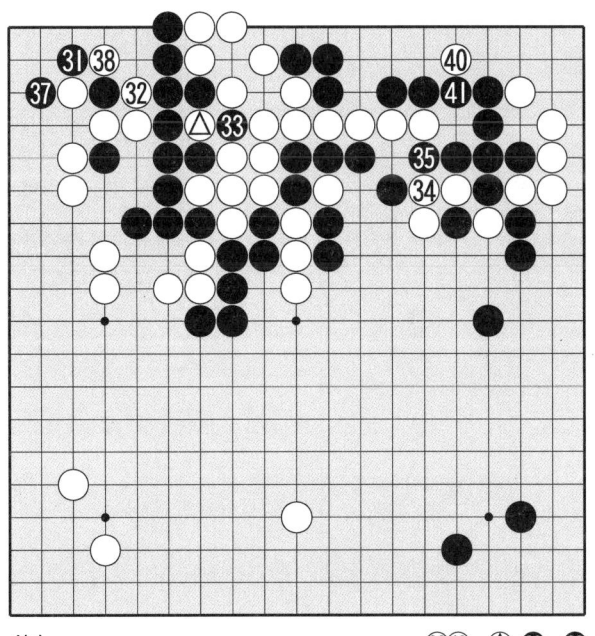

4보

36 42 · · △ · 39 · · 33

▦ 4보(31~42)

흑31로 젖혀 팻감을 만들어낸다. 백32는 강수지만 과욕에 가깝다. 이 수는 33으로 이어 타협이 정수다.

다시 42까지 집요한 패싸움. 수순 중 백40은 기분 좋은 팻감이다.

상대를 이기려면 적당한 선에서 타협할 줄 알아야 한다. 때에 따라 굽히는 지혜도 필요하다.

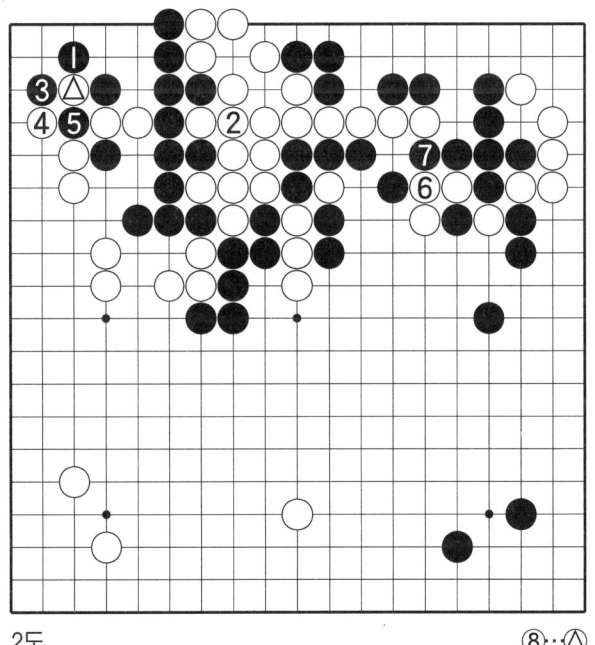

2도

8 · · △

2도(꽃놀이패)

흑1의 팻감에 백은 2로 이어 대마를 살릴 타이밍. 흑3에 백4로 여기서 다시 패싸움이지만 이번에는 장대 흑말이 걸린 백의 꽃놀이패다.

팻감은 실전처럼 백6부터. 그럼 아무래도 백의 우세한 흐름일 것이다.

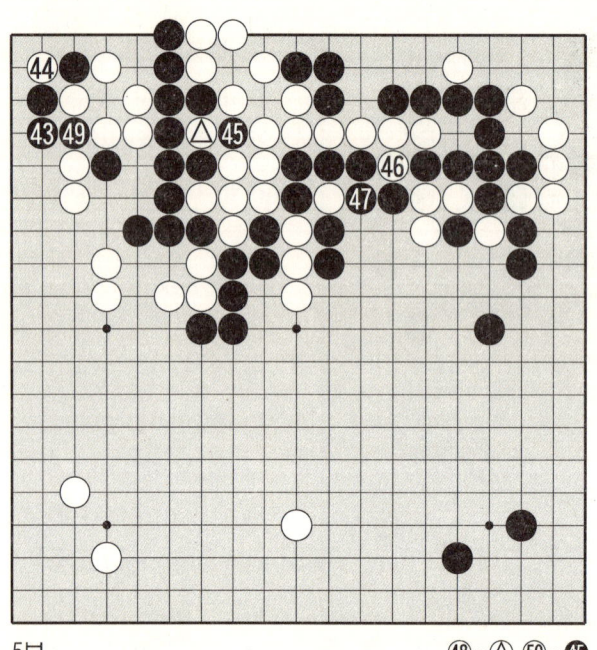

5보

48···△ 50···45

5보(43~50)

계속되는 패싸움. 흑43
과 백46의 팻감을 교환
하고, 다시 흑49의 팻감
을 쓸 때 백은 50으로
이어 대마를 살린다.

좌상 방면에 팻감이 의
외로 많아 더 이상 버티
기 어렵다는 뜻이다.

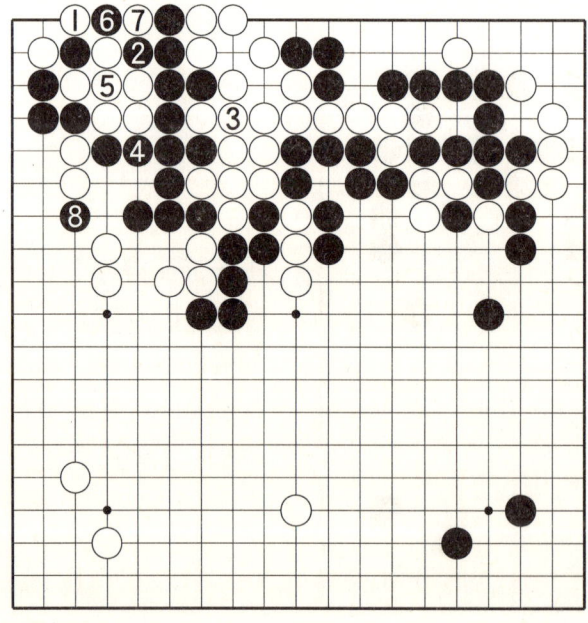

3도

3도(패를 속행해도)

실전 흑49의 팻감에 백
1로 따내 패를 계속 속
행해도 차후 흑2의 팻감
에는 더 이상 버틸 여력
이 없다.

결국 백3의 이음. 흑4
다음 6으로 패를 건 후
8로 붙여가면서 팻감을
쓰면 이곳 맛이 고약하
여 백이 점차 수렁에 빠
질지도 모른다.

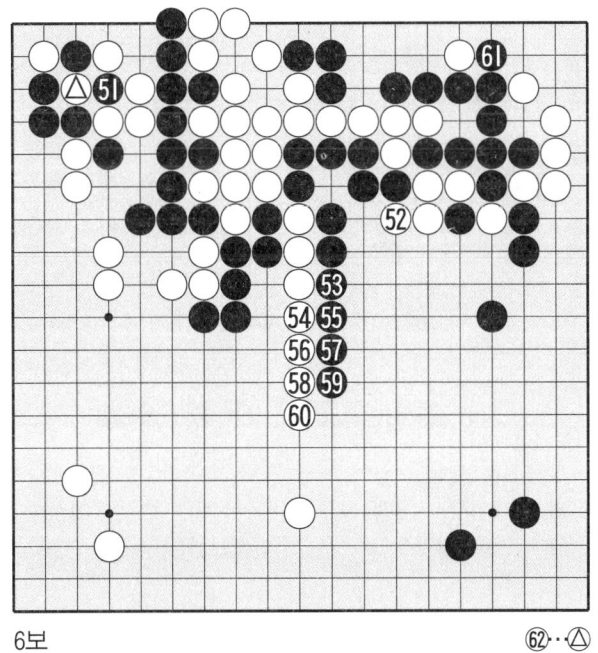

6보

62···△

6보(51~62)

흑51의 따냄. 백52는 팻 감이지만 흑53에 밀 때 좌상귀를 따내지 않고 54로 뻗는다. 이하 60까 지는 서로 기세. 흑61은 귀의 백을 잡는 수단까 지, 실리로 상당하여 버 틴 수다. 다시 백62로 따 내며 패는 지속된다. 이 렇게 패를 하면서도 대 세를 놓쳐서는 안 된다.

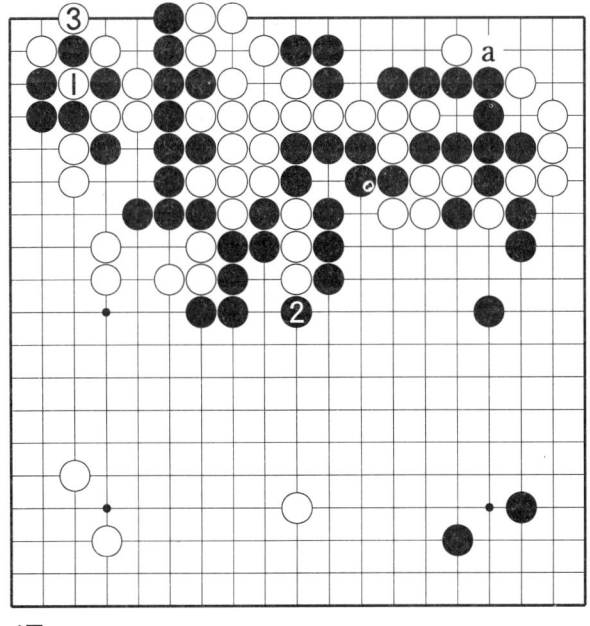

4도

4도(흑, 충분)

실전 백54의 뻗음. 이 수 로 1의 따냄이면 흑2로 잡아 버틸지도 모른다. 다음 백3으로 따내 흑의 장대 돌을 포함하여 좌 상 일대를 접수할 수 있 지만 후수다. 흑은 a가 맛좋은 선수성. 중앙도 실리를 챙기며 두터워 충분히 대항할 수 있다.

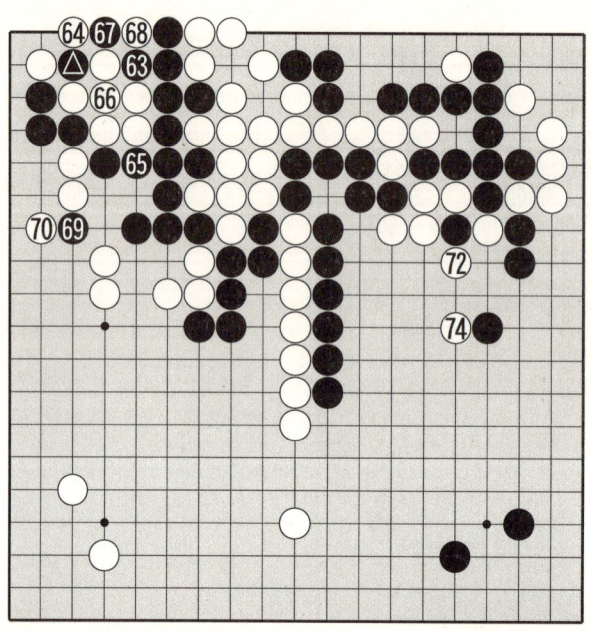

7보

⑦…⑰ ⑱…△

7보(63~74)

흑63, 65로 쬔 후 67의 패. 그리고 69로 붙여 기교를 부리며 팻감을 쓴다. 패가 이동하고 있지만, 역시 같은 지역이다. 백70에 흑71의 따냄.

이제 백은 당장 눈에 띄는 팻감이 없다. 여기서 백은 고심 끝에 좌상귀를 내주고 72, 74로 갇힌 돌에 수단을 부려간다. 백은 좌측 모양이 크고, 우변 일단에 숨을 불어넣으면 중앙 흑의 장대 돌도 불완전하다는 데 위안을 둔다.

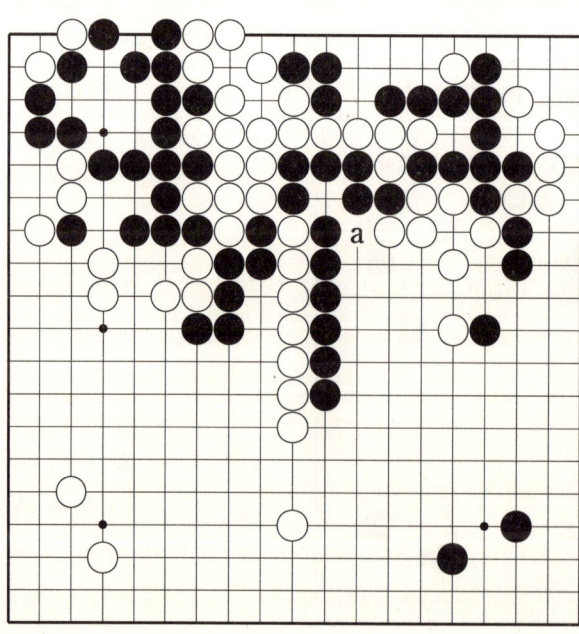

5도

5도(단수를 안한 이유)

그나저나 a의 단수는 왜 안 쳐둘까. 팻감으로도 쓸 수 있었을 텐데. 그래도 팻감은 흑이 많지만. 그 이유는 차후에 밝혀진다.

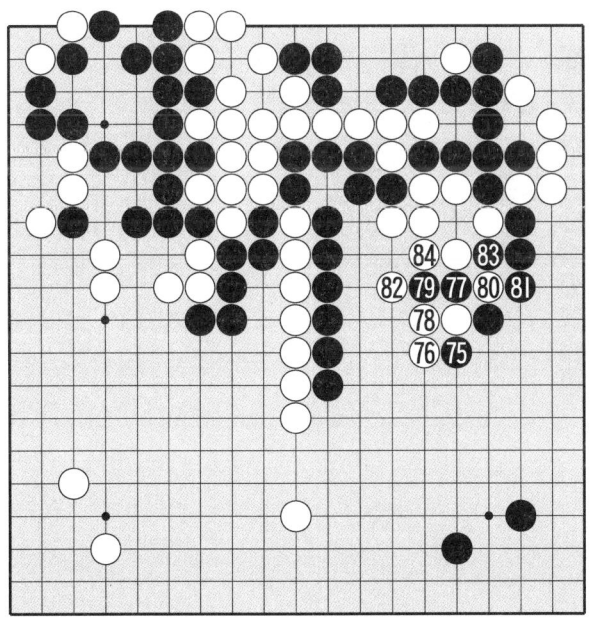

8보

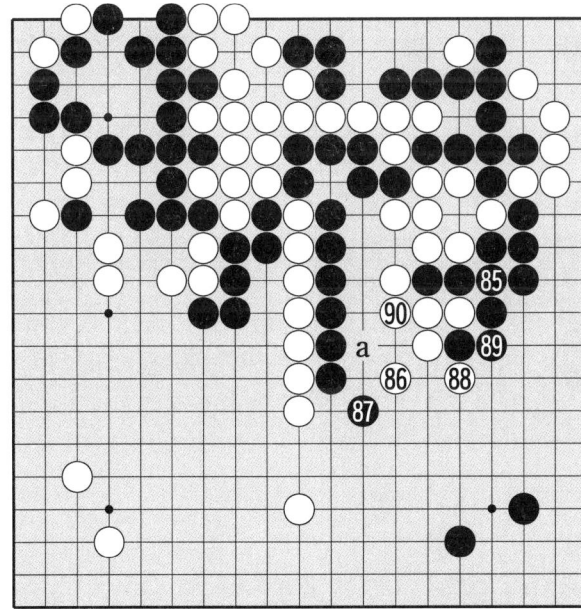

9보

8보(75~84)

흑75에 백76의 이단젖힘. 행마법이다. 흑77, 79로 약점을 파고들 때 백80, 82로 미리 끊어두고 막는 것이 수습의 맥점이다. 그래야 흑83에 백84를 선수할 수 있다.

9보(85~90)

흑85로 이을 때 백86으로 모양을 잡는다. 일단 백 전체가 연결된 모습. 흑87로 나올 때 백88 다음 90으로 이은 장면이다. 백90은 후수지만 두터운 수단이다. 사활 관계상 a의 후수 한 집도 보고 있다.

오밀조밀한 곳에서 서로 몸싸움을 마다하지 않지만, 한수만 삐끗해도 승부가 어느 한쪽으로 기울지 모른다. 서로 몸조심하여 두고 있다.

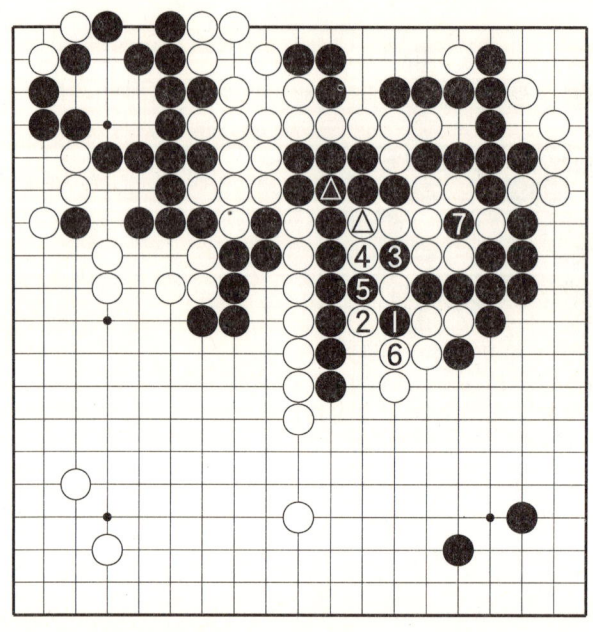

6도

6도(촉촉수)

그러고 보니 5도에서 제기한 a의 단수를 안 쳐둔 이유.

백△와 흑●가 교환돼 있다면 실전 백86의 시점에서 흑1, 3의 맥이 있다. 백4에 흑5, 7이면 촉촉수. 다 그런 이유가 있었다.

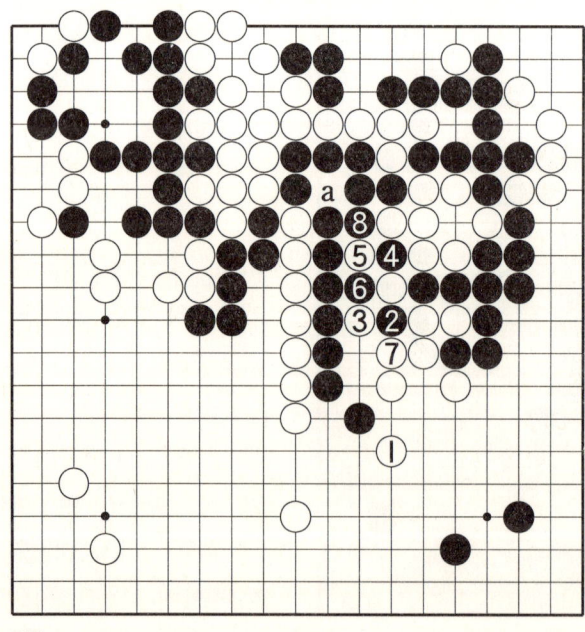

7도

7도(백, 강공책)

실전 백90은 언뜻 의외의 수. 1로 잡으러 가는 수는 없을까.

강공책이지만 쉽지는 않다. 흑은 2, 4로 끊고 먹여친다. 그리고 백5에 흑6, 8로 뒤를 조여간다. 그러면 자연스레 a의 한 집은 확보

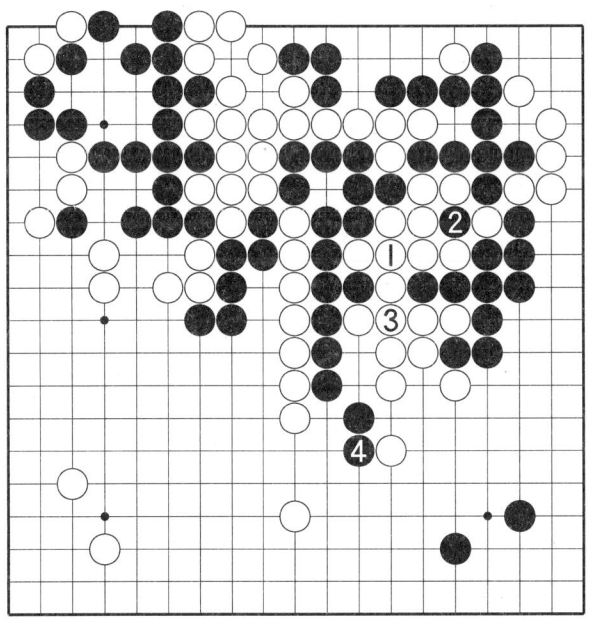

8도

8도(백도 떨림)

계속해서 3까지 조인 후 흑4로 밀어가면 백도 자체 약점 때문에 흑 대마를 가두기가 만만치 않다. 그리고 백은 자연스럽게 후수 한 집도 사라진다. 이건 백도 떨린다. 피하고 싶었을 것이다.

9도(차후 실전)

앞으로 이 바둑은 우중앙 전투가 초점. 타협이 된다면 누가 선수를 잡느냐도 중요하다. 전국을 살펴보면 흑a로 잡는 맛이 실리로 크다. 무엇보다 좌하 백 진영이 너무 넓다. 다 집이 되면 끝장. 흑은 우중앙 백 대마를 살려주더라도 좌하에 먼저 침투할 연구가 필요하다.

이런 배경에서 차후 실전은 흑1의 공격부터. 백은 이제 아낌없이 2를 선수한 후 4의 붙임으로 타개가 시작된다.

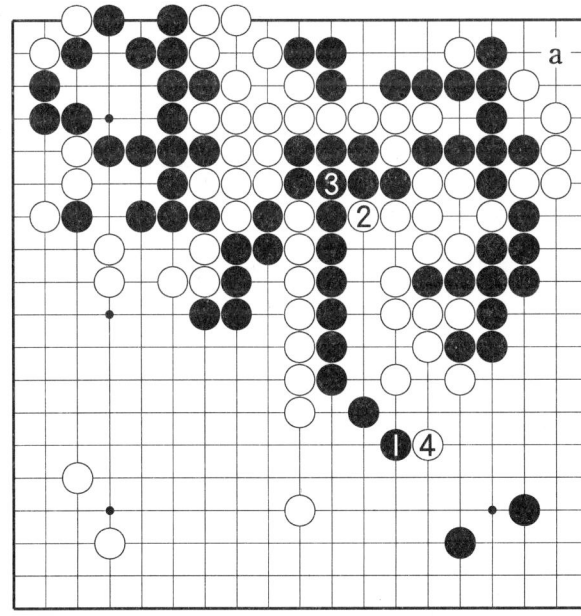

9도

유리한 전투를 위해
노림을 품은 응수타진을 하라

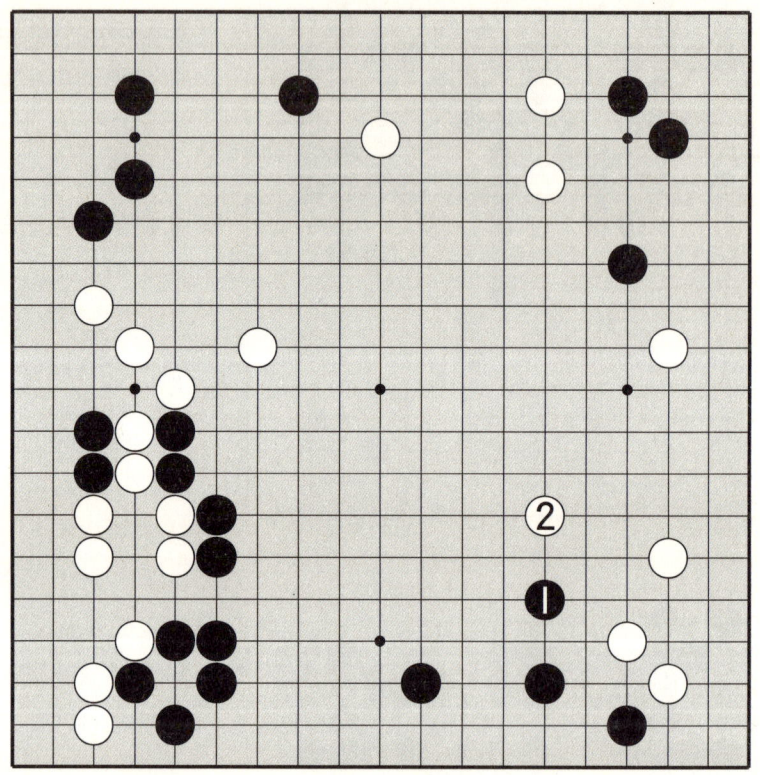

15회 농심신라면배 11국(● 탄샤오 vs ○ 김지석)

흑은 우상, 좌상 실리와 더불어 하변이 강하다. 반면 백은 좌변 실리가 좋고 우변에도 발전 가능성이 높다. 상변 모양도 언제든 때를 기다리는 중이다. 흑1로 하변을 키우자 백2로 이를 견제한 장면이다.

어떻게 풀어가야 할지 어려운 국면에서는 어딘가 노림을 품은 응수타진을 생각해 보자. 그러면 다가올 전투를 주도적으로 유리하게 이끌어갈 수 있는 경우가 많다. 그 유명한 '성동격서' 격언도 이와 유사한 전략이다. 그렇다고 아무런 대책 없이 먼저 싸움을 유발하면 역공을 당하므로 신중을 기해야 한다.

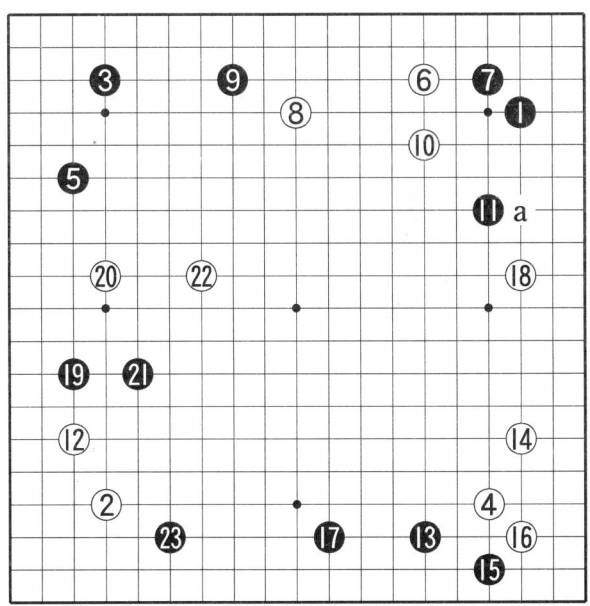

과정 1보

과정 1보(1~23)

흑13 이하 17까지, 진영을 잘게 나누는 작전이다. 백18은 기분 좋은 다가섬이다. 흑이 그게 싫다면 애초 11은 a로 둘 일이다. 19~22까지 좌변 행마 다음 흑23으로 귀를 압박하며 하변을 넓혀간다.

과정 2보

과정 2보(24~44)

백24는 활용이지만 흑 25, 27의 반발로 별 이득이 없다.

31 이하 40까지의 바꿔치기. 흑은 좌변을 내주지만, 하변을 봉쇄하고 귀를 어느 정도 침식하여 다소 기분 좋은 결과다. 흑41로 귀를 지킬 때 백42는 실리로 반상 최대. 대신에 흑은 43으로 하변을 키운다. 백44는 대세점.

이기는 바둑을 두라 297

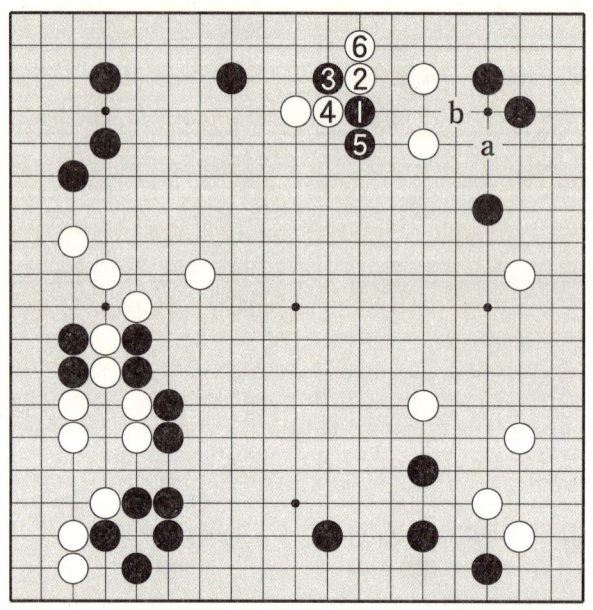

1보

▦ 1보(1~6)

어디서부터 둘지 어려운 장면. 흑1로 침입하여 일단 싸움을 유발한다. 중앙 백의 원군이 있어 흑이 쉽지는 않지만 치열한 응수타진이다.

백2로 막고 흑3으로 젖혀 6까지는 기세다. 그전에 백a로 선수 활용하고 싶지만 흑b의 반격이 있다.

2보

▦ 2보(7~12)

흑7로 분단하여 싸우는 모양새다. 백8의 씌움. 차후 상변 끼우는 맥을 통해 중앙 공격에 탄력을 줄 수 있다.

흑9의 붙임은 중앙 싸움을 대비한 사전 공작. 먼저 백10의 끼움으로 응수를 보지만 흑11로 우변을 제압한다. 백도 12로 상변을 접수하여 바꿔치기 양상. 서로 둘 수 있는 결과다.

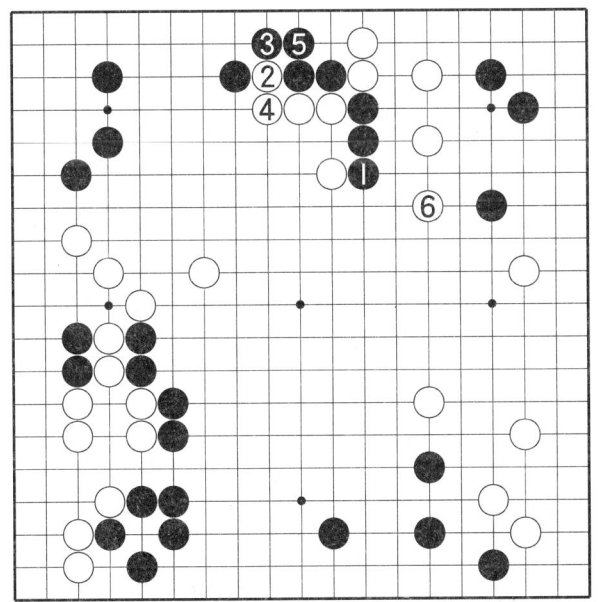

1도

1도(백의 의도)

실전 백8의 의도. 흑1이 면 백2, 4로 끼워이어 상 변을 두텁게 눌러놓고 6 으로 뛰어나와 싸우겠다 는 생각이다.

백의 주도적인 싸움임 에 틀림없다.

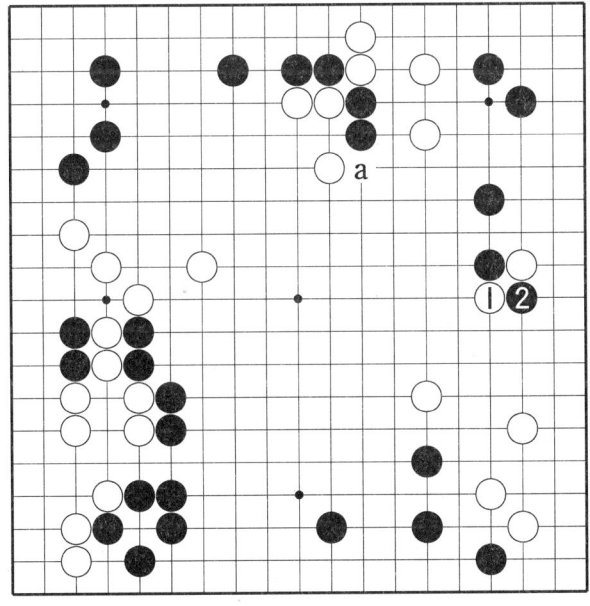

2도

2도(사전 공작)

실전 흑9는 사전 공작. 만일 백1로 젖히면 흑2 로 맞끊어 우변이 정리 되는 과정에서 흑이 두 터워지면 a로 나오는 것 이 강력해진다. 그러면 상변 백도 위험하다. 일 종의 '성동격서' 작전이 라 할 만하다.

백1로 2는 생각할 수 있지만 일단 굴복이라 싫었을 것이다.

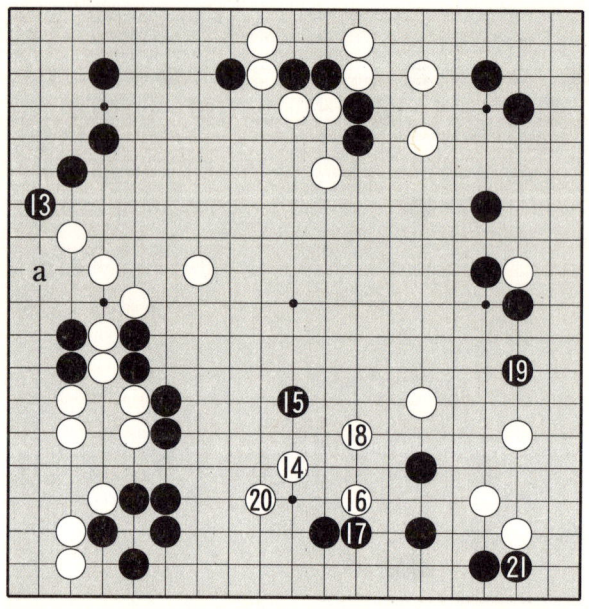

3보

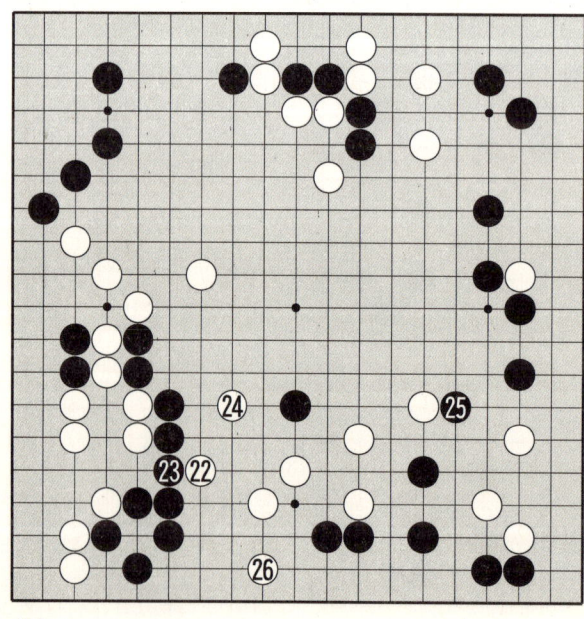

4보

▦ 3보(13~21)

흑13은 실리로 매우 큰 곳. 다음 a의 침투도 있으니 만일 종반이라면 거의 선수에 가까울 것이다. 백은 14로 하변 삭감부터 서두른다. 흑15의 공격에 백16, 18로 리듬을 타고 20으로 하변을 부숴 좋다고 생각했을까. 그러나 흑19, 21로 압박하자 백모양이 엷어졌다. 국후 백14는 19의 곳에 먼저 두어 천천히 가는게 나았다는 진단을 받는다.

▦ 4보(22~26)

백은 22, 24로 중앙을 차단해간다. 어차피 실리로는 부족하다 보고 중앙을 전쟁터로 삼는 작전이다. 흑25의 차단. 백은 우하귀의 손질이 시급하지만 26으로 우선 하변을 차단하여 위협한다. 그런데 이 수는 과속 행마로 드러난다.

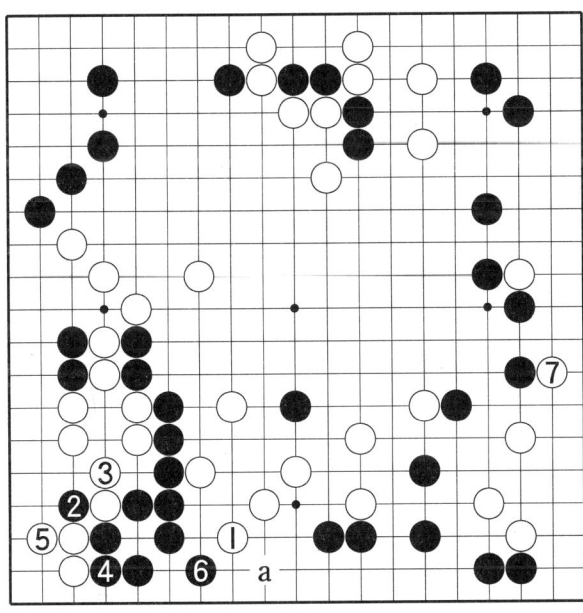

3도

3도(귀의 선수 지킴)

실전 백26의 과속 행마는 하변을 효율적으로 차단한다는 생각에서 나왔을 것이다. 이 수는 차라리 백1로 바짝 좌하 흑을 위협하는 편이 나았을 것이다.

그러면 5까지 귀를 지키고 7로 우하귀를 돌볼 수 있다. 물론 흑a로 건너가는 수는 남지만 그 정도는 감수해야 한다.

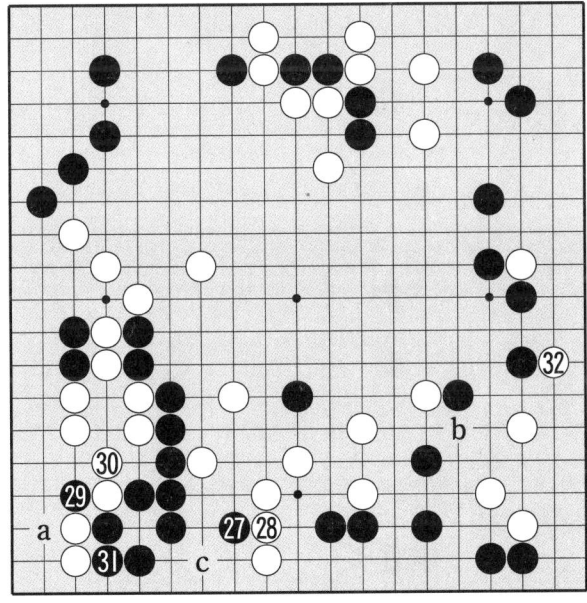

5보

5보(27~32)

실전에서는 흑이 27~31로 일단 한 눈을 확보해 놓는다. 다음 백a로 잡으면 흑b로 두기만 해도 우하귀 백이 위험하다. 이후 좌하귀 흑은 백c로 공격해도 바깥에서 충분히 타개할 수 있다는 생각이다. 따라서 백은 32로 붙여 여기부터 수습해간다. 좌하귀에 백 두 점이 잡힐 여지가 남았으니 큰 손실이다.

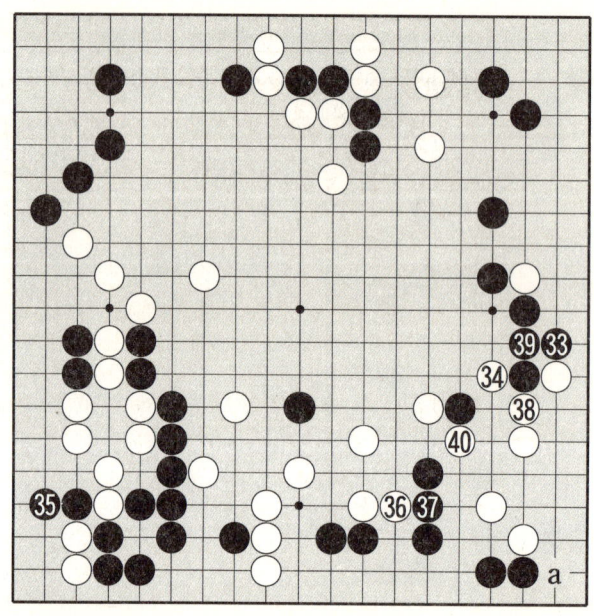

6보

6보(33~40)

흑33에 백34로 붙여 모양을 정비할 때 흑35로 좌하귀를 잡아둔다. 이제 실리로는 흑이 단연 앞서는 국면.

백은 36, 38을 선수한 후 40으로 중앙 엷은 데를 보강한다. 집으로는 a가 크지만 중앙에 힘을 비축하는 편이 낫다는 뜻이다.

7보

7보(41~45)

흑41과 백42의 침입은 좌변과 상변의 큰 곳이다. 이제 중앙이 관건. 드디어 흑43으로 붙여 움직이기 시작한다.

백44에 흑45로 두텁게 수습해간다. 발빠른 모양은 a지만 반대로 엷어 백b의 공격이 신경 쓰였을 것이다.

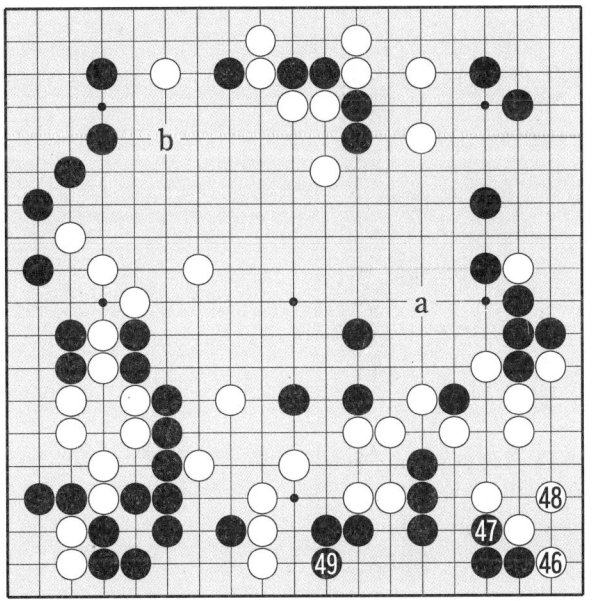

8보

8보(46~49)

백46은 하변 흑에 대해 선수. 흑은 47, 49로 살아야 한다. 다음 백은 중앙을 어떻게 공격할 것인지가 고민이다. a로 가르고 싶지만 중앙이 트여있어 그냥 잡기는 어렵고 공격의 댓가도 쉽지 않다.

여기서 b의 곳을 누가 차지하느냐도 중요한 포인트다.

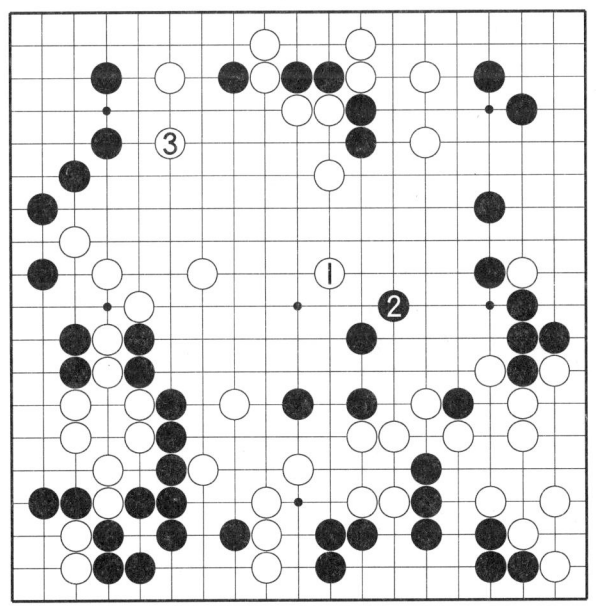

4도

4도(간접 공격)

그런 의미에서 백1로 사이드 스텝을 밟으며 간접 공격하는 것도 일책이다. 흑2로 빠져나가면 백3으로 포인트를 차지하여 장기전 양상이다.

그래도 집은 흑이 우세하므로 백의 인내력이 요구된다.

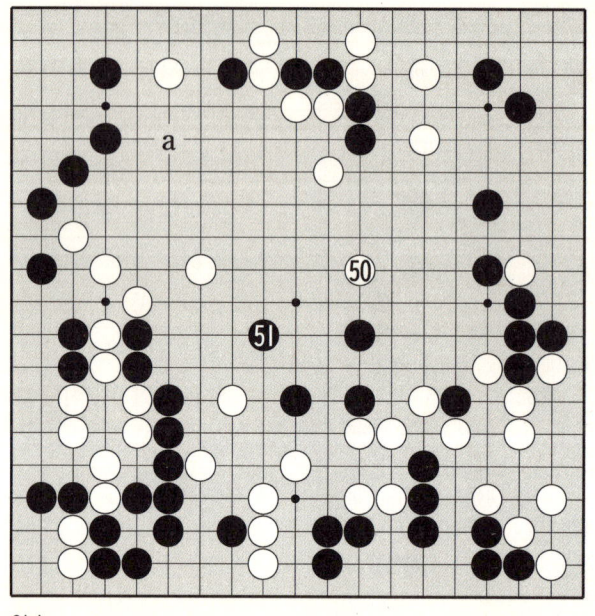

9보

▦ 9보(50~51)

실전은 백50으로 모자 씌워 좀 더 강하게 추궁 한다. 흑이 안에서 살더 라도 외곽을 조이고 a의 곳을 점령하면 승산이 있다는 계산일지도 모른 다. 흑은 유유히 51로 움 직여 중앙을 견제하며 퇴로를 확보한다.

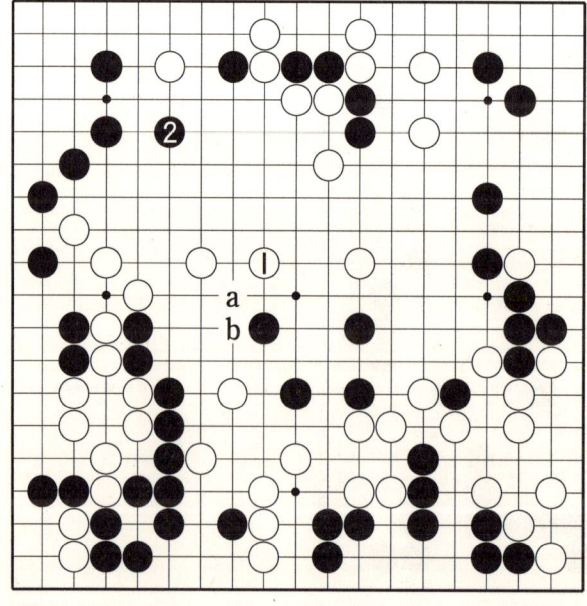

5도

5도(차단 방법)

실전 다음 백은 중앙 흑 을 차단해 놓고 이득을 얻어야 할 형세다.

같은 차단이라도 백1의 중앙 차단은 약한 태도 다. 좌우 양쪽으로 퇴로 가 열린 흑이 대세점 2 를 먼저 차지하면 백이 곤란하다. 오히려 백은 a나 b의 확실한 차단이 요구된다.

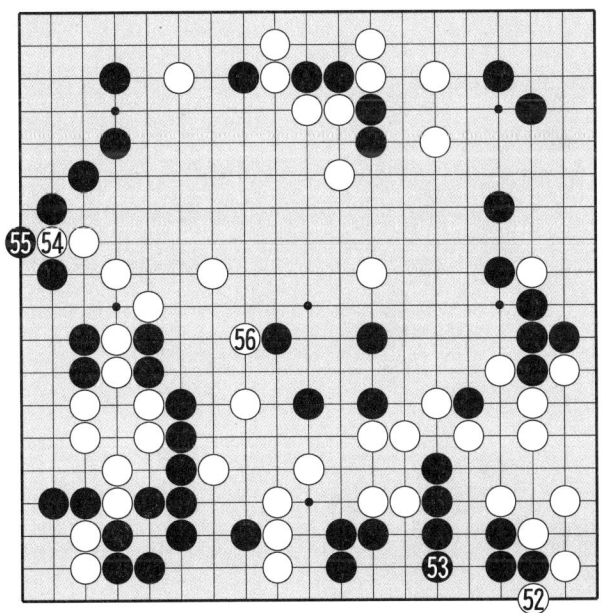

10보

▦ **10보**(52~56)

실전은 백52, 54를 선수
한 후 56으로 차단하여
앞으로 중앙 싸움이 관
건이다. 실리는 흑이 많
이 앞서가지만 백52를
선수하여 약간 이득을
얻었고, 좌변과 좌하귀
가 연계된 흑의 약점이
남아 백도 아직은 버틸
수 있는 형세다. 그렇더
라도 백이 분발해야 할
국면임은 틀림없다.

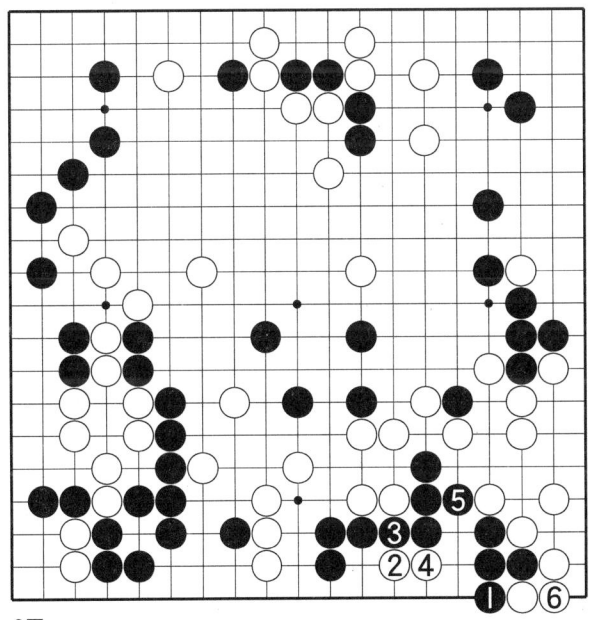

6도

6도(우하귀 사활)

참고로 우하귀 사활.

실전 백52에 흑1로 막
으면 백2, 4의 노림이 있
다. 다음 흑5에 백6으로
잇는다.

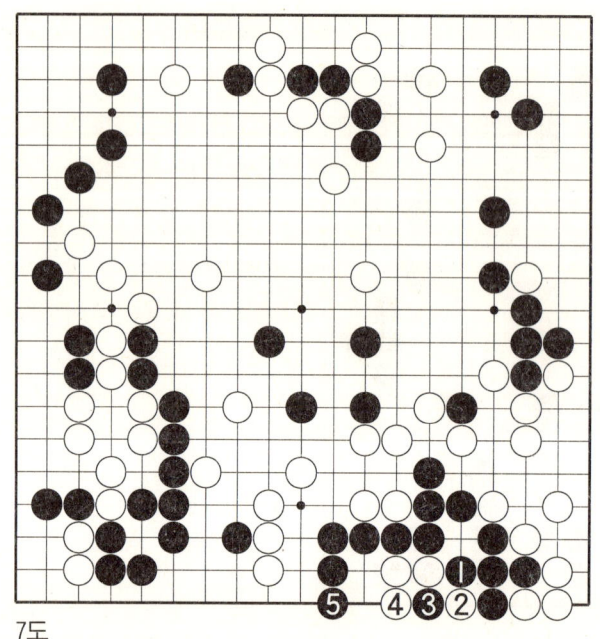

7도

7도(만년패)

계속해서 흑1에 백2로
먹여치고 흑3에 백4로
막는다.

이때 흑5로 최대 공간
을 넓혀야 최선의 방어
를 할 수 있다. 이 모양
은 만년패.

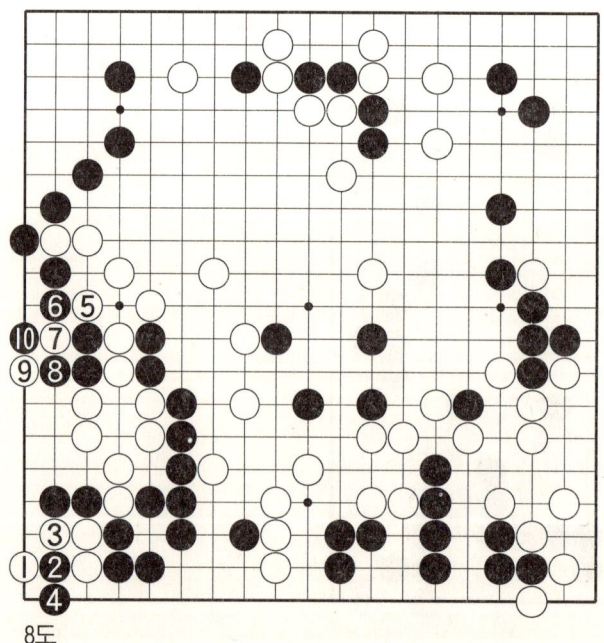

8도

8도(좌변과 귀의 약점)

좌변과 연계된 좌하귀의
약점도 짚어보자.

우선 백1이 맥점. 흑2
의 끼움이 대응책이고
백3에 흑4. 여기서 손을
돌려 좌변 백5. 이때 흑
6으로 막으면 수가 난
다. 백7 다음 9로 돌려
치는 것이 생각하기 어
려운 급소. 흑10으로 한
점을 잡지만…

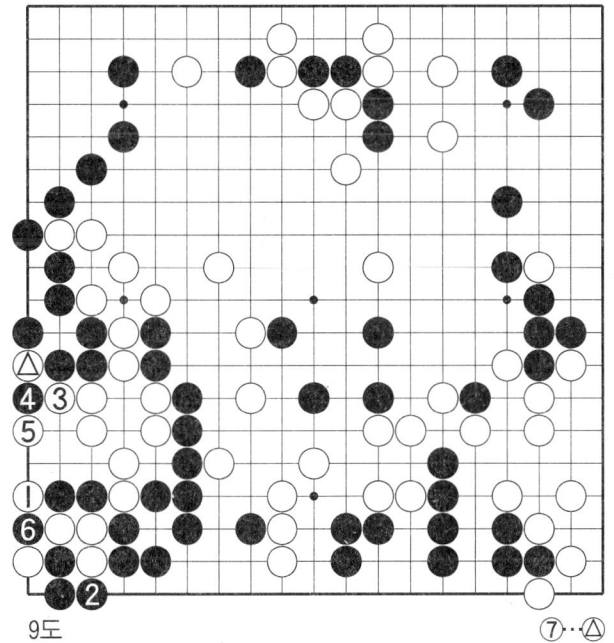

9도

⑦‥△

9도(패)

이번에는 다시 귀로 손을 돌려 백1. 흑2에 백3, 5로 변을 추궁하며 귀를 넘으면 흑6으로 잡을 수밖에 없다.

결국 백7로 따내 변에서 제법 큰 패가 난다.

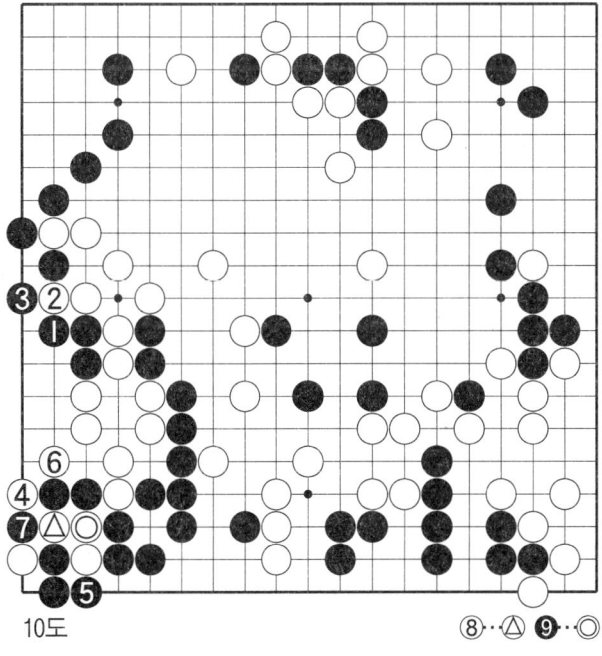

10도

⑧‥△ ⑨‥◎

10도(흑, 후퇴)

흑이 패를 피하자면 8도 백5 때 흑1로 물러나야 하는데, 백2로 뚫는 것이 기분 좋다. 귀는 귀대로 백4, 6으로 두어 9까지 이득을 본다.

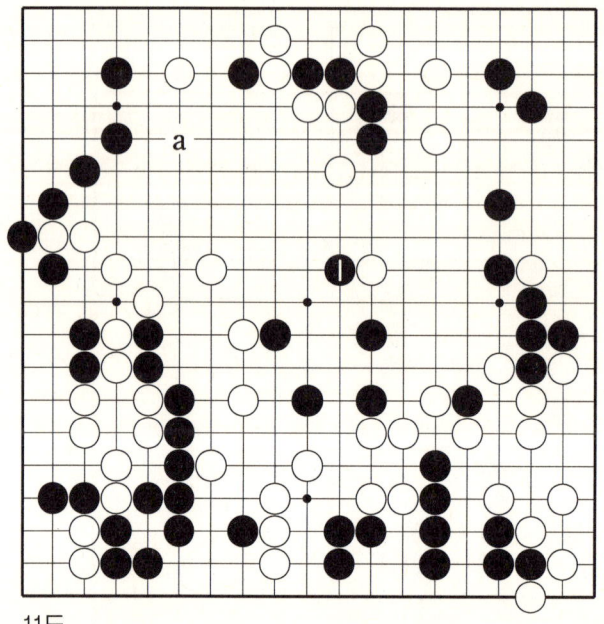

11도

11도(차후 실전)

다시 실전 장면으로 돌아와서, 이런 이유로 흑도 집으로 앞서기는 하지만 방심할 수는 없다. 여차해서 중앙이 틀어막히고 a의 곳까지 빼앗기면 승부는 역전이다.

이런 배경에서 차후 실전은 흑1로 백진에 붙이는 수습책으로부터 시작된다.

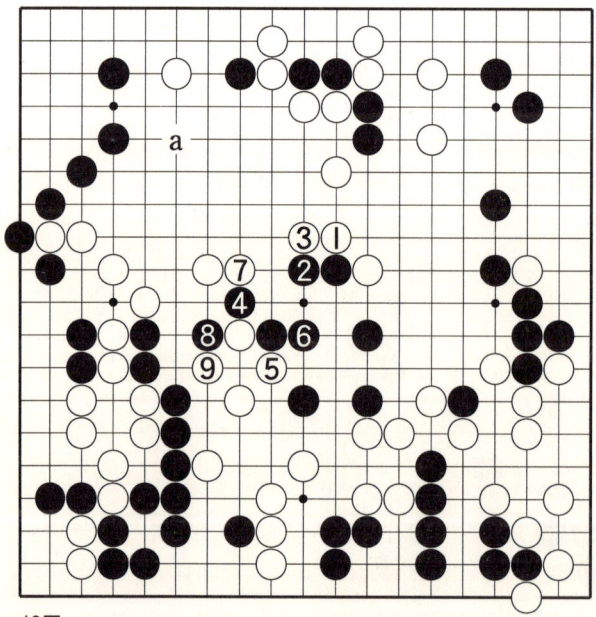

12도

12도(혼전)

참고로 실전을 조금 더 진행해 본다.

백은 1 이하 7로 중앙을 틀어막는 데는 성공한다. 대신 하변 쪽이 엷어졌지만, 흑8에는 백9의 패로 버티겠다는 생각이다. a 방면에 누가 먼저 오느냐가 초미의 관심사지만, 중앙도 아직은 혼전이다.

충분히 준비하여
추세가 넘어오길 기다려라

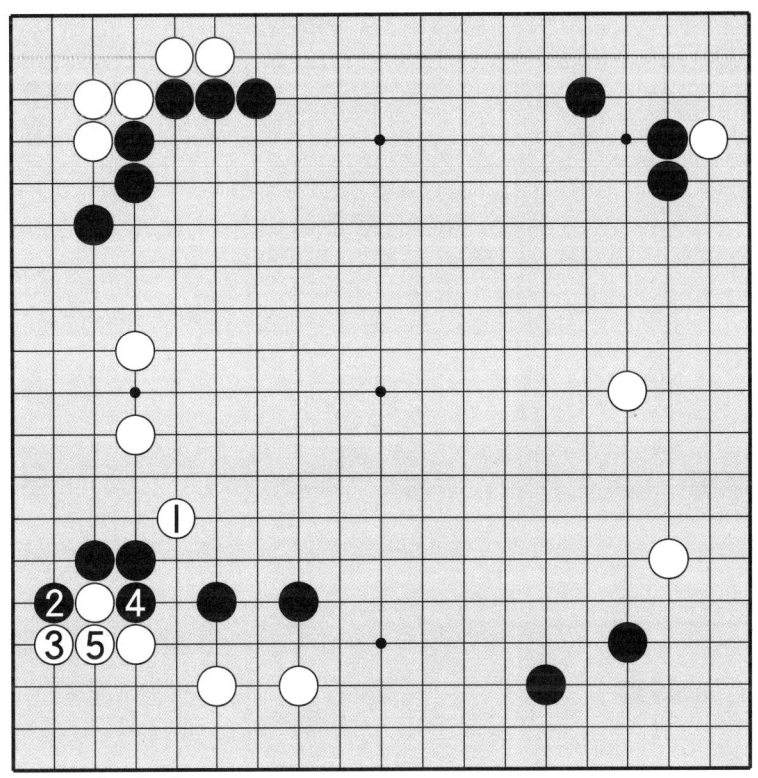

15회 농심신라면배 14국(● 스웨 vs ○ 박정환)

흑은 우변에서 귀의 굳힘이 있고 백은 변에 거점을 두고 있다. 좌변은 귀에 백의 실리가 있고 흑은 좌상 두터움으로 대처한다. 전체적으로 흑이 두터운 가운데 좌하변에서 백이 공격을 통해 국면을 전환하려 모색한다. 백1은 강공책. 흑2, 4로 알기 쉽게 지킨 장면이다.

바둑이 순조롭더라도 한순간 방심하면 반격의 기회는 오기 마련이다. 그러므로 좀 불리하더라도 스스로 무너지지 않도록 조급하게 두지 마라. 오히려 충분히 준비하여 적의 분열로 추세가 넘어오길 기다리는 편이 나은 경우가 많다.

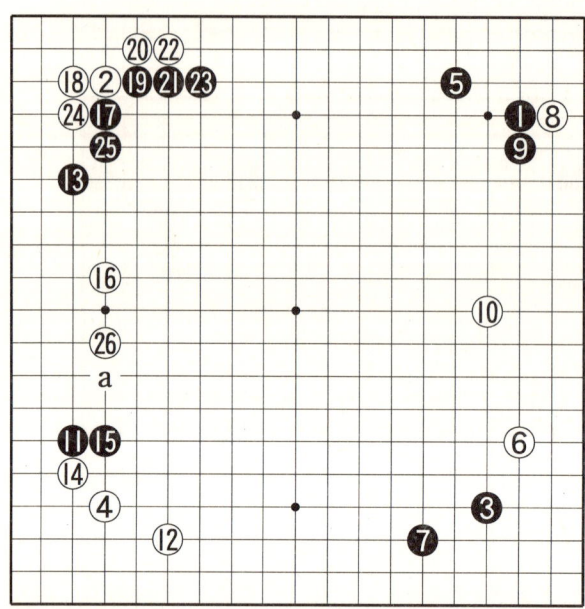

과정 1보

과정 1보(1~26)

백8의 활용과 10의 가벼운 벌림까지 하나의 유형. 흑11, 13으로 좌변에 뜻을 두자 백은 14, 16으로 협공하여 평탄함을 거부한다. 흑17은 고심의 붙임. 백18이면 25까지 정석이다. 백이 가볍게 처리하고 선수를 뽑고자 할 때 주로 쓰인다. 백26의 한칸은 느슨하지만 견고한 협공이다. 보통은 a의 협공일 터.

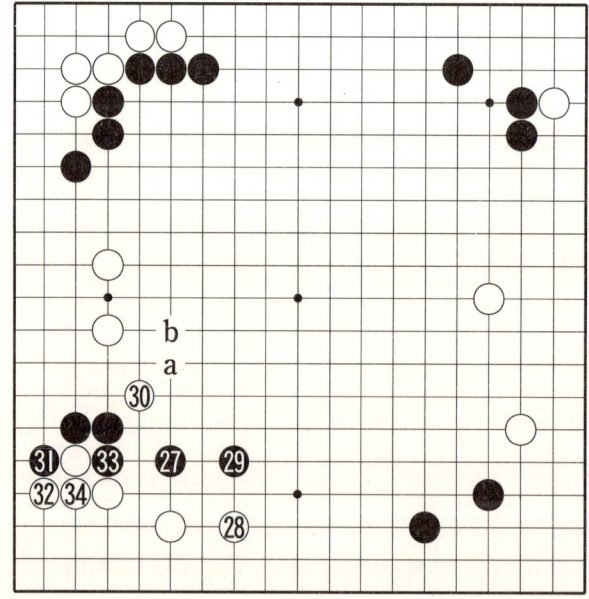

과정 2보

과정 2보(27~34)

흑27의 씌움은 상용 수단. 백30의 급소 공격에 흑31, 33은 귀를 굳혀주므로 싫지만 두텁게 정리하려는 뜻. 실리로는 손해지만 다음을 기약할 수 있다. 결과적으로 흑29는 느슨한 수로 지적됐다. 차라리 a나 b로 좌변에 병사를 보내 백군을 견제하는 것이 균형상 나았다.

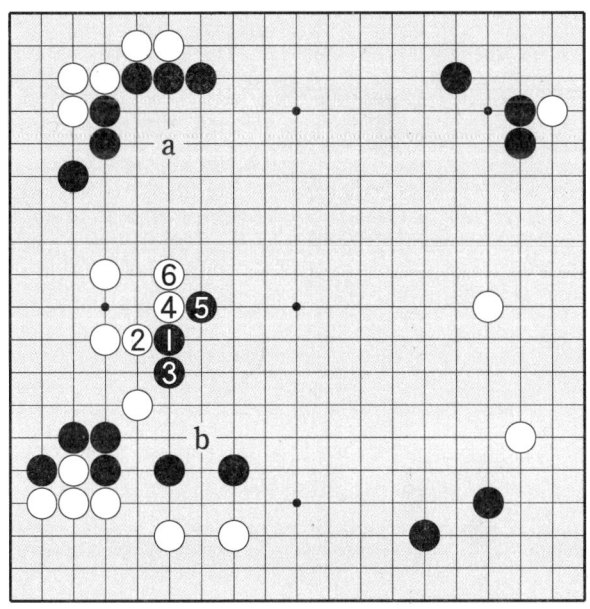

1보

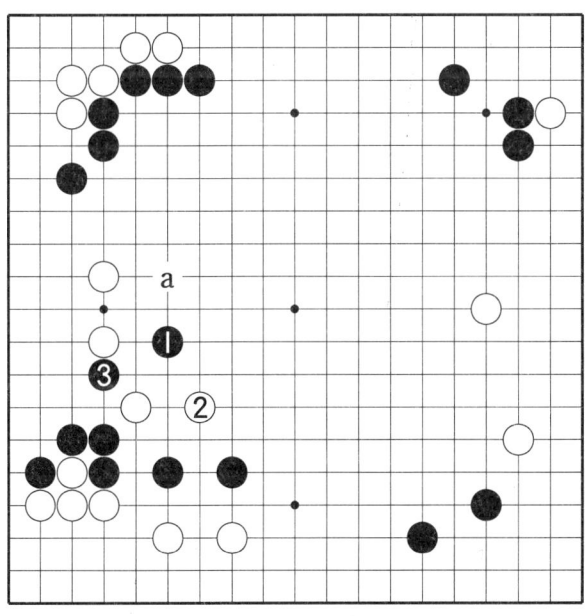

1도

1보(1~6)

흑1의 역습. 흑은 이 수를 위해 좌하를 알기 쉽게 정리하며 참았는지도 모른다.

백2는 굴복 모양이지만 형태를 안전하게 정비하려면 어쩔 수 없다. 흑3은 호구의 급소. 백4, 6으로 정돈은 어렵지 않다. 나아가 a와 b의 노림까지 본다.

서로 모양을 효율적으로 정리하기 위한 힘겨루기가 한창이다.

1도(백, 불리)

흑1에 백2로 중앙에 나가는 것은 흑3으로 뒤가 차단되어 불리한 싸움이다. 그리고 백2로 중앙 a에 움직이는 것도 역시 흑3. 어쨌든 한점이 차단되면 불리한 것은 마찬가지다.

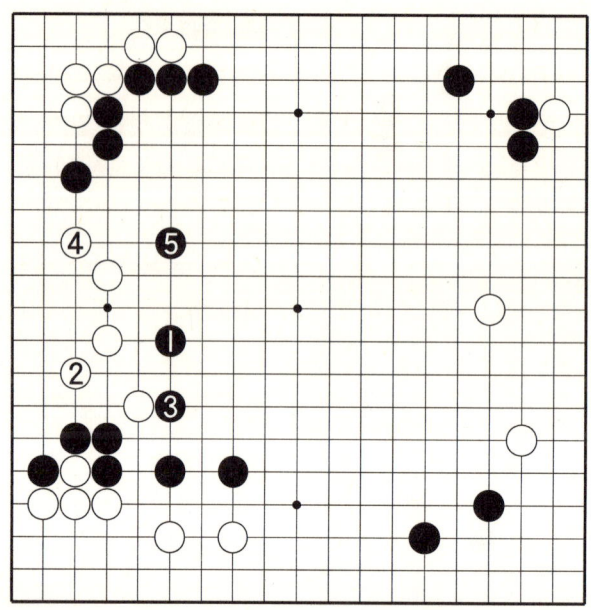

2도

2도(백, 옹졸)

흑1에 백2, 4로 좌변에 뿌리를 내려 살려는 것은 옹졸한 생각이다.

흑3, 5 정도로 시원하게 중앙을 포위하면 전체적인 흑세를 백이 감당하기 어렵다.

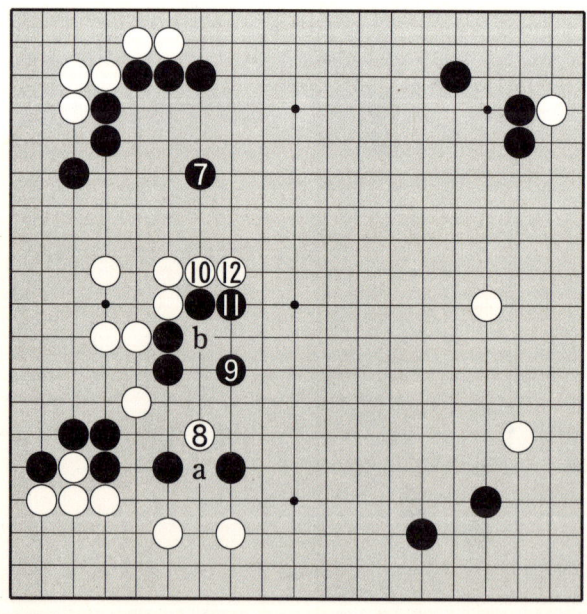

2보

2보(7~12)

흑7로 두텁게 지키자 백8로 이쪽을 노린다. 흑a로 이으면 백b로 끊겠다는 뜻. 그러면 흑이 불리한 싸움이므로 9로 일단 지켜둔다. a의 맛을 남긴 자체로 백의 이득. 일단 백은 10, 12로 밀어간다.

그런데 흑7은 어쩐지 중복된 느낌은 안오는가.

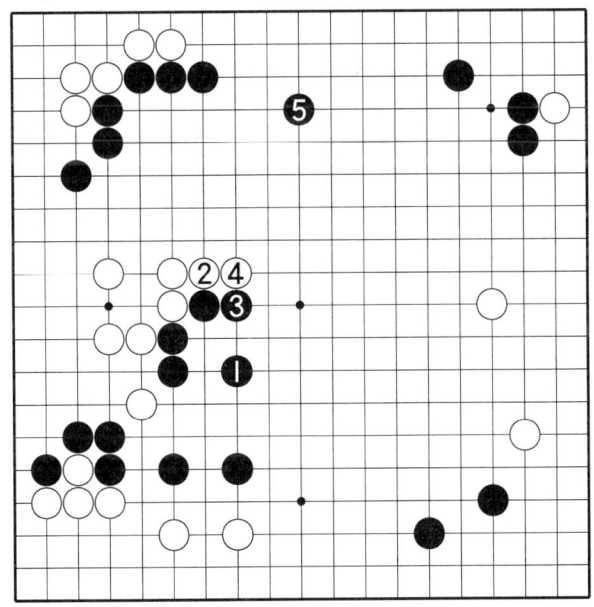

3도

3도(효율적)

사실 실전 흑7은 문제의
한수로 지적됐다.

흑1로 먼저 중앙을 지
켜두고 백2, 4로 밀어오
면 흑5로 상변에 모양을
구축하는 편이 더 효율
적이었을 것이다.

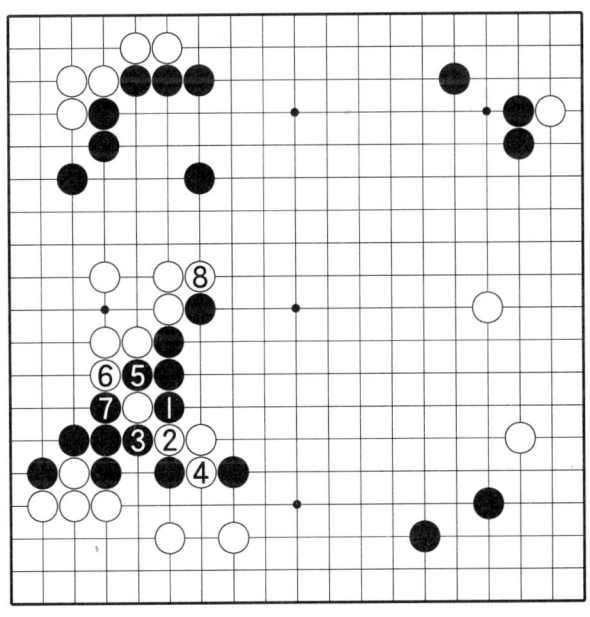

4도

4도(백, 양호)

실전 백8의 활용에 즉각
흑1, 3으로 차단하면 일
단 백4로 뚫는다. 흑5, 7
로 한점을 잡지만 백8로
나가면 양쪽을 두어 기
분 좋은 흐름이다.

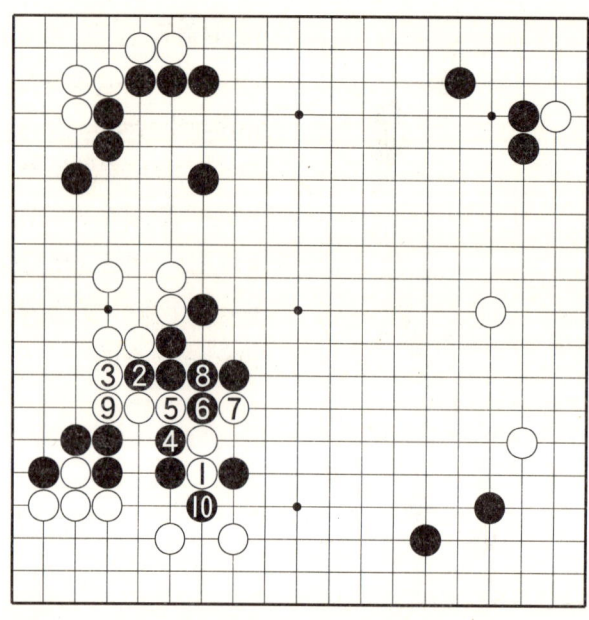

5도

5도(축)

실전 흑9의 지킴에도 백
1로 여기를 뚫는 것은
흑2~6의 좋은 수순으로
차단이 된다. 백7, 9로
버텨 보지만 흑10이면
축. 확인하기 바란다.

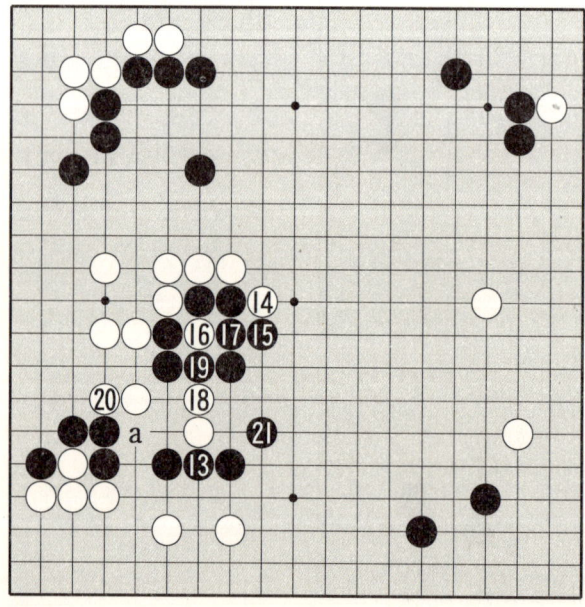

3보

▦ 3보(13~21)

흑13의 이음으로 백은
일단 선수를 잡아 기분
좋다. 중앙 백14의 젖힘
은 두터운 수단. 흑15에
백16~20의 수순으로 압
박하며 정리해 간다. 흑
21의 지킴까지 이런 정
도. 그런데 백20은 a를
먼저 선수해 두지 않아
시비거리가 된다. 언제
든 선수라고 본 것인데,
나중에 그 이유가 밝혀
진다.

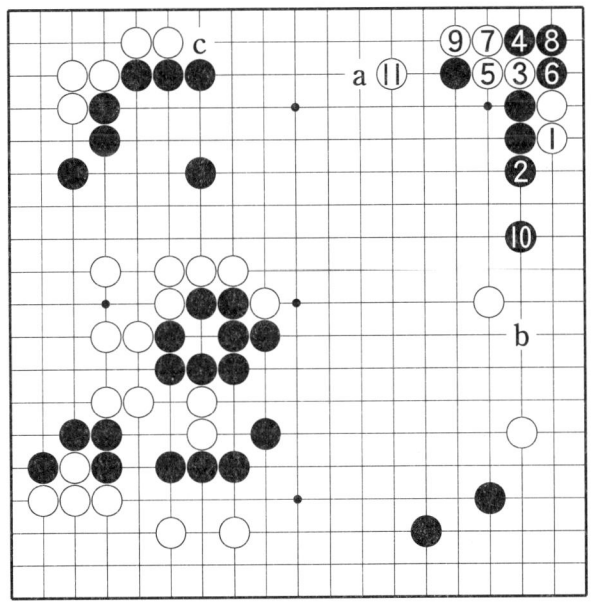

6도

6도(우상귀 정석)

실전 다음 큰 곳으로 우상귀 백1을 생각할 수 있다. 흑2면 백3 이하 11 (혹은 a)까지는 하나의 정석. 다만 우변이 엷어 흑b의 침입이 부담이다. 한편 적당한 시기에 c의 곳도 서로 크다. 참고로 백이 밀어두는 것이 선수성.

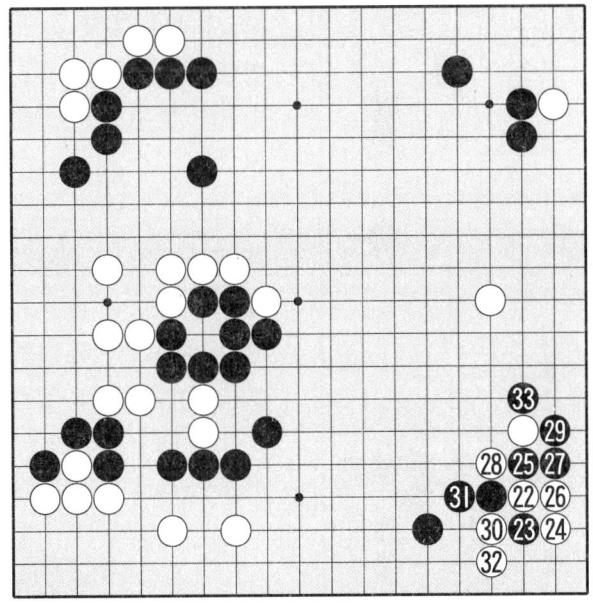

4보

▦ 4보(22~33)

그래서 실전은 백22로 붙여 귀와 연계하여 우변부터 정리한다. 흑23에 백24의 이단젖힘. 흑25, 27로 뚫으면 33까지는 상용 정석이다. 흑은 변의 두터움을 선택하고 백은 자연스레 귀의 실리를 차지한다.

그런데 집으로 이미 앞선 백이 이렇게 실리를 탐할 필요가 있었을까.

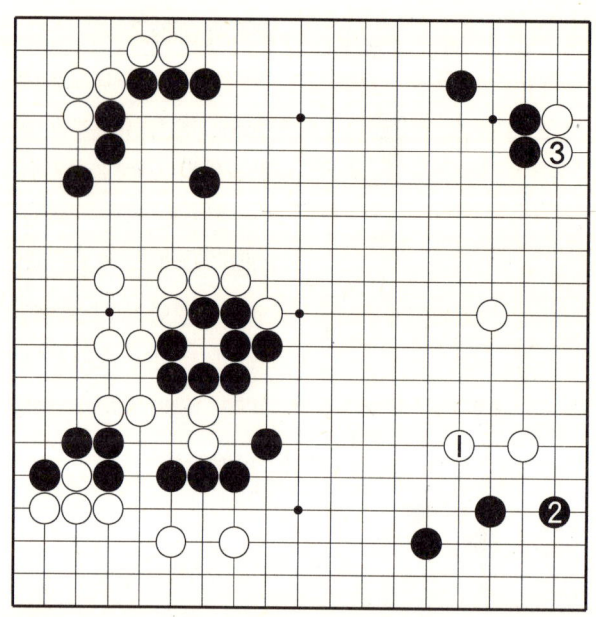

7도

7도(백, 무난)

실전 백22로는 일단 1로 변을 보강하고 흑2로 귀를 지키면 백3으로 우상귀를 움직이는 편이 무난했다.

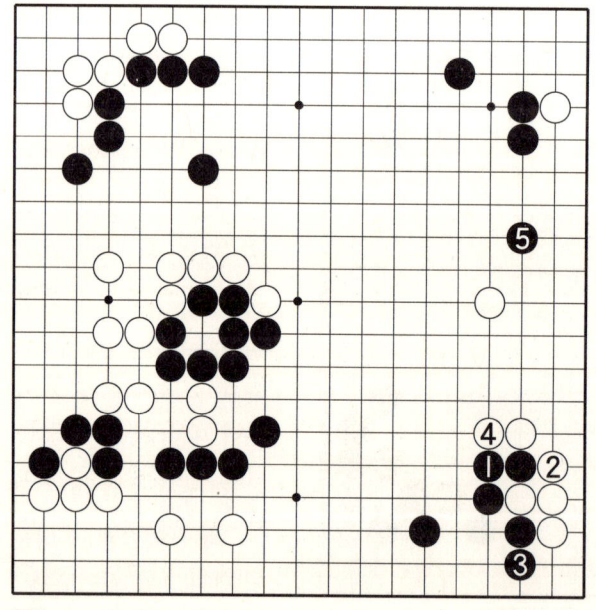

8도

8도(부분적 변화)

실전 백26에 흑1로 잇는 수단도 많이 둔다. 백2에 흑3. 백4가 요소이지만 흑5로 다가서는 자세도 부분적으로는 나쁘지 않다.

다만 흑은 변에서 반격을 노리고 있었다. 실전처럼 두어야 가능하다.

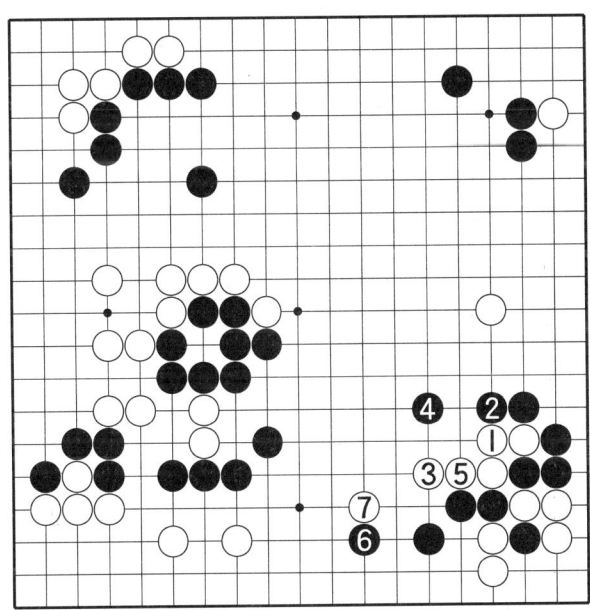

9도

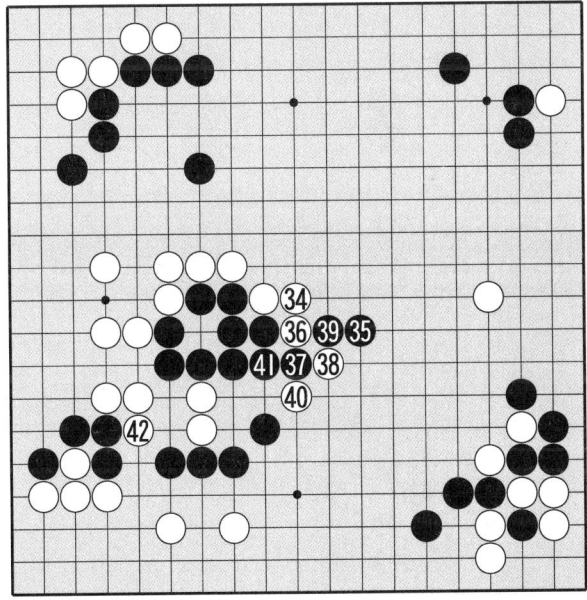

5보

9도(백, 모험)

실전 다음 백이 싸움을 좋아하면 1, 3으로 우하 방면에서 움직일 수 있다. 흑진을 깨는 의미도 있을 것이다. 흑4로 쫓으면 백5로 잇고 흑6에 백7로 기대어 싸워간다.

다만 흑진에서의 모험 이므로 국면이 불리할 때의 처신이다.

5보(34~42)

백34. 백은 우변에 응원을 보내 좋다는 생각인데, 흑35로 가르고 나오자 만만치 않다.

백36~40으로 이쪽에 맛을 남긴 후 42 쌍립으로 두점을 연결하며 응수를 물어본다.

백은 여기가 선수가 되면 중앙에서 충분히 싸울 수 있다고 본 것인데, 상대 의도를 거스르는 것이 또한 바둑의 묘미가 아니겠는가. 앞서 [3보]에서 간과한 수순도 여기서 드러난다.

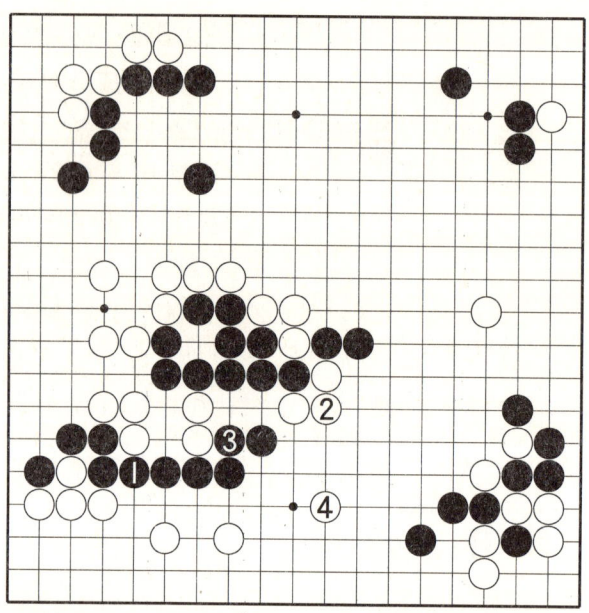

10도

10도(흑, 궁색)

실전 다음 보통은 흑1로 이어야 할 일. 자체 집으로 크기 때문이다.

그러나 지금은 백2로 잇기만 해도 선수. 흑3의 보강이 필요하다. 다음 백4 정도면 아무래도 흑이 궁색한 싸움이다.

▦ 6보(43~46)

흑은 a로 잇지 않고 43으로 끊어 중앙 싸움을 유도한다. b쪽을 끊는 것이 확실하지만 지금은 스케일이 작다.

어쨌든 반격의 기회. 기다리고 준비한 보람이 있다고 해야 할까. 어느 순간 추세는 미풍이 살랑이듯이 은근히 넘어오는 법이다.

백44에 흑45. 흑은 집으로 뒤처지므로 중앙과 우변을 엮어 댓가를 얻을 요량이다. 백46은 b와 c의 이음을 맞보는 교묘한 응수타진이다.

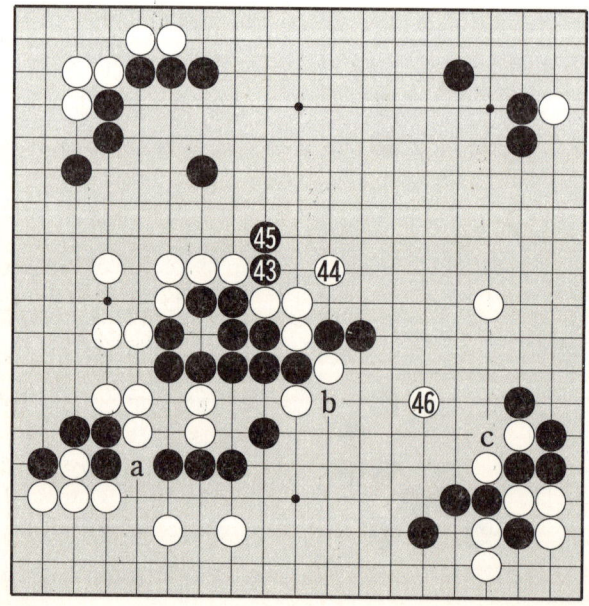

6보

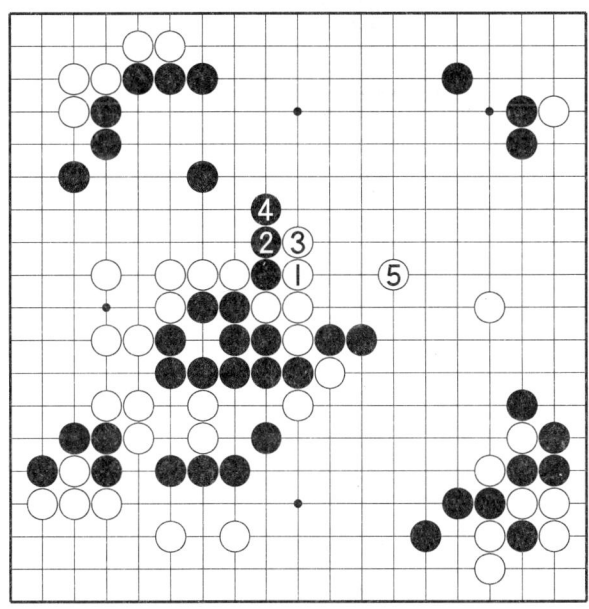

11도

11도(부분 효과적 행마)

실전 백44는 선수를 잡기 위한 임시 조치. 여기 행마로만 보면 백1, 3으로 민 후 5로 모양을 갖추는 것이 자연스럽고 효과적일 것이다.

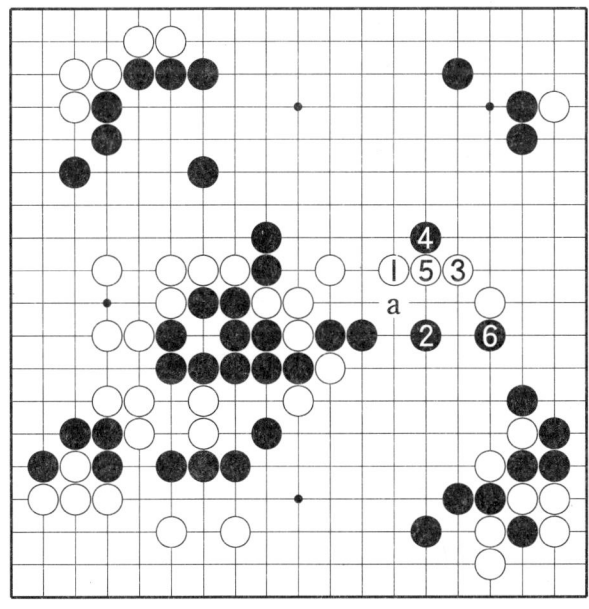

12도

12도(백, 불만)

실전 백46은 흑의 두터움 속의 약점을 우선 공격하기 위한 고심책.

보통은 백1로 우변과 연결을 도모하는 것이지만, 흑2~6으로 쫓으면서 진영을 굳히면 백이 재미없다 본 것이다(흑2로는 a의 붙임도 일책).

이럴 생각이었다면 차라리 앞 그림을 선택했을 것이다.

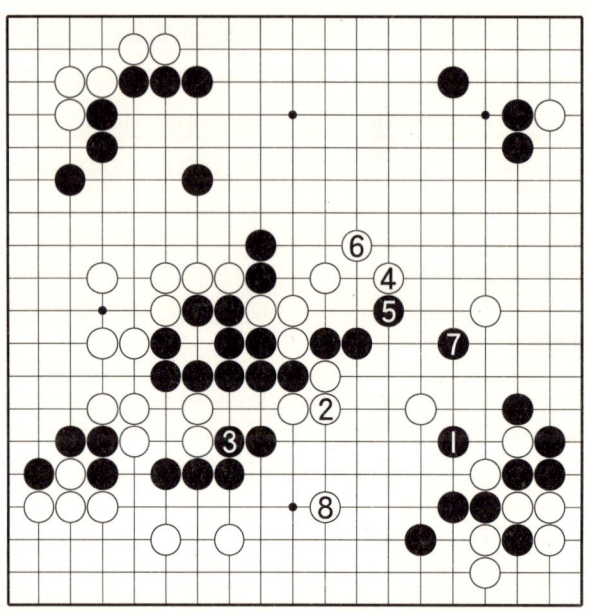

13도

13도(흑, 소극책)

실전 다음 흑1로 우변을
지키면 백2로 잇고 4로
움직인다.

흑5, 7로 하중앙 백을
차단할 수 있지만, 백도
6으로 모양을 갖추고 8
로 흑진을 파헤치는 싸
움이라 해볼 만하다.

흑이 분발하려면 이런
소극책을 머리에서 지워
야 한다.

▦ 7보(47~52)

실전은 흑47로 중앙 약
점을 보강한다. 그래야
주요 격전지에서 마음껏
싸울 수 있다.

백48은 세련된 맥점. 흑
49로 중앙을 가르고 나
갈 때 백50으로 기분 좋
게 꽉 이어둔다. 흑51은
필요한 보강.

이제 백은 중앙과 우변
의 타개가 관건이다. 52
가 그 출발점이다.

7보

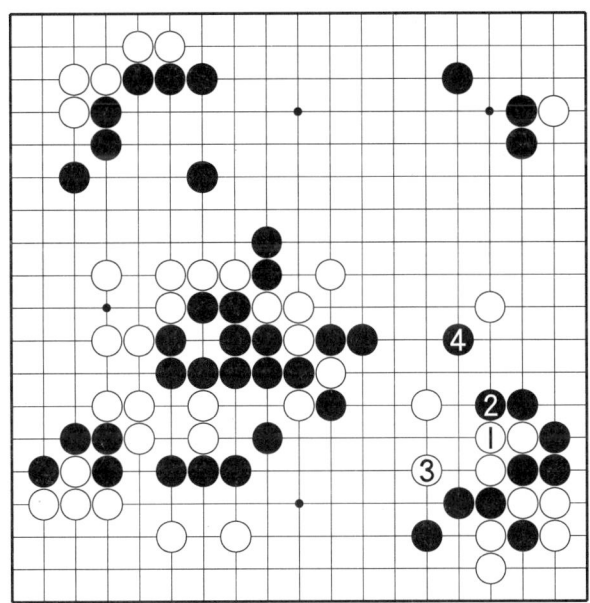

14도

14도(백, 엷음)

실전 백48은 세련된 행
마라 했지만, 보통은 1,
3일 것이다. 그러면 흑4.
다만 이 그림은 실전과
비교해 강한 맛이 없다.
중앙, 우변이 엷은데 우
하의 백도 약간은 엷어
부담이다.

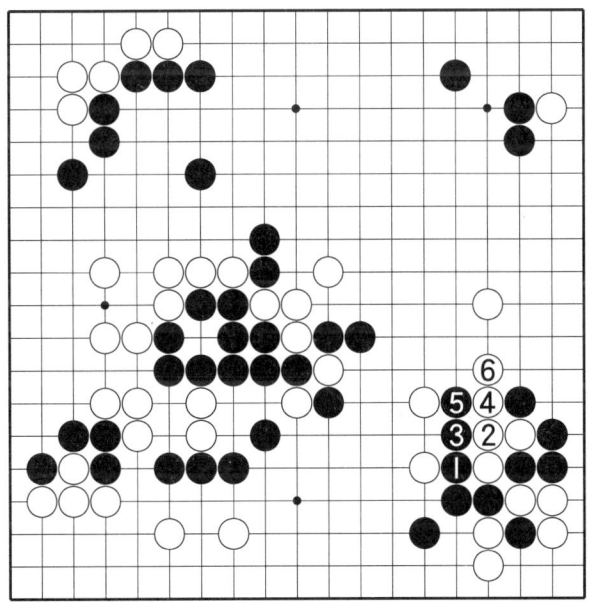

15도

15도(흑, 무리)

실전 백48에 흑1 이하로
뚫고나가는 것은 당장
기분은 좋지만 무리성
행마이다. 6까지 우변이
자연스레 백의 수중으로
떨어진다.

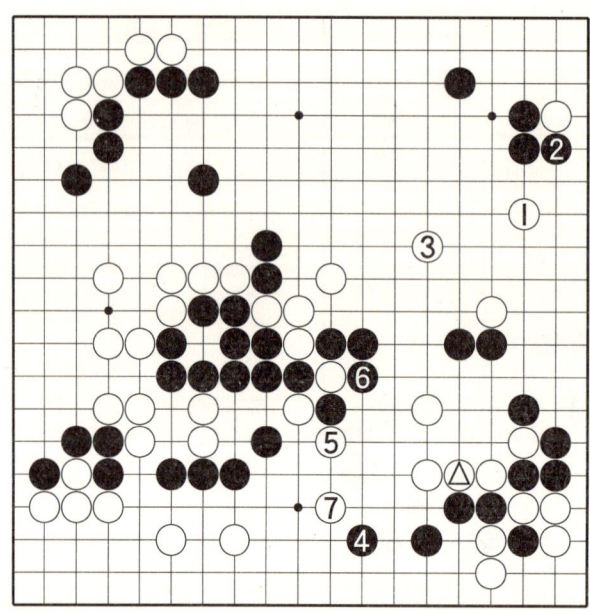

16도

16도(하나의 발상)

실전 흑51의 시점에서 백1, 3도 생각할 수 있는 하나의 발상.

여기서 우하 백은 걱정 없을까. 만일 흑4로 움직이면 어떻게 될까. 그러나 백5, 7이면 충분히 싸울 수 있다. △로 꽉 이은 덕분이다.

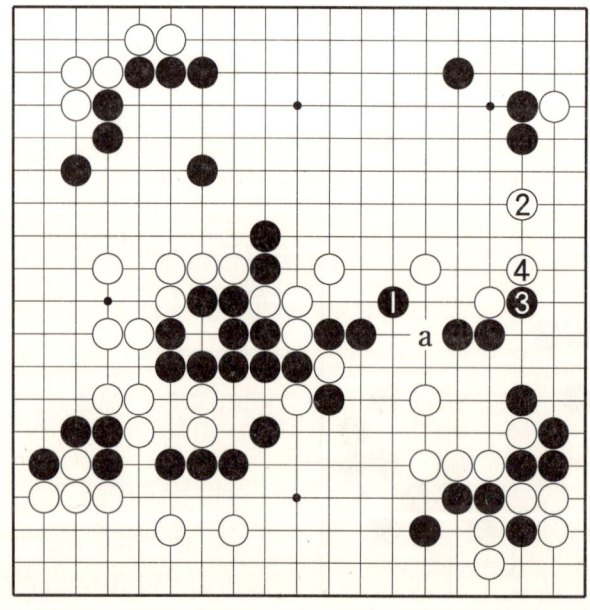

17도

17도(백, 타개)

실전 백52. a로 붙여 연결하는 맛을 보고 있다. 흑1로 차단하면 백2로 우변에 터를 잡고, 흑3에 백4면 타개하는 흐름이 나온다.

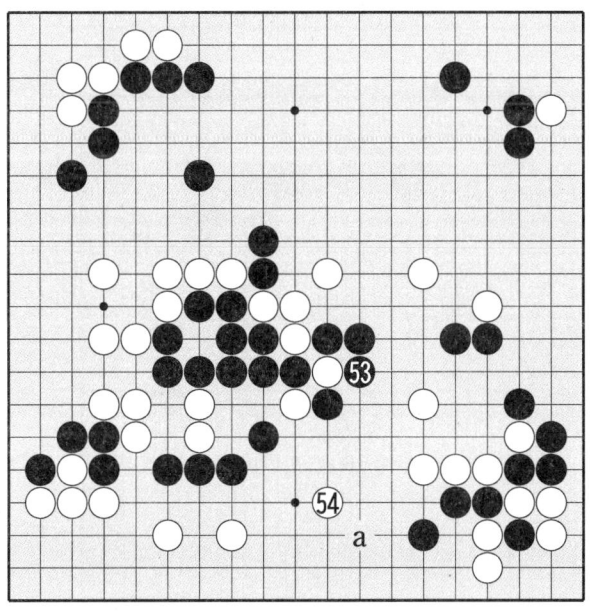

8보

8보(53~54)

흑53은 그런 연결고리를 애초부터 차단하겠다는 뜻. 아울러 하변 a의 움직임도 노린다.

백은 54로 크게 잡고 본다. 흑a의 맛이 약간 있지만, 하변은 어느 정도 제압된 모양이다.

승부는 드디어 중앙 일대로 좁혀지고 있다. 좁혀졌을 뿐 광활하다. 앞으로 어려운 싸움이다.

18도

18도(차후 실전)

이제 흑은 집으로는 턱없이 밀리므로 우변과 중앙의 허술한 백을 공격 목표로 삼아 댓가를 크게 얻어야 할 장면이다. 떠오르는 공격법은 중앙 a와 우변 b. 다만 a는 백b로 우변을 토대로 타개하는 모양이 눈에 보이므로, 차후 실전은 흑b로 우변 뿌리에서의 공격부터 시작된다.

싸우면서도 항상 형세를 판단하라

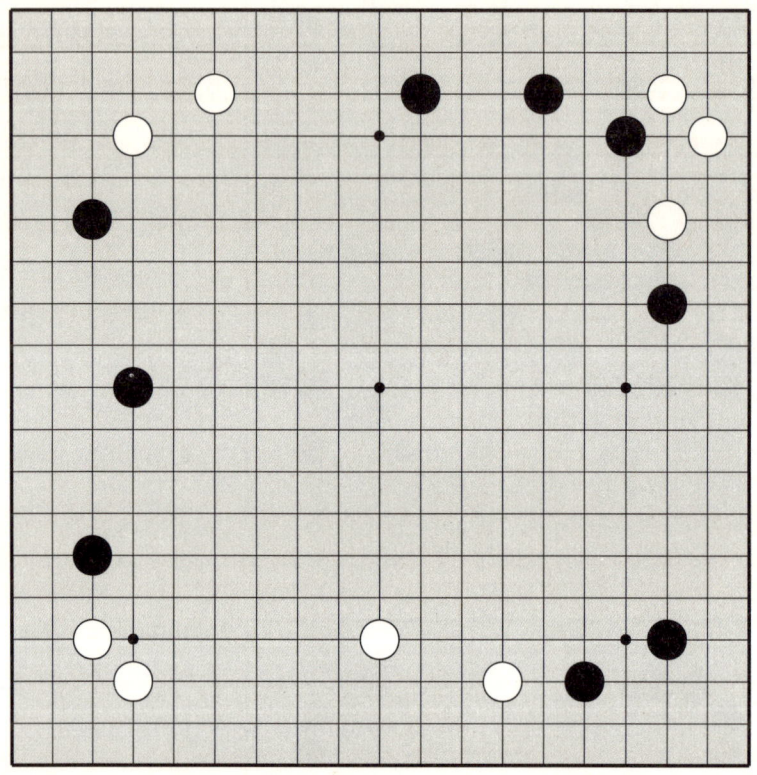

10회 춘란배 8강전(● 김지석 vs ○ 미위팅)

많이 진행되지 않은 초반의 모양이다. 흔한 진행은 아니지만, 귀와 변이 서로 적절히 분배되어 있다. 대표적으로 흑의 좌변과 백의 하변이 눈에 들어온다. 아직 공간이 열려 있어 언제든 지키지 않으면 싸울 여지가 있다.

바둑은 싸움의 기술도 필요하지만, 싸우면서도 항상 형세를 판단해야 한다. 그래야 물러날지 더욱 부딪쳐야 할지 결정할 수 있기 때문이다. 인생에서도 상황에 따라 행동하는 것처럼.

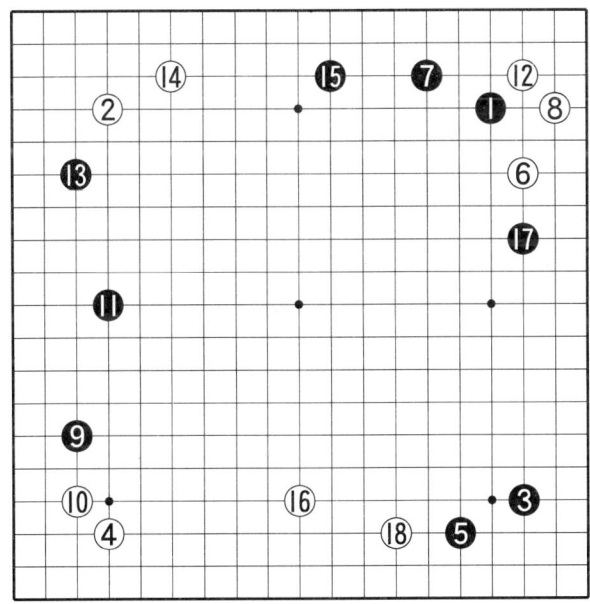

과정보

과정보(1~18)

흑의 화점 소목군힘 포석에서 백6, 8은 많이 쓰는 대응 작전이다.

흑은 우변에 모양을 구축하는 유행형을 벗어나 9~13으로 좌변에 새로운 터를 잡고, 백은 10의 귀를 토대로 16, 18로 하변을 개척한다.

흑17의 벌림도 우변에서의 변수.

참고도

참고도

실전 백8 다음 흑1로 걸쳐 상변에 기초를 세워놓고 3으로 협공하면 11까지 유행 포석이다.

계속해서 백은 a나 b, 그러면 흑은 c의 우변 지킴이 보통이다.

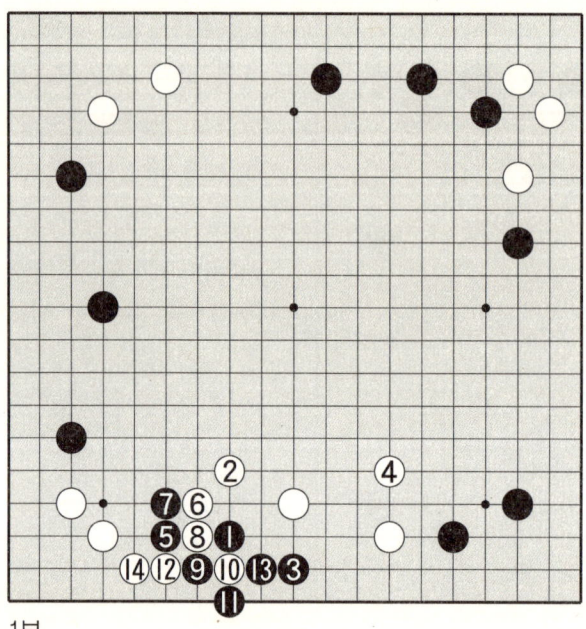

1보

1보(1~14)

흑1의 침입. 하변이 넓으므로 모양이 커지기 전에 결행한다. 백은 2~6으로 위에서 두텁게 압박하려 한다.

쌈지 틀고 사는 것은 형세를 그르치므로 흑7로 나온다. 이하 14까지는 기세의 진행이다.

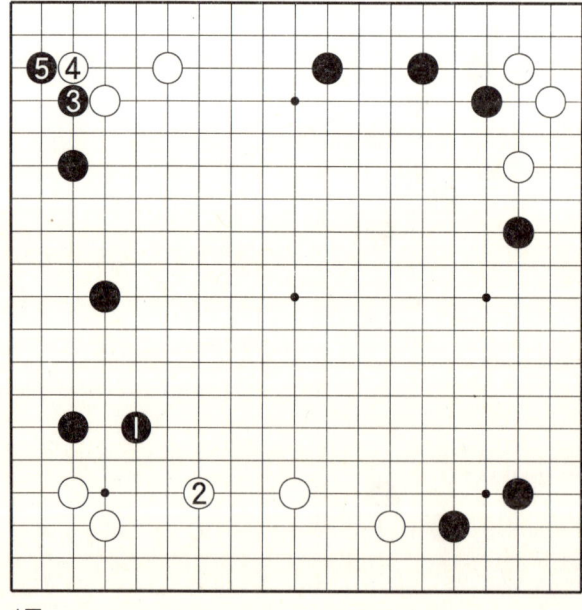

1도

1도(흑, 좌변 중점)

흑이 싸우지 않고 둔다면 이런 그림을 예상할 수 있다. 좌변에 중점을 두는 작전이다. 대신 하변은 백이 지키는 바둑이다.

초반 싸움을 피하는 평범한 진행이다.

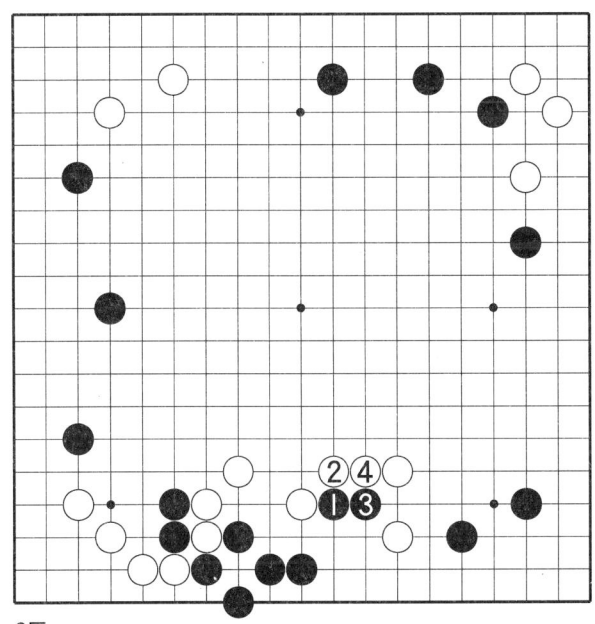

2도

2도(흑, 답답)

실전 다음 흑1로 붙여 나가려는 것은 백2, 4로 막혀 보기에도 답답하다. 아마추어가 범하기 쉬운 악수이므로 조심할 일이다.

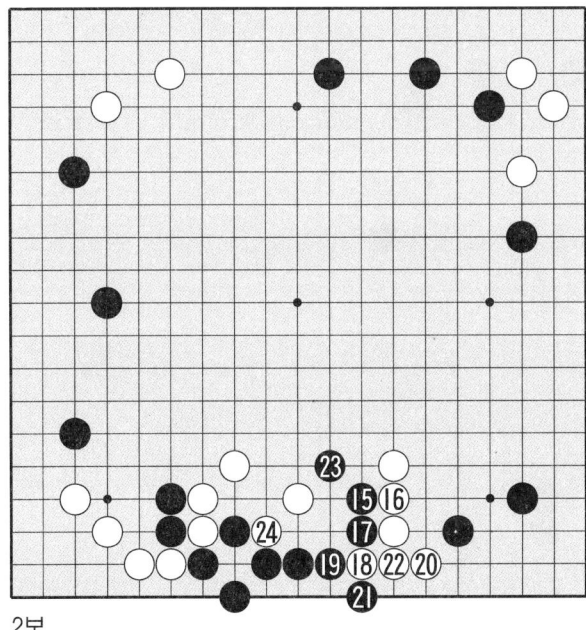

2보

2보(15~24)

흑15의 들여다봄. 둔다면 여기가 급소다.

백은 어떻든 여기를 간명하게 정리한 후 선수를 잡는 게 과제다. 18, 20은 그런 생각으로 두었겠지만 실리에 민감한 수법이다. 그러면서 우하귀에도 은근히 영향을 주고자 한다.

흑23으로 나갈 때 백24의 끊음은 무슨 의도일까.

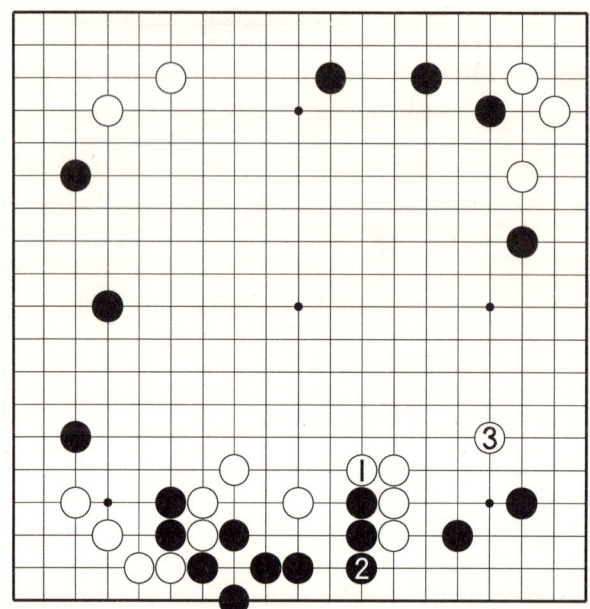

3도

3도(백, 만족)

실전 흑17에 백이 중앙을 중시한다면 1로 누르고 싶은 장면이다.

만일 흑2로 받으면 백3으로 우변에 진출하는 흐름이 나쁘지 않다.

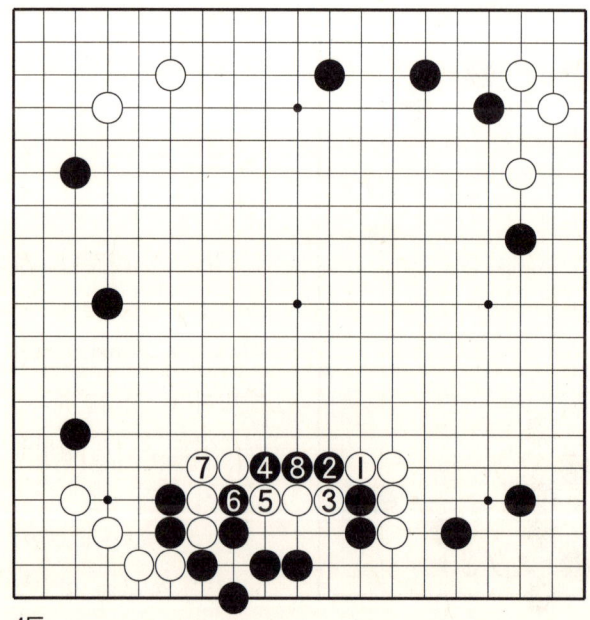

4도

4도(흑, 반격)

그런데 백1이면 흑2, 4의 반격이 기다린다.

이하 8까지 되면 백 석점이 잡혀 백이 좋을 리 없다.

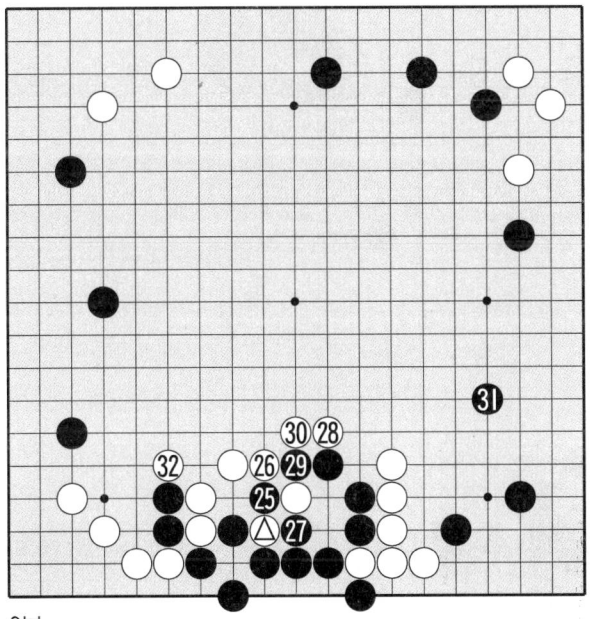

3보

3보(25~32)

흑25에 백26을 선수한 후 28의 봉쇄.

여기서 백△의 의도가 드러난다. 실리를 주더라도 중앙을 두텁게 정리하겠다는 뜻이다.

흑31로 우변을 지키고 백32로 두점을 제압하여 하변에서의 전투는 일단락이다.

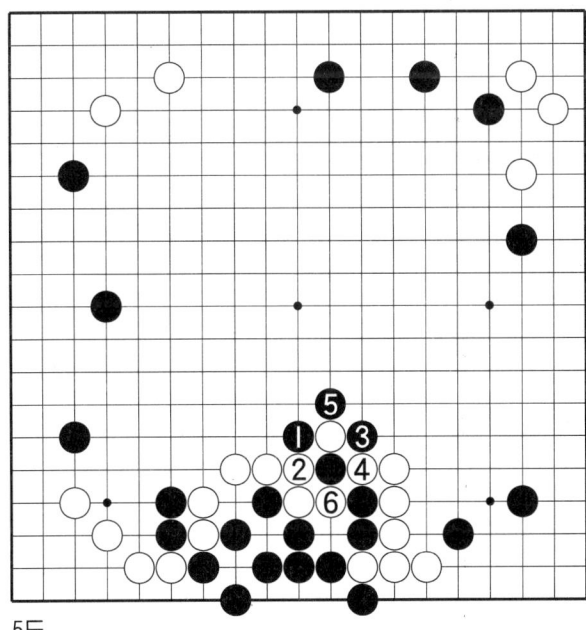

5도

5도(백, 충분)

실전 백28로 막을 때 흑 1, 3으로 중앙을 돌파하면 백4, 6으로 퇴로를 막는다.

빵따냄을 주더라도 중앙 한점과 변의 두점이 다시 단수로 몰려 백이 충분히 둘 수 있다.

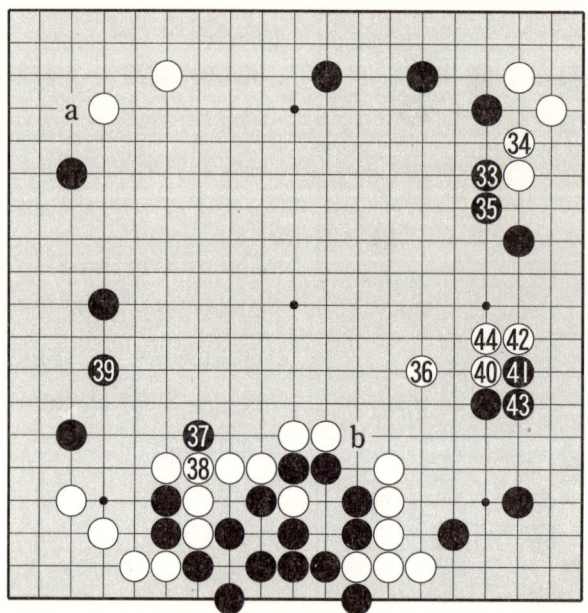

4보

▦ 4보(33~44)

흑33은 우변의 허술함도 보강하는 두터운 자리 다. 실리로만 보면 a쪽 일 것이다.

백36은 대세점. 반대로 흑이 그쪽을 둔다면 우 변이 커지고 b의 약점도 부각된다. 흑39의 확실 한 지킴은 형세가 좋다 는 뜻일 터.

백은 40~44로 우변으 로 진입한다. 이 과정에 서 축이 불리한 흑이 달 리 반발할 여지는 없다.

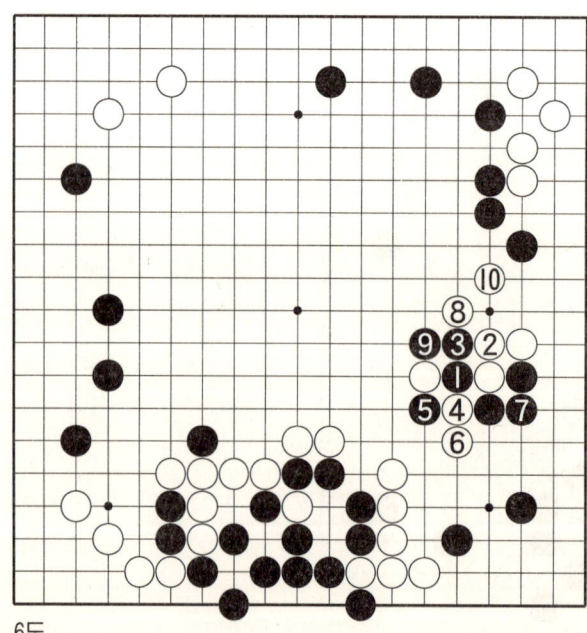

6도

6도(흑, 모험)

반발한다면 흑1, 3으로 뚫고 나가는 정도.

백도 기세상 4로 끊고 10까지 예상되는데, 이 진행은 흑도 우변이 불 확실하므로 모험이다.

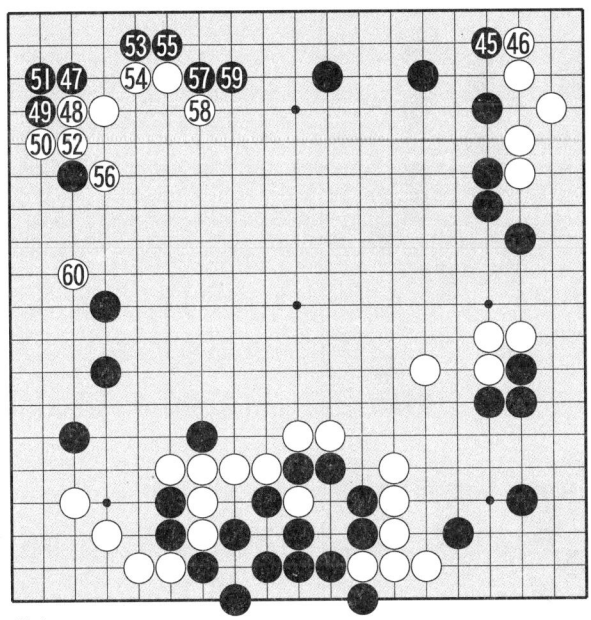

5보

5보(45~60)

흑45는 선수. 이제 좌상 귀가 가장 큰 곳. 흑은 변을 중시할지, 귀의 실리를 차지할지가 관건이다. 흑47의 삼삼 침입으로 귀의 실리를 선택한다. 흑55 때 백56은 변의 요소. 60까지 흑은 귀에서 변으로 이어지는 실리가 크고, 백은 좌변을 깨서 바꿔치기 양상으로 균형을 맞춘다.

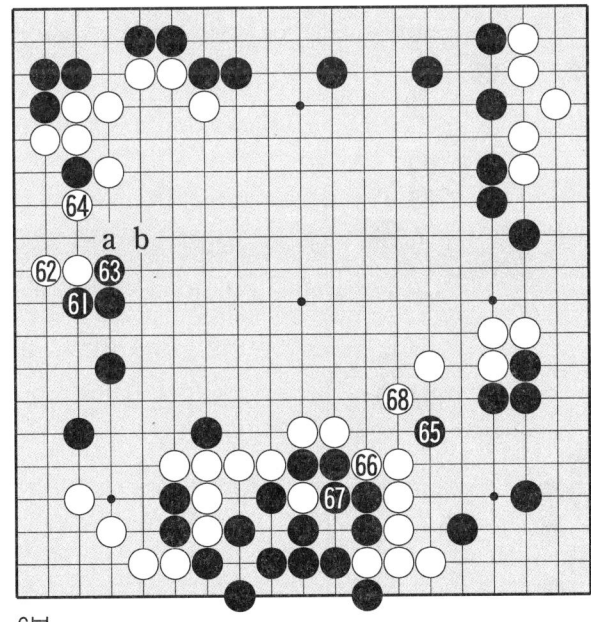

6보

6보(61~68)

좌변은 61~64로 정리되었다. 백64의 지킴은 정수. 이 수로 백a는 흑b를 선수로 맞아 중앙이 엷어진다.

흑65의 응수타진에 백66, 68로 두텁게 지킨다.

형세를 살펴보면 흑은 집이 많고 백은 두터워, 앞으로 중앙 처리가 승부를 좌우할 예정이다.

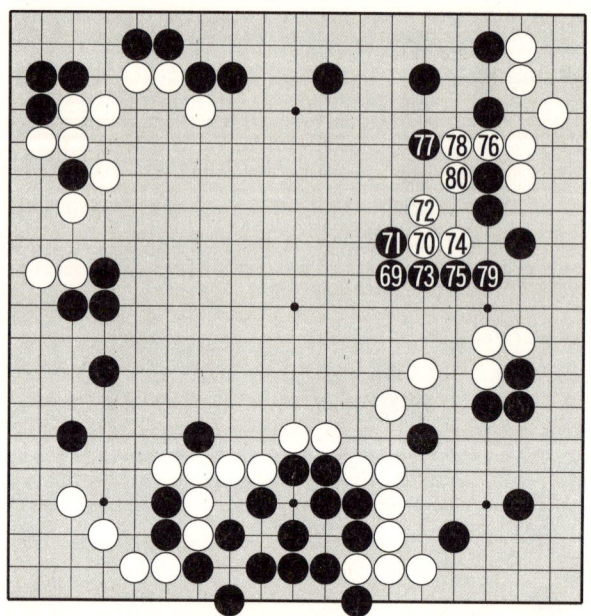

7보

⊞ 7보(69~80)

흑69는 상중앙을 키우는 요소. 이 일대가 커지면 집으로 곤란하므로 백은 70으로 깊숙이 침투한다. 강수다.

싸우면서도 형세 판단이 필요한 이유는 이럴 때 여실히 드러난다. 백이 형세 판단을 하지 않았다면 이렇게 세게 맞서지는 않았을 것이다.

흑71~75로 몰아갈 때 백은 빈삼각으로 버티지만 76의 수순은 정교하다. 흑77도 좋은 행마법. 80까지 백의 연결을 유도한다.

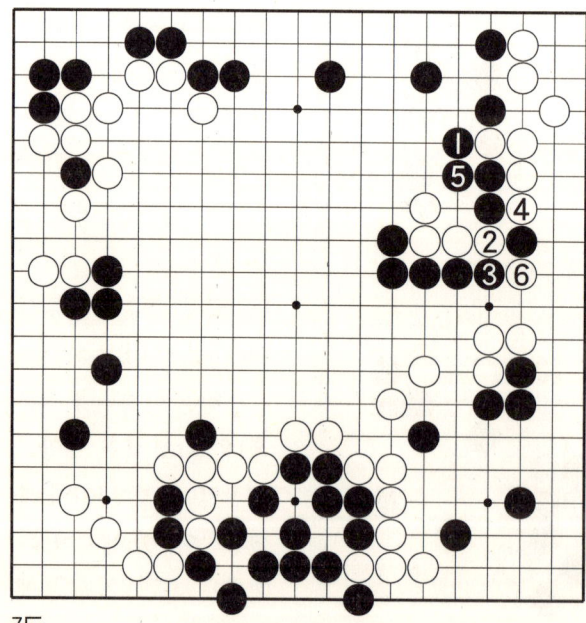

7도

7도(백의 의도)

실전 백76에 흑1로 막으면 백2, 4를 선수한 후 6으로 끊어 우변이 백의 수중에 들어간다. 이 그림은 백의 의도대로다.

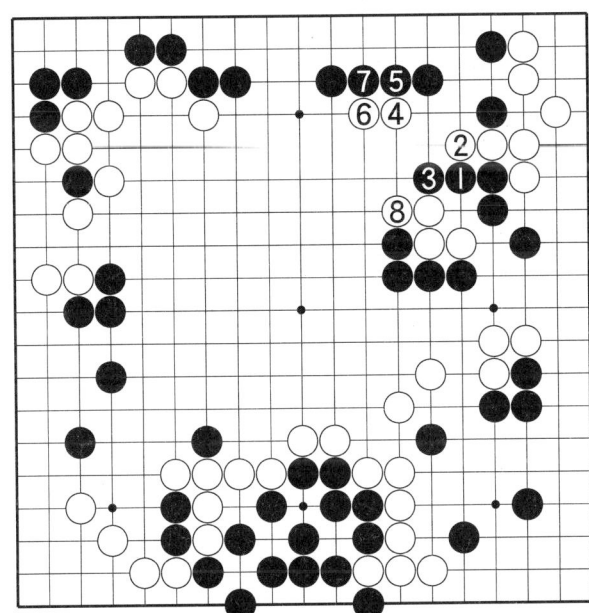

8도

8도(백, 활발)

그럼 흑1로 나오면?

백2로 하나 나오고 상변에 4, 6을 선수해둔다. 그리고 8로 끌고나오면 백이 활발한 싸움이다.

실전 흑77이 좋은 행마법인 이유다.

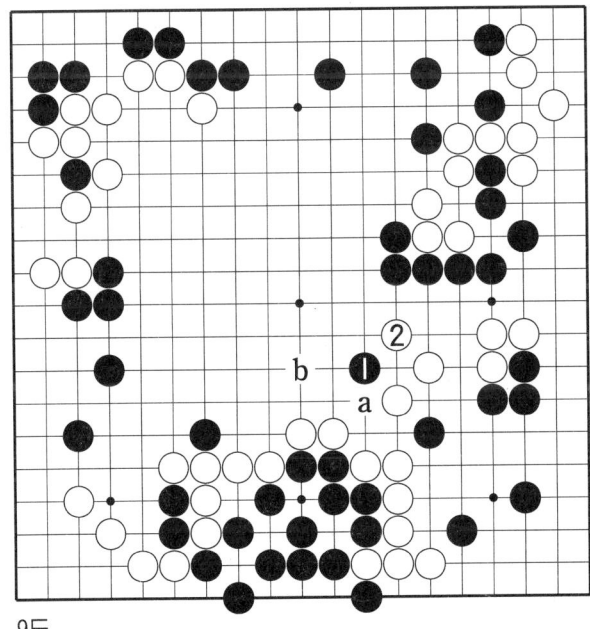

9도

9도(차후 실전)

실전의 마지막 장면이다. 아무튼 중앙이 승부처다. 흑은 상중앙을 키워보려 했지만 백의 적극 방어로 일단 무산됐다. 재차 중앙에서 힘을 내는 것이 쌍방 앞으로 관건일 터. 차후 실전은 흑1의 기세 좋은 행마로 시작된다. 백a면 흑b로 활발하다. 따라서 백2의 반발로 중앙 2차전을 예고한다.

모양과 효율을 융합하여
이기는 바둑을 두라

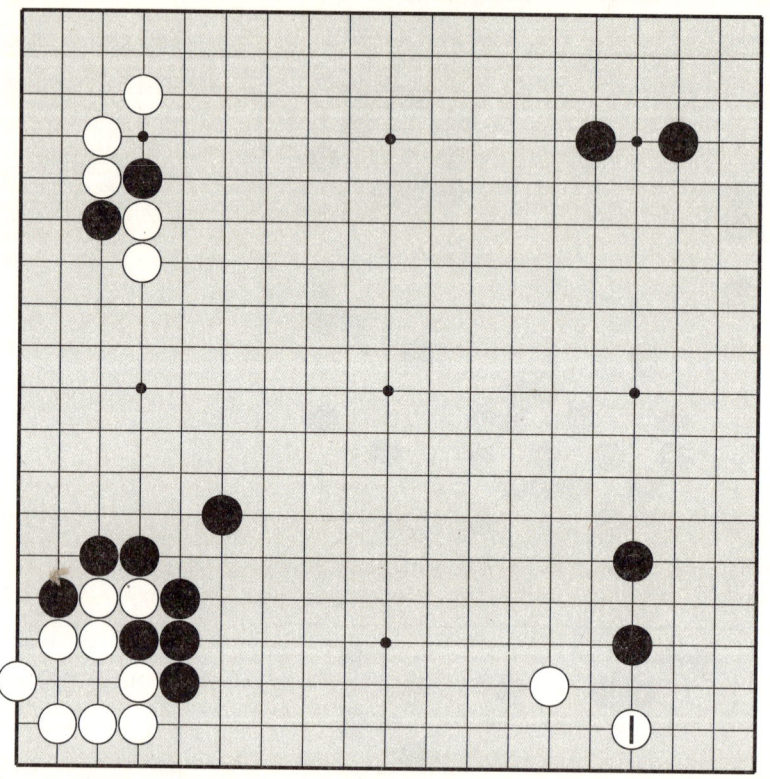

16회 농심신라면배 본선12국(● 김지석 vs ○ 이야마 유타)

흑은 바깥으로 모양을 펼치고, 백은 실리 기반이면서도 흑모양을 견제하려는 구도이다. 그런 과정이 대표적으로 표현된 것이 좌변의 모양이다. 백1로 안으로 파고든 장면이다. 앞으로 어디에 초점을 맞춰 어떻게 운영해가야 할지 고민이다.

　바둑은 심리적으로는 상대를 간파하고 나의 특성을 살려 나가는 것이 판의 흐름을 장악할 수 있는 비결이다. 기술적으로는 모양과 효율을 융합하여 판세를 읽어야 한다. 상황에 따라 모양의 가치와 효율은 달라진다. 돌에 생명력을 부여하라. 그래야 이기는 바둑을 둔다.

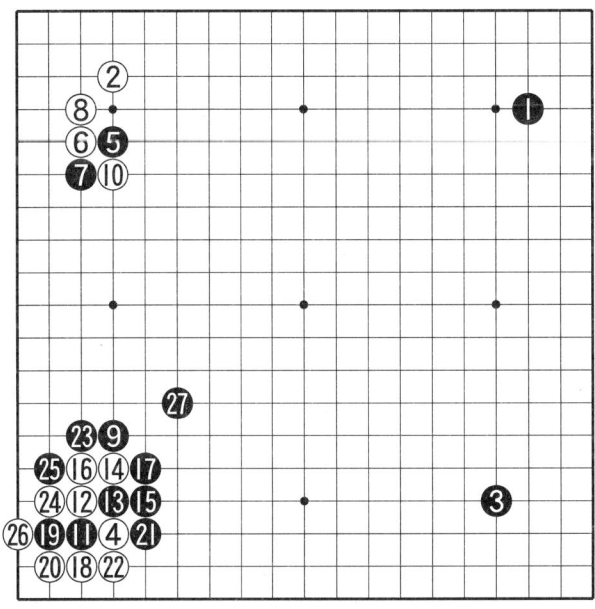

과정 1보

과정 1보(1~27)

흑9의 두칸 걸침으로 폭 넓게 두려는 의도가 보인다.

백10으로 확실히 좌상 귀를 제압하자, 흑11로 붙인 후 27까지 실리와 세력의 갈림이다.

서로 갈길을 작정한 듯 하다.

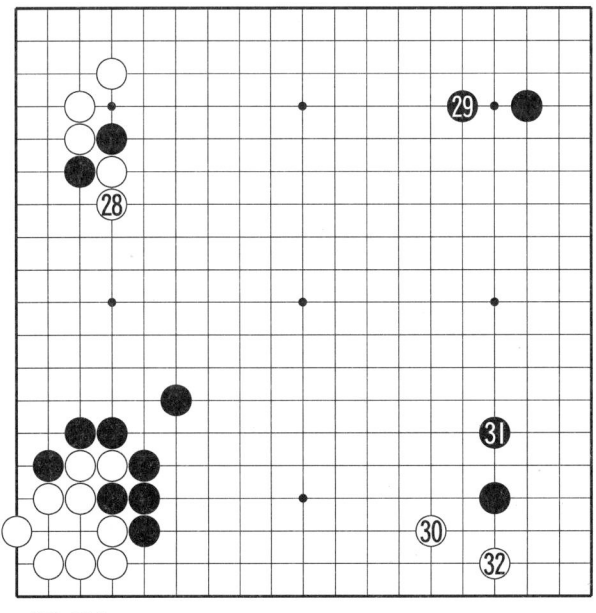

과정 2보

과정 2보(28~32)

백28은 좌하 흑모양을 견제하는 두터운 수법이다. 흑29와 31의 한칸은 중앙에 무게를 실은 행마다. 백은 백대로 30, 32로 실리 위주의 운용을 한다.

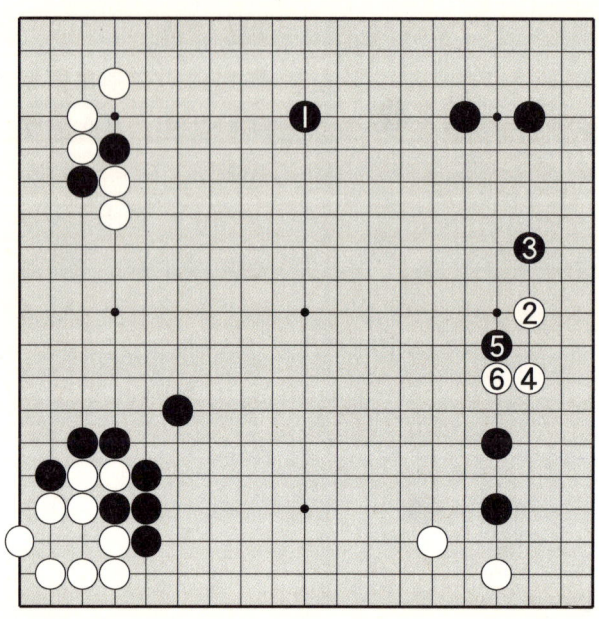

1보

▦ 1보(1~6)
흑1은 상변의 요소. 어쨌든 흑은 중앙 두터움을 의식하여 넓게 두려는 발상을 유지해야 한다. 백2, 4는 좁지만 우변 흑모양을 제한하는 가치가 있다.

흑5의 공격 의도는 무엇일까.

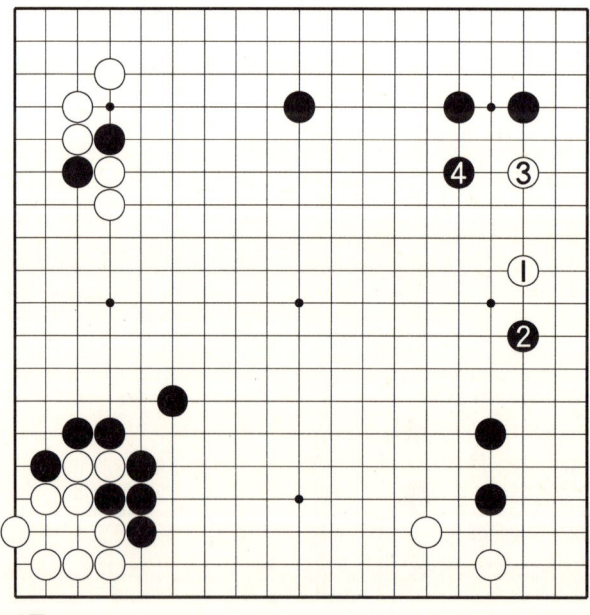

1도

1도(흑, 공격)
실전 백2는 적절한 위치 선정. 우변의 벌림 간격만 생각하면 백1이 맞지만, 흑2와 4의 공격을 받으면 판세의 흐름이 좋지 않다.

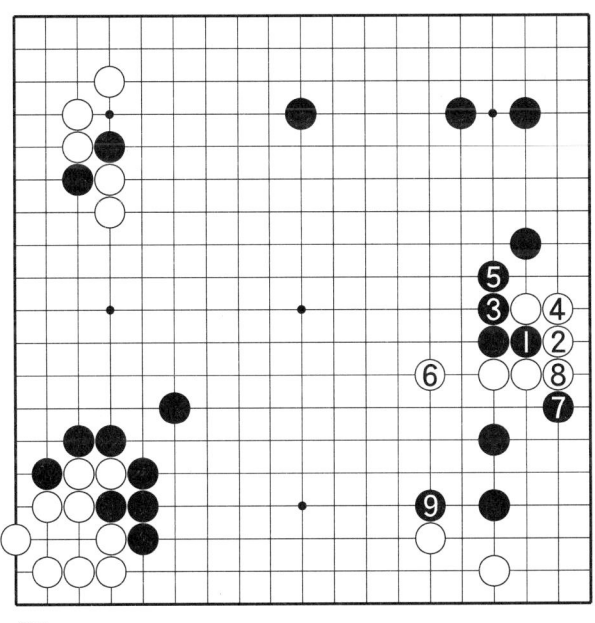

2도

2도(흑, 좋은 흐름)

흑1, 3은 우변 백을 공격하는 하나의 패턴. 만일 백4로 잇고 9까지의 흐름이면 흑이 불만은 없다.

백을 미생으로 몰며 흑이 넓은 공간을 활용할 여지가 있기에.

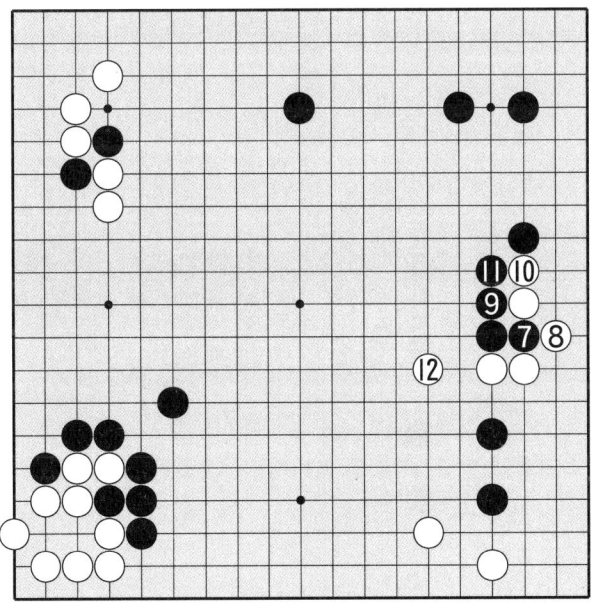

2보

▦ 2보(7~12)

실전은 흑7, 9의 공격에 백10의 부딪침. 속수 성격이지만 실전적인 수단으로 노리는 바가 있다.

백12로 뛰어나간 후 백은 무엇을 기대할까.

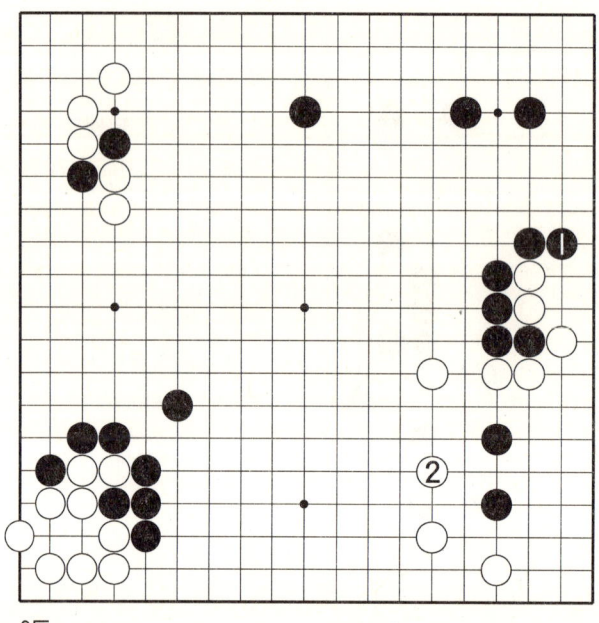

3도

3도(함정)

흑1로 우변을 단속하는
것은 백2로 귀를 포위당
해 불현듯 백의 함정에
빠지는 결과다.

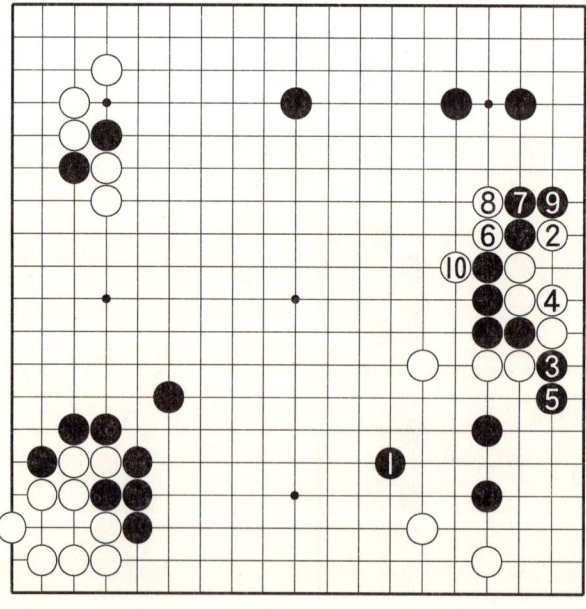

4도

4도(2차 함정)

흑도 일단 1로 나가는
것이 순리이다.

 백2로 젖힐 때 흑3, 5
로 차단하는 것은 두 번
째 함정에 빠진다. 백6
이하 10까지 흑 넉점이
잡힌다.

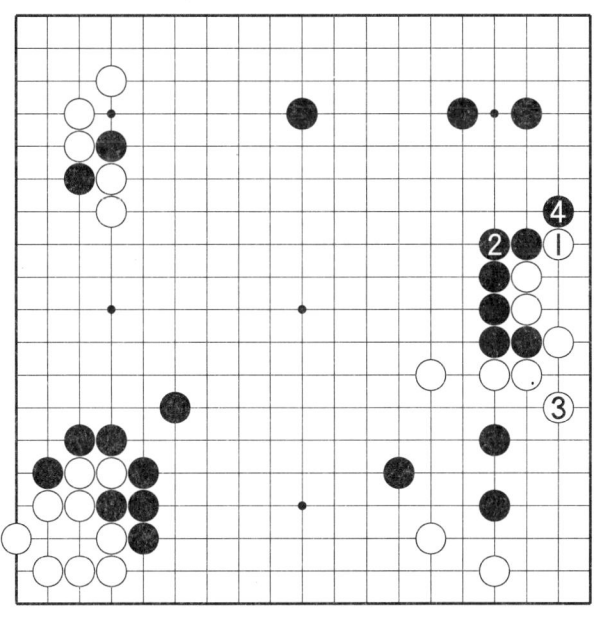

5도

5도(백, 좋은 기분)

백1에 흑2로 잇는 것은 생각해볼 수 있다. 4까지 서로 정리된 모양이다. 다만 실리를 기반으로 한 백이 좋은 기분일지도 모른다.

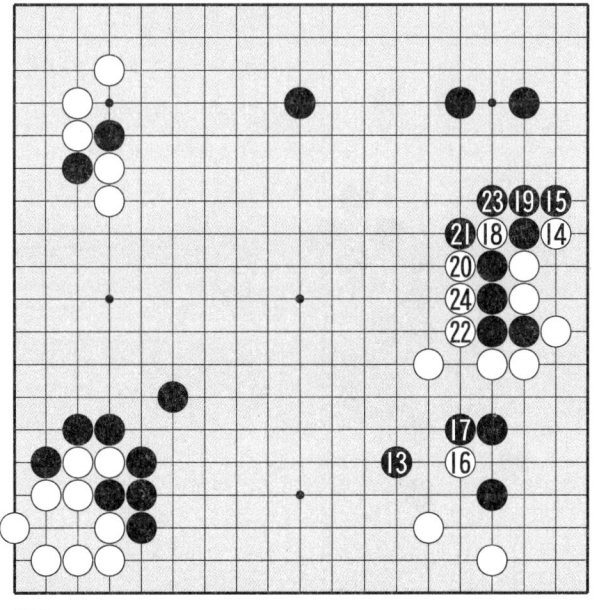

3보

▦ **3보**(13~24)

역시 흑13은 필연. 그리고 백14에 흑15의 이단젖힘이 백의 의도를 거스르는 강수다.

백은 16의 응수타진으로 이쪽 공격을 예고한 후 18 이하 24로 조여간다. 예정된 흐름이다.

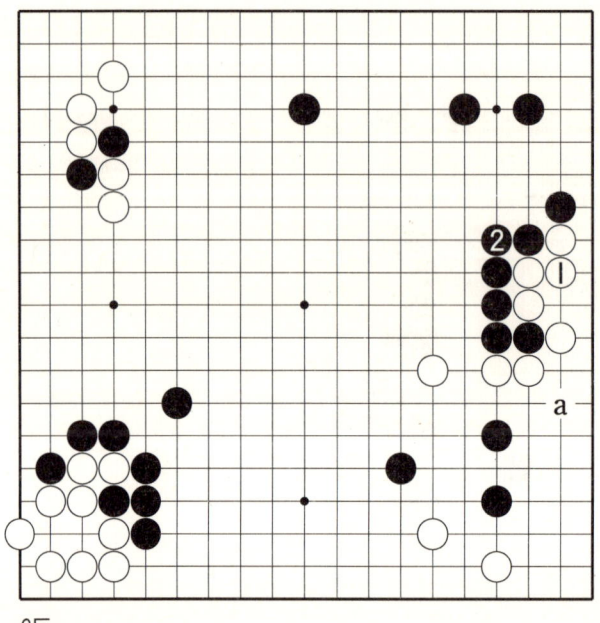

6도

6도(흑, 만족)

실전 흑15에 백1로 잇는
것은 흑2로 이어 흑이
만족한다.

흑a가 선수. [3보]와 비
교해 백의 탄력이 떨어
진다.

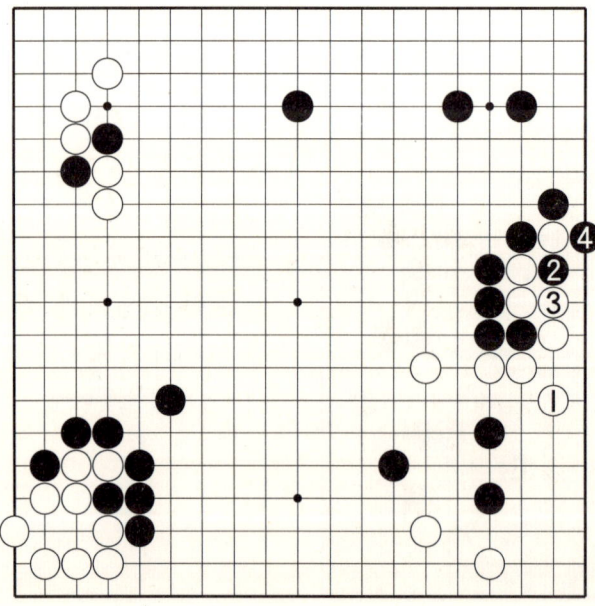

7도

7도(흑, 효율적)

백1로 두면 되지 않을까
싶지만, 이번에는 흑2, 4
로 한점을 잡는다.

역시 5도와 비교해 흑
의 공간 활용이 효율적
이다.

실전이 예정된 흐름임
을 알 수 있다.

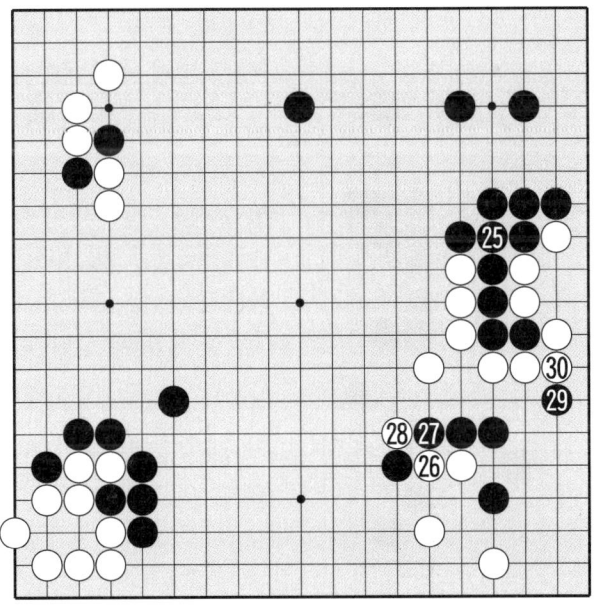

4보

▦ 4보(25~30)

백은 25까지 우변을 조이면서 26, 28의 끊음을 보고 있었다. 흑29는 아낌없는 선수.

여기서 흑은 어떤 수를 준비하고 있을까.

상대의 의중을 간파해서 판세를 읽어야 한다. 모양과 효율의 융합 관점에서 판을 분석해야 한다. 그게 이기는 생각이다.

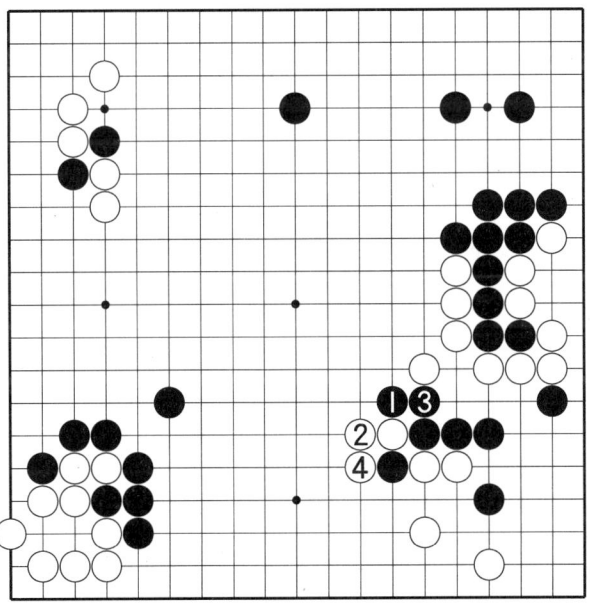

8도

8도(다급한 수읽기)

실전 다음 흑이 1, 3으로 급하게 탈출하는 것은 백4로 한점을 제압해 기분 좋다.

흑이 눈앞의 상황만 보는 다급한 수읽기다.

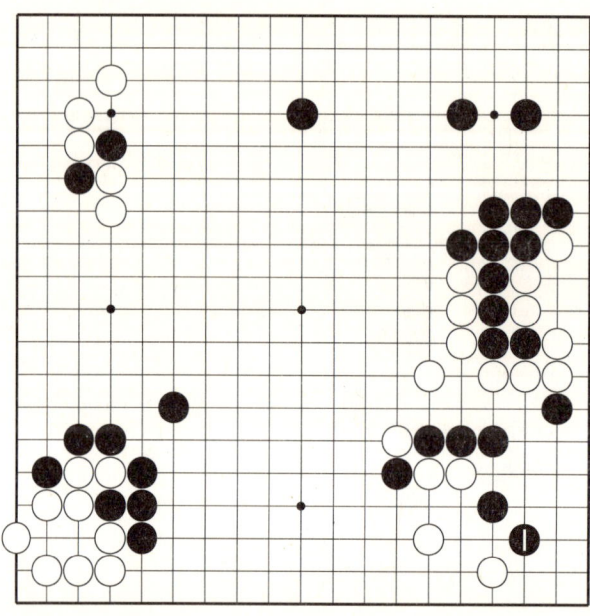

9도

9도(흑, 모호)

흑1로 먼저 귀를 차분하게 지키고 나서 형세를 관망하는 것도 하나의 방법이다.

다만 기세가 필요한 국면에서는 모호해서 좋은 태도가 아니다. 때로는 정도는 아닐지라도 발상의 전환이 필요하다. 백점은 아닐지라도.

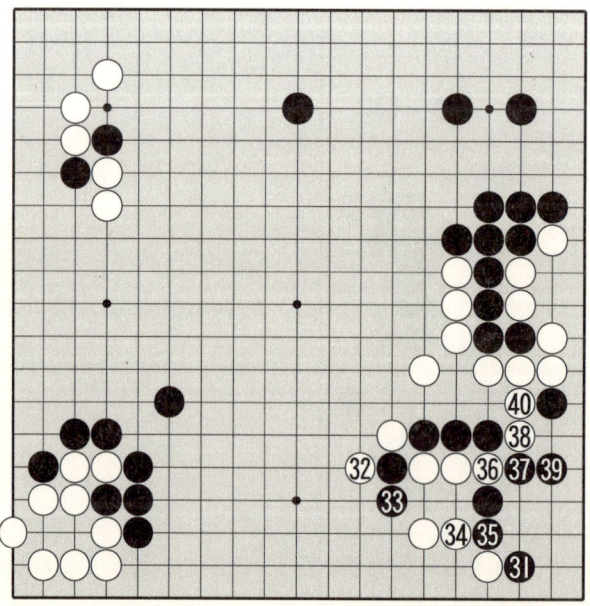

5보

▦ 5보(31~40)

흑이 선택한 수단은 31의 붙임. 백32, 34는 자연스런 흐름. 흑35로 귀에서 모양을 잡는다.

백36 이하 40으로 석점은 간히지만, 돌이 얽힐 때는 고분한 것보다 힘 있는 수단이 먹힐 공산이 크다. 그 과정에서 원하는 변신을 꾀하라.

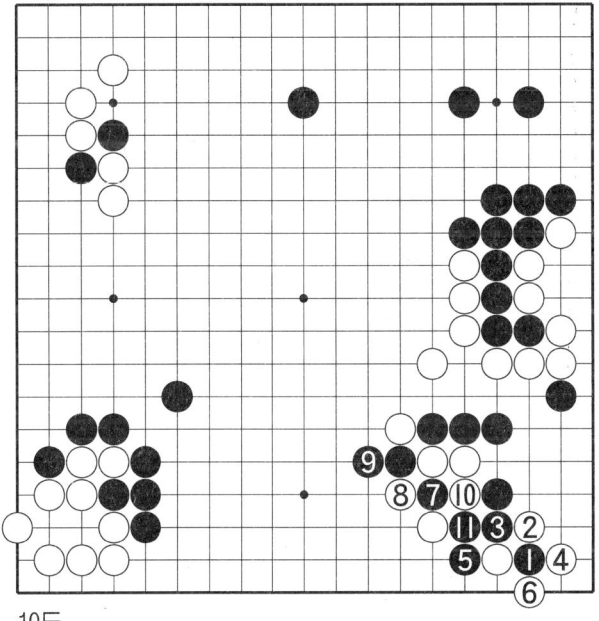

10도

10도(복병)

과장된 행동에는 복병이
숨어 있다.

흑1에 백2, 4는 방심.
흑5 이하 11까지의 수순
을 음미해 보라. 백이 순
식간에 몰리고 있다. 어
디선가 매복된 병사가
튀어나오는 형상이다.

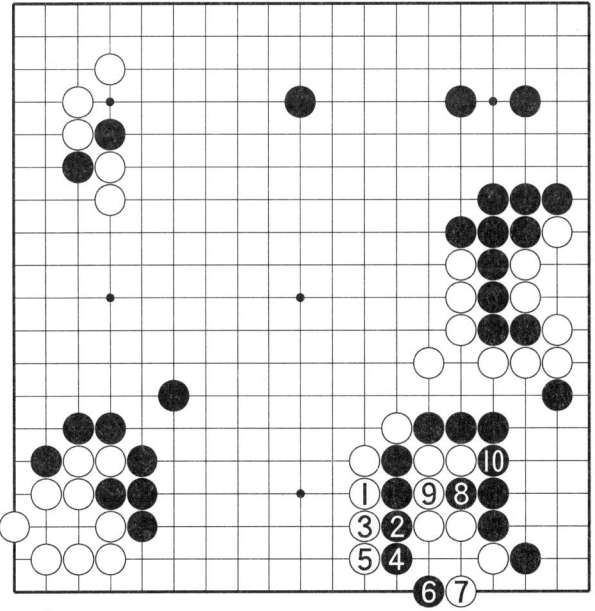

11도

11도(백, 잡힘)

실전 흑35에 백1 이하 5
로 일직선으로 잡으려는
것은 안일한 생각이다.

흑6이 멋진 맥점. 백은
무게중심을 잃는다. 10
까지의 수순은 기억하기
바란다.

1선에는 항상 변수가
있다는 걸 체험하라.

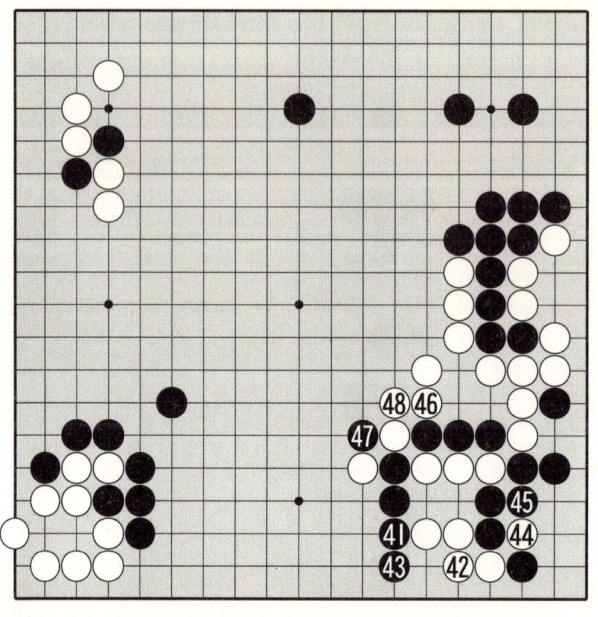

6보

6보(41~48)

흑은 어차피 중앙 석점
이 탈출해서 좋은 결과
가 없다고 보고 있다.

흑41, 43으로 하변을 정
리해간다. 백44는 좋은
타이밍. 흑45쪽으로 받
아야 한다. 48까지 타협
된 수순이다.

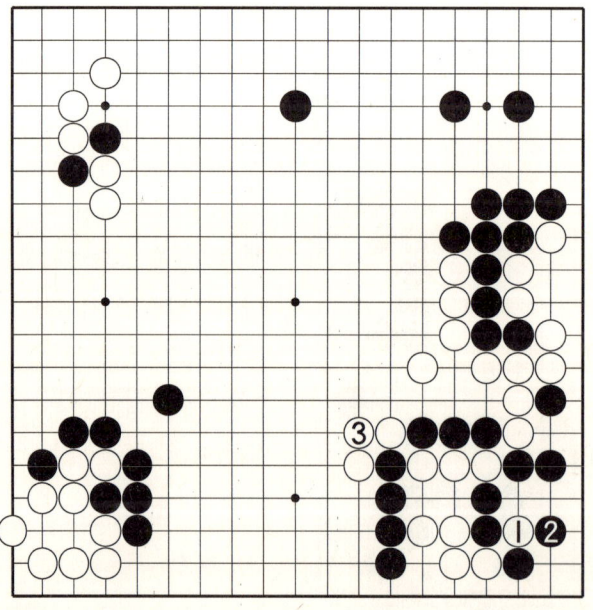

12도

12도(흑, 망함)

백1에 흑2면 쉽지만 백
3으로 이어버려 흑이 망
한 결과다. 흑 3점과 백
7점의 수상전에서 백승
을 확인하기 바란다.

이기려면 조금 불편해
도 감수해야 한다. 수순
하나에도 의미와 가치가
담겨 있으므로 항상 주
의할 일이다.

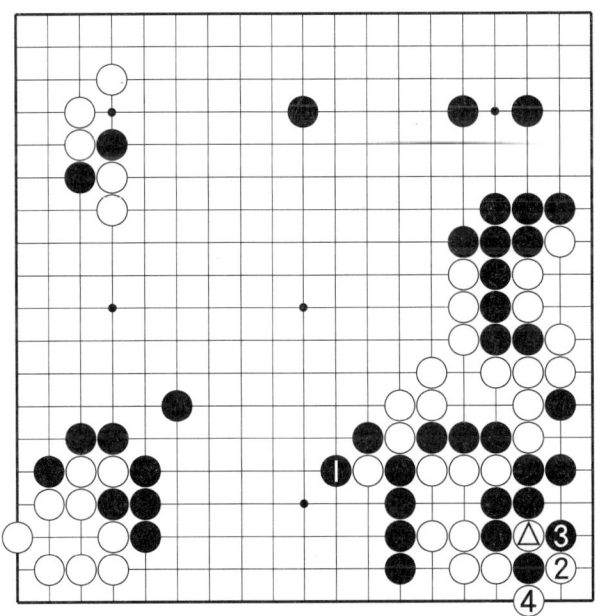

13도

13도(흑, 위험)

실전 다음 흑1로 잡는
것은 백2, 4로 귀가 위
험하다. 백△로 먼저 끊
어둔 효과이다.

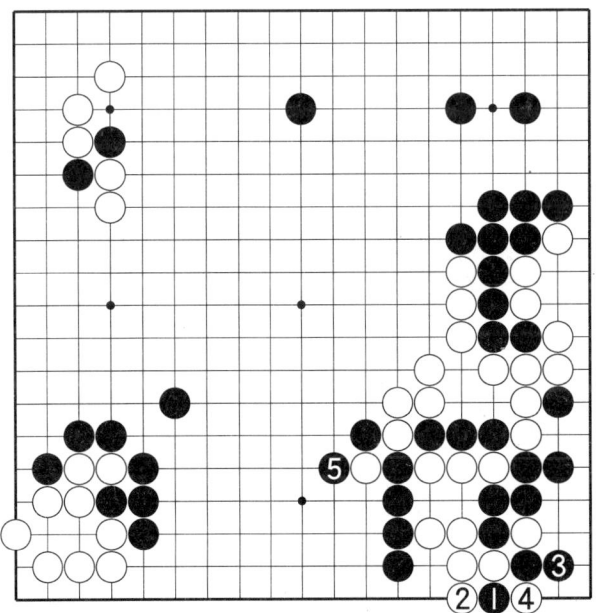

14도

14도(귀의 방어책)

앞 그림의 돌려치기 기
술을 방비하자면, 흑1과
3의 수순이 있다. 그러
면 흑5를 둘 수 있다.
　다만 귀가 자연스레 축
소되므로 흑5의 크기를
어떻게 바라보는지도 생
각해야 한다.

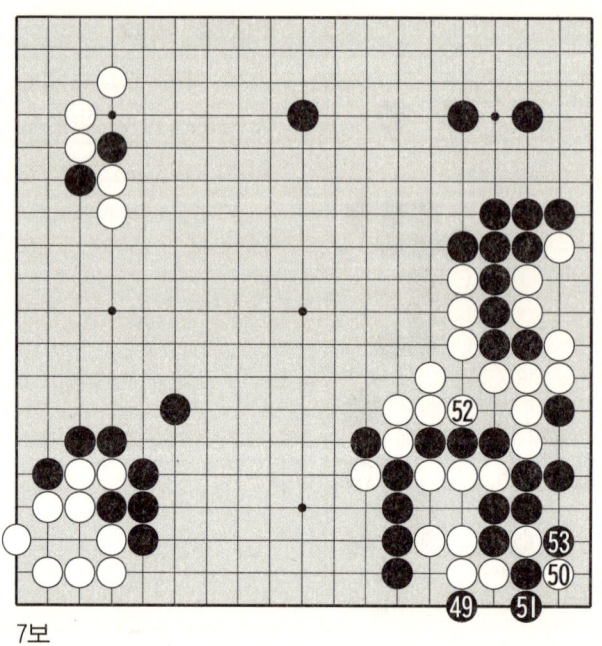

7보

▦ 7보(49~53)

실전은 흑49의 붙임. 다소 의아하지만 하변과 연결하면서 귀를 깨끗이 정리하려는 발상이다.

53까지 귀는 일단락이다. 14도와 비교해 집으로는 10집 정도 이득.

다만 귀중한 선수가 백으로 넘어간다.

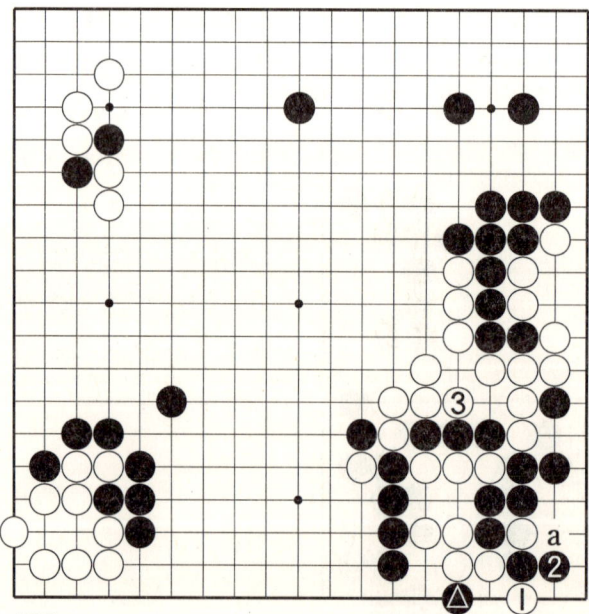

15도

15도(백, 불만)

백이 귀의 연결을 방해하려고만 한다면 1의 단수는 있다. 그러면 다시 백3으로 돌아와야 한다. 이번에는 흑의 선수. 14도와 비교해 백a로 귀를 축소할 수 없어 불만이다. 이건 천양지차다.

부분적으로 흑△가 맥점인 까닭이다.

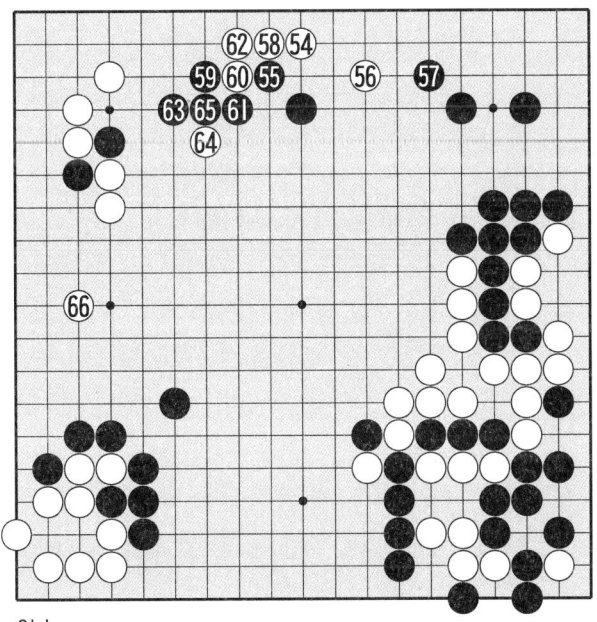

8보

백54의 침투는 상황에 맞는 수법이다. "2선에 기지 마라" 격언이지만 기는 것과 가벼운 침투는 구분해야 한다.

백은 상변을 가볍게 타개하면서 66으로 좌변의 큰 곳을 차지한다.

흑은 55로 가볍게 공격하지만 57로 집의 균형을 맞추면서 두터움의 활용을 모색한다.

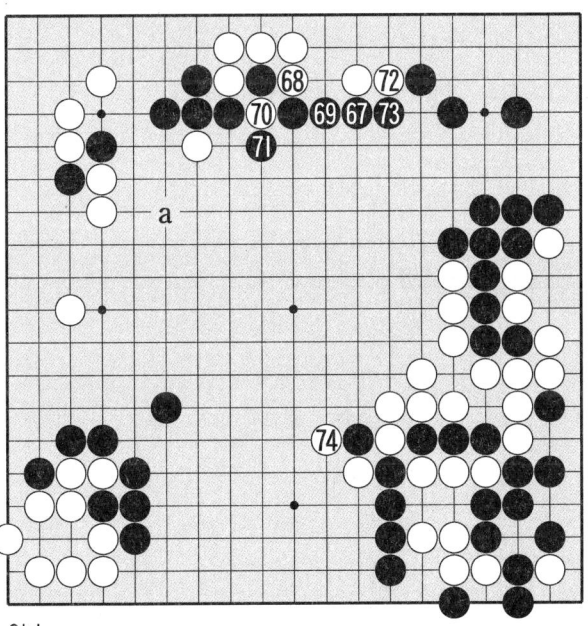

9보

흑은 67로 붙이고 73까지 두텁게 처리해간다. 백은 선수를 잡고 74로 이제 하변을 돌보는 장면이다.

집으로는 흑이 약간 부족하므로, 앞으로 두터움을 어떻게 살리느냐가 관건이다.

참고로 차후 실전의 출발은 흑a부터.

the difference
더 디퍼런스
더 좋은 책을 만들기 위한 남다른 열정